普通高等学校规划教材

危险货物物流管理

冯檬莹　曾文杰　许茂增　编著

内 容 提 要

本教材按照物流工程和物流管理专业人才培养方案编写,内容包括:危险货物运输概论、危险货物基础知识、危险货物包装、危险货物装卸机具和运输储存设施设备、危险货物运输方式及安全管理规定、危险货物运输组织管理、危险货物运输的安全防护及应急预案、危险货物运输法规。

本书可作为高等院校物流管理、物流工程、交通运输等相关专业的教学用书,也可作为各运输方式从业人员的在职培训教材。

图书在版编目(CIP)数据

危险货物物流管理 / 冯檬莹,曾文杰,许茂增编著
. — 北京:人民交通出版社股份有限公司,2018.7(2025.1重印)
 ISBN 978-7-114-14855-2

Ⅰ.①危⋯ Ⅱ.①冯⋯ ②曾⋯ ③许⋯ Ⅲ.①危险货物运输 – 物流管理 – 教材 Ⅳ.①U294.8

中国版本图书馆 CIP 数据核字(2018)第 142091 号

书　　名	危险货物物流管理
著 作 者	冯檬莹　曾文杰　许茂增
责任编辑	张　淼　郭红蕊
责任校对	宿秀英
责任印制	张　凯
出版发行	人民交通出版社股份有限公司
地　　址	(100011)北京市朝阳区安定门外外馆斜街3号
网　　址	http://www.ccpcl.com.cn
销售电话	(010)85285911
总 经 销	人民交通出版社股份有限公司发行部
经　　销	各地新华书店
印　　刷	北京科印技术咨询服务有限公司数码印刷分部
开　　本	787×1092　1/16
印　　张	15.5
字　　数	364 千
版　　次	2018 年 7 月　第 1 版
印　　次	2025 年 1 月　第 2 次印刷
书　　号	ISBN 978-7-114-14855-2
定　　价	36.00 元

(有印刷、装订质量问题的图书由本公司负责调换)

编者的话

危险货物的品种众多,涉及工业、农业、国防、工程建设、医药卫生以及科学研究等领域。由于危险货物具有爆炸、易燃、毒害、感染、腐蚀和放射性等危险特性,在装卸搬运、储存保管和运输过程等物流环节中需要妥善处理,以防止造成人员伤亡和财产毁损,这就需要我们了解危险货物的基础知识,熟悉其包装、装卸搬运、储存及防护等注意事项,充分理解危险货物运输各环节的组织管理,并掌握危险货物运输法律法规。

随着经济和运输业的发展,许多用人单位要求员工熟悉危险货物物流管理的各个环节(装卸搬运、储存保管以及不同运输方式)的管理。为了适应物流快速发展的需求,根据国家对物流人才在危险货物运输方面的要求,我们结合多年的教学经验,按照物流工程和物流管理专业的人才培养方案,组织编写了《危险货物物流管理》一书。

本教材的特色主要反映在以下几个方面:

(1)注重危险货物物流管理的系统性和全面性,本教材全面涵盖道路、铁路、水路和航空等多种运输方式中危险货物的运输管理;

(2)章节之前给出了本章学习目标和要求;

(3)相关章节结合案例分析,有利于学生理论联系实际,掌握危险货物运输管理;

(4)章节之后有复习思考题,以帮助读者回顾本章重点和难点内容。

本教材在培养学习能力和物流实践方面做了精心的考虑和安排,全书内容共分为八章。第一章 危险货物运输概论,包括国内外危险货物运输现状和发展前景;第二章 危险货物基础知识,包括危险货物的理化变化及其对运输的影响、危险货物的化学分类、危险货物按主要危险性和运输要求分类、编号及各类危险货物的危险特性;第三章 危险货物包装,涵盖危险货物包装的基本要求、包装分类、包装设计、包装试验、包装标志以及特殊包装的介绍;第四章 危险货物装卸机具和运输储存设施设备,介绍危险货物装卸搬运机械设备设施,储存仓库和堆场的设置、建筑和防火间距要求,以及各类危险货物的装卸搬运、储存、撒漏和消防注意事项;第五章 危险货物运输方式及安全管理规定,介绍各种运输方式(道路、铁路、水路、航空)中危险货物运输安全管理特点及相关规定;第六章 危险货物运输组织管理,详细介绍危险货物的发送、途中和到达作业等组织运输,危险货物的运输条件,危险货物集装箱、自备车和罐车运输,剧毒品和放射性物质运输以及危险货物进出口运输的组织管理;第七章 危险货物运输的安全防护及应急预案;第八章 危险货物运输法规。

教材主编连续多年承担危险货物运输课程的授课主讲任务,积累了多年的教学经验,收集了大量相关案例。本书分工如下:冯檬莹老师主编本书第二章、第三章、第四章、第六章和第八章;曾文杰老师主编本书第一章、第五章和第七章;许茂增老师负责全书内容指导和审稿。

本书可作为高等院校物流管理、物流工程、交通运输等相关专业的教学用书,也适合作为各运输方式从业人员的在职培训教材,还适合相关领域在职人员的业务学习使用。另外,书中案例适合各行业人员了解危险货物,从而提升他们对危险货物的认识,减轻和避免危险货物运输造成的危害。本书能让读者了解学习危险货物运输安全管理的重要性和国内外危险货物运输的现状;理解各类危险货物的危险特性;掌握危险货物运输的组织管理流程;通过危险货物运输的案例分析,培养读者组织管理危险货物运输的能力,指导实际运作。

本书能够得以出版,首先感谢人民交通出版社股份有限公司给了我们这个学习提高的机会;其次要感谢孙梦黎、贾文娟和代思婕等研究生,她们收集了部分资料,并做了部分文字输入及检查等基础性工作。

由于危险货物物流管理包含多种不同的运输方式,相关法律法规繁多庞杂,内容交叉也较多,涉及装卸搬运、储存保管、运输等各环节,各类装卸机具和运输设施设备注意事项繁多,加之时间仓促,因此本书难免有不完善之处,敬请读者批评指正。

目 录

第一章 危险货物运输概论 ... 1
- 第一节 危险货物及危险货物运输 ... 2
- 第二节 国内外危险货物运输管理现状 ... 6
- 第三节 危险货物运输的发展趋势 ... 21

第二章 危险货物基础知识 ... 28
- 第一节 危险货物的理化变化 ... 28
- 第二节 危险货物的分类 ... 38
- 第三节 危险货物品名表及危险货物编号 ... 44
- 第四节 危险货物的危险特性 ... 47

第三章 危险货物包装 ... 64
- 第一节 危险货物包装的作用和基本要求 ... 64
- 第二节 危险货物包装的分类 ... 67
- 第三节 危险货物的包装设计 ... 73
- 第四节 危险货物包装试验 ... 77
- 第五节 危险货物的包装代码和包装标志 ... 81
- 第六节 典型危险货物的包装 ... 86

第四章 危险货物装卸机具和运输储存设施设备 ... 96
- 第一节 危险货物的装卸、搬运机械 ... 97
- 第二节 危险货物运输设备 ... 100
- 第三节 危险货物储存场所 ... 104
- 第四节 危险货物的装卸、搬运、储存和撒漏处理 ... 115
- 第五节 危险货物的消防设施及消防处理 ... 118

第五章 危险货物运输方式及安全管理规定 ... 132
- 第一节 危险货物道路运输 ... 133
- 第二节 危险货物水路运输 ... 141
- 第三节 危险货物铁路运输 ... 148
- 第四节 危险货物航空运输 ... 153

第六章 危险货物运输组织管理 ... 162
- 第一节 危险货物运输流程 ... 162
- 第二节 危险货物运输的发送作业 ... 163
- 第三节 危险货物的途中作业 ... 169
- 第四节 危险货物的到达作业 ... 171

第五节　危险货物的运输条件 …………………………………………… 174
　　第六节　危险货物集装箱、自备车和罐车运输组织管理 ……………… 178
　　第七节　剧毒品物质运输的组织管理 …………………………………… 183
　　第八节　放射性危险货物运输的组织管理 ……………………………… 185
　　第九节　危险货物进出口运输组织管理 ………………………………… 188
第七章　危险货物运输的安全防护及应急预案 …………………………… 191
　　第一节　影响危险货物运输安全的因素 ………………………………… 192
　　第二节　危险货物运输的防火 …………………………………………… 196
　　第三节　危险货物运输的防爆 …………………………………………… 205
　　第四节　危险货物运输的防毒 …………………………………………… 206
　　第五节　危险货物运输的防辐射、防腐蚀及生化污染 ………………… 209
　　第六节　危险货物运输事故应急救援预案 ……………………………… 210
第八章　危险货物运输法规 ………………………………………………… 218
　　第一节　危险货物运输法规的性质 ……………………………………… 219
　　第二节　危险货物运输法规的主要内容 ………………………………… 220
　　第三节　危险货物运输管理规则 ………………………………………… 230
　　第四节　气瓶安全监察规定 ……………………………………………… 233
　　第五节　危险货物货运事故处理规则 …………………………………… 235
　　第六节　民用爆炸物品安全管理条例 …………………………………… 235
附录1　《道路运输危险货物品名表》格式 ………………………………… 237
附录2　《铁路运输危险货物品名表》格式 ………………………………… 238
附录3　《水路危险货物运输规则》中品名表的格式 ……………………… 239
附录4　联合国《危险货物品名表》格式 …………………………………… 240
参考文献 ……………………………………………………………………… 241

第一章　危险货物运输概论

【学习目标】
1. 掌握危险货物的定义及类别。
2. 掌握危险货物物流安全管理的重要性。
3. 了解危险货物运输的现状及发展方向。

【导入案例】

交通运输部进一步加强道路危险货物运输安全管理
强化企业主体责任　严格人员装备管理

2014年4月15日,交通运输部发出通知,要求各级交通运输主管部门、道路运输管理机构及道路危险货物运输企业认真贯彻落实国务院安委会办公室《关于加强危险化学品道路运输和公路隧道安全工作的紧急通知》(以下简称《通知》)精神,牢牢坚守"发展绝不能以牺牲人的生命为代价"这条"红线",坚决防范道路危险货物运输安全生产事故。

督促企业落实主体责任

《通知》要求,各级交通运输主管部门要督促企业依法依规全面落实安全生产主体责任,切实强化企业经理人、企业安全生产管理岗位及其人员的工作职责,加大安全生产经费投入和隐患排查整治力度,完善并严格落实各项安全生产管理制度,努力提高运输生产组织化水平,严禁对道路危险货物运输车辆及从业人员"包而不管""以包代管"。

企业应配备专职安全管理人员。专职安全管理人员应熟悉道路危险货物运输的相关专业知识,组织编制企业安全生产规章制度、从业人员操作规程、事故应急预案,监督运输车辆和设备的配备和使用,组织参与从业人员的招聘、培训和考核,定期对企业的运输安全管理进行评估。

企业载运爆炸物品、易燃易爆化学物品及剧毒、放射性等危险品,应向公安机关提出通行许可申请,并有针对性地制定运输方案及安全运营保障措施,必要时应勘察路线。

加强从业人员管理

《通知》强调,各级交通运输主管部门要严格道路危险货物运输从业人员考试与证件发放管理制度,加快建立道路危险货物运输经理人从业资格制度。要加强与公安交管部门的信息共享,建立黑名单制度,督促企业清除违法违章频次高、安全意识薄弱的从业人员,特别是对一个记分周期内被公安交管部门扣满12分的驾驶员,要吊销其从业资格证件,三年内不予重新核发。

《通知》明确,企业要严格从业人员的聘用管理,根据所运危险货物特性进行岗前培训,考核合格方可上岗。要强化从业人员的培训教育,经常性地开展安全教育培训及应急演练。要加强从业人员的动态管理,运输作业前要了解驾驶员身体状况,检查安全防护措施和消防设备,监督从业人员随车携带道路运输危险货物安全卡。要严格从业人员安全奖惩制度,将安全生产和违法违规情况作为收入分配的重要依据。

强化运输装备监管

《通知》要求,企业要定期检测、维护和保养车辆设备,不得擅自改装车辆。罐式车辆的罐体必须持有质检部门认定的检测机构出具的出厂检验合格证书,压力容器还应定期年检。不得擅自变更罐式车辆罐体产品公告时的充装介质,应保障常压罐体卸料管根部球阀在运输时处于关闭状态。

各级交通运输主管部门要督促企业建设道路车辆动态监控平台,或使用符合条件的社会化卫星定位系统监控平台,加强维护,专人值守,及时发现、提醒和纠正驾驶员超速、疲劳驾驶和不按规定线路行驶等违法违规行为。限制雨雪雾等恶劣天气和夜间的车辆行驶速度、连续驾驶时间。

加强安全生产监督检查

《通知》明确,各级交通运输主管部门要切实加强企业安全生产的监督检查,监督企业执行相关国家标准及行业标准。对安全生产状况较差、安全生产主体责任落实不到位、驾驶员违章多、安全隐患大的企业,要加大力度、重点监督。发现问题的要立即督促企业限期整改,整改不合格的,原许可机关要注销相关车辆道路运输证或吊销道路运输经营许可证。

摘自《中国交通报》2014年4月16日

随着全球化进程的加快及我国经济的快速发展,货物运输量迅速增加,道路、铁路、水路、航空以及管道等运输方式每天都在进行大量的货物运输。这些货物中也包含着危险货物。尽管危险货物运输发生事故的概率不高,但一旦出事,后果将相当严重,不仅给人民的生命财产安全造成巨大损失,还给基础设施和生态环境造成严重破坏。这类事件在全球已屡见不鲜。

第一节　危险货物及危险货物运输

与危险货物运输相关的风险相当微妙,甚至非常复杂,因为相关风险分布在危险货物的整个网络中,如交通拥挤度、天气条件、意外事件的发生(基础设施事故或自然灾害等)、交通基础设施状态、驾驶员行为、运输工具的多样化、国家政治局势以及国际关系等。因此,对危险货物的种类进行界定,同时在运输方面进行严格的安全监管是危险货物运输的必要前提。

一、危险货物的定义

对于危险货物,在国家标准《危险货物分类和品名编号》(GB 6944—2012)中给出了如下定义:"凡具有爆炸、易燃、毒害、感染、腐蚀、放射性等危险性质,在运输、储存、生产、经营、使用和处置中,容易造成人身伤亡、财产损毁或环境污染而需要特别防护的物质和物品"。

1. 各种运输方式的法规中对危险货物的定义

在不同的场合中,各种运输方式的相关法规也对危险货物或危险品给出了相关定义,见

表1-1。

各种运输方式的相关法规对危险货物的定义　　　　　表1-1

出　处	定　义
铁路危险货物运输安全监督管理规定（交通运输部令2015年第1号）	本规定所称危险货物，是指具有爆炸、易燃、毒害、感染、腐蚀、放射性等危险特性，在铁路运输过程中，容易造成人身伤亡、财产毁损或者环境污染而需要特别防护的物质和物品
道路危险货物运输管理规定（交通运输部令2013年第2号）	本规定所称危险货物，是指具有爆炸、易燃、毒害、感染、腐蚀等危险特性，在生产、经营、运输、储存、使用和处置中，容易造成人身伤亡、财产损毁或者环境污染而需要特别防护的物质和物品。危险货物以列入国家标准《危险货物品名表》（GB 12268）的为准，未列入《危险货物品名表》的，以有关法律、行政法规的规定或者国务院有关部门公布的结果为准
水路危险货物运输管理规定（征求意见稿）（交通运输部交办水函〔2014〕470号）	本规定所称危险货物，是列入《危险货物品名表》（GB 12268）和《国际海运危险货物规则》（IMDG Code）危险货物一览表中具有爆炸、易燃、毒害、腐蚀、放射性等危险特性、在水路运输过程中容易造成人身伤亡、财产损毁或环境污染而需要特别防护的物质、材料或物品
民用航空危险品运输管理规定（交通运输部令2016年第42号）	"危险品"是指列在《技术细则》危险品清单中或者根据该细则归类的能对健康、安全、财产或者环境构成危险的物品或者物质。《技术细则》是指根据国际民航组织理事会制定的程序而定期批准和公布的《危险物品安全航空运输技术细则》（Doc9284号文件）

从表1-1可以看出，不同运输方式对危险货物的定义，基本上从危险货物的危害性质、危害性外延和适用的范围三个方面加以描述。总体来说，几种运输方式的危险货物定义基本上是一致的，只是在危害性的外延上略有差异。关于危险货物危害性质方面，基本上都是指爆炸、易燃、毒害、感染、腐蚀、放射性等特性；关于适用范围上，主要指运输、装卸和储存环节；关于危害性的外延方面则有所区别，如水路危险货物的定义相对窄些，主要指人身伤亡和财产毁损，而民航危险货物的外延相对宽泛些，指对健康、安全、财产或环境构成危险。危险性外延的确定有一定的时代性，可依据人们对危害性的认识、价值观的改变而发生改变。目前，危险性的外延为"对健康、安全、财产或环境构成危险"。危险货物的范围也由物理危害逐步扩大到环境、人体健康危害。

2. 本书对危险货物的定义

参照国家标准并结合新的发展形势，本书从运输角度给危险货物定义如下：危险货物指的是具有爆炸、易燃、毒害、感染、腐蚀、放射性等特性，在包装、托运、运输、装卸和储存的过程中，对健康、安全、财产或环境构成危险而需要特别防护的货物。

与国家标准比较，本书的危险货物含义有以下不同：

①缩小了适用范围。国家标准中危险货物的适用范围是针对整个供应链的，涉及运输、储存、生产、经营、使用和处置；而本书中危险货物的适用范围则主要针对运输环节，主要包括包装、托运、运输和存储过程。

②扩大了危害性的外延。国家标准中危害性主要指容易造成人身伤亡、财产毁损或环境污染而需要特别防护的物质和物品；而本书中危害性外延则指对健康、安全、财产或环境

构成危险而需要特别防护的货物。

3. 危险货物与危险品、危险化学品

如前所述,我国的危险货物,是指符合我国《危险货物分类和品名编号》(GB 6944)分类标准并列入《危险货物品名表》(GB 12268)中的,具有爆炸、易燃、毒害、感染、腐蚀、放射性等危险特性的物质或者物品。而危险化学品是指具有毒害、腐蚀、爆炸、燃烧、助燃等性质,对人体、设施、环境具有危害的剧毒化学品和其他化学品,有时简称危化品。

在我国,危险货物和危险化学品均采用了目录化的管理方式。国家标准《危险货物品名表》(GB 12268)列出了所有危险货物的品名,为交通运输部门监督管理危险货物提供了重要依据。国家安全生产监督管理总局会同国务院工业和信息化、公安、交通运输、环保、农业、卫生、质检、铁路、民航主管部门一起制定《危险化学品目录(2015版)》对危险化学品加以管理,并于2015年5月1日起开始实施。该目录是落实《危险化学品安全管理条例》的重要基础性文件,是企业落实危险化学品安全管理主体责任,以及相关部门实施监督管理的重要依据。2015版目录采用GHS❶分类体系,回归到化学物质本身,将化学品致癌、生殖毒性、危害水生环境等潜在健康和环境危害纳入评估范畴。

危险货物在储存环节也常称为危险品,而在运输环节中多称为危险货物,当然危险货物或危险品还包括除危险化学品以外的其他货物或物品。危险货物与危险化学品之所以容易混淆,除了两者本身具有千丝万缕的联系外,还有一个原因就是我国危险化学品之前采用的是危险货物分类体系,新的危险化学品体系不再使用危险货物分类体系,而变化后还存在一定的共性,这就给从业人员带来了问题。

在我国,石油化工类主要产品的运输大部分属于危险品运输,占危险货物运输的80%左右。危化品运输为农业、能源、交通、机械、电子、纺织、轻工、建筑、建材等工农业和人民日常生活提供配套和服务,在国民经济中占有举足轻重的地位。

二、危险货物的特点

危险货物作为一种特殊的生产资料,在其生产、运输管理中,相应会有许多特殊性,因此在安全管理方面特别重要。

1. 门类品种多

现在国际市场上流通的危险货物品种大约有7万种,每年至少有1000多种新品问世,目前列入我国国家标准的危险货物有9个大类和22项1700余种。

2. 用途广泛

由于化学工业的发展,冶金工业和机械制造采用新工艺,轻纺工业合成纤维的生产,以及农药、化肥的广泛使用,危险商品的用户遍及各行各业。随着新兴技术的迅速发展,危险商品的品种和用量也在不断增加。

3. 危险性大

危险货物具有易爆、易燃、毒害、腐蚀、放射性等性质,在运输、储存保管中容易发生燃

---

❶ GHS,是Globally Harmonized System of Classification and Labelling of Chemicals的英文简称,即《化学品统一分类和标签全球协调制度》。

烧、爆炸等安全事故。另外,一些危险货物的危险性具有两重性甚至多重性,当发生燃烧或爆炸事故时,其危害性更加严重。如甲苯,同时具有易燃品和毒害品的性质。

三、危险货物运输及安全管理

危险货物运输是特种运输的一种,是指专门组织及专门技术人员对非常规物品使用特殊运载设备进行的运输。一般只有经过国家相关职能部门严格审核,并且拥有相应设施、设备及专业人员,能保证危险货物运输安全的公司才能有资格进行危险货物运输。

危险货物是否适合运输,可以分为以下四种情况:

①任何情况下禁止运输。此类危险货物危害性太大,不能进行运输。

②豁免可以运输。此类危险货物危险性很大,在某种非常紧急的情况下需要运输,经国家主管部门(行政管理部门)的特别批准(即豁免)可以运输,但如果未经豁免则禁止运输。豁免的申请和审批程序由相关的行政管理部门另行规定。

③满足运输条件可以运输。此类危险货物需要满足一定的运输条件才可以运输。

④限量和例外数量运输。此类危险货物符合规定,数量极少,且在某些特定条件下运输时不至于造成人员伤害和财产损失。

1. 危险货物运输的特殊性

危险货物的运输方式主要有道路运输、铁路运输、水路运输、航空运输以及管道运输等。目前我国国内危险品运输在水路、铁路及航空方面限制相对较多,基础设施和管理机制还不够完善,因此危险货物目前大部分经道路运输,且道路危险货物运输需求和运输量逐年增长。对于危险货物运输,特别是道路运输,相对于一般普通的货物运输,具有以下一些特殊性。

(1)业务专营

只有符合规定资质并办理相关手续的经营者才能从事道路危险货物运输经营业务,国务院及交通运输部对此都做了不同于普通货物运输经营者的特别规定。

国务院发布的《危险化学品安全管理条例》(2011年3月2日公布,12月1日实施)第三十三条规定,国家对危险化学品经营(包括仓储经营)实行许可制度,未经许可,任何单位和个人不得经营危险化学品。交通运输部《道路危险货物运输管理规定》(2013年1月23日公布,7月1日实施)第十条规定,申请从事道路危险货物运输经营的企业,应当向所在地设区的市级道路运输管理机构提出申请,提交相关材料。申请企业应当具备相应的条件,如有符合要求的专用车辆及设备(自有专用车辆5辆以上;运输剧毒化学品、爆炸品的,自有专用车辆10辆以上),符合要求的停车场地,从业人员和安全管理人员,以及健全的安全生产管理制度。

同时《道路危险货物运输管理规定》第二十一条还规定,道路危险货物运输企业或者单位终止危险货物运输业务的,应当在终止之日的30日前告知原许可机关,并在停业后10日内将道路运输经营许可证或者道路危险货物运输许可证以及道路运输证交回原许可机关。

(2)车辆专用

装运危险货物的车辆不同于普通货物运输的车辆,交通运输部《道路危险货物运输管理规定(2016版)》第八条对装运危险货物的车辆技术状况和设施做出了特别的规定,如专用车辆的技术要求应当符合《道路运输车辆技术管理规定》,配备有效的通信工具,配备与运的危险货物性质相适应的安全防护、环境保护和消防设施设备等。

(3) 人员专业

危险货物运输业是一个特殊的行业,《危险化学品安全管理条例》规定,危险化学品道路运输企业、水路运输企业的驾驶人员、船员、装卸管理人员、押运人员、申报人员、集装箱装箱现场检查员应当经交通运输主管部门考核合格,取得从业资格。

《道路危险货物运输管理规定》第三十九条规定,驾驶人员应当随车携带《道路运输证》;驾驶人员或者押运人员应当按照《汽车运输危险货物规则》(JT 617)的要求,随车携带《道路运输危险货物安全卡》。第四十条及四十三条规定,在道路危险货物运输过程中,除驾驶人员外,还应当在专用车辆上配备押运人员,确保危险货物处于押运人员监管之下。驾驶人员、装卸管理人员和押运人员上岗时应当随身携带从业资格证。

道路危险货物运输从业人员必须熟悉有关安全生产的法规、技术标准和安全生产规章制度、安全操作规程,了解所装运危险货物的性质、危害特性、包装物或者容器的使用要求和发生意外事故时的处置措施,并严格执行《汽车运输危险货物规则》(JT 617)、《汽车运输、装卸危险货物作业规程》(JT 618)等标准,不得违章作业。

道路危险货物运输企业或者单位应当通过岗前培训、例会、定期学习等方式,对从业人员进行经常性安全生产、职业道德、业务知识和操作规程的教育培训。

2. 危险货物运输安全管理

鉴于危险货物主要是易燃易爆有强烈腐蚀性的物品,如爆炸品、压缩气体及液化气体、氧化剂和有机氧化物、毒害品及感染性物品、放射性物品及腐蚀品等,因此危险货物的运输存在巨大的危险性,稍不注意可能会造成重大物质损失或者人员伤亡。所以,安全运输是危险货物运输的基点,是区别于其他普通货物运输的核心标志。当然,这并不是说其他普通货物运输不需要注意安全,不需要进行安全管理,而是鉴于危险货物运输的特殊性,安全管理工作对危险货物运输管理显得更为重要和关键。

应当指出,这里所说的"安全性"有两层含义:一是在危险货物运输管理中,一定要把安全工作放在首位,一切以安全为重,一切工作都必须在安全的前提条件下进行,严格实行"安全一票否决制";二是必须合法、规范地进行危险货物运输和管理,否则,安全就没有保证,效益也就成了"空中楼阁",稍有不慎将会严重危及人民生命财产。

因此,作为整个货物运输的一个重要组成部分,危险货物运输除要遵守交通运输共同的规章,如《中华人民共和国道路交通管理条例》和《高速公路交通管理办法》等外,还要遵守危险货物运输的许多特殊规定,包括国际标准、国家标准和行业标准等。危险货物运输管理方面的相关规章、规定相对较多,涉及道路、水路、铁路和航空等各类运输方式,而且对企业经营、人员管理、运输监督、救援防护等方面都有较明确的规定。

第二节 国内外危险货物运输管理现状

为了保障危险货物的安全运输,联合国危险货物运输专家委员会(The UN Committee of Experts,简称 COE)早在1956年就出版了适用于所有运输形式的危险货物运输规则,即《关于危险货物运输的建议书》[人们俗称的"橙皮书"(The Orange Book)],涉及危险货物的分类、包装、标记、标签及运输单证等各领域的规则,每两年修订一次。自 1996 年开始,"橙皮书"首次作为联合国的"规章范本"以全新的格式出版,即联合国《关于危险货物运输的建议书 规章范本》(Recommendations on the Transport of Dangerous Goods – Model Regulations)和联合国《关于危险货物运输的建议书试验和标准手册》(Recommendations on the Transport of Dangerous Goods – Manual of Tests and Criteria,简称"小橙皮书"),并已成为国际上所有运输方式下危险货物运输的国际规则,以及各国相关法规的指导性法规。

无论是联合国的"橙皮书",还是国际海事组织的 IMDG CODE(国际海运危险品法规),或国际民航组织的 ICAO – TI(国际民航机关技术指南)等危险货物运输规则,尽管是强制性的,但都允许联合国及相关的国际组织成员国,根据本国的具体情况,制定具体的实施法规,并允许在不降低安全标准的前提下,对国际规则做必要的修订(Amendments)或豁免(Exemptions)。

一、欧美发达国家危险货物运输管理现状

在国际危险货物运输规则框架下,世界主要国家的危险货物运输规则体系大多是参照联合国《关于危险货物运输的建议书 规章范本》(以下简称《规章范本》)和其他相关的道路、海运、航空等国际性危险货物运输规则建立的,甚至将国际规则直接引入到国内,形成科学完善的危险货物运输规则体系。

1. 美国的危险货物运输法规体系

在 20 世纪 70~90 年代,美国的经济处于一个较长的繁荣期,随着经济的发展和货运量的增长,危险货物的货运量也逐年递增,其中危险货物的事故比例也相当惊人。据美国交通运输安全局统计,20 世纪 80 年代,美国的货运车承运危险货物出事故的比例高达 23.4%。然而,最近 20 年间,美国由危险货物所引起的事故出现了显著的减少,重大恶性事故发生的概率也减至最低,这与美国危险货物的法规完善与监管体制的优越有着很大的关系。

美国在危险货物运输体系及其管理方面积累了颇多的经验,主要体现在:

(1)法律法规较完善

美国的危险货物运输法律法规严谨,内容清晰明确,可操作性强,同时对国际公约极为关注和重视,及时有效地将《规章范本》中的相关内容纳入联邦法律中予以实施。

与许多国家不同,美国与国际接轨的有关危险货物运输的法规只有一部,即《联邦法典第 49 号》(简称"49 CFR")。"49 CFR"的第 100~185 部分,即为《危险物质规则》(HMR),涵盖水路、铁路、道路及航空等各种运输方式下的国内及国际危险货物运输的规则,包括危险物质的分类、包装、标记、标志、装卸、搬运和运输等具体规则。HMR 还包括了安保计划、应急反应、危险货物运输规则培训,及散装容器和钢瓶等方面的规则。所有这些规则,既与现行的国际规则,如联合国的"橙皮书"、国际海事组织的"IMDG CODE"及国际民航组织的"ICAO – TI"等有关各种运输方式下的危险货物运输规则接轨,也结合美国的具体国情,对这些国际规则做必要的差异性的修订,甚至有些规定比国际规则更加严厉。

例如,"49 CFR"规定:当外国的承运人在美国境内发生危险货物运输事故时,除向承运人所在国家的主管当局报告外,还必须向美国的主管当局即运输部的管道及危险物品安全管理局(PHMSA)报告;凡运往美国的危险货物中的第 1 类爆炸品(如武器、弹药、烟花和爆竹等),第 7 类放射性物质,以及气瓶、氧气发生器,第 4 类自反应物质,第 5 类有机过氧化物,还有如打火机、电池等物质,必须事先征得美国主管当局 PHMSA 的批准;凡运输"49 CFR"第 171.101 款的附录中所列的对环境有危害的物质,包括其溶液或混合物,如净数量达到或超出了该附录中规定的数量(即报告数量 RQ),托运人的"危险货物申报单"及包装件的标记上,除了标明"运输专用名称"外,还必须标明 RQ 字样;进出美国或过境美国的危险货物,在托运人的"危险货物申报单"上,还必须显示应急联系电话。

(2) 管理机制健全

美国的"49 CFR"第 5101 款明确了《危险物质规则》制定宗旨:"制定本规章的目的是为了保护人民的生命、财产和环境的安全,使其不受因州内、州与州之间及国家之间的商业危险货物运输所带来的风险危害"。根据美国联邦法典"49 CFR"的授权,美国运输部长有权将危险货物的监管权限委托给 PHMSA,同时授权各种运输方式的行政主管机构有具体实施"49 CFR"的《危险物质规则》的权限。

对于危险货物相关的特殊规定,承运进出美国的危险货物承运人及托运人,都必须详细了解,并必须严格遵守"49 CFR"的各项规则。对违背美国危险货物运输规则的企业或个人,轻者处以 250 美元至 5 万美元的罚款,重者(如造成人员或财产的伤亡或损失)则处以最多 10 万美元的罚款;对有关从事危险货物操作的人员,予以强制培训,如有违背者,至少处以 450 美元的罚款。对粗心大意触犯"49 CFR"法规,造成危险物质泄漏或排放,致使他人死亡或身体伤害,视情节轻重,根据美国《联邦法典第 18 号》,可以判 5~10 年的监禁。

(3) 运输体系管理架构科学

危险货物运输由美国联邦政府运输部主管,有道路、水路等各种运输方式,政府运输部能够客观确定管理功能和准确定位,并能够高效协调运作。由于 PHMSA 是海运、航空运输、铁路运输及道路与管道运输的行政主管当局,并且都在运输部内,在草拟或修订"49 CFR"的《危险物质规则》的过程中,及实施法规与监管过程中,能够和谐地与这些部门进行协调和商洽。

当然,危险物质法规的监管与实施,还牵涉到政府其他主管部门,如环保及卫生部门、农业部门、国土安全部、海上警卫队及国家交通运输安全局等机构,还有地方各州的政府及其相关的执行机构。PHMSA 在出台或修订新的 HMR 规则前,都有 60 天的公示期,会认真听取公众及社会各方面的意见。

PHMSA 还被授权就危险货物国际法规的实践性进行统一协调,代表国家参与联合国及其他国际组织有关危险货物制度的制定与修订,并根据美国的国情,对这些危险货物的运输规则做必要的差异性修订。PHMSA 还代表美国运输部,参与危险货物的国际论坛或政府间的合作,并且与中华人民共和国交通运输部在危险货物运输的信息交流及培训方面进行了一定的合作。

2. 加拿大的危险货物水路运输管理体系

加拿大运输部是全国道路、水路、铁路及民航运输的主管部门,下设有管理危险品运输和救援工作的机构,负责危险货物运输管理和应急工作。加拿大政府负责制定法律法规、技术标准以及开展监督检查和提供救援,危险货物运输的责任则全部由企业来承担,其危险货物运输规则体系具有较高的科学性和运作效率。

(1) 法规体系

为了加强对危险货物的运输管理,加拿大形成了比较完善的法规体系,先后颁布了《加拿大危险货物运输法》《加拿大危险货物运输规则》《散装危险货物规则》《危险化学品和有毒液体物质规则》《防止油类污染规则》《污染物规则》《污染物倾倒报告规则》等法规,这些与国际危险货物运输规则的要求基本一致。《加拿大危险货物运输规则》还直接引用了国际危险货物运输规则及国际海运危险货物规则的主要内容,使得国内危险货物运输管理既统一又能与国际运输高度接轨。加拿大运输部还制定了《危险货物应急指南》作为处理危险货物事故的指导性用书,企业生产单位根据国际危险货物运输规则和《加拿大危险货物运输法》制定内部管理安全措施。

(2) 监督管理

加拿大对危险货物的安全管理充分贯彻"企业负责、政府监察"的安全责任原则,政府和企业的责任十分明确。加拿大运输部及地区分部主要是负责危险货物运输法规的制定和修订,制定发展战略,进行技术研究和提供技术指导,监督企业执行法规的情况,以及参加国际海事组织的活动。加拿大运输部对港口(或码头)的危险货物作业进行的管理,主要负责评审和核准港口(或码头)危险货物的作业量,不定期的检查港口执行法规的情况,以及调查处理事故,提供技术咨询和决策。

加拿大运输部在全国六个地区设立了分部,实行分片管理,每个地区分部的机构设置与运输部基本相同,同样设有危险货物运输管理部门,负责危险货物运输的检查、事故的应急协调和技术决策工作。加拿大在全国各地设有危险货物应急中心,侧重于道路危险货物运输的管理和应急工作。而海上(港区水域以外)危险货物事故的应急处理工作由海岸警备队(机构改革后划归国家海洋资源渔业部)负责。

企业负责危险货物运输的安全责任。在水路危险货物运输方面,各港口(或码头)根据国家的法规和运输部核准的危险货物作业量,制定一系列的内部安全管理措施,包括审核危险货物进出口申报;检查辖区内危险货物,发现不符合法规要求的危险货物,拒绝进港或装运;组织培训作业人员和检查人员;定期组织应急演习,提高应急反应能力。

加拿大在行政处罚方面采取了检控和处罚分离的方式,运输部检查人员发现企业和个人有违法行为时,必须向法院提交检控调查报告,然后由法院裁定处罚决定。根据《加拿大危险货物运输法》,对违法者可处以 5000~100000 加元罚款,处罚额度较大,具有强大威慑作用。检查人员在检查过程中,发现危险货物不符合法规要求,有权做出禁止货物装卸和滞留船舶的决定。

(3) 管理人员持证上岗和培训制度

按《加拿大危险货物运输法》规定,所有危险货物管理人员必须经过专门危险货物培训,合格后方可上岗。港口的危险货物管理人员分四个层次,即作业人员、检查人员、技术指导人员、决策指挥人员。这些人员主要由企业组织培训或委托专业培训机构进行培训,政府部门不参与培训和发证工作。持证人员每两年需参加一些短期专业培训,进行知识更新。加拿大运输部的危险货物检查人员,一般要求具有化工专业、船舶工程专业、航海专业、海岸警备专业等方面的知识和工作经验,经过危险货物的专业培训合格后,持证上岗。同样要求每两年需接受一次短期培训,进行知识更新。

(4) 应急体系

根据《加拿大危险货物运输法》，加拿大运输部设立了全国危险货物应急中心，负责危险货物事故的应急总协调和技术指导，在全国六个地区分部和各地设立应急中心办事处，形成了一个应急网络。应急中心设有功能强大的数据库，备有 50 万种以上化工产品的品名、理化性质、制造原材料、用途、应急措施等数据资料，以及相应的各种应急预案。一旦发生危险货物事故时，由加拿大运输部（包括应急中心）、警察部门、消防部门、环保部门、专业应急公司组成的危险货物事故应急处理小组立即启动。加拿大运输部（包括应急中心）主要负责调查事故的原因并进行应急协调和技术决策；警察部门负责事故现场的控制和人员疏散；环保部门负责环境损害的评估和环境保护工作；消防部门和专业应急公司负责应急救援工作。危险货物事故的救援力量主要依靠私营专业公司，但大部分消防部门都配有专门处理危险货物事故的应急车辆和设备，一些生产单位如港口检查人员的车辆也配有一些应急设备。有关事故的应急处理费用由肇事者承担。加拿大还建立了国家油污赔偿基金，由海岸警备队管理，大大增加国家处理油污事故的能力，保护国家的海洋环境资源。

另外，加拿大还非常重视计算机和网络等现代技术的应用。企业与相关的政府部门可以联网，实现信息资源共享，加强沟通联系。港口对危险货物申报的审核由计算机系统自动审核许可，大大方便船舶和货主的申报工作，提高工作效率和准确性。港口还建立了本单位的危险货物数据库，管理人员和检查人员可以从数据库中获取所需的技术支持，加强对危险货物的跟踪管理。消防部门的危险货物应急消防车辆装配有计算机系统，能够与应急中心联网查询技术资料，还装配有地理信息系统和专家决策系统，可以及时查找事故现场的消防管道接口、地下排污管道去向、事故周围环境情况，以及应急决策咨询，有利于及时采取有效控制和清除措施。同时，港口普遍采用了遥控监视系统，对危险货物的作业现场和库区进行 24h 的监视。港口检查人员配有较先进的检查工具，每个检查人员都有一台专用的检查车辆，上面装配有防护服、呼吸罩等防护设备，同时配有测爆仪表、测放射强度表等检测仪器，以及一些简单的应急器材。

3. 德国危险货物道路运输管理特点

德国是欧盟成员国，德国有关专门委员会依据德文版的《欧盟国家关于道路危险货物运输的协议》，制定了适用于德国的道路危险货物运输管理规定，并纳入《德国危险货物运输法》，成为道路危险货物运输管理实践的主要法律依据。在危险货物道路运输方面，经过多年发展，形成了完善的管理体系。

(1) 具有完备的法律法规体系及调整完善机制

在道路危险货物运输管理方面，为了保证人们的生命财产安全和身体健康，减少对生态环境的破坏，欧盟及德国根据联合国制定的危险货物运输有关法则，进一步细化，形成适用于欧洲或德国实践操作的《德国关于道路危险货物运输的有关规定》，以法律的形式细化，其中非常重视道路危险货物运输全过程、全员的管理。

为了让已有的法律法规进一步适应新环境、新形势，解决新问题，德国及欧洲道路危险货物运输管理法律法规每两年修改一次。在法律法规补充、修改、完善的过程中，以"召开危险货物运输专业委员会讨论会"的形式，采取自下而上的意见征集与反馈机制，充分征求立法部门、政府主管部门、执法部门、企业、行业协会（工商会）的意见，以保证各部门之间充分沟通和交流,充分综合各参与方的意见。

(2)建立有法律化、精细化的人员职责划分与责任追究体系

《德国关于道路危险货物运输的有关规定》以法律的形式细化、明确了各道路危险货物运输过程中发货人(托运人)、包装人、装卸人、承运人、驾驶员、安全咨询员、单证填写员、企业管理人员等运输参与人员的具体职能和责任。

在道路危险货物运输实践中,各参与人严格按法律规定的职责要求,履行相应的职责和功能;一旦检查发现道路危险货物运输违规现象或发生道路危险货物运输事故,警察局将严格对照细化后的法律职责条款,依法追究相关责任人的违规责任或事故责任。这样,不仅便于道路危险货物运输操作人员的实践操作,有助于保证操作人员不漏职、不越职,而且便于警察局尽快地明确追究各责任人的事故责任。

(3)配置有专业的执法检查队伍

德国联邦货运管理局和各联邦州警察局通过抽检危险货物运输车辆、设备及货物装载、标签、标识等,检查各参与危险货物运输的人员是否严格按有关法律法规办事,共同开展德国道路危险货物运输的执法检查,以有效预防、避免事故发生。法律要求,每个执法人员必须经过危险货物运输的专业培训,熟悉危险货物运输的相关规定和要求,而且每个执法检查组均配备有道路危险货物运输执法检查与事故处理必需的专业技术装备。

同时,《德国关于道路危险货物运输的有关规定》还明确要求,执法检查组在道路危险货物运输执法检查过程中,除轻微违规、违规责任明确、小额罚款的情况直接开具罚单、收受罚金进行违规处理以外,其他违规事件均都需经过相应的调查取证,明确相关责任人及主要违规责任后,再按一定的法律程序处理。

(4)建立有专业的事故救援体系

一方面,在德国各联邦州的消防部门设置有危险货物运输事故处室或配置相应的经过专业培训、具备3年以上相关工作经验的危险货物运输事故救援人员和专门报警接线员,不仅建立了专门的事故救援组织机构,而且配备了专业的事故救援人员;另一方面,在德国各联邦州消防支队的危险货物运输事故救援部门通常设置有危险货物事故模拟实验室,供事故救援人员不断学习新的救援知识,深入了解危险货物的主要反应习性,掌握新的事故救援方法与技术。正是因为德国建立有专业的危险货物运输事故救援体系,在德国,一旦发展危险货物运输事故,自救援部门报警接线员接到报警,经过简短的事故询问后,一般能够保证在8min之内及时调派配备相应救援装备的专业救援队伍赶到现场,实施救援。

同时,德国非常重视道路危险货物包装和装载紧固方面的事故预防措施。包装问题是诱发道路危险货物运输事故的主要因素之一,因此德国有关部门认为合适的包装材料、科学的包装容量、良好的包装质量及牢固的装载是预防、避免道路危险货物运输事故有效的重要事前防护措施。德国联邦政府在联邦材料检测和研究所设有专门负责危险货物包装材料研究与质量检测部门,以强化包装材料和科学合理包装的技术研究,严格掌控危险货物包装质量。

(5)建立有健全的人员培训机制

德国及欧洲道路危险货物运输管理非常重视人员培训,并建立了安全咨询员制度,现已形成一套较为健全的人员培训机制。通过加强人员培训,全面提高道路危险货物运输参与

人员的业务素质和技术素质，从而提高道路危险货物运输管理的质量和效率。

主要操作要点：首先，法律授权工商会总体负责道路危险货物运输关键人员（安全咨询员和驾驶员）的培训组织、考试、发证及专业培训机构许可等工作，以总体把握道路危险货物运输人员的培训质量。在德国从事道路危险货物运输驾驶员、安全咨询员培训的专业培训机构，必须得到工商会的批准和授权，所有教员也必须得到工商会的认可。其次，道路危险货物运输企业充分发挥安全咨询员的专业咨询优势，负责企业内部危险货物运输其他参与人员的日常培训工作。通过安全咨询员的培训扩散作用，推动道路危险货物运输的全员培训工作。

4. 欧洲其他国家危险货物运输管理经验借鉴

欧盟危险货物运输的法律法规是在细化联合国建议的基础上形成的，欧洲经济委员会以联合国制定的《规章范本》为基础，根据欧洲的实际情况，由法国负责牵头制定了《欧盟国家关于道路危险货物运输的协议》（简称 ADR），指导欧盟成员国的危险货物运输工作。

(1) 管理机构

欧洲各国基本上都有对危险品进行运输管理的专门机构，他们中的绝大部分都已纳入道路运输（含危险货物运输）管理机构。

英国交通部是负责主管所有交通运输的主管机关，共 16000 多人。英国交通部下设危险货物管理局（以下简称管理局），共由 8 人组成，为英国交通部的直属行政单位。与水运、道路运输局类似，管理局局长对英国交通部长负责，主要承担危险货物运输立法和国际事务，其他部门负责具体执行。在危险货物管理上，交通部管理局为发行大宗危险物货物运输许可证的主管机关。其主要的功能包括：指定适当的检验单位对危险货物运输公司进行定期的检查，代表交通部提供电话咨询服务回答危险货物运输的有关问题，执行英国与欧盟有关危险物运输的相关法令。

在瑞典，运输委员会负责各种规章制度的制定，警察局负责道路运输的安全管理，交通局负责危险货物运输，警察与海关进行联合执法。各个职能部门分工协作，一旦出现危险货物事故后由警察局进行调查并写出事故报告。瑞典国家交通署负责瑞典境内所有方式的交通运输管理，包括道路、铁路、海上及航空运输。瑞典国家交通署是瑞典交通部下属的一个司局，交通署对交通部长负责。瑞典国家交通署主要负责长期规划（包括道路运输、铁路运输、海上运输、航空运输四个方面），建设、维修道路及铁路网络；在运输量方面，道路运输与铁路运输各占一半。在危险货物运输方面，铁路与道路一样重要，但战略目的略有不同；瑞典每年的危险货物运输量约 18000 万 t，其中 1/3 是由铁路运输和道路运输完成的。

瑞典国家应急署（MSB）隶属于国防部，其任务是提高社会应急能力，支持准备并预防事故和危机的发生，职员 900 人。MSB 还负责对洪水、滑坡、易燃易爆危险品事故的救援，并对危险品运输车辆驾驶员进行培训。当事故或危机发生时，MSB 支持利益相关者采取正确的措施来控制局势。MSB 在以下领域制定有关法规：《易燃物和爆炸物法》，该法案涉及搬运及进口易燃物和爆炸物，其目的在于防止与限制由于火灾或爆炸对生命的伤害、环境的破坏和财产的损失；《危险货物运输法》，该法案是为了防止并限制由于危险货物运输过程中的违规操作对人的伤害，及其对环境和财产的破坏；《技术合格评估法》，该法案规定机构注册要符合欧盟有关评估的法律文件要求，MSB 就是在危险货物运输领域中经过评估和证明的机构;《预防和限制主要化学事故后果的措施法》,目的是预防和尽量降低对人的伤害和对环境的损害。MSB 在制定法律法规时主要参考联合国宗旨,把联合国及欧盟的管理模式与瑞典的国情结合起来。

(2) 危险货物的界定

在欧洲,如果对货物是否属于危险品有争议,一般由政府部门负责判定。当然,这种情况是极少发生的。因为在欧洲各国的法律中,危险货物绝大多数已经列举得非常清楚,每种危险品均分配有唯一的代号,并要求在货单上标明。在欧洲有关危险品规定的法律里,危险品一般分成 12 个等级,有些货物虽然在相关法律里没有具体名称,但可以找到一条模糊的规定,即"虽未列入危险品,但有一定危险性的货物"。此时,就会有一个实际部门或决策者对其是否属于危险品做出界定。

(3) 营业条件

欧洲各国对危险货物运输的准入条件相当苛刻,尽管危险货物运输经营者在申请开业时没有车辆数量限制,但是对从事危险货物运输的驾驶员,要求必须有特殊的驾驶证。申请从事危险货物运输的经营者,必须首先加入一个全国性的联合组织。例如,在德国的经营者必须先加入 BBT(道路运输企业联合会),只有成为 BBT 的成员,才有资格申请从事危险货物运输。

此外,有些国家还要审查申请人其他条件。例如,从业企业负责人必须没有前科,包括没有犯罪记录和违章记录;企业要有营运能力;企业必须有 9000 欧元的起始资金,若有第二辆车,还要追加 5000 欧元。该起始资金是存在企业银行账户上,并且由银行冻结。

获得批准后,由专门的全国统一组织向申请者颁发准营证。拿到准营证后,要向保险公司办理车辆损失险等多种保险。达到上述条件,申请人就可以从事普通货物运输。并且,从事危险货物运输还要进行考试,通过后才能取得危险货物运输特许证。特许证有效期为 5 年,期满必须重新考试。

(4) 货运驾驶员的培训和管理

欧洲从事危险货物运输的驾驶员,必须进行基础课程的培训以及相应的考核,培训内容分为多个业务类别。基础培训要经过 20h 的学习,通过考试后才可获得相应的营运证,有效期 5 年。驾驶槽罐式车辆,驾驶员还要经过 12h 培训并通过考试,才可获得相应的营运证;如果是运输易爆物品(一级危险品),要继续增加 8h 的培训并通过考试,才可获得相应的营运证;运输放射性危险物品,需要再参加 8h 培训并通过考试,才可获得相应的营运证。营运证一般在大城市才能发放,有效期最多为 5 年。当然,营运证在整个欧盟国家都是有效的。这些运输普通危险货物的驾驶员必须每 5 年进行一次 30h 的培训。驾驶员在运输危险货物时,必须配备安全帽、防护镜、铁锹、灭火器等,在集装箱四周必须张贴危险识别标志和国际通用的危险货物代码。

在欧盟各国一般都是利用科技手段强化对驾驶员的管理。法律规定驾驶员每行驶 2h 必须休息 20min,一天工作时间最长不得超过 12h,不得违反限速规定,许多危险货物运输车辆最高速度不得超过 90km/h。

英国对一线驾驶员的管理主要是指定独立的第三方单位对其进行管理、培训,合格后发放危险货物运输车辆驾驶证书,证书有效期为 5 年,每 5 年培训、认证一次。而在瑞典道路运输危险货物时只有驾驶员一人(没有押运员),驾驶员受过专门训练,执照每年更新一次,一年后驾驶员应上3周的课。

(5)行政执法

在具体执行过程中,英国交通部管理局最主要的做法是发动国内的民间组织(行业协会——危险品专业人士协会)去执行,其他的管理部门如公安道路管理局进行配合,而交通部管理局仅负责立法和审核民间的做法,并对车辆厂商进行抽查。由于英国道路危险货物运输占到整个运输量的7%~8%,并有逐年增长的趋势,因此在立法上,主要考虑针对某些领域创新所出现的规范,以及对民间进行自行管理的约束规范方面的立法。

瑞典危险货物运输的路上监管由警察来执行,他们是经过专门培训、具有专业知识的专业警察,只负责在路上监管运输车辆,而不参与其他刑事案件等事务。这些专业警察以目测为主,在路上实施监管,对重型载货汽车进行严格检查。当驾驶员有违章行为且情节轻微时,警察就会依法对违章人进行处罚。如果是较严重的违章行为,警察要收集所有证据,将违章行为人告上法院,由法院裁决。判定处罚后,如当事人不接受处罚,将会被判处1~4年的监禁。

(6)信息技术在危险货物运输上的应用

英国交通部管理局最主要任务是安装紧急事件通报系统,然后把民间厂商组织起来,一起商讨该系统是否合法,最后召开听证会后公布执行。由于有了该系统,近几年英国很少发生危险货物运输事故伤亡的现象。在对民间危险货物运输车辆、厂商的管理上,英国不是采用处罚,而是对生产厂商每年进行信用评级,立法构架十分健全。英国的生产厂商很多,由于信用评级的需要,每个厂商要聘用一个安全顾问,安全顾问每年需要写一份安全报告,交通部管理局对安全报告进行抽查,并据此对厂商进行评价。

二、我国的危险货物运输管理现状

危险货物运输问题也得到了我国政府及相关部门的高度重视,并相继出台了一系列规范危险货物运输的法律、法规、标准和规定,特别是近年来陆续修订了一系列的标准化管理规范,这对于规范我国危险货物运输管理具有非常重要的作用。同时,随着地方政府的积极响应,我国的道路和铁路危险货物运输管理体系得到了极大的完善,不过仍然还有一些问题有待解决。

1. 我国各地对危险货物运输的管理概况

总体来看,以北京、上海、天津等直辖市为代表,我国地方政府对危险品物流的管理从法规及相关规定做起,危险品物流管理规范化水平逐步提高。

2012年8月22日,北京宣布排查全市危险货物运输情况,并利用GPS系统等多项科技手段针对危险货物运输交通安全展开全面整治。2013年11月6日,北京市政府发布了关于《建立北京市危险化学品集中管理体系的若干意见》,进一步做好危险化学品的安全管理,预防和减少危险化学品事故,保障人民群众生命财产安全,确保首都社会安全稳定。2015年9月23日北京市交通委员会运输管理局对北京市道路货物运输行政许可程序性规定进行了调整,取消了《北京市交通委员会运输管理局关于印发北京市道路货物运输行政许可程序性规定及执行有关事项说明的通知》,同时制定了《国际道路货物运输经营许可程序性规定》。2017年6月9日北京市政府发布了《北京市危险化学品安全综合治理三年行动计划(2017

年 6 月—2020 年 5 月)》，同时提出加快推进危险化学品集中管理体系建设，充分利用信息化手段，实现危险化学品的全流程管控。为此，北京市发改委于 2018 年 6 月批复了危险货物道路运输电子运单管理系统建设项目，项目建成后，通过"电子运单"，实时掌握车辆位置、车况、行程，6 部门共享数据，实现生产、销售、储存、运输、使用、回收闭环监管。2018 年 6 月 14 日，北京市交通委员会运输管理局货运处组织召开了危险货物运输行业监管检查专项培训会议，会上印发了《北京市道路危险货物运输监管工作实施细则(试行)》和《北京市道路危险货物运输监督检查工作手册(试行)》以及相关法规、标准等材料，并对两文件主要内容进行了详细解读和宣贯部署。

上海市交通委、安监局、公安局、质量技术监督局于 2015 年 8 月 31 日发布了《关于进一步加强本市危险化学品道路运输管理有关工作的通告》，旨在严厉打击危险化学品非法运输，实现对包括来沪从事危险化学品运输车辆的全面纳管，提升上海市危险化学品运输安全运营水平，通告自 2015 年 9 月 10 日起实施，违法车辆 20 日起不许"入境"。2016 年 9 月 5 日，上海市人民政府令第 44 号公布《上海市危险化学品安全管理办法》。2017 年 4 月 5 日上海市人民政府办公厅印发《上海市危险化学品安全综合治理实施方案》，目标是通过为期 3 年的综合治理，推动危险化学品企业安全生产主体责任有效落实，危险化学品安全监管体制、机制、法制日趋完善，危险化学品安全生产基础保障能力进一步提升，使危险化学品重特大事故得到有效遏制。另外，上海市危险货运行业 2016 年对全市 272 家危险货物运输企业开展了安全评估，分 7 大类 79 项，包括专用车辆及设备、从业人员、停车场地、管理要求、营运安全、安全监管及加分项等，共有 7 家企业安全评估工作不合格。

2015 年 8 月 12 日 23:30 左右，位于天津滨海新区塘沽开发区的天津东疆保税港区瑞海国际物流有限公司所属危险品仓库发生爆炸，事故造成 165 人遇难，8 人失踪，798 人受伤住院治疗，直接经济损失 68.66 亿元人民币，血淋淋的事实再一次给我们敲响了危化品管理的警钟。为此，2015 年 9 月 7 日天津市政府公布《天津市危险化学品企业安全治理规定》。2016 年 5 月 27 日，为进一步做好危险品航空运输安全管理，天津监管局全面检查了辖区持有危险品航空运输许可的 3 家基地公司危险品管理情况。2016 年 11 月 4 日天津市滨海新区人民政府印发《滨海新区道路危险货物运输安全专项整治方案的通知》，通过 3 个阶段的专项整治，集中解决道路危险货物运输安全管理中存在的突出问题，遏制危险化学品运输事故，最大限度减少发生交通事故后因危险化学品造成的人员伤亡事故。为认真贯彻落实党中央、国务院和市委、市政府关于加强安全生产工作的重要决策部署，深刻吸取天津港"8·12"瑞海公司危险品仓库特别重大火灾爆炸事故沉痛教训，全面加强危险化学品安全综合治理，有效防范遏制危险化学品重特大事故，切实保障人民群众生命财产安全，天津市安全生产委员会以津安生〔2017〕1 号印发《天津市危险化学品安全综合治理实施方案》，拟进一步健全和完善危险化学品安全监管法制、体制和机制，从根本上杜绝危险化学品重特大事故。

由于我国危险品运输从业人员较多，专业技术水平及运输设备条件参差不齐，导致危险品物流效率低下并存在严重事故隐患等。具体问题主要表现在以下几个方面：

第一，危险品物流网络规划不科学，导致物流效率低。我国危险品物流生产企业大多集中在东部沿海地区，但需求比较分散，导致危险品物流配送路线过长，潜在风险较大。同时，由于铁路运输能力的限制，道路危险品运输量大，运输成本高，运输风险大，运输效率低。

第二,协同管理严重不足,管理效率低。针对危险品物流行业,公安、交通、质检、环保、卫生以及工商、税务、海关等部门都制定了推动本行业发展的有关法规和规定。然而,管理部门太多导致企业左右为难、无所适从,职能交叉导致部门之间的争利诿过时有发生,相关部门间的协同管理水平亟待提高。

第三,危险品物流企业规模普遍较小,从业人员培训不足,管理规范性较差。我国危险品物流企业平均拥有车辆数规模普遍较小。目前危险货物运输企业中进行自产自运的占相当大比重,这种经营模式是导致我国危险品物流企业现代化水平低、发展速度慢的原因之一。对我国危险品物流事故的调查表明,从业人员对危险品物流知识了解少,操作不规范,导致危险品物流潜在危险性较大。

第四,危险品物流标准化与信息化监管能力较差。尽管各级管理部门都出台了关于危险品物流信息化监管的法规及相关标准,但与发达国家相比,还存在一定差距。同时,危险品物流企业信息化监管能力较低,缺乏对危险品生产、仓储、运输、搬运全过程的信息化监管,危险品物流全过程信息化监管脱节。

第五,事故应急机制落后,缺少危险品物流应急预警机制。应急管理部门对危险品物流事故处理尚未建立快速反应的有效机制,对危险货物的危害认识不足,相关防范、救援措施不能及时跟上,往往贻误施救时机,造成二次事故。

2. 我国道路危险货物运输发展历程

20世纪90年代以来,我国的道路建设得到迅速发展。1988年我国的高速公路实现了零的突破,到2001年时,我国的高速公路就已达到了19453km,居世界第二位。中国用了短短的10年时间完成了发达国家40年在高速公路方面走过的历程。随着道路运输量的上升,通过道路运输的危险货物的数量和品种也逐年上升,货物的危险性也越来越大。据不完全统计,近几年每年道路运输危险货物在1亿~2亿t,其中剧毒的氰化物就达到数十万t,易燃易爆的油品类等达到1亿t。

经过多年的发展完善,我国的危险货物道路运输监管体系得到了较大的完善,但仍然存在不少问题。如政府对从事危险化学品运输企业的安全管理还不到位,监管力度不足;经营户数量多,规模小;部分危险化学品道路运输企业在车辆的安全管理上存在不足等,需要进一步的改进。

(1)整体发展

回顾发展历程,我国道路危险货物运输业大致经历了从小到大、逐步壮大的四个阶段。

第一阶段是我国改革开放前的初级发展阶段(1978年以前)。该时期处于计划经济时代,只有少数城市拥有道路危险货物运输企业和为数不多的专业道路危险货物运输车辆,而绝大多数道路危险货物运输车辆是使用普通货车或简单改装的车辆,甚至使用人力车进行手推、肩扛,劳动防护条件和运输条件极差。而有关道路危险货物运输管理的规章制度也严重缺乏,从业人员素质低,相关操作技术不规范。

第二阶段是20世纪80年代的起步阶段。随着道路运输市场的逐步开放,道路危险货物运输也从封闭走向开放,大量社会运力投入到该行业运输工作中,包括化工生产企业的运输车辆也走向社会,个体运输车辆进入危险货物运输市场甚多,形成了多种经济成分、多层次、多部门的道路危险货物运输结构。这一时期政府也意识到危险货物安全管理的重要性,开始对危险货物和危险货物运输管理进行了大量研究,积极与国际接轨,采用国际通用的相关技术法规,同时国家和危险货物运输行业管理部门也组织制定了一系列的运输管理法规、标准,对危险货物运输开始了立法管理和与其配套的技术管理。

第三阶段是 20 世纪 90 年代,道路危险货物运输进入发展壮大和纳入行业管理阶段。随着国家改革开放的不断深入,道路危险货物运输市场更加开放。由于厂矿企事业单位、集体、个体的车辆加入道路危险货物运输行列,使得技术性能好的专用危险货物运输车辆增多,并从国外引进了一部分性能好、容量大、专用性强的危险货物运输车辆,危险货物运输专业化程度得到提高,形成了一批专业化危险货物运输企业。同时,道路危险货物运输的行业管理工作也得到了重视和加强。1993 年交通部出台了《道路危险货物运输管理规定》(〔1993〕1382 号),各省(区、市)按照国家有关法规和规章,及时出台了"实施细则"等一系列具有操作性、实用性的规范性文件,建立起一套较为完善的道路危险货物运输管理制度,并强化了道路运输管理人员和从业人员的业务培训等工作,大大提高了从业队伍的业务素质。经过努力,初具规模的道路危险货物运输市场基本形成,且市场经营行为得到了初步规范。

第四阶段是跨入 21 世纪以后,道路危险货物运输进入整顿、规范和发展阶段。运输市场经营模式的多样化,繁荣了道路危险货物运输市场,但日益加剧的市场竞争,也滋生了一些新情况、新问题。如随着危险货物需求量的不断增加,以及水上运输对相关危险货物运输的限制,使得道路危险货物运输市场秩序出现了许多不规范的运作,业户违规操作和不安全运输等行为较为突出,安全管理迫在眉睫。国家和行业系列法律、法规的及时出台和修订,促使道路危险货物运输企业资质和车辆技术状况的要求以及从业人员素质不断提高,经营行为进一步规范,管理逐步趋于完善,为安全运输、减少事故奠定了一定基础。

(2)立法管理

我国道路危险货物运输管理是道路运输管理的一部分,采用的管理模式基本与道路运输管理体系相同,即交通运输部是交通行业的主管部门,地方以省(自治区、直辖市)交通厅(局、委)为领导,以道路运输管理局等专门管理机构为主线,把省、地(市)、县、乡各级管理机构按条块关系合理地联结起来以履行行业管理职责,该职责大致包括立法管理和技术管理两部分。交通运输部和地方各级运管部门由于所处的地位不同,承担的职能各不相同,但在道路危险货物运输管理职能要素方面则是一致的。主要包括车辆管理(技术状况、运力结构);驾驶员等从业人员管理(培训考试、资格认证);运输经营企业管理(开业条件、企业资质);行政审批;行政执法;运输安全;运输市场宏观调控等。

道路危险货物运输的立法管理是伴着运输市场发展而不断完善的。政府历来非常重视危险货物的立法管理工作,在"安全第一、预防为主、综合治理"方针指导下,国务院及其相关部门自 20 世纪 80 年代中期开始,制定了一系列危险货物管理的法律、法规和技术标准等,其大致经历了三个阶段:

第一阶段从 20 世纪 50 年代初期到 20 世纪 80 年代中期,属于道路危险货物运输初级管理阶段。这段时期国民经济建设虽然需求部分危险货物,但数量和品种相对较少,且相当部分危险货物由铁路运输完成。交通部虽然负责全国主要道路交通管理和制定发展规划、管理法规等,但对道路危险货物运输还没制定出一部部门规章,也没有制定相关技术标准,对从业人员的培训管理几乎是空白,道路危险货物运输处于一种低层次的管理。

第二阶段是从20世纪80年代中期到2000年,属于规范阶段。在这一阶段,由于国民经济快速发展以及"改革开放"政策的实施,危险货物需求量增加较快,各地在危险化学品生产、储存、运输、使用等方面出现一些突出的问题。根据形势发展的需要,1987年2月17日国务院发布了《化学危险物品安全管理条例》(国发〔1987〕14号);交通部制定并发布了《道路危险货物运输管理规定》(〔1993〕1382号)、《汽车危险货物运输规则》(JT 3130—88)、《汽车危险货物运输、装卸作业规程》(JT 3145—91)、《道路运输危险货物车辆标志》(GB 13392—92),以及《危险货物品名表》(GB 12268—1990)等法律法规和技术标准;随后水运、公安、铁道、民航、化工等部门陆续发布了危险品管理的法规和技术标准,如《水路危险货物运输规则》(交通部令1996年第10号)等。

第三阶段是从2000年开始至今,属于完善管理阶段。该阶段时间虽短,但对道路危险货物运输来说是完善管理重要的阶段。国家由计划经济向市场经济过渡中,经济快速发展,各行业对危险化学品的需求量不断增加,而20世纪80年代中期颁布的相关法规和技术标准已不能适应现实发展需要,出现了一些新问题。再加上我国已加入WTO,作为服务贸易领域的道路危险货物运输业,正按照加入WTO的承诺逐步对外开放,最终融入全球经济运行之中。为了适应国际形势的变化,2002年政府先后修订发布了《中华人民共和国安全生产法》和《危险化学品安全管理条例》,对危险化学品实行了"全生命周期"管理。与此同时,交通部修订发布了《道路危险货物运输管理规定》(交通部2005年第9号)等一系列法律法规和相关技术标准,如以《汽车运输危险货物规则》(JT 617—2004)代替JT 3130—88,《汽车运输、装卸危险货物作业规程》(JT 618—2004)代替JT 3145—91,以《危险货物品名表》(GB 12268—2005)以代替旧的GB 12268—1990等,在新品名表中取消了旧标准中的危险货物品名编号方法(CN编号),统一采用联合国编号(UN编号)。我国设立了道路危险货物运输与国际组织及技术法规体系,以及道路危险货物运输的国家标准和行业标准,这些举措不仅为道路危险货物运输提供了法律和技术支持,规范了市场准入和市场监管,而且推动了国内危险货物管理与国际管理体系的接轨,大大提升了道路危险货物运输管理层次,对提高运输效益,减少重大事故均具有重要意义。

(3)人员管理

①从业人员的培训管理。培训是提高道路危险货物运输从业人员的素质和水平、保障运输生产安全、减少事故的一项重要基础工作,也是道路运输管理部门重点关注的工作之一。依据《危险化学品安全管理条例》《中华人民共和国道路运输条例》,以及《道路危险货物运输管理规定》等相关法律法规的规定,对道路危险货物运输从业人员实行资格认定,即所有从事道路危险货物运输的驾驶人员、装卸管理人员、押运人员必须考试合格,取得相应从业资格证后方可上岗。目前,道路危险货物运输从业人员的培训考试工作主要由各级交通部门负责,具体由设区的市级交通主管部门委托市级运政管理机构组织进行,市级运政管理机构与市级交通主管部门共同组织考试,按照驾驶人员、押运人员、装卸管理人员不同工种发放和管理从业资格证。

②培训教材管理。由于以前所用教材都是由各省交通主管部门参照相关法规和有关专业知识自行组织编写,致使内容各不相同,许多教材实用性较差。为此,交通部于2005年5

月8日颁发了《道路危险货物运输从业人员培训教学计划与教学大纲》,并组织专家按照国家有关法规和《道路危险货物运输从业人员培训大纲》的要求,统一编写了道路危险货物运输从业人员培训丛书,其中《道路危险货物运输从业人员培训教材》作为全国范围内统一的教材。另外,交通部还于2007年4月13日发布了《关于发布道路危险货物运输从业人员资格考试大纲和考试题库的通知》,自2007年7月1日在全国统一实施。同时组织研发了"道路危险货物运输从业人员计算机出题考试系统",从培训教材及培训规范化考试两方面规范道路危险货物运输从业人员的培训考试工作。

③培训师资。因从事道路危险货物专业知识培训的教员素质参差不齐,为了提高其整体水平,保障培训质量,交通部于2006年11月23日发布了《道路运输从业人员管理规定》,并自2007年3月1日起施行。该规定明确了从事危险货物运输驾驶员从业资格培训的教练员必须具备的条件:a.具有化工及相关专业大专以上学历或者化工及相关专业高级以上技术职称;b.掌握危险货物运输法规、危险化学品特性、包装容器使用方法、职业安全防护和应急救援等知识,具备相应的授课能力;c.具有2年以上化工及相关专业的教学经历,且近2年无不良的教学记录。这三个条件从培训师资方面强化了道路危险货物运输从业人员培训考试工作的质量。

(4)专业运输车辆的科学管理

①罐体的检测。车辆是保证道路危险货物运输安全的关键因素。目前,道路危险货物运输车辆的技术管理主要涉及运管、质检等部门。其中,质检部门的职责是负责对危险品包装物、容器以及运输工具的槽罐等产品质量实施监督、检查。根据《危险化学品安全管理条例》规定,用于危险货物运输工具的槽罐以及其他容器,必须在国家批准的定点单位生产,在国务院质检部门认可的机构开展专业检测,检验合格后方可使用。检验主要包括"年度检验"和"全面检验"两方面。国家安全生产监督管理局编发的《危险化学品安全管理条例释义》一书对罐体的"年度检验""全面检验"的定义以及检验项目做了详细解释。"年度检验"是每年进行一次,可由运输企业自己检测;"全面检验"是每五年定期进行一次,必须由质检部门进行检测。新罐车的槽罐必须进行"首次全面检验"后方可作业。目前,我国罐车的槽罐检验工作开展得不是十分理想,在一些地方至今质检部门还没有开展槽罐的检验工作,这种情况是因为法规未得到落实而造成交通运管部门行政执法和管理中的困难,也是道路危险货物运输事故发生的隐患。

②GPS监控技术。道路危险货物运输车辆安装行驶记录装置或定位系统,不但可以动态监控和及时调度,也有助于发生运输事故时的应急救援。为此,新修订的《道路危险货物运输管理规定》第八条中要求:"运输剧毒、爆炸、易燃、放射性的危险货物,应当具备罐式车辆或厢式车辆、专用容器,车辆应当安装行驶记录仪或定位系统"。据2006年底的统计数据显示,大部分专用运输车辆安装了GPS,或行驶记录装置,基本实现了危险货物运输的动态监控。

③道路危险货物运输安全卡。为了保证危险货物运输安全,使驾驶人员、押运人员增强安全意识,掌握所运危险货物的急救、消防等知识和应急能力,在《汽车危险货物运输规则》中,根据《化学品安全标签编写规定》的有关要求和思路,提出了"运输危险货物应随车携带道路运输危险货物安全卡"的要求。并组织有关专家依据《化学品安全技术说明书(MS-

DS)》等国际通用数据,编写了道路运输危险货物安全卡在全国范围内使用。这不仅有利于驾驶人员、押运人员在运输危险化学品途中发生被盗、流散、泄漏等情况时,及时采取必要的安全措施并立即报告相关部门,请求给予必要的支援。更为重要的是,救援人员赶到现场后,可以根据"安全卡"上的信息开展有效施救。同时,由于随车携带"安全卡",从业人员可以随时和进一步了解所运危险货物的性质和运输安全知识。

3. 危险货物的铁路运输现状

随着改革开放的深化以及产业结构的调整,各种运输方式不断出现。铁路货物运输虽然运量逐年增长,但市场份额却逐年下降,以2002年为例,当年铁路货运量占全社会货运总量的20.4%,而1950年则占到77%。零散货物运输大量流向公路,相当一部分由铁路运输的大宗物资改走公路或水路,铁路货物运输原有的垄断地位已不复存在。

但是,全国大部分能源仍以铁路运输为主,铁路运输具有运输量大、范围广、路线长等特点,仍以2002年为例,当年石油的铁路运量占其年产量的60%。铁路运输经过3次提速,进一步提高了运行效率,装卸自动化的车辆越来越多。2009年,危险货物中95%的罐车运量和65%的非罐车运量在专用铁路办理,全路3152条企业专用线及专用铁路办理的危险货物品类达到1848种,铁路每年运输危险货物1.8亿t,约占铁路货运总量的9%。

我国铁路是垄断性行业,管理体制和运行机制是建立在计划经济条件下,目前还不完全适应市场发展的要求。货物运输产品单一,质量不高,难以适应运输市场的需要。随着铁路的提速,铁路货运相继开发了"五定"班列、行包专列、大宗货物直达列车等新业务。但总的来看,与市场对接仍然不够紧密,没有完全形成满足不同货主、不同品类物资运输需求的产品业务系列。从事危险化学品铁路运输的车辆更新还不彻底,还有部分车况较差的车辆仍在从事危险化学品铁路运输。部分企业自备槽罐安全管理不够到位,未定期对槽罐及安全设施进行检测、维护保养,充装和计量装置不够完好、准确,在运输过程中超装、混装现象仍然存在,押运人员思想麻痹,忽视安全。

危险化学品承运过程中,仍然存在未严格执行受理、承运、装车、押运、编组、隔离、仓储保管、交付等各环节的签认制度以及押运区段负责制,押运员中途擅离职守,未严格执行禁止溜放、限速连挂、编组隔离的规定,对成组连挂的随意分解,对停留在固定线上的罐车未采取防止溜车等安全措施,未定期对驾驶人员、押运人员进行教育、培训,安全防护用品配备不足,发生事故后应急处置措施不完善等。在装卸过程中有时由于安全管理松懈、违章作业、装卸设施安全条件不符合要求而造成事故。

立法是解决危险货物运输安全管理问题的根本。过去的分散式的管理模式以及行政管理体制中存在着种种问题,我国在进一步实现铁路危险货物运输管理法治化、规范化、科学化和信息化的进程上任重道远。近年来,我国危险货物运输管理组织框架逐步完善,危险货物运输法制建设稳步发展。现行的铁路危险货物运输法规系统的法源包括国际规章、国家法律法规及通用技术标准等,基本形成较为完善的铁路危险货物运输安全管理规章体系。

根据2013年十二届全国人大一次会议批准的《国务院机构改革和职能转变方案》,我国实行铁路政企分开,撤销铁道部,组建国家铁路局和中国铁路总公司(2013年3月14日正式成立)。以后,有关铁路发展规划和监管的行政职责将交由交通运输部及其下属的国家铁路局管理,有关安全运输生产的企业主体责任则由中国铁路总公司承担。交通运输部以2015

年第1号令于2015年3月12日发布了最新的《铁路危险货物运输安全监督管理规定》,自2015年5月1日起施行,自此我国的铁路危险货物运输管理迈开了新的一步。

第三节 危险货物运输的发展趋势

目前,中国已经成为世界化学品的第一生产大国。我国危险货物种类繁多,产量巨大,且5000余种常用化工原料,产销分布不均,95%以上需要异地运输,每年的危险货物运输量约16亿t,并以10%左右的速度增长。其中50%以上是通过道路运输,石油和天然气的管道运输系统也在不断地建设中。

一、我国道路危险货物运输发展及前景展望

随着工农业生产发展和人民生活水平不断提高,社会对危险化学品的需求迅猛增长,再加上道路运输具有点多、线长、面广、易组织、机动灵活并可实现"门到门"运输服务和为其他运输方式提供衔接服务等特点,使得道路危险货物运输量逐年上升,危险货物的品种也越来越多,危害特性越来越复杂。道路危险货物运输已覆盖了9大类危险货物,大量运输易燃、易爆、剧毒、强腐蚀危险货物的车辆在道路上行驶,形成一个个流动危险源,致使运输管理难度越来越大,因此运输安全也越来越重要。

受到宏观经济的影响,预计未来危险货物道路运输行业增长速度有所放缓,但无论从企业数量、车辆数量还是从业人数都将保持持续增长趋势,并且企业平均车辆数量也将进一步扩大,规模化、专业化的行业特征日益凸显,企业经营实力和竞争力都将进一步加强。

1. 危险货物道路运输企业数量持续增长

普通道路货物运输企业数量自2005年以来平均每年以12.5%的速度增长,而危险货物道路运输企业市场准入门槛相对较高,年均增长约4.7%。同时,从2010年开始,由于国内外经济下行趋势的影响,2011年危险货物道路运输企业数量与2010年相比,增长速度仅为3.6%,增速放缓。特别是随着2013年新修订的《道路危险货物运输管理规定》(以下简称《危规》)的颁布实施,危险货物道路运输企业的市场准入门槛进一步提高,如爆炸品、剧毒化学品等运输企业的车辆至少满足10辆以上;停车场地面积得到具体落实;企业需要根据车辆数量配备相应的专职安全管理人员。随着准入门槛的提高,规模较小、安全投入少、抗风险能力差的运输企业会面临较大挑战,有些小企业也会被兼并重组或者退出市场。

因此,结合危险货物道路运输企业的平均增长速度,以及对未来经济走势和新修订《危规》对行业带来的影响判断,危险货物道路运输企业数量的增长速度也进一步放缓。预计2013年—2020年将平均以3%左右速度增长,到2020年底危险货物道路运输企业数量将维持1.3万户左右。

2. 企业规模化、专业化发展

从2006年以来,企业平均拥有车辆数一直以年均6.7%的速度保持增长,到2011年达到28.9辆。2011年拥有10辆以上车辆的危险货物道路运输企业数量为6247户,比2006年增加了1505户,其中拥有50辆以上的企业所占比重虽然较小,但保持着增长势头,所占比重相应从13.5%增加到16.7%。并且随着配送汽柴油、天然气、工业气体的专业化企业的逐年增加,大宗货物规模化、专业化运输将是未来危险货物道路运输行业发展的趋势。特

别是新《危规》的颁布实施,预计 2013 年—2020 年,企业的平均车辆数量将以 6.8% 的速度增长,行业规模化、专业化的特点将愈加明显。

但是,危险货物道路运输企业规模化,主要是相对普货道路运输企业的平均车辆数小于 2 辆而言的。由于道路货物运输业机动灵活、门到门的特点,除了大宗危险货物,其他危险货物运输仍然是由众多、分散的小型企业完成的。如目前拥有 10 辆以下车辆的企业占 35%。所以预计到 2020 年底,10 辆以下车辆的危险货物道路运输小企业数量将仍然占到 30% 左右的比例。

3. 危险货物道路运输车辆数量逐年增加

危险货物道路运输车辆数量主要取决于危险货物道路运输量,并受车辆的吨位数、运输效率等因素的影响。2001 年—2011 年,危险货物道路运输车辆数一直保持年均 14.2% 的增长率。据预测,2013 年—2020 年,车辆数量仍然保持增长,到 2015 年车辆数达到 44 万辆左右;到 2020 年将突破 60 万辆,但年均增长速度为 7.7%,与 2001 年—2011 年的增速相比有所下降。

4. 危险货物道路运输量逐年增长

在假设公路货运量与总营运载货汽车数量存在线性关系的情况下,利用 2006 年—2011 年两者数据,测算出 2012 年—2020 年货运车辆的数量及每辆货运车辆每年平均载货吨数。预计到 2020 年,危险货物道路运输量将达到 15 亿 t 左右。

5. 危险货物道路运输从业人员逐年增长

2006 年—2011 年期间,从业人员总数量以年均 13% 的速度增长,到 2011 年底,从业人数已经达到了近 100 万人。预计 2013 年—2020 年期间将以 7.7% 的速度增长,到 2020 年末,从业人员总数量将突破 200 万人。

同时,为了加强危险货物道路运输的安全管理,新修订的 2013 年《危规》明确规定企业或单位应当配备专职安全管理人员。以 2011 年危险货物道路运输车辆 281459 辆计算,按照 30 辆车配备 1 名专职安全管理人员的标准,危险货物道路运输行业将需要配备大致 1 万名的专职安全管理人员,各省平均需要配备将近 350 人。如果 2013 年—2020 年危险货物道路运输车辆数量平均每年增加 34000 辆,则每年将新增约 1200 名专职安全管理人员。

二、铁路危险货物集装箱运输发展

集装箱运输是现代物流业的发展方向。随着铁路市场化改革的深入和国际、国内贸易的快速发展,特别是社会生产、生活对石化和化工产品依赖性需求的不断加强,铁路危险货物集装箱运输迎来了新的发展机遇。铁路危险货物集装箱运输只有加快发展步伐,充分发挥自身优势,才能进一步提升运输市场份额,不断适应运输市场发展要求。同时,随着新型化工品的不断涌现和进出口贸易的增加,国际危险货物集装箱运输的发展非常迅速。为促进我国铁路运输与国际接轨,有效利用国内、国际市场,有必要大力发展铁路危险货物集装箱运输。

1. 构建铁路危险货物集装箱办理站格局

目前,铁路危险货物集装箱办理站点不仅数量少,而且分布不尽合理,很多大中城市均没有危险货物集装箱办理站点。只有设置一定数量的办理站点,才能有效开展市场营销,扩大铁路危险货物集装箱运输规模。因此,在危险货物运输量较大的地区设立危险货物铁路集装箱专业办理站,或者在普通集装箱办理站或专用线内单独设立危险货物集装箱专门作业区,配备符合消防要求的防爆型装卸机械和消防设施,制定完善的作业制度,实施专业化管理,确保作业安全。

2. 研究开发适宜集装箱的危险货物专用包装

包装对危险货物运输安全至关重要。目前,我国铁路针对危险货物的包装标准较为陈旧,对于新包装、新材料的使用相对较少,对于危险货物集装箱运输的专用包装更是空白。而集装箱本身的优势之一就是简化包装,节省成本。因此,亟须开展对集装箱危险货物专用包装的研究。

3. 开展集装箱运输危险货物的技术条件研究

由于危险货物品类繁多、性质复杂,铁路危险货物集装箱运输需要结合货物特点选择合适的箱型,确定安全技术条件,避免因集装箱隔热和通风差、易破损等问题产生安全隐患。同时,全路易燃液体、气体危险货物运输量较大,罐车运输占主体,应重视危险货物罐式集装箱的研发,缓解罐车不足的矛盾,开拓危险货物门到门运输市场。

4. 重视人员培训和人才引进

危险货物运输专业性强,对管理和作业人员提出了较高的要求。因此,应加强危险货物集装箱专业办理站的经验交流,加大专业办理站和专用线人员的业务培训,以充分发挥先进设备和高新技术的应用。同时,重视高级管理和科技人才的引进,研发铁路危险货物集装箱运输新技术和新装备,提高危险货物集装箱运输的信息化和安全技术水平,实现对运输全过程的实时监测和动态管理,确保铁路危险货物集装箱运输科学、可持续发展。

三、危险货物管道运输发展

世界上第一条原油管道于1865年在美国宾夕法尼亚州建成。1958年,我国建成第一条原油管道,即克拉玛依—独山子输油管道。几十年来,我国输油管道从无到有,已发展到接近3万km,成为我国继公路、铁路、水路、航空后的又一大运输方式。

管道运输是一种较为理想的危险化学品运输方法,具有以下突出的优越性:

①能够连续运输,每天24小时都可连续不断地运输,效率高。

②管道一般埋在地下,不受地理、气象等外界条件限制,可以穿山过河,跨漠越江,不怕炎热和冰冻。

③环境效益好,封闭式地下运输不排放废气粉尘,不产生噪声,减少了环境污染。

④投资少,管理方便,运营成本低。据计算,建设1条年运输能力为15000千t煤的铁路,需投资8.6亿美元,而建设1条年运输能力为45000千t煤气的输送管道只需1.6亿美元。另外,管理人员数量也只有铁路运输的1/7。据测算,管道运输的成本一般只有铁路运输的1/5,公路运输的1/20,航空运输的1/66。

我国石油天然气储运设施建设正处在高峰期。国家将《加强输油气管道建设,形成管道运输网》发展战略列入了"十一五"经济社会发展规划。根据有关方面的规划,我国将形成14条油气输送管道,形成"两纵、两横、四枢纽、五气库",总长超过1万km的油气管输格局。我国全国性天然气管网初见端倪,大规模的城市输气网正在进入百城亿户,北油南调和西油东送的成品油管道干线正在构建,2010年我国石油投运成品油干支线达9200km。我国海上LNG管线也在加快发展,管道运输在国民经济中起着越来越大的作用。

西气东输工程是我国"十五"期间安排建设的特大型基础设施,总投资超过1400亿元,其主要任务是将新疆塔里木盆地的天然气送往豫皖江浙沪地区,沿线过新疆、甘肃、宁夏、陕西、山西、河南、安徽、江苏、上海、浙江十个省市自治区。西气东输工程包括塔里木盆地天然气资源勘探开发、塔里木至上海天然气长输管道建设以及下游天然气利用配套设施建设。西气东输工程主干管道全长4000km左右,输气规模设计为年输商品气120亿 m^3,是我国第一条大口径、长距离、高压力、多级加压、采用先进钢材并横跨长江下游宽阔江面的现代化、世界级的天然气干线管道。

在多年的管道建设实践中,管道运输中科技含量越来越高,管道设计、施工和运行管理技术得到了很大发展,原油常温输送、原油减阻降凝输送、自动控制、高强度管道钢应用、管道防腐保温、储气库调峰、管道流水施工作业、大型河流定向钻穿越等技术都得到了广泛应用,并取得了较好的效果。

对于管道运输的安全管理,主要集中在管道运输规划、建设、运行以及监督管理等方面。油气管输一旦发生安全事故,对社会和环境造成的影响将是灾难性的。所以,要防范管道输送中安全缺陷,管道运行中可能发生的超压、凝管、结蜡等事故。同时,管道的腐蚀引起管道的泄漏现象比较严重,人员操作失误或违章作业也可能造成事故的发生。

【复习思考题】
1. 试述危险货物的定义。
2. 试述危险货物运输安全管理的重要性。
3. 如何加强危险货物运输安全管理?
4. 试述国外发达国家危险货物运输管理的特点。
5. 试述我国各运输方式危险货物运输的现状。
6. 试述危险货物运输的发展趋势。

【案例介绍】

危化品物流,新形势下新变革

据安监总局与消防部门相关数据,近几年我国发生的危化品事故中,77%发生在运输阶段,9%发生在储存阶段,也就是说,危化品物流已经成为危化品安全中风险最高的一环。也正因如此,危化品物流受到各方关注。随着我国产业转移步伐的加快、产业园区的快速发展及环境安全要求的不断提高,危化品物流行业在新形势、新要求下,正在发生深刻的变革。在2014年10月下旬召开的第六届中国危化品物流年会暨危化品物流产业创新发展国际论坛上,各方专家分析了新形势下危化品物流的新要求、新趋势。

化工企业对仓储物流做出新选择

"石化行业近几年发展状况良好,这给危化品物流行业带来了发展机遇,也提出了更高的要求。"中国仓储协会会长沈绍基表示。

沈绍基指出,我国原油产量和原油加工量不断增长,煤化工、天然气、油页岩化工发展速度加快,其产品多为液体和气体,储罐需求量不断增加。这促使我国的危化品仓储设施结构与以前不同,形成新态势:储罐继续领跑,每年递增幅度在12%左右,含量占行业设施总量的53%;立体仓库紧跟其后,每年递增幅度在9%左右,占总量的21%左右;平仓只减不增,每年下降幅度在5%,目前含量占总量的19%。

业内人士认为,从今后发展方向看,储罐库和立体仓库将主导我国危化品仓储行业。中国仓储协会危险品仓储分会顾问柴保身分析认为,立体库的发展速度之所以相对比较快,主要是因为它的容量大、采光好、单位面积产值高,方便机械化和立体化作业,适宜配置安全设施等优点越来越受到业界的青睐;而平仓多是一些老仓库,在当今物流产业高速发展时期它的容量小、单位面积仓储效率偏低、不适宜大批量机械化作业的缺点逐渐显露出来,一般新建、扩建仓库都不选用这种类型,在当今土地紧缺的情况下,平仓发展受到制约已成必然,它将逐步被立体化仓库所取代。

采访中,中国化工报记者了解到,当下化工企业不仅对仓储设施提出更高要求,对于危化品物流也有更专业的需求,采用第三方物流服务成为越来越多企业的选择。

"化工产业发展到一定阶段,精细化分工就成为必然要求,化工企业的第三方物流服务需求越来越多。"泰州联成仓储有限公司科长李斌表示。据了解,目前很多危化品物流企业都是从综合型生产企业中剥离、独立出来的。

"分工细化既能提高物流效率、降低物流成本,同时能减轻综合型生产企业的负担,为企业产生新的效益增长点,因此物流单独从化工生产企业中剥离出来成为服务性企业、使用第三方物流是目前危化物流发展的一大趋势。"李斌说,"这也同时符合政府鼓励制造业与服务业分离的原则。"

园区化对物流模式产生新影响

作为先进的发展理念和发展模式,以集约化、规模化、现代化为特征的化工园区成为带动我国石油化工产业发展的强劲动力。我国化工园区的发展建设多处于沿海、沿江、化工经济重心区域和化工资源产地,这些地区临近港口码头和公铁路交通要道,为仓储物流发展提供了便利条件,而且丰富的资源和高密度石油化工企业,为仓储企业提供了充足的货源和稳定的市场需求,提供了发展空间。

根据我国现行政策,所有新建和搬迁的危化品生产、储存企业必须进入专业化工园区,化工园区已成为危化品仓储企业生存发展的主要载体。据中国仓储协会危险品仓储分会对7家国家级化工园区调查统计,化工园区危化品仓储物流企业占据了入驻企业总量的12%以上,成为园区组建和发展不可或缺的要素。

"据统计,我国目前已建成国家级、省级大型化工园区就达200多个,各类危险化学品生产、储存、运输、使用、废弃处置企业已达30多万家,常用化工原料达到5000余种,95%以上化工原料需采用异地运输。园区集约化管理有助于提升行业的整体安全水平,在这种情况下,突发事故的应急处理成为危化品安全的重要环节。"公安部上海消防研究所阮桢说。

据阮桢介绍,危化品事故中86%发生在物流阶段,因此物流安全是危化品安全中最需要控制的风险因素,也是应急处理的重点。但危化品道路安全事故应急管理体制建设,涉及交通运输部、公安部、安监总局、环保部、卫生部多个部门,因而眼下建立合理有效的联动机制非常重要。

北京交通大学运输学院教授钱大琳建议,应在目前的危险货品安全生产监管联席会议议事协调机构下,建立危险货物道路运输联席会议制度,审议各有关部门提出的加强危险货物运输安全监管的建议,协调解决危险货物运输安全监管工作的重要问题,组织开展部门联合执法、专项整治和督查工作。

产业西移对运输能力提出新要求

据业内人士介绍,我国物流业呈"梯度分布",目前已形成以港澳、长三角、珠三角为龙头和东中西循序分布的智力服务物流、重化工业物流和资源物流的基本格局。

沈绍基指出,随着传统石化产业向中西部迁移和西部大开发政策的深入实施,中西部的能源开发和石化、煤化、气化、盐化等产业发展步伐将进一步加快,中西部危化品仓储设施建设随之被拉动,危化品仓储能力将有明显提升。但总体看来,要达到东部水平还需要较长一段时间。

"西部地区生产成本较低,资源丰富,神华、新汶、兖矿等能源领军企业先后抢滩新疆,目前仅煤化工领域入驻企业就超过百家,有40多个煤化工项目已经开工建设。"交通运输部水运局处长陈正才说。

据介绍,随着产业西移战略的实施,向西出口已经形成一定规模。但西部地区承接产业转移的过程中,物流及相关配套基础设施相对滞后是产业转移的严重制约因素,这对西迁企业的生产经营极为不便。

近年来,中西部地区的铁路、高速公路和机场等交通基础设施虽然有了较大发展和改善,但与东部地区相比仍然差距较大。再一方面,中西部地区铁路、高速公路和港口等交通设施之间也没有做到相互衔接。

陈正才表示,为改变西部地区物流环境,推动我国向西连接世界的通道,国家近年来提出了建设丝绸之路经济带和海上丝绸之路以及依托黄金水道建设长江经济带等一系列战略构想,通过实施向西向南交通基础设施建设工程以及密切与中亚、南亚和东南亚国家的经济、贸易和交通联系,努力缩短出口距离和降低物流成本,使得西部地区逐步成为我国新的开放前沿。

环保安全升级带来新变化

"在当前形势下,安全发展已上升为国家战略,政府对重点行业的安全更加重视,对危化品行业有过多次专项整治。自2001年全国危险货物道路运输专项整治以来,我国危险货物道路运输企业过小、过弱的情况得到了极大改观,日益朝着规模化、专业化和集约化方向发展,发展危险货物道路运输业走向良性有序。"钱大琳表示。

据钱大琳介绍,专项整治后危化品物流经营性企业减少1.5万余户,下降61%;经营性车辆增加20.3万辆,增加1.7倍;专业车辆数增加9.8万辆,增加1倍;危化物流企业平均车辆数由以前的3辆增加到25.9辆,增加8.6倍;从业人数增加78.9万人,增加3.7倍。

钱大琳认为,目前我国安全风险管理已经从过去的事故管理(即事后整改)进入隐患管理(超前治理,标本兼治)形式,将向风险管理(超前预防,预警预控)发展。在这种情况下,"十三五"期间,行业也将从原来的主要解决运输能力不足的问题、关注生产力要素投入的方式,转变为今后通过提高管理和技术水平,提升运输服务的能力和水平,从而实现高效、安全、环保的物流模式。

柴保身认为,绿色物流是危化品行业的终极目标。据介绍,危险品仓储企业是环保监管的重点单位之一,环保部发布的《危险化学品仓储建设项目环境管理要求》《危险化学品废弃物污染防治办法》《危险化学品仓储企业环境风险等级划分办法》等一系列法规文件,均对危化品仓储企业的环保工作提出了高标准、严要求,这些标准和要求已成为危化品仓储企业准入门槛和运营许可的硬道理,并在监管过程中成为一票否决的依据。危化品仓储企业在防止有害气体挥发,防止毒害品、腐蚀物品、放射性物品泄漏,废旧包装的回收利用,固体废弃物处理,以及洗罐洗桶洗车的污水处理等方面面临更为严峻的考验。因此,发展循环经济、实现绿色物流,危化品仓储企业责无旁贷。

高要求催生新技术革命

"在危化品物流中,安全一直是人们关注的重点。特别是当前形势下,新技术在危化物流上的应用层出不穷,特别是主动性安全预控系统,是研发应用的重点。"郑州交通运输集团有限公司总经理付文熙说,"同时,我们发现,从技术存在,到被行业认同,再到行业应用还有很远的路要走。真正能够引起行业人士的高度重视,并助推这些成果应用到交通安全上面,还需要相关人士的主动性态度。"

据介绍,各种安全技术中,与交管部门联网的超速超载报警系统、离道碾压交通标线的报警系统、微波雷达技术(应对团雾天气)、全景无盲区环视监控系统、双目闭合分析疲劳驾驶警示系统、多传感信息融合的控制系统是眼下主动性安全预控系统的主要研发方向。很多物流企业也都在这些方面作攻关。

李斌就表示,他们泰州联成仓储有限公司正在加强信息网络技术建设,以实现精确、实时掌控危化品运输状况。

正本物流集团作为山东省第一批危化品行业仓储服务金牌企业,不仅在硬件上下功夫,在软件上也做足了功课。

"除了为客户提供安全便捷的物流服务外,我们还发挥仓储运输优势实现供应链一体化服务。"该公司副总经理刘金岩说,"比如提供供应链服务,承担全部的采购物流、入厂物流和销售物流,采用铁路专用线、公路运输、入厂管道等方式,提高物流效率。"

"危化品物流能提供的增值服务还很多,除了传统物流外,包揽采购、运输、销售,提供一条龙服务,用仓储抵押贷款实现金融功能,都可以。这也是未来专业的危化品物流企业能为客户提供增值服务、提高竞争力的途径。"广银(山东)融资租赁有限公司副总经理张敏说。

摘自《化工管理》2014年12月

第二章　危险货物基础知识

【学习目标】
1. 熟悉危险货物的类别和项别。
2. 理解危险货物的理化变化及其对运输的影响。
3. 掌握各类危险货物的不同危险特性。
4. 了解《危险货物品名表》及危险货物编号。

【导入案例】

运输烟花爆竹车爆炸炸塌大桥

2013年2月1日上午8时52分,一辆装载烟花爆竹爆炸品的大货车自西向东运输行至连霍高速公路河南三门峡市渑池段义昌大桥时发生爆炸,造成该桥南半幅桥面垮塌80m长,部分车辆和人员坠落23.6m高的桥下。当时大雾,能见度约50m。连霍高速"741"的路段标注点处,前后约3km的路面上被黑色粉尘均匀覆盖。断桥断裂面钢筋杂乱地扭做一团,桥墩已经断裂倾倒。当晚11时40分,三门峡市委宣传部发布消息称,已搜救出的20人中,9人死亡,11人在医院救治,其中重伤4人,轻伤7人。大桥垮塌事故原因查明花炮公司生产装载运输皆涉嫌违法。

来源:中国普法网　2013-2-5

第一节　危险货物的理化变化

　　所有的物质都是处于永远不停地运动、变化和发展的过程中。危险货物既然是物质,当然也不会例外。任何一种危险货物,在运输过程中,不仅其位置在不断地发生变化,而且因外界条件,如温度、湿度等的变化,也将导致其运动状态等发生变化;即使存放于仓库中的危险货物,它的分子也是处于不断的运动中。因此,认识危险货物的特殊的运动形式就具有更为突出的意义。危险货物不同于普通货物,就是因为它具有不同于普通货物的特殊的运动形式,例如,燃烧、爆炸、腐蚀、毒害、放射射线等。危险货物运动的形式不仅多样,而且特殊,但是我们仍然可以认识它。认识危险货物的特殊运动形式,从而能主动地去控制它,是保证危险货物安全运输的重要条件之一。为了便于认识物质多种运动形式,通常根据物质在运动前后是否有新物质生成,把物质的运动分为物理变化与化学变化两类。

一、危险货物的物理变化

物理变化是没有新物质生成的一类变化。例如，常温下氯气经过压缩后变为液氯，在这个变化过程中，没有新物质生成，氯气与液氯具有相同的分子组成，都可以用同一个分子式 Cl_2 来表示，所以这样的变化称作物理变化。物质发生物理变化后，可以通过物理的方法使它回复到原来的状态。如液氯，只要减小压力就又会变为氯气。危险货物在发生物理变化时，有时会带来很大的危害性，所以必须引起注意。例如，氧气钢瓶在受热或冲击时发生强烈爆炸，易燃液体受热后将容器胀裂等都是因为物理变化而造成的。

物质通过物理变化所表现出来的性质称作物理性质。如颜色、气味、状态、相对密度、熔点、沸点、潮解等。下面讨论与危险货物关系较密切的一些物理性质。

1. 状态

物质总是以一定的形态而存在的。物质的固态、液态、气态称为物质的三态。例如在常温下，《危规》中所列的红磷、硫黄、镁粉等是处于固体状态；汽油、酒精、苯等是处于液体状态；光气、氧气等是处于气体状态。物质的状态是随着温度和压力而变化的。我们最熟悉的水，其压力不变时，受热会变为水蒸气，受冷会结冰，就是最好的例子。危险货物中的液态冰醋酸遇冷结成固体冰醋酸，受热变为冰醋酸蒸汽。

了解危险货物的状态及变化规律，对做好运输安全有着重要的意义。如危险货物包装的确定，在很大程度上就决定于该物质的状态。氧气、氢气及二氧化碳气等，在常温下为气态，所以其包装应为能承受高压的钢瓶；酒精、汽油等常温下为液态，其包装一般采用密封的玻璃瓶或钢桶等；而硫黄、硝酸钠等常温下为固态，所以可用麻袋等包装。又如，对包装的检查，运输条件的确定等，也都必须考虑到危险货物的状态。

2. 密度和相对密度

某种物质的质量和其体积的比值，即单位体积的某种物质的质量，称为这种物质的密度。固体和液体的相对密度是该物质的密度在标准大气压下 3.98℃ 时与纯水的密度的比值。对于气体，作为参考的密度是在标准状态下干燥空气的密度，为 $1.2930 g/m^3$。对于气体相对密度也是指气体的相对分子质量与空气的相对分子质量的比值。

了解危险货物的相对密度对运输具有重要意义。如二氧化碳是一种不溶于水，相对密度为 1.26，且相对密度大于水的一级易燃液体。利用它的这一物理特性，包装时应在液面覆盖水层，以防止蒸汽逸出引起火灾。又如，氯气的气体相对密度为 2.4，比空气重，当氯气钢瓶跑气时，氯气会聚积在低洼处，不易扩散开去，所以作业人员在抢救时应尽量站于上风处或高处。又如油类物质失火时，不可用水扑救，也是因为油的相对密度较小，会浮在水面继续燃烧的缘故。

3. 熔点和沸点

如果在烧杯里放些冷水，里边放一支温度计，当加热时，我们会看到温度计指示的温度逐渐上升；当水沸腾时，温度计会指在 100℃ 的地方不再升高。这个事实告诉我们当液体沸腾时，温度是一定的，这个温度称作沸点，即液体沸腾时的温度称作沸点。但从气体冷凝的角度来看，则这个温度又称作液化点。同样，固体融化时的温度也是一定的，这个温度就称作熔点。如果从液体凝固的角度来看，则这个温度又称作凝固点。不同的物质其熔点和沸点是不同的，而纯净的物质都具有一定的熔点和沸点。

熔点、沸点也是物质重要的物理性质之一,在运输中,必须给予考虑。特别是对一些熔点、沸点在气温范围内的危险货物,当气温变化时,常会造成这些物质状态发生变化。例如,溴甲烷液化点为3.56℃,四氧化二氮沸点为21℃。这些货物低温时为液体,温度升高则为气体。所以其包装及运输条件等必须考虑到其气体和液体两种状态的特性。又如《危规》中规定乙醚每年4～9月使用2号包装时,限按冷藏运输,也是考虑到乙醚的沸点而制定的。

4. 潮解

有些危险货物能吸收空气中的水分而溶解,这个现象称作潮解。例如铬酐、氢氧化钠等货物,这一特性比较突出。当铬酐容器破裂后,固态的铬酐甚至会因潮解变为浓溶液而流出。所以,了解危险货物的这一特性对包装鉴定和检查有一定帮助。还有些危险货物吸收空气中的水分后不仅仅是发生单一的溶解现象,而同时会发生化学变化,有新物质生成,如氢化钠、电石等。氢化钠在潮湿的空气中会吸收水分而分解放出氢气,甚至发生自燃。了解危险货物的这一性质除可保证安全运输外,还能保证货物的质量。

二、危险货物的化学变化及化学分类

化学变化又称化学反应,是有新物质生成的一类变化。例如,氢气在氧气中燃烧生成了一种新物质水,石灰石受热后生成了两种新物质石灰和二氧化碳等,都是化学变化。物质发生化学变化时,常常伴随有发光、发热、变色、放出气体等现象,这些现象的产生可以帮助我们判断是否有化学变化发生。物质通过化学变化表现出来的性质称作化学性质。化学反应具有多种类型,如上述两个例子中,氢气在氧气中燃烧后生成一种新物质水的反应称作化合反应。而石灰石由一种物质变成石灰和二氧化碳气体两种新物质的反应,则称分解反应。

任何一种物质都必须在一定的条件下才能发生化学变化。如必须有一定的温度、压力或与另一物质相接触等。所以研究危险货物的化学变化就是了解危险货物发生化学变化的特点及发生化学变化的条件,从而控制其化学变化,确保运输安全。如不少爆炸品受热后会发生分解反应而导致爆炸,所以爆炸品的运输条件中必须远离热源及火源等。又如不少氧化剂遇易燃液体后常会立即起火,所以储存氧化剂时不能与易燃液体配放。

物质的种类是多种多样的,目前已知有几百万种物质。人们在长期的实践中发现很多物质在某些性质或组成等方面有着共同性,于是对物质进行了分类,这就为认识物质、掌握物质的特性带来了有利条件。危险货物按其化学组成分为纯净物及混合物,纯净物又分为单质和化合物,单质包括金属和非金属,化合物包括有机化合物和无机化合物。下面就分别对各类物质进行讨论。

1. 危险货物中的单质

有些危险货物的化学组成比较简单,如危险货物中的氧气、氢气、硫黄、水银、铝镁等,这些由同种元素组成的纯净物,称作单质。《危规》中列出了几十种单质,如:

易燃气体:氢 H_2

非易燃无毒气体:氧 O_2、氮 N_2、氦 He、氖 Ne、氩 Ar、氪 Kr

毒性气体:氯 Cl_2

易于自然的物质:白磷 P

遇水放出易燃气体的物质:活性金属

二级易燃液体(因存放煤油中):镧 La、铈 Ce、钕 Nd

易燃固体:红磷、硫、镁、铝粉、锰粉、钛粉、锆粉
毒性物质:砷、铊、硒粉
腐蚀性物质:溴、汞

物质有纯净物与混合物之分。由一种单质或一种化合物组成的物质称纯净物。由几种不同物质混合在一起的物质称混合物。例如,危险货物压缩空气就是混合物,它是由氮气、氧气、惰性气体等多种物质混合而成。完全的纯净物是没有的,不纯是绝对的,纯是相对的,就连很多超纯度的物质也都含有微量的杂质。然而任何事物都因量变而引起质变。杂质的含量也是如此,当某一物质的杂质含量达到一定程度时,就会导致物质性质的改变。例如,很纯的石灰氮遇水是不会放出易燃气体的,而当其中有一定量的碳化钙杂质时,则因遇水就会放出易燃气体,所以属于危险货物的遇水放出燃烧气体的物质。又如,电石中杂质磷和硫的含量较高时,遇水更容易引起自燃,甚至爆炸。所以在危险货物运输过程中,应当重视货物的杂质含量,更不应当随意地增加货物的杂质含量。例如,当包装破漏时,不应当随意地将洒漏的货物,连同地上残留的杂质,一起搜集倒入原包装。

2. 危险货物中的溶液

一种或一种以上的物质分散到另一种物质里,形成均一的稳定的混合物,称作溶液。我们把能溶解其他物质的物质称作溶剂,被溶解的物质称作溶质。溶液是我们每天都会见到的,如食盐溶于水而形成的盐水就是溶液。水叫溶剂,食盐叫溶质。下面我们讨论一些溶液的性质。

(1)溶解热

把一杯浓硫酸慢慢地倒入一杯水中,同时搅拌就会发现大量的热放出,溶液的温度会很快升高。还有一些物质,如硝酸钾溶于水后会吸收热,溶液的温度降低。一定量的物质溶解于溶剂中所放出或吸收的热量称为溶解热。了解危险货物的溶解热的大小是有一定意义的,特别是浓硫酸等一类物质遇水放出大量热,甚至会使水沸腾而飞溅起来造成事故,所以运输中应避免这些物品与水相遇。

(2)溶解度

物质在水里溶解的多少是不同的。抓一把盐放到水里很容易就溶解了,可是要放一把黏土到水里就很难溶解。物质溶解的能力大小用溶解度来表示。在一定温度下,某物质在100克溶剂里达到饱和状态时所溶解的克数,称作这个物质在这种溶剂里的溶解度。通常把在室温时溶解度在10g以上的,称易溶物质;溶解度大于1g的,称可溶物质;溶解度小于1g的称作微溶物质;溶解度小于0.01g的称作难溶物质。绝对不溶于水的物质是没有的。

影响物质溶解度的因素很多,其中主要有物质的组成以及外界温度、压力等。水能较好地溶解多数无机物类,如钠盐、钾盐等,而很难溶解多数有机物质,如汽油、苯等。温度升高时,多数固体物质在水中的溶解度更大,而气体物质在水中的溶解度反而减小。当压力增大时气体物质的溶解度可增大。了解危险货物在某一种溶剂中溶解度的大小及影响因素,就能更好地掌握它、应用它。例如在车辆洗刷中,对在水中溶解度较大的物质,则以水冲洗就能达到清洁车辆的目的,当提高水温,洗刷效果也会更好些。而对于不溶解于水的物质,如果还用水清洗就达不到预期的效果。又如一些不溶于水的液体,如汽油、苯等失火扑救,也达不到灭火的目的。再如,液氯或液氨等气瓶漏气时,把气瓶放到冷水池就比放到热水池能

更好地吸收放出的有害气体。

(3)溶液的浓度

一定量的溶液里所含溶质的数量称作溶液的浓度。平常我们把溶液中所含溶质多的称浓溶液,所含溶质少的称稀溶液。但是,浓稀溶液只是相对的概念,不能说明溶液所含有溶质的确切数量。为了确切地说明溶液中溶质的多少,就提出了溶液浓度这个概念。

$$溶液的百分浓度 = \frac{溶质的质量}{溶剂的质量} \times 100\%$$

《危规》中规定,高氯酸的百分浓度小于等于50%时,按一级酸性腐蚀物质运输;百分浓度在50%~72%时,按一级氧化性物质运输;百分浓度大于72%时,按有整体爆炸危险的物质和物品运输。

3. 危险货物中的金属和非金属

单质又可以分为金属和非金属两大类。由金属元素组成的单质称作金属;非金属元素组成的单质称非金属。一般说来,金属的物理特性是能传热、导电,具有金属光泽和延展性等。而与危险货物运输有直接关系的却是某些金属的化学活泼性。金属锂、钠、钾、铷、铯、钙、锶等具有很活泼的化学性质,遇水能有剧烈反应,甚至引起燃烧或爆炸,所以《危规》中将它们列于遇水放出易燃气体的物质。金属镧、铈、钕等化学性质也很活泼,在空气中易与氧化合,因而通常是放在煤油等保护液中储存,所以这类物品在运输中按二级易燃液体运输。还有些金属如镁遇火能在空气中燃烧;又有些金属通常是稳定的,但当其为粉末时,则遇火能剧烈燃烧,所以属易燃固体类。还有一些金属其粉末或蒸汽具有毒性,属毒性物质。

非金属的物理特性刚好与金属相反,一般都是电和热的不良导体,没有金属光泽,不同的非金属化学性质相差很大。从危险货物运输的角度来看:氢、氧、氮、氦、氖等非金属常温下是气体,则都属于气体类。黄磷在空气中能自燃;红磷、硫黄等遇火能燃烧。溴有强烈的腐蚀性;砷、硒具有毒性。这些不同的非金属按其主要物理及化学性质而属于不同的危险品类。

4. 危险货物中的无机化合物

化合物按其组成与性质又可分为无机化合物与有机化合物两大类。其中无机化合物还可细分为氧化物、碱、酸、盐等。

(1)氧化物

元素和氧化合而生成的化合物称氧化物。金属元素和氧化合得到金属氧化物,如危险货物中的氧化汞、氧化铍、氧化钙等;非金属元素和氧化合得到非金属氧化物,如二氧化碳、二氧化硫、三氧化二砷、五氧化二磷等。金属氧化物呈碱性,又称碱性氧化物;非金属氧化物呈酸性,又称酸性氧化物。很多元素还能与不同数目的氧化合生成多种氧化物。如氧化钾与过氧化钾;氧化钠与过氧化钠等。过氧化物与正常氧化物在性质上有很大不同,几乎所有的过氧化物都不稳定,易放出氧来,变为普通氧化物,所以绝大多数的过氧化物都属于危险货物。过氧化物遇水也会发生反应而放出氧,而氧是能帮助燃烧的气体,同时能和很多物质起化学反应,所以运输过氧化物时必须引起注意,否则会因受热或遇水而发生变质,甚至引起燃烧和爆炸事故。

(2) 碱

一般来说，金属氧化物溶于水后生成相应的氢氧化物，如氢氧化钾、氢氧化钠、氢氧化铍等，我们称这些化合物为碱。碱具有一些共同的特性：

①碱的水溶液可以使指示剂变色。指示剂是指石蕊、酚酞、甲基橙等物质，它们遇到酸或碱时，会显示出不同的颜色，利用这一性质可以判断物质是酸还是碱。

②碱能与非金属氧化物反应生成盐和水。如果在氢氧化钠的水溶液中通入二氧化碳气体，则能生成碳酸钠和水。

③碱能和酸类反应生成盐和水。若在氢氧化钙溶液中加入硫酸，则能生成硫酸钙沉淀和水。

由于组成碱的各种金属的不同，也就造成了其个性的不同。如活泼金属锂、钠、钾、铯等的氢氧化物——氢氧化锂、氢氧化钠、氢氧化钾、氢氧化铯等碱性很强，能强烈地腐蚀人体、织物、纤维等物品，所以《危规》中都列为碱性腐蚀性物质类。而另一些金属的氢氧化物，如氢氧化铍和氢氧化铊，则因其毒性更为突出，所以《危规》中列为毒性物质类。属于危险货物的碱。很多不太活泼金属的氢氧化物，如氢氧化钙、氢氧化镁、氢氧化铜等，因其碱性较弱，也没有突出的危险性，所以不属于危险货物。

(3) 酸

酸可分为含氧酸与无氧酸。硫酸、硝酸、磷酸等分子中有氧原子叫含氧酸；氢氟酸、氢溴酸等是无氧酸。无论是含氧酸还是无氧酸，它们在水溶液中都能电离生成带正电的氢离子和带负电的酸根离子。在电离时生成的正离子全部是氢离子的化合物称作酸。酸具有以下共同的特性：

①酸能使指示剂变色。

②酸能与活泼的金属反应生成盐，放出氢气，但浓硝酸和浓硫酸除外。

③酸能与金属氧化物反应生成盐和水。

④酸和碱反应生成盐和水，这个反应常常称为酸碱中和反应。

很多酸具有程度不同的腐蚀性，因而在运输过程中必须注意。如硫酸、硝酸、亚硫酸、盐酸、氢溴酸、氢碘酸，浓度在50%以下的高氯酸、氢氟酸等具有极强的腐蚀性，《危规》中列为一级酸性腐蚀性物质。而磷酸、亚磷酸等具有较强腐蚀性的酸，则列为二级酸性腐蚀性物质。

(4) 盐

通常把氯化钠称食盐，简称盐。而化学上盐的概念更广泛一些，凡是能电离生成金属正离子和酸根负离子的化合物就称作盐，如硝酸钾、硫酸铍等。盐具有一些共性：

①盐能与金属反应。如把一颗铁钉放到硫酸铜溶液中去，就会看到铁钉表面有一层铜析出。这种由一种单质替换化合物中一种原子而形成另一种单质的反应，称作置换反应。当金属置换盐中另一金属时，总是较活泼的金属置换出较不活泼的金属。所以铁能从硫酸铜中置换出铜；而铜却不能从硫酸亚铁中置换出铁。

②盐能与碱反应生成新盐和新碱。把碳酸钠溶液与澄清的石灰水溶液混合，就会有碳酸钙沉淀生成。这种由两种化合物相互反应，彼此交换成分，生成两种新的化合物的反应称作复分解反应。这种类型的反应必须要有气体生成，或沉淀生成，或难电离的物质，如水等

生成,才认为是能完成的,否则就认为反应无意义。

③盐能与酸反应生成新盐或新酸。例如,碳酸钠中加入盐酸,则能得到氯化钠和碳酸,碳酸又进一步分解为二氧化碳气体和水。《危规》中规定氰化钾、氰化钠等发生火灾时不可用酸碱或泡沫灭火器扑救。就是因为氰化钾等盐遇酸会生成氢氰酸,氢氰酸是挥发性的酸,会放出剧毒的氰化氢气体,易造成扑救中的中毒事故。

④盐能与另一种盐反应,生成两种新盐。如氯化钠溶液中加进去硝酸银则有氯化银沉淀生成。

除开共性,盐的个性是相差很大的。有的盐如硝酸钾很不稳定,受热易分解,放出大量的热和气体,因而可用做炸药;有的盐如氰化钾等具有很大的毒性,另外,有些盐如次氯酸钙能分解出氧,与其他物质反应,所以用来杀菌和漂白等。不同的盐有不同的性质。

5.危险货物中的有机化合物

(1)有机化合物的特点

有机化合物从组成上看都含有碳元素,绝大多数还含有氢元素,只有部分有机物中还含有氧、硫、氮等元素。因为有机物中绝大部分都含有碳、氢两种元素,所以有人把有机物称作碳氢化合物及其衍生物。有机物除分子中都含有碳原子这一特点外,一般都能燃烧,如《危规》中第三类易燃液体中几乎全部都是有机物,有机物一般都难溶于水,而易溶于有机溶剂。有机物种类多达数百万种,而无机物仅几万种。有机物分子结构复杂,分子中原子数目有的多达成千上万个,少的也有近十个,而无机物分子中原子数目一般都较少。

(2)有机化合物的分类

有机化合物中含有碳、氢两种元素的称为碳氢化合物,简称烃。烃可以看作是一切有机化合物的母体。根据结构又可以分为烷烃、烯烃、炔烃及环烃等。绝大多数的有机化合物分子中的碳原子是相互联系的,构成了有机分子的骨架。根据骨架的特点,一般把有机物分为以下几类:

①开链化合物。开链化合物即脂肪族化合物。这类化合物分子中,碳原子相互连成链状,因而称开链化合物。又因脂肪中含有这类化合物所以又称脂肪族化合物,如戊烷。开链化合物包括烷烃、烯烃和炔烃。烷烃,又称饱和烃。其中最简单的就是甲烷,其次是乙烷、丙烷等。甲烷又名沼气,是一种无色、无味的可燃气体。烷烃分子的名称常以碳原子数的多少而命名,当碳原子数目在10个以下时,用甲、乙、丙、丁、戊、已、庚、辛、壬、葵来命名。碳原子数大于10个的烷烃,则直接用数字来命名,如十一烷等。烷烃的物理、化学性质随碳原子数的增加而变化。一般来说,烷烃的化学性质比较稳定,在常温下与大多数试剂,如浓硫酸、浓硝酸、氢氧化钠、金属钠、高锰酸钾等都不起反应,或反应速度很慢。烷烃能在氧气或空气中完全燃烧,生成二氧化碳和水,同时放出大量的热。凡碳链中出现有碳与碳原子间相互共用两对电子—双键的烃类称作烯烃。例如,乙烯、丙烯等。烯烃比烷烃的化学性质要活泼些,这是因为碳与碳的双键不稳定,容易断裂起化学变化。如乙烯和溴在常温下就能发生反应,使双键打开,这种反应称加成反应。凡碳链中出现有碳与碳原子间相互共用3对电子—三键的烃类称炔烃。如乙炔、丙炔等。炔烃中最重要的是乙炔,乙炔是一种无色、无味的可燃性气体。它可以用电石和水作用而得。乙炔燃烧后放出大量的

热,温度很高,所以常用于气焊。炔烃分子中有三键,因而它比烯烃还活泼,更容易发生加成等反应。烯烃、炔烃都与烷烃相似,其物理化学性质也随分子中碳原子数目的增加而有规律地变化。

②碳环化合物。碳环化合物包含三种:脂环族化合物,其分子中的碳链结成环状,而性质又与脂肪族化合物相近;芳香族化合物,具有特殊的环状结构,而且很多还具有特别的芳香味;杂环化合物,其分子的环状骨架中除碳原子外,还杂有氧、硫、氮等元素的原子。

脂环族化合物、芳香族化合物和杂环化合物都具有环状结构,但由于构成环的形式和组成的不同,而引起其性质的不同。脂环族化合物与开链化合物组成是很相似的,仅碳链形成环状,因而,脂环族化合物及其衍生物的性质与开链化合物很相似。

脂环烃和开链烃相似,有环烷烃和环烯烃两种,最简单的环烷烃是环丙烷。脂环烃的性质和链烃相似。含碳原子数小的环烃,遇上其他化合物,如氯化氢、卤素等,它们的环可以被打开。含碳原子数多的脂环烃就比较稳定。脂环烃在空气中能燃烧,最后生成二氧化碳和水。

芳香族化合物中最简单、最重要的化合物是苯。苯是一种无色、易挥发、易燃的液体。苯有特殊气味,有毒,比水轻,难溶于水,易溶于乙醇和乙醚等有机溶剂。苯易于燃烧,能与很多物质发生加成反应,如与氯发生加成反应则生成六氯化苯。因其分子中,碳、氢、氯三元素每种都有六个原子,所以常称为六六六。苯分子中的氢原子能被其他原子或原子团所取代,发生取代反应,生成苯的各种衍生物。如其与氯作用,则生成氯苯。如被硝基取代则生成硝基苯,被羟基取代则生成苯酚等。苯在空气中完全燃烧,生成二氧化碳和水。但因为苯中含碳的百分比较大,所以在空气中燃烧时常常不能完全燃烧,有大量的碳析出,因而有黑烟产生。

萘是一种稠环化合物,是一个白色闪光的晶体。萘是一种可燃性的固体物质,熔点是80℃,沸点是218℃,有特殊气味,易升华,不溶于水,易挥发,是重要的化工原料,常用于染料工业。

③烃的衍生物。当烃分子中的氢原子被其他元素的原子或原子团取代后的产物称作烃的衍生物,如氯代己烷、二溴甲烷等。根据官能团的不同烃的衍生物分为:卤代烃、醇、醚、醛、酮、羧酸、酯等。烃分子中的氢原子被卤素取代后的化合物称为卤代烃。卤代烃由于所含烃基及卤素原子的不同,其物理性质也有差异。室温时,氯甲烷、氯乙烷、氯乙烯为气体,其余为液体,16个碳以上为固体。卤代烃的沸点随羟基碳原子数及卤素的相对原子质量增加而升高。大多数卤代烃具有特殊气味,如溴甲烷可用作熏蒸杀虫剂,其蒸汽有毒,使用时应注意防护。醇可以看作脂肪烃、脂环烃以及芳香烃分子中的氢原子被羟基取代后的衍生物;羟基是醇的官能团。如甲醇、乙醇、烯丙醇等。醇能与活泼金属反应,能与氧发生反应,能与氯化氢等反应。醇的化学性质主要表现在羟基上。常见重要的醇有:甲醇,为无色透明液体,具有类似酒精的气味,沸点65℃,能与水、乙醇、乙醚等混溶。甲醇具有麻醉作用且毒性很强。甲醇最初是由木材干馏得到,因此又称木醇或木精。近代主要以水煤气为原料取得。甲醇不仅是优良的有机溶剂,而且是重要的化工原料,大量的甲醇用来生产甲醛。此外,甲醇也是合成甲烷、甲胺、有机玻璃、涤纶等产品的原料。1比1的甲醇水溶液用作抗冻剂。甲醇中加入汽油或单独使用,可作为汽车或飞机的无公害燃料。乙醇平常称为酒精。

乙醇是具有酒味的无色透明液体,沸点78.5℃,相对密度0.789,可与水混溶。它和水混合后的总体积比原来醇和水的总体积要小些。在工业商品中,常用乙醇和水的容量关系来表示它的浓度。乙醇与金属钠作用能生成乙醇钠。乙醇容易燃烧,与氧化合生成二氧化碳和水。羟基直接与芳环相连的化合物称酚。酚类分子中含有羟基和芳环,因此,它们具有羟基和芳环所持有的性质。按芳环上所连接的羟基数目,酚可分为一元酚和多元酚。苯酚俗称石炭酸,纯品为无色结晶,熔点40.8℃,沸点181.8℃,因容易氧化而呈粉红色乃至深褐色。苯酚微溶于冷水,易溶于乙醇、乙醚等有机溶剂。苯酚可用作防腐剂和消毒剂。它是重要的有机合成原料,大量用于制造酚醛树脂、环氧树脂以及其他高分子材料——药物、燃料、炸药等。苦味酸是黄色结晶,具有强酸性而味苦,不溶于冷水而溶于热水和有机溶剂中,具有爆炸性,可以做炸药。苦味酸可以氧化,它是农药中的熏蒸剂,以消灭仓库中的害虫。此外,苦味酸还可以做丝毛染料。

醚可以看作是醇的羟基中氢原子被羟基取代后的产物。如甲醚、甲乙醚、乙醚等。常温时,除甲醚和甲乙醚为气体外,其他的醚大都为无色的液体。低级醚很容易挥发,有特殊气味。醚的化学性质比醇要稳定些。乙醚是最重要的一种醚。它易挥发,沸点34.5℃。乙醚很容易着火,蒸汽与空气混合后遇火会爆炸。乙醚常作为麻醉剂和溶剂。醚与空气长期接触后能自动氧化,生成过氧化物。这种过氧化物在受热时会发生猛烈爆炸,应引起注意。醛和酮分子中都含有羰基,统称为羰基化合物。在酮分子中,羰基位于碳链中间,与两个羟基相连接,酮分子中的也称作酮基。根据醛、酮分子中烃基的类别,可分为脂肪族醛、酮和芳香族醛、酮。根据烃基是否含有重键,又可分为饱和醛、酮与不饱和醛、酮。根据醛、酮分子中羟基的数目又可以分为一元醛、酮、二元醛、酮等。在一元酮中,羟基连接的两个羟基相同的称单酮,不相同的称混酮,羰基嵌在环内的为环内酮。

除甲醛在常温下是气体外,12个碳以下的醛、酮是无色液体,高级醛、酮为固体。低级醛具有强烈的刺激气味,中级醛具有花果香味。低级酮具有令人愉快的气味,中级酮具有类似薄荷的香味。因此含有8~13个碳原子的醛、酮常应用于香料工业中。

羟基的沸点比相对分子质量相当的醇低,但却高于相对分子质量相当的烷烃和醚。例如丙酮的沸点为56℃,而相对分子质量相当的甲乙醚和丙醇的沸点分别为8℃和97℃。醛、酮的羰基氧能和水分子形成氢键,所以低级醛、酮可溶于水。醛、酮都能溶于有机溶剂,丙酮能溶解许多有机化合物,是工业上和实验室中常用的有机溶剂。甲醛又名蚁醛,是具有强烈刺激气味的无色气体,沸点-21℃,易溶于水,市售的福尔马林是含甲醛37%~40%和甲醇6%~8%的水溶液,它是医药上广泛使用的消毒剂和防腐剂。这是因为甲醛具有使蛋白质凝固的性能,细菌的蛋白质接触到甲醛即被其凝固,致使细菌死亡,从而起到消毒防腐的作用。乙醛是无色具有刺激臭味,易挥发的液体,沸点21℃,易溶于水、乙醇等有机溶剂。丙酮是无色易燃的液体,沸点56℃,具有令人愉快的气味,可与水、乙醇、乙醚等混溶。丙酮是一种优良溶剂,广泛用于人造纤维、油漆工业中。它也是重要的化工原料,用于合成环氧树脂、有机玻璃和聚碳酸酯等。

链烃分子中的氢被羧基取代后的产物称羧酸,如乙酸等。羧酸能发生脱水反应,酸与酸、酸与醇等都能发生脱水反应。酸与酸脱水则生成酸酐。酸与醇反应失水则生成酯。甲酸俗称蚁酸,是一种具有刺激气味的液体,沸点100.7℃,能与水、乙醇、乙醚等混溶。甲酸存在于蜂、蚁、蜈蚣等动物和荨麻等一些植物体中,工业上用一氧化碳与氢氧化钠反应来制备。乙酸俗称醋酸。纯醋酸为无色并具有刺激性的液体,沸点118℃,冷至16.6℃时即可凝结为冰状固体。因此,纯的无水乙酸又称冰醋酸。邻苯二甲酸为白色结晶固体,可溶于热水而不溶于冷水。邻苯二甲酸没有明显的熔点,热至200~230℃熔化并失水生成邻苯二甲酸酐。邻苯二甲酸酐为白色针状晶体,熔点131℃,易升华。

羧酸分子中的氢原子被烃基取代后的生成物叫酯。酯依据它的来源不同可分为果香油、蜡及油脂三大类。含碳原子数少的羧酸和醇生成的酯,一般都具有香味。含碳原子比较多的羧酸和丙三醇,即甘油,生成的酯为油脂。低级酯是无色有香味的液体,高级酯是油状的或蜡状无香味的黏稠状物质。酯比水轻,除甲酯外一般都不溶于水,而溶于有机溶剂,多数液体的酯都具有易燃性。乙酸乙酯是最有代表性的一种,它是无色的液体,是梨香味,是一种很好的溶剂。它是由乙酸和乙醇通过酯化反应而得到。

综上所述,烃的衍生物的化学性质主要受官能团的影响,其化学反应常常也发生在官能团上。

④含氮有机化合物。分子中含有氮原子的有机化合物统称为含氮化合物。含氮化合物的类型很多,这里主要讨论硝基化合物和胺。烃分子中的氢原子被硝基取代后的衍生物称为硝基化合物。脂肪族硝基化合物一般为高沸点的液体,略带黄色,有类似氯仿的气味,难溶于水,易溶于醇和醚。芳香族硝基化合物中,单环一硝基化合物为高沸点液体,多硝基化合物及稠环硝基化合物都是带黄色的固体。芳香族硝基化合物不溶于水,易溶于有机溶剂。硝基化合物的相对密度都大于1,有毒,无论是吸入或皮肤接触都容易中毒,应注意安全。由于硝基化合物中含有碳、氢、氧、氮元素,很不稳定,极易分解且放出大量的气体物质,如二氧化碳、二氧化氮等,会引起体积的骤然膨胀形成爆炸;它对温度、机械震动、摩擦等十分敏感;分解反应的速度很快,当局部受震、摩擦、受热时会引起全面快速的反应。根据这一特性,硝基化合物的一个主要用途是做炸药。

胺可以看作是氨的烃基衍生物。低级脂肪胺如甲胺、二甲胺、三甲胺和乙胺在常温时为气体,丙胺以上是液体,含12碳以上为固体。低级胺的气味与氨相似,有的还有鱼腥味,三甲胺、1,4-丁二胺、1-5-戊二胺极臭而且很毒。芳香胺的气味不像脂肪胺那样大,但芳香胺很毒,而且容易渗入皮肤,无论吸入它的蒸气或皮肤与之接触都能引起中毒,应当注意防护。低级胺一般易溶于水,溶解度随相对分子质量的增加而降低。伯胺和仲胺的沸点介于相对分子质量相近的醇与烷烃之间。

⑤硫、磷有机化合物。碳和硫直接相连的有机物称为有机硫化合物,可以做农药、燃料、溶剂、洗涤剂和橡胶硫化剂等。常见的一些有机硫化合物,如乙硫醇、丙硫醇、乙硫醚等。硫醇是具有特殊臭味的化合物,例如正丙硫醇的气味类似新切碎的葱头发出的气味,烯丙基硫醇的味和大蒜相近。

有许多含磷的有机化合物是有毒的或者是极毒的,从结构上分析它们大多属于有机磷酸酯类化合物。毒性小的被用作农药,一些农用有机磷杀虫剂、杀菌剂、除草剂等都属于此类。常用的农用杀虫剂有内吸磷、对硫磷、敌百虫、乐果;环境卫生杀虫剂有敌敌畏、马拉硫磷等。敌百虫、马拉硫磷、乐果等对昆虫有剧毒,但在哺乳动物内迅速分解,失去活性,毒性较低。不过大量进入体内仍然是很危险的,所以应有预防中毒措施。

第二节 危险货物的分类

危险货物以列入国家标准《危险货物品名表》(GB 12268)的为准,未列入《危险货物品名表》的,以有关法律、行政法规的规定或者国务院有关部门公布的结果为准。从运输角度看,当前对危险货物的分类主要遵循的是联合国《关于危险货物运输的建议书 规章范本》(以下简称《规章范本》)。《规章范本》中危险货物的分类是按物质的特性和运输条件而确定的。危险货物的危险程度依据国家标准《危险货物运输包装通用技术条件》(GB 12463),分为Ⅰ、Ⅱ、Ⅲ三个等级。参照《规章范本》,再结合国家公布的《危险货物分类和品名编号》(GB 6944)和《危险货物品名表》(GB 12268),本书将危险货物按其危险性和运输要求划分为九大类,有些类别再分成项别,具体划分类项如下:

第1类 爆炸品

爆炸品是指在外界作用下(如受热、受压、摩擦、震动或撞击等),能发生剧烈的化学反应,瞬时产生大量的气体和热量,使周围压力急骤上升,形成巨大的压力发生爆炸,对周围环境造成破坏的物品。爆炸品是包括爆炸物质和以爆炸物质为原料组成的成品在内的物品的总称。

1. 爆炸品按危险程度分为6项

第1.1项 有整体爆炸危险的物质和物品

整体爆炸是指瞬间能影响到几乎全部载荷的爆炸。本项物品爆炸速度极其迅速,爆炸威力极大,其危险性也大。如叠氮化钡(干的或湿的,含水<50%),二硝基重氮苯酚(湿的,含水或乙醇和水的混合物≥40%),雷酸汞(湿的,含水或乙醇和水的混合物≥20%)等。

第1.2项 有迸射危险,但无整体爆炸危险的物质和物品

本项物质爆炸时放出大量气体和热量,产生巨大推动力,导致迸射(抛射)。如弹药用雷管,白磷燃烧弹药(带有起爆装置的发射剂或推进剂),也包括武器弹药、民用火药、烟花制品等。

第1.3项 有燃烧危险并有局部爆炸危险或局部迸射危险或两种危险都有,但无整体爆炸危险的物质和物品

本项包括可产生大量辐射热的物质和物品,或相继燃烧产生局部爆炸或迸射效应或两种效应兼而有之的物质和物品。如二亚硝基苯、火炮发射药。

第1.4项 不呈现重大危险的物质和物品

本项包括运输中万一点燃或引发时仅出现小危险的物质和物品,其影响主要限于包件本身,并预计射出的碎片不大,射程也不远,外部火烧不会引起包件内全部内装物的瞬间爆炸。如点燃导火索。

第1.5项 有整体爆炸危险的非常不敏感物质

本项包括有整体爆炸危险性,但非常不敏感以致在正常运输条件下引发或由燃烧转为爆炸的可能性很少的物质。如E型爆破炸药,它包括浆状炸药(以硝酸铵为主要成分,以水作分散介质,加入可燃剂、猛炸药或其他可燃剂等多组混合而成),乳化炸药(以硝酸盐水溶液与油类乳化而成),水胶炸药(以硝酸、甲胺为主要敏化剂的含水炸药)。

第1.6项 无整体爆炸危险的极端不敏感物品

本项包括含有极端不敏感起爆物质,并且其意外引发爆炸或传播的概率可忽略不计的物品。该项物品的危险性限于单个物品的爆炸。

爆炸品常以热敏感度(常用爆发点表示)、撞击感度和爆速的大小作为衡量是否属于爆炸品的标准。即热敏感度试验爆发点在350℃以下,撞击感度试验爆炸率在2%以上,或爆速在3000m/s以上的物质和物品为爆炸品。

2. 爆炸品按配装类别划分为13个配装组

两种或两种以上物质或制品放在一起储存或运输,不会增加发生偶然事故的概率,对于相同的运输量也不会增加这种偶然事故危害的程度,这些货物的组合称作配装组。按爆炸品的物理性质、爆炸性能、内外包装方式、特殊危险性等不同特点,划分为A、B、C、D、E、F、G、H、J、K、L、N、S等13个配装组。表2-1显示了爆炸品分类、危险分类与配装类如何按规定配装。

爆炸品分类、危险分类与配装类组合表　　　　表2-1

危险分类	配 装 类													ΣA-S
	A	B	C	D	E	F	G	H	J	K	L	N	S	
1.1	1.1A	1.1B	1.1C	1.1D	1.1E	1.1F	1.1G		1.1J		1.1L			9
1.2		1.2B	1.2C	1.2D	1.2E	1.2F	1.2G	1.2H	1.2J	1.2K	1.2L			10
1.3			1.3C			1.3F	1.3G	1.3H	1.3J	1.3K	1.3L			7
1.4		1.4B	1.4C	1.4D	1.4E	1.4F	1.4G						1.4S	7
1.5				1.5D										1
1.6												1.6N		1
Σ1.1~1.6	1	3	4	4	3	4	4	2	3	2	3	1	1	35

如表2-1所示,A配装组(1.1A)

初级炸药;

B配装组(1.1B、1.2B、1.4B)

含有初级炸药,未装有两个或两个以上有效保险装置的制品;

C配装组(1.1C、1.2C、1.3C、1.4C)

发射药或其他爆燃性物质,或含有这些物质的制品;

D配装组(1.1D、1.2D、1.4D、1.5D)

次级爆轰炸药或黑火药,或含有次级爆轰炸药的制品,均无引发装置和发射药;或含有初级炸药并装有两个或两个以上有效保险装置的制品;

E配装组(1.1E、1.2E、1.4E)

装有次级爆轰炸药的制品,无引发装置,含发射药(装有易燃或自燃液体的制品除外);

F配装组(1.1F、1.2F、1.3F、1.4F)

装有次级爆轰炸药的制品,带有自身的引发装置,装入或未装入发射药(装有易燃或自燃液体的制品除外);

G配装组(1.1G、1.2G、1.3G、1.4G)

烟火药或烟火制品,或装有炸药和照明剂、燃烧剂、催泪剂或烟雾剂的制品(遇火活化、

含有白磷、硫化物、易燃液体或易燃凝胶的制品除外);
  H 配装组(1.2H、1.3H)
  装有炸药和白磷的制品;
  J 配装组(1.1J、1.2J、1.3J)
  装有炸药和易燃液体或易燃凝胶的制品;
  K 配装组(1.2K、1.3K)
  装有炸药和化学毒剂的制品;
  L 配装组(1.1L、1.2L、1.3L)
  具有特殊危险性而需要隔离的爆炸性物质或制品;
  N 配装组(1.6N)
  只装有敏感度极低的爆轰炸药的制品;
  S 配装组(1.4S)
  包装与设计具备如下条件的爆炸品,即发生事故时,只要包装未被损坏就可以把任何危险都限制在包装件内,不会妨碍在其附近采取消防或其他应急措施。

第2类 气体

  在50℃(122 ℉)时,蒸汽压力大于300kPa,或者在20℃(68 ℉)时,标准大气压为101.3kPa时,完全处于气态的物质称为气体。气体包括压缩气体、液化气体、溶解气体、冷冻液化气体、气体与其他类别物质的蒸气混合物、充有气体的物品和烟雾剂。
  根据在运输中的主要危险性,气体分为3项。
  第2.1项 易燃气体
  在20℃和101.3kPa标准压力下符合下述两种情况之一的物质:
  (1)与空气混合,体积含量≤13%可被引燃的气体。
  (2)与空气混合,燃烧的上限与下限的差≥12%的气体。
  如氢气(压缩的,液化的)是一种无色、无臭、无味的气体,在常温下是气态,也不活泼,不溶于水,而在高温下活泼,能与许多金属或非金属直接化合生成化合物。氢气极易燃烧,爆炸极限为4%~75%;溶解乙炔和无溶剂乙炔爆炸极限为2.5%~82%,最小引燃量为0.019mJ,很容易燃烧或爆炸;甲胺(无水)爆炸极限为4.95%~20.75%,其蒸气能与空气形成爆炸性混合物,有毒,空气中最大允许浓度为5mg/m³。
  第2.2项 非易燃无毒气体
  非易燃无毒气体是在20℃,压力不低于280kPa条件下运输或以冷冻液体状态运输的气体。如压缩氧,压缩氮,压缩空气,氧化亚氮(一氧化二氮、笑气压缩)等。
  第2.3项 毒性气体
  有毒气体是在50℃时,蒸气压力大于300kPa或在20℃时101.3kPa标准压力下完全是气态,符合下述两种情况之一的物质:
  (1)已知对人类具有的毒性或腐蚀性强度达到对健康造成危害的气体。
  (2)半数致死浓度LC50 小于5000mL/m³,因而推定为对人类具有毒性或腐蚀性的气体。
  如氯(液态),LC50 =370 mg/m³ 属于剧毒。气态时为黄绿色气体,比空气重,有强烈的刺激臭,毒性猛烈,具有腐蚀性和极强的氧化性。再如磷化氢,$LC50 = 0.85\mathrm{mg/m^3}$也属于剧毒,对眼、皮肤和呼吸器官有刺激性,能自燃,因此危害很大。

第3类 易燃液体

在规定的条件下,加热试样,当试样达到某温度时,试样的蒸汽和周围空气的混合气,一旦与火焰接触,即发生闪燃现象,发生闪燃时试样的最低温度,称为闪点。闪点是衡量液体易燃性的最重要的指标。

按照GB 6944规定,易燃液体是指其闪点温度(闭杯闪点不高于61℃,或开杯闪点不高于66℃)时放出的易燃蒸气的液体或液体混合物,或是在溶液或悬浮液中含有固体的液体。本类还包括在温度等于或高于闪点的条件下提交运输的液体,或在温度等于或低于运输温度下放出易燃蒸气的液体,还包括液态退敏爆炸品(即溶液或悬浮在水中或其他物质形成一种均匀的液体混合物,以抑制其爆炸性质的爆炸性物质)。但易燃液体不包括由于其危险特性已列入其他类别的液体。

根据国家安监总局公布的"危险化学品名录",易燃液体分为3项:

第3.1项 低闪点液体,指闪点(闭杯闪点)低于-18℃的液体。

第3.2项 中闪点液体,指闪点(闭杯闪点)在-18℃至23℃的液体。

第3.3项 高闪点液体,指闪点(闭杯闪点)在23℃至61℃的液体。

几种常见的液体有:乙醇、苯、二硫化碳、汽油、乙醚、涂料油漆类、含有机溶剂的制品以及液态退敏的爆炸品。

第4类 易燃固体、易自燃或遇水易燃物质

容易燃烧的物品,除列入第1、2、3类外,都列在第4类中。易燃固体、易于自燃的物质、遇水放出易燃气体的物质易于引起和促成火灾,按其燃烧特性可分为以下3项:

第4.1项 易燃固体

此类物质燃点低,对热、撞击、摩擦敏感,易被外部火源点燃,燃烧迅速,并可能散发出有毒烟雾或是有毒气体的固体,包括极易燃烧的固体和通过摩擦可能起火或促进起火的固体、自反应物质和固态退敏爆炸品。

极易燃烧的固体和通过摩擦可能起火或促进起火的固体指在标准试验中,燃烧时间<45s或燃烧速度>22min/s的粉状颗粒或糊状的固体物质,或能够被点燃,并在10min内可使燃烧蔓延到试样的全部的金属粉末或金属合金,以及经摩擦可能起火的物质和被水充分浸湿抑制了自燃性的易自燃的金属粉末等。这类物质主要包括湿发火粉末,铈铁合金(打火机用的火石)、铈的板块、锭或棒状物、七硫化四磷、三硫化四磷、五硫化二磷等硫化物以及氢化锆、氧化钛等金属的氢化物,癸硼烷、冰片、樟脑等有机物及聚乙醛、仲甲醛等有机聚合物,硫、锆等可燃的元素、火柴、点火剂等。

自反应物质指在常温或高温下由于储存或运输温度太高,或混入杂质能引起激烈的热分解,一旦着火无须掺入空气便可发生极其危险的反应,特别是在无火焰分解情况下,即可散发毒性蒸气或其他气体的固体。这些物质主要包括脂肪族偶氮化合物、有机叠氮化合物、重氮盐类化合物、亚基类化合物、芳香族硫代酰肼化合物等固体物质,如偶氮二异丁腈、苯磺酰肼等。

退敏爆炸品在储运状态下,退敏试剂应均匀地分布在所储运的物质中。对于含有水或用水浸湿退敏时,如果预计在低温(0℃以下)条件下储运,应当添加诸如乙醇等适当相容的溶剂来降低液体的冰点,以防止结冰后影响退敏效果。由于退敏爆炸品在干燥状态下属于爆炸品,所以在储运时必须明确说明是在充分浸湿的条件下才能作为易燃固体储运。属于此类的物质有:含水不低于30%的苦味酸银、含水不低于20%的硝基脲、硝化淀粉、含水不低于15%的二硝基苯酚、二硝基苯酚盐、二硝基间苯二酚和含水不低于10%的苦味酸铵等均属退敏固体爆炸品。

此外,易燃固体还包括植物纤维一类的易燃物质,如棉花、亚麻、大麻、大棉、黄麻、剑麻等易燃的植物纤维类物质,以及牧草、谷草、油草、蒲草、羊草、芦苇、玉蜀黍秸、豆秸、秫秸、蒲叶、烟秸、草席、草帘以及其他芦苇、草秸的制品等,它们称为丙类易燃固体。

第4.2项　易于自燃的物质

此项物质自燃点低,在空气中易于发生氧化反应,发出热量而自行燃烧的物质。此项物质包括发火物质和自燃物质。

发火物质是指与空气接触5min之内即可自行燃烧的物质(包括液体、固体和固、液混合物)。如白磷(黄磷)、发火的三氯化钛、发火钙金属钙粉和烷基铝等。

自燃物质是指与空气接触,不需要外部热能源的作用即可自行发热而燃烧的物质。这类物质的特点是在量大(若干千克),经过时间较长(若干小时或若干天)时才会自燃。所以又称为积热自燃物质。如油纸、油布、油绸及其制品,动、植物油和植物纤维及其制品赛璐珞碎屑,潮湿的棉花,种子油饼(含水≤11%)等。

第4.3项　遇水放出易燃气体的物质

此项物质遇水或受潮时发生剧烈化学反应,放出大量的易燃气体和热量的物质。遇水易燃物质常见的有:锂、钠、钾、铷、铯、钙、锶、钡等碱金属和碱土金属;钠汞齐、钾汞齐;金属氢化物(氢化钙)、碳化物(碳化钙)、硅化物(硅化钠)、磷化物(磷化钙、磷化锌)、硼氢化物(硼氢化钠)及镁、锌等轻金属粉。还包括一些合金类,如硅铁(30%≤含硅<90%),硅铝粉(无涂尘的)等。

第5类　氧化性物质和有机过氧化物

第5类危险货分为2项。

第5.1项　氧化性物质

氧化性物质是氧化剂,其本身不一定可燃,但通常因放出氧或起氧化反应而引起或促使其他物质燃烧。这类物质多为碱金属,碱土金属的盐和由过氧组成的无机化合物。氧化性物质主要有以下几类:

(1)硝酸盐类。这类氧化剂中含有高价态的氮离子,易得电子变为低价态的氮离子,如硝酸钾、硝酸铵、硝酸锂等。

(2)氯的含氧酸及其盐类。这类氧化剂的分子中含有高价态的氯离子,易得电子变为低价态的氯离子,如高氯酸、氯酸钾、次亚氯酸钙等。

(3)高锰酸盐类。这类氧化剂分子中含有高价态的锰离子,易得电子变为低价态的锰离子,如高锰酸钾、高氯酸钠等。

(4)过氧化物类。这类氧化剂分子中含有过氧基,不稳定,易分解,放出具有强氧化性的氧离子,如过氧化钠、过氧化钾等。

(5)其他银、铝催化剂。

(6)有机硝酸盐类。这类物质与无机硝酸盐类类似,也含有高价态的氮离子,易得电子变为低价态,但本身可燃,如硝酸胍、硝酸脲等。

(7)重铬酸盐类。这类氧化剂分子中含有高价态的铬离子,易得到电子变为低价态的铬化合物,显示出很强的氧化性。

第5.2项 有机过氧化物

有机过氧化物遇热不稳定,加速自分解并放热。它速燃、对热碰撞和摩擦敏感、与其他物质会进行危险的反应、易于爆炸分解和损伤眼睛。有机过氧化物主要有以下几类:

(1)可发生爆炸分解的过氧化物。该类型物质是指有爆炸危险的物质,它在包装运输时不起爆,也不会快速爆燃,但在包件内部易产生热爆炸。此类型有机过氧化物运输时装入每一包件的净重一般不得大于25kg,并须在包装上显示爆炸品副标志。

(2)迅速燃烧的过氧化物。

(3)对碰撞或摩擦敏感的过氧化物。

(4)与其他物质起危险反应的过氧化物。

(5)损害眼睛的过氧化物。

第6类 毒性物质和感染性物质

毒性物质和感染性物质都是指对人体特别有害的物质和物品,按其致病的机理不同分为毒性物质和感染性物质。

第6.1项 毒性物质

毒性物质是指进入人体后累积达到一定的量,能与体液组织发生生物化学作用或生物物理变化,扰乱或破坏肌体的正常生理功能,引起暂时性或持久性的病理状态,甚至危及生命安全的物质和物品。毒性物质是通过吞食、吸入或与皮肤接触后,损害人体健康、造成严重损失甚至死亡。毒性物质包括急性经口毒性 $LD_{50} \leq 200mg/kg$ 的固体和 $LD_{50} \leq 500mg/kg$ 的液体;急性吸入毒性 $LC_{50} \leq 10mg/L$ 的蒸气粉尘或是烟雾的物质。也包括各种农药,如氰化钠 LD_{50} 为 $15mg/kg$,属剧毒品;三氧化二砷(白砒、砒霜)误服 $0.1g$ 可致死;苦毒浆果(木防己属)是一种植物成熟干果、毒性强, $LD_{50} = 15.5mg/kg$。

第6.2项 感染性物质

感染性物质是指接触到它们时会被传染疾病的含有病原体的物质,包括生物制品。诊断样品、基因突变的微生物、生物体和其他媒介,如病毒蛋白等。病原体是指已知或有认为会使人或其他动物感染疾病的微生物(包括细菌、病毒、立克氏体、寄生虫、真菌)或重组合的微生物(杂交体或突变体)等。感染性物质包括生物制品、诊断样品、基因突变的微生物、生物体和其他媒介。

该项物质的危险级别根据世界卫生组织制定并组织出版的《实验室生物安全手册》中的标准,按生物体的致病力、传染方式和相对容易性,对个体和集体的危险程度,疾病是否可以得到已知有效的预防制剂和治疗方法而康复,划分为四个危险级别,即危险类1、危险类2、危险类3和危险类4。国际民航组织《危险物品航空安全运输技术细则》中将感染性物质划分为A类和B类。A类是指在运输过程中与之接触能对健康人或动物造成永久性残疾或致命疾病的感染性物质;不符合 A 类标准的感染性物质为 B 类感染性物质。

第 7 类　放射性物质

放射性物质是那些能自然的向外辐射能量,发出射线的物质。它们一般都是原子质量很高的金属,像钋、铀等。放射性物质放出的射线有 α 射线、β 射线、γ 射线和中子流四种类型。前三种是放射性物质的原子核发生衰变放射出来的。原子核自发地放射各种射线的现象,称为放射性。中子流只有在原子核发生分裂时才能产生。有许多天然的和人工生产的核素都能自发地发射各种射线。有的发射 α 射线,有的发射 β 射线,有的发射 γ 射线,有的同时发射三种射线或者其中两种。

第 8 类　腐蚀性物质

腐蚀性物质是指与完好皮肤接触不超过 4h,在 14d 的观察期中发现引起皮肤全厚度损毁,或在 55℃时,对 S235JR+CR 型或类似型号钢(一般为 20 号钢)或无覆盖层铝的表面均匀腐蚀超过 6.25mm/年的物质。腐蚀性物质分为 3 项:

第 8.1 项　酸性腐蚀性物质,如硝酸、硫酸、盐酸、氢氟酸、溴及溴水、磷酸、亚磷酸、醋酸(冰醋酸)等。

第 8.2 项　碱性腐蚀性物质,如氢氧化钠、氢氧化钾、氧化钠、氧化钾、钠石灰、氨水、生石灰等。

第 8.3 项　其他腐蚀性物质,如二氯乙醛、甲酸溶液、氯化铜、汞等。

第 9 类　杂项危险物质和物品

杂项危险物质和物品是指具有其他类别未包括的危险物质和物品,此类物质包括 3 项。

第 9.1 项　危害环境的物质

二氧化碳、干冰(CO_2 固体)、锂电池组、多卤联二苯或三苯(液体和固体)和 GB 12268 国际中 61906 号的石棉类等都是对环境有害的物质。

第 9.2 项　高温物质

高温物质是大于或等于 100℃的液体,包括熔融金属和熔融盐和 240℃的固体,直接影响周围环境。

第 9.3 项　经过基因修改的微生物和组织

经过基因修改的微生物或组织,不属于感染性物质,但可以非正常地天然繁殖结果的方式改变动物、植物或微生物物质。

以上危险货物分类共计 9 类 26 项。

第三节　危险货物品名表及危险货物编号

一、危险货物品名表

在国家标准 GB 6944—2012 的基础上,国家标准 GB 12268—2012 同期发布了《危险货物品名表》,采用的国际标准是联合国《关于危险货物运输的建议书　规章范本》(第 16 次修订版)和联合国《关于危险货物运输的建议书　试验和标准手册》(第 5 次修订版)。《危险货物品名表》是由交通运输部提出并由国家质量监督检验检疫总局和国家标准化管理委员会发布的国家标准。它采用 GB 6944 对危险货物进行分类,与联合国《关于危险货物运输的建议书 规章范本》的技术内容一致。危险货物的编号及正式名称按其危险性类别和组成确定。

危险货物品名表列入了运输、储存、经销以及相关活动等过程中最常见的危险货物,品名表力求在可行的范围内列入具有商业重要性的所有危险物质和物品。品名表没有列入那些特别危险非经批准禁止运输、储存、经销及相关活动的危险货物。另外,随着新产品的不断出现,品名表也需要不断补充和完善,没有列入品名表的某些危险货物并不表明不受到特别限制即可运输、储存、经销及相关活动。

1. 危险货物品名表结构

最新版的《危险货物品名表》是 2012 年发布并实施的国家标准,执行国标是 GB 12268—2012。该品名表列入了运输、储存、经销及相关活动等过程中最常见的危险货物。危险货物应按照品名表中适合该物质或物品的名称标示。不同运输方式有自己方式的危险货物品名表,但总体而言,品名表的结构都包括以下 7 栏:

第 1 栏:"联合国编号"——即危险货物编号,由五位阿拉伯数字及英文大写字母组成;

第 2 栏:"名称和说明"——危险货物的中文正式名称,用黑体字表示,也可附加中文说明,用宋体字表示;

第 3 栏:"英文名称"——危险货物的英文正式名称,用大写字母表示,附加说明用小写字母表示;

第 4 栏:"类别或项别"——危险货物的主要危险性,其中第 1 类危险货物还包括其所属的配装组,危险货物的类别或项别以及爆炸品配装组划分按 GB 6944 确定;

第 5 栏:"次要危险性"——除危险货物主要危险性以外的其他危险性的类别或项别,按 GB 6944 确定;

第 6 栏:"包装类别"——按照联合国包装类别给危险货物划定的包装类别号码,按 GB 6944 确定;

第 7 栏:"特殊规定"——与物品或物质有关的任何特殊规定,其适用于允许用于特定物质或物品的所有包装类别。

《危险货物品名表》中每一个编号都对应一个条目,这些条目包括以下四类:

①"单一"条目适用于意义明确的物质或物品。如 31003 环烷,42020 甲醇钠。

②"类属"条目适用于意义明确的一组物质或物品。如 13044 空投照明弹等几种,31107 庚烷异构体等几种,41552 植物纤维(干的)等几种,51517 各种碘酸盐。

③"未另列明的"特定条目适用于一组具有某一特定化学性质或特定技术性质的物质或物品。如 51027 无机高氯酸盐(未列明的),31083 酯类(未列明的)。

④"未列明的"一般条目适用于一组符合一个或多个类别或项别的标准的物质或物品。如 31300 易燃液体(未列明的),43510 二级遇水易燃物品(未列明的)。

2. 危险货物品名表的使用

①根据危险货物品名"首字笔画索引表"或品名"首字汉语拼音索引表"查出该品名在"危险货物品名索引表"中所在页码,得出该品名的危品编号。《危险货物品名表》未列入的,而"危险货物品名索引表"中列有品名的货物应按"危险货物品名索引表"中对应的编号

办理运输。

②根据品名编号,在《危险货物品名表》中查出该品名的主要特性、包装标志、包装类别与安全运输有关的各种资料。

二、危险货物编号

危险货物的编号是根据危险货物运输长期的实际经验采用的,是按照危险货物的危险特性分类,有些类别再分成项别。《危险货物品名表》(GB 12268)(以下简称《品名表》)引用 GB 6944 和 GB 7694,规定了危险货物的品名和编号。品名表的每个条目都对应一个编号。该编号采用联合国编号。每一个编号都是由 5 位阿拉伯数字及英文大写字母组成,表明危险货物所属的类别、项别和顺序号,编号的表示方法如下:第一位数表示危险货物的类别;第二位数表示危险货物的项别;第三位数起表示危险货物的顺序号。此外,《品名表》中 4.1 项、4.2 项、4.3 项、5.1 项、6.1 项、8.1 项、8.2 项、8.3 项均有一级、二级之分,其中一级的危险程度比二级强。顺序号小于等于 500(001~500)为一级危险货物,顺序号大于 500(501~999)为二级危险货物。具体编号规则详见表 2-2。

危险货物的编号规则　　　　　　　　　　　　　　表 2-2

类别或项别	名　称	编号范围
第 1.1 项	有整体爆炸危险的物质和物品	11001~11999
第 1.2 项	有迸射而无整体爆炸危险的物质和物品	12001~12999
第 1.3 项	有燃烧和局部爆炸/迸射危险而无整体危险	13001~13999
第 1.4 项	不呈现重大危险	14001~14999
第 1.5 项	有整体爆炸危险的非常不敏感物质	15001~15999
第 1.6 项	无整体爆炸危险的极端不敏感物质	16001~16999
第 2.1 项	易燃气体	21001~21999
第 2.2 项	非易燃无毒气体	22001~22999
第 2.3 项	毒性气体	23001~23999
第 3.1 项	低闪点液体	31001~31999
第 3.2 项	中闪点液体	32001~32999
第 3.3 项	高闪点液体	33501~33999
第 4.1 项	易燃固体	41001~41500(一级) 41501~41999(二级)
第 4.2 项	易于自燃的物质	42001~42500(一级) 42501~42999(二级)
第 4.3 项	遇水放出易燃气体的物质	43001~43500(一级) 43501~43999(二级)
第 5.1 项	氧化性物质	51001~51500(一级) 51501~51999(二级)
第 5.2 项	有机过氧化物	52001~52999
第 6.1 项	毒性物质	61001~61500(一级) 61501~61999(二级)

续上表

类别或项别	名 称	编 号 范 围
第6.2项	感染性物质	62001~62999
第7类	放射性物质	71001~71999
第8.1项	酸性腐蚀性物质	81001~81500（一级） 81501~81999（二级）
第8.2项	碱性腐蚀性物质	82001~82500（一级） 82501~82999（二级）
第8.3项	其他腐蚀性物质	83001~83500（一级） 83501~83999（二级）
第9.1项	危害环境的物质	91001~91999
第9.2项	高温物质	92001~92999
第9.3项	经过基因修改的微生物和组织	93001~93999

注：以上类别和项别的号码顺序并不是危险程度的顺序。

第四节 危险货物的危险特性

一、爆炸品的危险特性

1. 爆炸的类型

爆炸可分为物理爆炸、核爆炸和化学爆炸三种。物理爆炸是指物质因物理变化(温度、体积、压力等)引起的爆炸,如气球、锅炉因为内部压力过大而产生的爆炸。核爆炸是由于原子核的裂变(重核)和轻核聚变而产生巨大的能量而引起的爆炸,如原子弹、氢弹的爆炸。化学爆炸是物质在瞬间完成的化学变化(反应)同时产生大量气体和热量而形成的爆炸。危险货物中的爆炸一般属于化学爆炸。

化学爆炸按其所发生的化学变化类型可分为简单分解爆炸、复杂分解爆炸和可燃性混合物爆炸三类。

(1) 简单分解爆炸

简单分解爆炸的特点是物质在爆炸时,分解成元素单质,爆炸的危险性大,如叠氮化铅、叠氮化钠的爆炸。

(2) 各种复杂分解爆炸

发生复杂分解爆炸的物质包括含氧炸药,如硝化棉、TNT(2,4,6-三硝基甲苯)、苦味酸(2,4,6-三硝基苯酚)等,在爆炸时发生比较复杂的分解,伴有燃烧。燃烧所需要的氧由本身分解时供给。如11057的苦味酸(2,4,6-三硝基苯酚)爆炸时放热4396.14kJ/kg,温度为3570K,撞击都能引起爆炸。其爆炸性比TNT强5%~10%。复杂分解爆炸的危险性低于简单分解爆炸。

(3) 可燃性混合物爆炸

可燃性混合物是指可燃物与空气(或氧气)组成的混合物。它可以是可燃性气体混合物,可燃性蒸气混合物或可燃性粉尘混合物。可燃物不具备适当的条件是不会爆炸的。

2. 爆炸品的危险特性

爆炸品的危险特性实质是爆炸物质(炸药)的特性。确定货物是否容易爆炸,可由热敏感度、冲击敏感度和爆速三个主要参数来测定。

炸药的危险特性可以从以下几个方面来表示:

(1) 易炸敏感性

炸药的敏感性,是指炸药在受到环境的加热、撞击、摩擦或电火花等外能作用时发生着火或爆炸的难易程度,这是炸药的一个重要特性。如果对外界作用比较敏感,那么,用火焰、撞击、摩擦、针刺或是电能等较小的、简单的初始冲能就能引起爆炸。炸药对外界作用的敏感度是有很大差别的。如碘化氮这种炸药若用羽毛轻轻触动就可能引起爆炸。而常用的炸药 TNT(2,4,6-三肖甲基苯)却用枪弹射穿也不爆炸。炸药引起的初始冲能(又称炸冲能)越小,说明该炸药越敏感。初始冲能是指激发炸药爆炸所需的最小能量。

炸药的敏感性是由许多因素决定的,有内在因素,如炸药分子内的键能、分子结构、反应的活化能以及炸药的爆热、热容量与导热性等都影响敏感性。同样外在因素如炸药结晶、密度、介质温度、杂质(砂、粒、石子、金属、酸、碱等杂质)等都影响炸药的敏感性。例如 TNT 炸药混入砂粒后,敏感度明显提高。炸药还能与许多金属杂质反应生成更易爆炸的物质。特别是铅、银、铜、锌、铁等金属和苦味酸、TNT、三硝基苯甲醚等炸药反应的生成物,都是敏感度极高的爆炸物,大多数轻微的碰撞即引起爆炸。强酸、强碱和苦味酸、爆胶、雷汞、黑索金(环三亚甲基硝铵或称 RDX,11041 号)和无烟火药等许多炸药接触能发生剧烈反应,或生成敏感性很高的易爆物,一经摩碰即引起爆炸。如硝化甘油遇浓硫酸会发生不可控制的反应。相反,有些物质也有降低敏感度的作用,如石蜡、沥青、糊精、水等松软的或液态的物质掺入炸药后,可以降低其敏感性。如硝化棉含水量大于32%,对摩擦、撞击等机械敏感度大为降低;苦味酸含水量大于35%时,硝铵炸药含水量大于3%时不会发生爆炸。由此可见,炸药在运输和存储过程中,特别是在撒漏时,要防止砂粒、石子、尘土等杂质混入,避免与酸碱接触。对于能受金属激发的炸药,应禁止用金属盛装,也不得用金属工具进行作业。

(2) 自燃危险性

某些火药在一定的温度下不用火源的作用就会自行着火或爆炸,这种性质称为自燃危险性,如双基火药长时间堆放在一起时,由于火药的缓慢分解放出的热量以及产生的 NO_2 气体不能及时散发出去,火药内部就会产生热积累,当累积到自燃点时会自行着火或爆炸。这是火药爆炸品在储存、运输过程中需要特别注意的问题。对于多元醇硝酸酯为基的火药还存在分解产生的 NO_2 的自动催化作用(安定剂失效后)。所以,压延后的双基药粒(50℃)不得装入胶皮口袋内,各种火药不得堆大垛,长时间存放。储存中应注意及时通风和散热、散潮。

(3) 遇热(明火)易爆炸

炸药对热的作用非常敏感。实际工作中常常因为遇到高温或火焰的作用,甚至一点小火焰而发生爆炸。因此炸药在储存和运输作业过程中,一定要远离高温和热源。同时要测定炸药的热感度或火焰感度,以便科学地防范和管理。炸药的热感度是指炸药在热的作用下发生爆炸的难易程度。与遇热易爆炸危险性相关的术语有加热感度、火焰感度和电火花感度。

①加热感度。炸药的加热感度常用爆发点来表示。炸药的爆发点是指在一定条件下，将炸药加热到爆燃时被加热介质的最低温度。将炸药加热到爆燃所需的时间称作炸药的感应期或炸药的延滞期。

②火焰感度。火焰感度是另外一种热感度，是指炸药受到火焰作用时发生着火或爆炸的难易程度。

③电火花感度。电火花感度是利用储能电容器，充电到一定电压，然后通过电极间隙放电引爆炸药，然后计算电火花能量的大小。

(4) 机械作用危险性

许多炸药受到撞击、震动、摩擦等机械作用时都有着火、爆炸的危险，而炸药在储存、运输作业过程中均有可能受到意外的撞击、震动、摩擦等机械作用，产生危险性的可能性很大。在这些机械力的作用下能否安全，需要测定炸药的撞击感度和摩擦感度。

(5) 带静电危险性

炸药会经常与容器壁或其他介质摩擦产生静电荷，在没有采取有效接地导除静电的情况下，就会使静电荷聚集起来，表现出很高的静电电位，甚至高达几万伏，一旦放电条件形成，就会产生放电火花，达到足以点燃炸药时，便会发生着火和爆炸事故。

(6) 爆炸的破坏危险性

爆炸品无论是储存还是运输，一旦发生爆炸事故，危害会非常大，必须评估它的爆炸破坏性的情况。爆炸破坏作用包括以下四个方面：

①火球对物体的直接作用。爆炸可以烧穿钢甲、炸碎弹体、炸坏建筑或设备，也可以使邻近炸药引起殉爆或引起火灾。火球作用在装药半径的 7~14 倍范围之内。

②空气冲击波的作用。爆炸可以使人体内脏器官受到损伤，使建筑物受到破坏，引起邻近炸药的殉爆，空气形成的冲击波传播的距离很远。

③固体飞散物的作用。由爆炸而抛起来的石块、破片、碎砖瓦等固体飞散物，可以击伤人员和破坏建筑物。

④地震波作用。爆炸以地震波的形式向周围传播，使邻近建筑物受到破坏。对人不起什么直接作用。地震波一般衰减得快。一般大容量的地下炸药库和洞库爆炸时地震波对附近建筑物威胁较大。相比之下爆炸形成的空气冲击波传播的距离很远，破坏作用较大。从爆炸能量分布来看，敞开条件下爆炸时大约有 75% 的能量传给了空气冲击波。所以，在考虑地面爆炸品仓库发生事故的破坏作用时，主要考虑空气冲击波的作用。

(7) 着火危险性和毒害性

炸药基本上都是易燃的，而且着火时不需外界供氧，能自身分解出可燃性气态产物，并和周围的可燃物接触引起燃烧。因此，必须做好爆炸时火灾预防工作。有些炸药本身有毒，如苦味酸、TNT、硝化甘油、雷汞、雷酸汞、叠氮化铅等，而且一般爆炸后产生有毒气体，如 CO、NO_x、HCN 等。爆炸的瞬间产生的高温、高压还引起一些反应，生成一些有毒气体而使人中毒窒息。如三硝基苯酚 $[C_6H_2(NO_2)_3OH]$ 爆炸时 C、O、H、N 重新结合成有害气体 CO、CO_2、N_2、HCN，因此爆炸现场施救时，除了防止爆炸伤害外，还应注意防毒，以免中毒事故的发生。

二、气体的危险特性

气体的危险特性有易燃易爆性、扩散性、可缩性和膨胀性、带电性、毒害性、窒息性和氧化性等。

1. 易燃易爆性

气体当中,约有54.1%是可燃气体,有61%的气体具有火灾危险。可燃气体的主要危险性是易燃易爆性,所有处于燃烧浓度范围以内的可燃气体,遇火源都可能发生着火或爆炸,有的可燃气体遇到极微小能量着火源的作用即可引爆。一些可燃气体在空气中的最小点火能量如表2-3所示。

一些可燃气体在空气中最小引燃能量(单位:mJ)   表2-3

可燃气体	最小引燃能量	可燃气体	最小引燃能量
甲烷	0.28	丙炔	0.152
乙烷	0.25	1,3-丁二烯	0.013
丙烷	0.26	丙烯	0.28
戊烷	0.51	环氧丙烷	0.19
乙炔	0.019	环丙烷	0.17
乙烯基乙炔	0.082	氢	0.019
乙烯	0.096	硫化氢	0.068
正丁烷	0.25	环氧乙烷	0.087
异戊烷	0.70	氨	1000(不着火)

由于着火的能量很低,如1,3-丁二烯、氢等很容易着火爆炸。可燃气体着火或爆炸的难易程度,除受着火源能量大小的影响外主要取决于化学组成,而其化学组成又决定着可燃气体燃烧浓度范围的大小,自燃点的高低,燃烧速度的快慢和发热量的多少。综合可燃气体的燃烧现象,其易燃易爆性具有以下三个特点:

①比液体、固体易燃,且燃速快,一燃即尽。这是因为一般气体分子间引力小,容易断键,无须熔化分解过程,也无须因熔化、分解消耗能量。

②一般规律是由简单成分组成的气体比复杂成分组成的气体易燃、燃速快、火焰温度高、着火爆炸危险性大。如氢气(H_2)比甲烷(CH_4)、一氧化碳(CO)等组成复杂的可燃气体易燃,且爆炸浓度范围大。这是因为单一成分的气体不需受热分解的过程和分解而消耗热量。简单成分组成的气体和复杂成分组成的气体的火灾危险性比较如表2-4所示。

简单成分气体和复杂成分气体火灾危险性比较   表2-4

气体名称	化学组成	最大直线燃烧速度(cm/s)	最高火焰温度(℃)	爆炸浓度范围(%)
氢气	H_2	210	2130	4~75
一氧化碳	CO	39	1680	12.5~74
甲烷	CH_4	33.8	1800	5~15

③价键不饱和的可燃气体比相对应价键饱和的可燃气体的火灾危险性大。这是因为不饱和的可燃气体的分子结构中有双键或三键存在,化学活性强,在通常条件下,即能与氯、氧等氧化性气体起反应而发生着火或爆炸,所以火灾危险性大。

2. 扩散性

处于气体状态的任何物质都没有固定的形状和体积,且能自发地充满任何容器。由于气体的分子间距大,相互作用力小,所以非常容易扩散。其特点是:

①比空气轻的可燃气体逸散在空气中可以无限制地扩散,易与空气形成爆炸性混合物,并能够顺风飘荡,迅速蔓延和扩展。

②比空气重的可燃气体泄漏出来时,往往漂浮于地表、沟渠、隧道、厂房死角等处,长时间聚集不散,易与空气在局部形成爆炸性混合气体,遇火源发生着火或爆炸。同时,密度大的可燃气体一般都有较大的发热量,在火灾条件下,易于造成火势扩大。常见可燃气体的相对密度与扩散系数的关系如表2-5所示。

常见可燃气体的相对密度与扩散系数的关系 表2-5

气体名称	扩散系数(cm²/s)	相对密度
氢	0.634	0.07
乙炔	0.194	0.91
甲烷	0.196	0.55
氨	0.198	—
乙烯	0.130	0.97
甲醚	0.118	1.58
液化石油气	0.121	1.56

掌握可燃气体的相对密度以及其扩散性,不仅对评价其火灾危险性的大小,而且对选择通风口的位置、确定防火间距以及采取防止火势蔓延的措施都有实际意义。

3. 可缩性和膨胀性

任何物体都有热胀冷缩的性质,气体也不例外,其体积也会因温度的升降而胀缩,且胀缩的幅度比液体要大得多,其特点如下:

①当压力不变时,气体的温度与体积成正比,即温度越高,体积越大。通常气体的相对密度随温度的升高而减小,体积却随温度的升高而增大。如压力不变时,液态丙烷60℃时的体积比10℃的体积膨胀超过20%,其体积与温度的关系如表2-6所示。

液态丙烷体积与温度的关系 表2-6

温度(℃)	-20	0	10	15	20	30	40	50	60
相对密度	0.56	0.53	0.517	0.509	0.5	0.486	0.47	0.45	0.43
$\Phi(\%)$	91.4	96.2	98.7	100	101	104.9	109.1	113.8	119.3

②当温度不变时,气体的体积与压力成反比,即压力越大,体积越小。如对100L、质量一定的气体加至1013.25kPa时,其体积可以缩小到10L。这一特性说明,气体在一定压力下

可以压缩,甚至可以压缩成液态。所以,气体通常都是经压缩后存于钢瓶中的。

③当体积不变时,气体的温度和压力成正比,即温度越高,压力越大。这就是说,当储存在固体容积容器内的气体被加热时,温度越高,其膨胀后形成的压力就越大。如果盛装压缩或液化气体的容器(钢瓶)在储存过程中受到高温、暴晒等热源作用时,容器、钢瓶内的气体就会急剧膨胀,产生比原来更大的压力,当压力超过了容器的耐压强度后,就会引起容器的膨胀甚至爆裂,造成伤亡事故。

4. 带电性

从静电产生的原理可知,任何物体的摩擦都会产生静电,氢气、乙烯、天然气、液化石油气等压缩气体或液化气体从管口或破损处高速喷出时也同样能产生静电。其主要原因是气体本身剧烈运动造成分子间的相互摩擦,气体中含有固体颗粒或液体杂质在压力下高速喷出时与喷嘴产生的摩擦等。气体中含有固体颗粒或液体杂质越多,多数情况下产生的静电荷也越多;气体的流速越快,产生的静电荷也越多。

据试验,液化石油喷出时,产生的静电电压可达9000V,其放电火花足以引起燃烧。因此,压力容器内的可燃压缩气体或液化气体,在容器、管道破损时或放空速度过快,都易产生静电,一旦放电就会引起着火或爆炸事故。

带电性是评定可燃性气体火灾危险性的参数之一,掌握了可燃气体的带电性,可以采取设备接地、控制流速等相应的防范措施。

5. 腐蚀性

腐蚀性主要是一些含氧、硫元素的气体具有腐蚀性。如硫化氢、硫化碳、氨、氢等,都能腐蚀设备,削弱设备的耐压强度,严重时可导致设备系统裂隙、漏气,引起火灾等事故。目前危险性最大的是氢,氢在高压下能渗透到碳素中去,使金属容器发生"氢脆"。因此,对于盛装此类气体的容器,要采取一定的防护措施。例如高压合金钢含铬、钼等一定量的稀有金属制造材料,定期检验其耐压强度等。

6. 毒害性

除氧气和空气外,大多数的压缩气体和液化气体具有一定的毒害性。《品名表》中列入的剧毒气体中,毒性最大的是氰化氢,当在空气中的浓度达到300mg/m^3时,能够使人立即死亡;达到200mg/m^3时,人10min后死亡;达到100mg/m^3时,人一般在1h后死亡。不仅如此,氰化氢、硫化氢、硒化氢、锑化氢、二甲胺、氨、溴甲烷、二硼烷、二氯硅烷、锗烷、三氟氯乙炔等气体,除具有相当的毒害性外,还具有一定的着火爆炸性,这一点是不能忽视的,切忌只看毒性的标志而忽视火灾的危险性。

7. 窒息性

除氧气和压缩空气外,其他气体大多具有窒息性。如二氧化碳、氮气的气瓶的工作压力均可达到15MPa,设计压力有的可达20~30MPa,这些气体的密度较空气的略重或近似,一旦泄露于房间或大型设备及装备内时,会使现场人员窒息死亡。此外,充装这些气体的气瓶受到的压力因受热或受到火场热辐射时升高,当超过其强度时会产生爆裂,现场人员也会被伤害。因此,必须注意防范。

8. 氧化性

除了极易自燃的物质外,一般情况下可燃物质只有和氧化性物质作用,遇火源时才能发生燃烧。所以,具有氧化性的气体是燃烧得以发生的最重要的因素之一。这些氧化性物质易分解,直接或间接放出氧和热量,导致可燃物燃烧或爆炸。氧化性气体有两类。一类是明确列为不燃气体的,如氧气、压缩或液化空气、一氧化二氮等。另一类是有毒气体,如氯气、氟气、四氟(代)肼、四氧化二氮、一氧化氮等,这些气体本身都不可燃,但氧化性很强,与可燃气体混合时都能着火或爆炸。如氯气与乙炔接触即可爆炸。氯气与氢气混合见光爆炸。氟气与氢气混合在黑暗中也可以爆炸。因此,不可忽视这些气体的氧化性,在运输、储存时必须与可燃物分开。

三、易燃液体的危险特性

易燃液体的危险特性有高度易燃性、蒸汽易燃性、受热膨胀性、流动性、带电性和毒害性等。

1. 高度易燃性

由于液体的燃烧是通过其挥发出的蒸气与空气形成可燃性混合物,在一定的比例范围内遇火源点燃而实现的,因而液体的燃烧是液体蒸气与空气进行的剧烈反应。所谓易燃液体实质上就是指其蒸气极易被引燃,从表2-7可以看出,多数易燃液体被引爆只需0.5mJ左右的能量。由于易燃液体的沸点都很低,故十分容易挥发出依然蒸气,且液体表面的蒸气浓度极大,加之着火所需的能量极小,故易燃液体都具有高度的易燃性。如二硫化碳的闪点为 -30℃,最小引燃能量为0.015mJ;甲醇闪点为11.11℃,最小引燃能量为0.215mJ。

几种常见易燃液体蒸气在空气中的最小引燃能量　　　　表2-7

液体名称	最小引燃能量(mJ)	液体名称	最小引燃能量(mJ)
2-戊烯	0.51	二异丁烯	0.96
1-庚烯	0.56	醋酸甲酯	0.40
正戊烷	0.28	醋酸乙烯	0.70
庚烷	0.70	醋酸乙酯	1.42
三甲基丁烷	1.0	甲醇	0.215
异辛烷	1.35	异丙基硫醇	0.53
二甲基丙烷	1.57	异丙醇	0.65
二甲基戊烷	1.64	丙烯醛	0.137
二氢吡喃	0.365	乙醛	0.376
1,2-亚乙基亚胺	0.48	丙醛	0.325
环乙烯	0.525	丁酮	0.68
丙基氯	1.08	丙酮	1.15
丁基氯	1.24	环戊烷	0.54
异丙基氯	1.55	四氢呋喃	0.54
丙基溴	1000(不着火)	环戊二烯	0.67
呋喃	0.225	四氢吡喃	0.54

2. 蒸气易燃性

由于液体在一定温度下都能蒸发,所以在存放易燃液体的场所都存在大量的易燃蒸气,当蒸发的易燃蒸气与空气混合并达到爆炸浓度范围时,遇火就会发生爆炸,挥发性越强,这种爆炸的危险性就越大。影响其蒸发的主要因素有下列几点:

(1) 温度

液体的蒸发随着温度(液体温度与空气温度)的升高而加快,即温度越高,蒸发速度越快,反之则越慢。因为液体的温度越高,分子的平均运动速度就越快,能够克服液面的分子引力跑到空气中的分子越多。如汽油的挥发损耗,夏天比冬天大就是这个缘故。

(2) 暴露面积

液体的暴露面积越大,蒸发量也就越大。因为暴露面积越大,同时从液体里跑出来的分子数目也就越多,暴露面积越小,飞出的分子数目也越少。所以汽油等挥发性强的液体应在口小深度大的容器中盛装。

(3) 相对密度

液体的相对密度与蒸发速度的关系是:相对密度越小,蒸发的越快,反之则越慢。在实际工作中,除二硫化碳等少数特殊的液体外,通常是相对密度小的液体首先蒸发,而相对密度较大的液体则蒸发较慢,所需要蒸发的温度也较高。这就是在同一条件下,汽油蒸发损耗大,而润滑油却损耗极少的道理。

(4) 饱和蒸气压力

液面上的压力越大,蒸发越慢,反之则越快,这是通常的规律。因为液面受压后,在一定的程度上阻碍了液面分子飞离液面的倾向,故蒸发越慢,但是当液体处于密闭容器时,液体蒸发达到饱和蒸气压,即液体蒸气与蒸气进入液体达到动态平衡。所以对易燃液体来说,饱和蒸气压越大,表明蒸发速度越快,蒸发在空间内的蒸气物质越多,着火的危险性也就越大。由于易燃液体的闪点低,易于产生爆炸。几种易燃液体的闪点和爆炸极限见表2-8。

几种易燃液体的闪点和爆炸极限　　　　　　表2-8

液体名称	闪点(℃)	爆炸极限		
		下限(%)	上限(%)	爆炸范围(%)
乙醚	-45	1.85	36.5	34.65
二硫化碳	-30	1.3	50	48.7
苯	-11	1.3	7.1	5.8
甲醇	11.11	6.7	36	29.3
煤油	>37.78	0.7	5.0	4.3
苯乙烯	31.1	1.1	6.1	5.0

(5) 流速

液体的流动速度越快,蒸发就越快,反之则慢。一般在密闭容器内,空气不流动,达到饱和蒸气压后,容器内的压力不再增加。

3. 受热膨胀性

储存于密闭容器中的易燃液体受热后,在本身发生体积膨胀的同时,会使蒸气的压力增大,当超过容器所能承受的压力限度,就会造成容器膨胀,常出现"鼓桶",甚至爆裂,遇到火源而引发危险。因此,容器应留有不少于5%的空隙,夏天应移至阴凉处喷洒冷水保护。

4. 流动性

流动性是液体的通性,易燃液体的流动性增加了火灾危险性。如易燃液体渗漏会很快向四周流淌,并由于毛细管作用和浸润作用,能扩大其表面积,加快挥发速度,提高空气的蒸气浓度。如在火场上储罐(容器)一旦爆裂,液体会四处流淌,造成火势蔓延,扩大着火面积,为施救工作带来困难。

5. 带电性

大部分易燃液体是极性物质,在运输、装卸过程中摇晃、搅拌或高速流动过程中,由于摩擦极易产生静电,当所带的静电荷聚集到一定程度时就会产生静电火花,有引起燃烧和爆炸的危险。

6. 毒害性

易燃液体大部分本身或其蒸气具有毒害性,有的还有刺激性和腐蚀性。其毒害性主要表现在蒸气上,通过人体的呼吸道、消化道、皮肤三种途径进入体内,造成人身中毒,须注意防护。

四、易燃固体、易于自燃的物质、遇水放出易燃气体的物质

物质燃烧必须具备三个条件:燃料(可以燃烧的物质)、阻燃剂(主要是氧)以及热量(着火源)。此三个条件必须同时具备,燃烧才能发生。

1. 易燃固体的主要特性

(1) 易燃性

易燃固体容易被氧化,受热易分解或升华,遇火种、热源常会引起强烈、连续的燃烧。

(2) 可分散性和氧化性

固体具有可分散性,一般来讲,物质的颗粒越细,其比表面积越大,分散性就越强。当固体粒度小于0.01mm时,可悬浮于空气中,这样能充分与空气中的氧接触,发生氧化作用。固体可分散性是受许多因素影响的,但主要还是受物质比表面积的影响,比表面积越大,和空气接触的机会就越多,氧化反应发生也就越容易,燃烧也就越快,则具有爆炸危险性。另外,易燃固体与氧化剂接触,能发生剧烈反应而引起燃烧或爆炸。

(3) 热分解性

某些易燃固体受热后不熔融,而是发生分解现象。有的受热后边溶解边分解,如硝酸铵(NH_4NO_3)在熔融过程中往往放出NH_3或NO_2、NO等有毒气体。一般来说,热分解的温度高度直接影响危险性的大小,受热分解温度越低的物质,其火灾爆炸危险性就越大。

(4) 对撞击、摩擦的敏感性

易燃固体对摩擦、撞击、震动也很敏感。例如赤磷、闪光粉等受摩擦、震动、撞击等也能起火燃烧甚至爆炸。

(5) 毒害性

许多易燃固体有毒或燃烧产物有毒,或有腐蚀性。例如二硝基苯、二硝基苯酚、硫黄、五硫化二磷等。

2. 易自燃的物质的危险特性

易自燃的物质自燃点低，在空气中易于发生氧化反应，放出热量而自行燃烧。其主要特性有：

(1) 极易氧化

自燃的发生是由于物质的自行发热和散热速度处于不平衡的状态而使热量积蓄的结果。自燃物品多具有空气氧化、分解的性质，且燃点较低。在未发生自燃前，一般都经过缓慢的氧化过程，同时产生一定热量，当产生的热量越来越多，积热使温度达到该物质的自燃点时，便会自发地着火燃烧。凡能促进氧化的一切因素均能促进自燃。空气、受热、受潮、氧化剂、强酸、金属粉末等能与自燃物品发生化学反应或对氧化反应有促进作用，它们都是促使自燃物品自燃的因素。

(2) 易分解

某些自燃物质的化学性质很不稳定，在空气中会自行分解，积蓄的分解热也会引起自燃，如硝化纤维素、赛璐珞、硝化甘油等。

3. 遇水放出易燃气体的物质的危险特性

遇水放出易燃气体的物质是指遇水或受潮时可发生剧烈的化学反应，并放出大量的可燃气体和热量的物品。当放出的气体和热量达到可燃气体的自燃点或接触外来火源时，会立即着火或爆炸，所产生的冲击波和火焰可能对人和环境造成危害。该物品是以实验结果为依据的。遇湿易燃物品主要包括碱金属、碱土金属及硼烷类和石灰氮（氰化钙）、锌粉等金属粉末类，目前列入《品名表》的这类物质火灾危险甚大，故其火灾危险性全部属于甲类。其危险特性有：

(1) 遇水易燃易爆

这是该类物质的通性，其特点是：

①遇水后发生剧烈的化学反应使水分解，夺取水中的氧与之化合，放出可燃气体和热量。当可燃气体在空气中达到燃烧范围时，或接触明火，或由于反应放出的热量达到引燃温度时就会发生着火或爆炸。如金属钠、氢化钠、二硼氢等遇水反应剧烈，放出氢气多，产生热量大，能直接使氢气燃烧爆炸。

②遇水后反应较为缓慢，放出的可燃气体和热量少，可燃气体接触明火时才可引起燃烧。如氢化铝、硼氢化铝等。

③电石、碳化铝、甲基钠等遇湿易燃物质盛放在密闭容器内，遇湿放出的乙炔和甲烷及热量逸散不出来而积累，致使容器内的气体越积越多，压力越来越大，当超过了容器的强度时，就会胀裂容器以致发生化学爆炸。

(2) 遇氧化剂和酸着火爆炸

遇湿易燃物质除遇水能反应外，遇到氧化剂、酸也能发生反应，而且比遇到水反应得更为剧烈，危险性更大。有些遇水反应较为缓慢，甚至不会发生反应的物质，当遇到酸或氧化剂时，也能发生剧烈反应。如锌粒在常温下放入水中并不会发生反应，但放入酸中，即使是比较稀的酸，反应也非常剧烈，放出大量的氢气。这是因为遇水易燃物质都还是还原性很强的物质，而氧化剂和部分酸类物质都具有较强的氧化性，所以它们相遇后反应也更加强烈。

(3) 自燃危险性

有些物质不仅有遇水易燃危险，而且还有自燃危险性。如金属粉末类的锌粉、铝镁粉等,在潮湿空气中能自燃,与水接触,特别是在高温下反应比较强烈,能放出氢气和热量。

铝镁粉是金属镁粉和金属铝粉的混合物。铝镁粉与水反应比镁粉或铝粉单独与水反应要强烈得多。因为镁粉或铝粉单独与水(汽)反应,除产生氢气外,还生成氢氧化镁和氢氧化铝,后者能形成保护膜。阻止反应继续进行,不会引起自燃。而镁铝粉与水反应则同时生成氢氧化镁和氢氧化铝,这后两者之间又能起反应生成偏铝酸镁。

由于反应中偏铝酸镁能溶于水,破坏了氢氧化镁和氢氧化铝对镁粉和铝粉的保护作用,使镁铝粉不断地与水发生剧烈反应,产生大量的氢气和大量的热,从而引起燃烧。

另外,金属的硅化物、磷化物类物品遇水能放出在空气中自燃且有毒的气体——四氢化硅和磷化氢,这类气体的自燃危险是不容忽视的。

(4)毒害性

在遇水易燃物质中,有一些与水反应生成的气体是易燃有毒气体,如电石放出的乙炔气,金属磷化物放出的磷化氢、硅化物放出四氢化硅、硫化物放出的硫化氢气体本身都是毒性很大的,并放出一定的热量,积热后着火燃烧。遇水易燃的物质有许多本身就是有毒的,如钠汞齐、钾汞齐等都是毒害性很强的物质。硼和氢的金属化合物类的毒性比氰化氢、光气的毒性还大,必须注意防毒。

(5)腐蚀性

碱金属及其氢化物类、碳化物类与水作用生产强碱,都具有很强的腐蚀性。

五、氧化性物质和有机过氧化物

氧化性物质和有机过氧化物具有强氧化性,而引起燃烧、爆炸。由于氧化剂物质易于分解并放出氧和热量,包括含有过氧基的无机物(过氧化氢溶液、过氧化钠等)。这些物质本身不一定可燃,但能导致可燃物的燃烧,与松软的粉末状可燃物能形成爆炸性混合物,对热、震动或摩擦较为敏感。而有机过氧化物是分子中组成含有过氧基的有机物。其本身易燃、易爆,极易分解放出氧和热量,对热、震动和摩擦极为敏感,这类物质有非常大的危险性。

1.氧化物物质的危险性

其特点是氧化价态高,金属活泼性强,易分解,有较强的氧化性,本身不燃烧,但与可燃物作用发生着火和爆炸。

(1)有很强的氧化性

氧化剂中的无机过氧化物均含有过氧基,很不稳定,易分解放出原子氧,其余的氧化剂则分别含有高价态的氯、溴、氮、硫、锰、铬等元素,这些高价态的元素都有较强的获得电子的能力。因此,氧化剂最突出的性质是遇易燃物品、可燃物品、有机物、还原剂等会发生剧烈化学反应引起燃烧爆炸。

(2)遇热分解性

氧化剂遇到高温易分解出氧和热量,极易引起燃烧爆炸。特别是有机过氧化物本身就是可燃物,易着火燃烧,受热易分解的生成物又均为气体,更易引起爆炸。所以,有机过氧化物比无机氧化剂有更大的火灾爆炸危险。

(3)撞击、摩擦敏感性

许多氧化剂,如氯酸盐、硝酸盐类、有机过氧化物等对摩擦、撞击、震动极为敏感。储运中要轻装装卸,以免增加其爆炸性。

(4) 与酸作用分解

大多数氧化剂,特别是碱性氧化剂,遇酸反应剧烈,甚至发生爆炸。例如,过氧化钠(钾)、氯酸钾、高锰酸钾、过氧化二苯甲酰等,遇硫酸立即发生爆炸。这些氧化剂不得与酸类接触,也不可用酸碱灭火剂灭火。

(5) 与水作用分解

有些氧化剂,特别是活泼金属的过氧化物,如过氧化钠(钾)等,遇水分解放出氧气和热量,有助燃作用,使可燃物燃烧甚至爆炸。这些氧化剂应防止受潮,灭火时严禁用水、酸碱、泡沫、二氧化碳灭火扑救。

(6) 毒性和腐蚀

有些氧化剂具有不同程度的毒性和腐蚀性。例如铬酸酐、重铬酸盐等既有毒性,又会烧伤皮肤;活性金属的过氧化物又较强的腐蚀性。操作时应做好个人防护。

(7) 强氧化剂与弱氧化剂之间的反应

有些氧化剂与其他氧化剂接触后能发生复分解反应,放出大量热而引起燃烧、爆炸。如亚硝酸盐、次氯酸盐等。遇到比它强的氧化剂时显示还原性,发生剧烈反应而导致危险。因此氧化剂也不能混储、混运。

2. 有机过氧化物的危险特性

(1) 分解爆炸性

由于有机过氧化物都含有过氧基,而过氧基是极不稳定的结构,对热、震动、冲击或摩擦都极为敏感,受到轻微的外力作用时即分解。如过氧化二乙酰,纯品制成后存放24h就可能发生强烈的爆炸;过氧化二苯甲酰当含水量在1%以下时,稍有摩擦即能爆炸;过氧化二碳二异丙酯在10℃以上时不稳定,达到17.22℃时即分解爆炸;过氧乙酸(过醋酸)纯品极不稳定,在-20℃也会爆炸,浓度大于45%时就有爆炸性,作为商品制成含量为40%的溶液时,在存放过程中仍可分解出氧气,加热至110℃时即爆炸。有机过氧化物受热或与杂质(如酸、重金属化合物、胺等)接触或摩擦、碰撞而发热分解,产生有害或易燃气体,当封闭受热时迅速由燃烧转为爆炸。所以扑救有机过氧化物火灾时特别注意爆炸的危险性。有机氧化物对温度和外力作用都是十分敏感的,其危险性和危害性比其他氧化剂更大。

(2) 易燃性

有机过氧化物极易燃烧,如过氧化叔丁醇的闪点为26.67℃,过氧化二叔丁醇的闪点只有12℃,闪火即可燃烧。

(3) 人身伤害性

过氧化物具有腐蚀性,特别容易伤害人的眼睛,如氧化环己酮、叔丁基过氧化氢、过氧化二乙酰等对眼睛有伤害作用,其中某些过氧化物即使与眼睛短暂接触,也会对角膜造成严重伤害。因此,应避免眼睛接触过氧化物。有些有机氧化物在运输时必须加入稳定剂。对在常温下会自行加速分解的,必须控制温度运输。

六、毒性物质和感染性物质

1. 毒性物质的危险特性

(1) 毒害性

毒害性主要表现对人体以及其他动物的伤害,引起人体以及其他动物中毒的主要途径是呼吸道、消化道以及皮肤三个方面。

①呼吸中毒：在毒害品中，挥发性液体的蒸气和固体粉尘最容易通过呼吸道进入人体，尤其是在工作现场，接触毒品时间较长，很容易引起呼吸道中毒，如氰氢酸、溴甲烷、丙胺、1605、西力生、赛力散、三氧化二砷等。进入人体后，随着血液循环还可以扩大中毒。

②消化中毒：毒害品侵入人体消化道引起的中毒，主要是在进行毒品作业后，未经漱口、洗手、更换工作服等就喝水、饮食、吸烟，或操作中误将毒品服入消化器官，进入胃肠引起中毒、溶解被人体吸收后引起人身中毒。

③皮肤中毒：一些能溶解于水或脂肪的毒物接触皮肤后侵入人体内引起中毒，如1605、1509、有机汞等，通过皮肤破裂等的地方侵入人体，并随着血液循环而迅速扩散。特别是氰化物的血液中毒，导致很快死亡。此外，氯苯乙酮等对眼角膜等人体的黏膜有较大的危害。

(2) 易燃性

列入的毒害品中，约89%都有火灾的危险性。无机毒害品中的金属氰化物和硒化物大都本身不燃，但都有遇水、遇湿易燃性（如氰化钠、氰化钾等），它们遇水、遇湿后放出极毒的氰化氢都是易燃气体；锑、汞、铅等金属氧化物，硝酸铊、硝酸汞、五氧化二钒等大多本身不燃但都有氧化性，在500℃时分解，当与可燃物接触时易引起着火或爆炸。此外，在1000多种毒害品中，有许多事透明油状液体，闪点都在23℃以下，如溴乙烷闪点在 -20℃，异丁基腈闪点在3℃等，这些毒害品既有易燃性又有毒害性。

(3) 易爆性

毒害品中的叠氮化钠，芳香族含2、4位2个硝基的氯化物、酚、酚钠等化合物。遇热撞击等都能引起爆炸，并分解出有毒气体。如2,4-二硝基氯化苯，毒性大，遇明火或受热至150℃以上即可以燃烧或爆炸。

2. 毒害性物质的定量标准

毒害性物质的定量标准是根据施毒的途径，按半数致死剂量来确定的。通常是指急性经口吞咽毒性，固体 $LD_{50} \leqslant 200mg/kg$ 液体 $LD_{50} \leqslant 500mg/kg$；或急性经皮肤接触毒性 $LD_{50} \leqslant 1000mg/kg$；急性烟雾、粉尘的吸入毒性 $LC_{50} \leqslant 10mg/L$ 的固体或液体，以及列入《品名表》中的农药。

(1) 急性经口吞咽毒性 LD_{50} 是指在14天内能使刚成熟的天竺鼠半数死亡时所采用的物质剂量，单位用 mg/kg 表示。

(2) 急性皮肤接触毒性 LD_{50} 是指在白兔赤裸皮肤上连续24h接触，在14天内使受试动物半数死亡时所使用的物质剂量，单位用 mg/kg 表示。

(3) 急性吸入毒性 LC_{50} 是指使刚成熟的天竺鼠连续吸入1h，在14天内使受试动物死亡所使用的蒸气、烟雾或粉尘的浓度，单位以 mg/L 来表示。

3. 感染性物质的危险特性：感染性和传染性

有些具有内在特性的微生物体本身带有感染性并将之传给所依附的物体。感染性是一种内在的非稳定而可变的特性，它会随着时间而发生变化。时间是影响某一具有潜在感染性的物质可能表现出感染性特性的重要因素。随着时间的推移，这一特性趋强或减弱。

七、放射性物质

放射性核素一般来说能自发地放射出 α、β、γ 三种射线，同时衰变成别的核素。一种核素衰变时,不一定都能放出三种射线。表 2-9 比较了这三种射线的电离作用、贯穿本领、性质和应防止事项。

比较三种射线　　　　　　　　　表 2-9

射线	电离作用	贯穿本领	性质	应防止事项
α 射线	最强	最弱	射程短	内照射
β 射线	较强	较强	射程较长	外照射
γ 射线	最强	最强	射程最长	外照射

放射性物质的危险特性有放射性、易燃性、易爆性、氧化性、腐蚀和毒害性等。

1. 放射性

所谓放射性是指一些物质能自发地、不断地放出穿透力很强、而人的感觉器官察觉不到的射线,这种射线对人体组织会造成伤害,使人体产生急性或慢性放射性疾病的性质。含有放射性核素的物质都有放射性,它可以是金属也可是其他化合物。在不同条件可以固、液、气三种物理状态存在。

2. 易燃性

放射性物质多数有易燃性、有些燃烧非常强烈,甚至引起爆炸,如独居石(含钍的矿石)遇明火能燃烧,金属钍在空气中 280℃ 时可着火;粉状金属铀在 200~400℃ 时有着火危险;硝酸铀、硝酸钍等遇高温分解,遇有机物,易燃物都能引起燃烧,且燃烧均可形成放射性尘埃,危害人们的健康,硝酸铀的醚溶液在阳光的照射下能引起爆炸。

3. 氧化性

除了易燃易爆性外,很多放射性物质还兼有氧化性,如硝酸铀、硝酸钍、硝酸铀酰(固体)、硝酸铀酰六化合物溶液都具有强氧化性,遇可燃物可引起着火或爆炸。

放射性物质着火后可用砂土、二氧化碳、干粉、雾状水等相应的灭火剂扑救,火灾现场必须要经射线测定和消毒处理,达到安全要求。

此外放射性物质还有腐蚀性及毒害性。

八、腐蚀性物质的危险特性

1. 腐蚀性

当腐蚀性物质与其他物质接触时,会使其他物质发生化学变化或电化学变化而受到破坏,这种性质就叫腐蚀性,这是腐蚀性物品的主要危险特性。其特点如下:

(1) 对人体的伤害

腐蚀性物品的形态有液体和固体(晶体、粉状)两种。当人们直接触及这些物品后,会引起灼伤或发生破坏性创伤以至溃疡等。当人们吸入这些挥发出来的蒸气或飞扬到空气中的粉尘时,呼吸道黏膜便会受到腐蚀,引起咳嗽、呕吐、头痛等症状,特别是接触氢氟酸时,能发生剧痛,使组织坏死,如不及时治疗,会导致严重后果。人体被腐蚀性物质灼伤后,伤口往往不容易愈合。主要表现在酸性腐蚀性物质的脱水性,因吸收人体组织内分而使蛋白质凝固,从而破坏了组织;碱性腐蚀品的皂化反应,能溶解人体组织而坏死。

(2) 对有机物质的破坏

腐蚀性物质能夺取木材、衣物、皮革、纸张及其他一些有机物质中的水分,破坏其组织成分,甚至使之炭化。如有时封口不严的浓硫酸坛中进入杂草、木屑等有机物,浅色透明的酸液就会变黑就是这个道理。浓度较大的氢氧化钠溶液接触棉织物,特别是接触毛纤维,能使纤维组织受到破坏而溶解,这些腐蚀性物品在储运过程中,若渗透挥发出气体(蒸气)还能腐蚀库房的屋架、门窗、苫垫用品和运输工具等。

(3)对金属的腐蚀

在腐蚀性物质中,不论是酸性还是碱性甚至盐都能对金属均能产生不同程度的腐蚀作用。浓硫酸虽然与铁发生钝化反应后不会进一步反应,但当储存日久,吸收空气中的水分后浓度变稀薄时,也能继续与铁发生作用,使铁受腐蚀。又如冰醋酸,有时使用铝桶包装,但储存日久也能引起腐蚀,产生白色的醋酸铝沉淀。有些腐蚀品,特别是无机酸类,挥发出来的蒸气对库房建筑物的钢筋、门窗、照明用品、排风设备等金属物料和库房结构的砖瓦、石灰能发生腐蚀作用。

2. 毒害性

在腐蚀品中,有一部分能挥发出具有强烈的腐蚀和毒害性的气体。如氢氟酸的蒸气在空气中的浓度达到 0.05%~0.25% 时,即使短时间接触也是有害的。甲酸蒸气(在空气中的最高允许浓度 5×10^{-6})、硝酸的二氧化氮气体、发烟硫酸挥发的三氧化硫等,都对人体有相当大的毒害作用。

3. 易燃、易爆危险性

在列入管理的腐蚀品种,约有 83% 的具有引发火灾危险性,有的还是相当易燃的液体和固体,引发火灾的原因主要是一些无机腐蚀品,尽管本身不燃,但都具有较强的氧化性,有的还是氧化性很强的氧化剂,与可燃物接触或遇高温时,都有着火或爆炸的危险。如硫酸、浓硫酸、发烟硫酸、三氧化硫、硝酸、发烟硝酸、氯酸(浓度 40% 左右)、溴酸等无机酸性腐蚀品,氧化性都很强,与可燃物如甘油、乙醇、发孔剂、木屑、纸张、稻草、纱布等接触,都能氧化自燃而起火。此外,酸性物品和碱性物品产生的中和热不能释放,积累也会产生危险。而有机腐蚀品大多可燃,且有的非常易燃,如有机酸性腐蚀品中的溴乙醇的闪电是 1℃。甲酸、冰醋酸、甲基丙烯酸、苯甲酰氯、乙酰等遇火易燃,蒸气可形成爆炸性混合物。有机碱性腐蚀品甲基肼在空气中可自燃,1,2-丙二胺遇热可分解出有毒的氮氧化合物气体。其他有机腐蚀品如苯酚、甲酚、松焦油、焦油酸、苯硫酚、蒽等,不仅本身可燃,且都挥发出刺激性的有毒气体。还有一些遇水分解产生易燃的腐蚀性物质,如五氯化磷、五氯化锑、五溴化磷、四氯化硅、三溴化硼等多卤化合物,遇水分解、放热、冒烟,放出具有腐蚀性的气体,这些气体遇空气中的水蒸气还可形成酸雾。氯磺酸遇水猛烈分解,可产生大量的热和浓烟,甚至爆炸。无水溴化铝、氧化钙等腐蚀品遇水能产生高热,接触可燃物会引起着火,更加危险的是烷基醇钠类,本身可燃,遇水可引起燃烧。异戊醇钠、氯化硫本身可燃,遇水分解。无水的硫化钠本身有可燃性,且遇高热、撞击还有爆炸危险。

总之,腐蚀性物质通过化学作用使生物组织接触时造成严重损伤,在渗漏时会严重损害甚至毁坏其他货物以及运输工具,有些腐蚀性物质挥发出的蒸气能刺激黏膜,吸入后会中毒。有些腐蚀性物质受热或遇水会形成有毒烟雾,有些无机酸性腐蚀物质具有较强的氧化性,接触可燃物质引起燃烧,有些有机腐蚀性物质具有可燃性。

九、杂项危险物质和物品的危险特性

1. 环境危害性

CO_2 是联合国环境规划署列为全球最有害的化学品之一。随着工业的飞速发展和人口的剧增,人类使用化石燃料(煤、石油等)的剧增,增大了 CO_2 的排放量。研究表明地球大气中的 CO_2 和水蒸气等允许太阳的部分短波辐射透过而直达地面,使地球表面温度升高。另外大气也能吸收太阳和地球表面发出的长波辐射,仅能让少量的热量散失在宇宙中,由于吸收热量大于散发的热量,使地球保持一定的温度,这种现象称之为温室效应。全球气候变暖,CO_2 被认为是主要原因。但温室气体还有 H_2O、CH_4、CFC、N_2O 等,在产生温室效应加剧的原因中,CO_2 占 56%,氯氟烃占 24%,CH_4 占 11%,N_2O 占 6%,CO_2 和其他气体浓度的变化会影响气温的变化。

全球变暖带来的后果是十分严重的,如果全球增温 1.5~4.5℃时,两极冰帽融化,水因升温膨胀,海平面将上升 20~165cm,沿海城市和海岛将淹没,全球 1/3 的人口受到影响。印度洋上的岛国马尔代夫就是温室效应加剧的受害者,我国的长江、黄河、珠江三角洲、环渤海等地区均会受到影响。气候变暖会使温度带和降水带移动,使生态环境受到影响,如我国把冬季 1 月 0℃作为副热带的北界,目前约在秦岭、淮河一带,如气候变暖副热带的北界就要推移到黄河以北,在冬季徐州、郑州的气温将与现在的杭州、武汉差不多。温度带和降水带的移动将影响生态平衡,引起一系列的环境变化。会使得草原和对水敏感的物种出现播种、开花、结果等生长周期变化,变暖的气候有利于病菌、霉菌和有毒物质的生长,导致食物受污染或变质,气候变暖甚至群众运动引起全球疾病的流行,严重威胁人类的健康。

石棉的微粒是大气和室内空气非常有害的物质,吸入体内,积累后危害极大。具有强致癌作用。此外,锂电池及多卤联苯等对水质的污染也非常严重,对环境造成很大的破坏,对人类和其他生物造成严重的破坏。

2. 对人体和生物体的伤害性

高温物质出事故后会直接伤害人体和各种生物体。温度升高,流入水体,使水体温度升高从而影响水生生物的生产,使水质恶化影响人类生产、生活用水,这种情况称之为水体的热污染。水温升高使水中溶解氧减少,影响生物的生存,水温升高还可以使水中的各种化学反应、生化反应加快,水体的生态系统受到严重破坏。自然环境中的污染物,存在于大气、水、土壤和食物中,通过饮食、呼吸进入人体,当损害了人体的正常机能时,便发生"公害问题"。热污染也是破坏生态和环境的因素之一。

3. 通过基因改变破坏生态

经过基因修改的微生物和组织会使生物体的遗传混乱引起变异,破坏生态平衡,因为现代生物学已经证明 DNA 是生物遗传的主要物质基础。生物机体的遗传信息以密码形式储存在 DNA 分子上,表现为特定的核苷酸排列顺序,并通过 DNA 的复制由亲代传递给子代。在 DNA 的复制过程中出现的突变是不可逆的,尽管发生突变的可能性只有一万亿分之一,但还是可能会发生的。基因突变可能导致机体性状的改变和遗传的变异。基因修改的微生物和组织是有目的的通过基因工程,以非自然发生的方式改变基因的微生物和组织,该微生物和组织不能满足感染性物质的定义,但可通过非正常天然繁殖结果的方式使动物植物发生改变。影响生物体的遗传并产生变异从而干扰甚至破坏生物体的正常繁殖,破坏生态

平衡。

从人类的生存和安全出发,严格控制第9类杂项危险物质和物品的运输是非常重要的。

【复习思考题】

1. 危险货物分为哪几类？各有哪些项？
2. 危险货物是如何编号的？
3. 试述危险货物品名表的组成及作用。
4. 各类危险货物的危险特性有哪些？
5. 试述各类危险货物的装卸与搬运、存放和保管、撒漏处理及消防注意事项。
6. 毒性物质引起中毒的主要途径有哪些？
7. 造成"温室效应"加剧的温室气体有哪些？
8. 试述严格控制第9类杂项危险物质运输的重要性。
9. 试述危险货物的理化变化及其对运输的影响。

第三章　危险货物包装

【学习目标】
1. 掌握危险货物包装材料的基本要求。
2. 了解危险货物的包装分类。
3. 理解危险货物的包装设计、包装技术和包装试验。
4. 掌握危险货物的包装标识。

【导入案例】

湖南宁乡鞭炮运输车爆炸

2010年12月17日21时30分左右,在湖南省宁乡县横市镇铁冲村,一辆装满引线的湖北籍后八轮大型运输车,在倒车过程中碰到高压电线并产生火花,引起车中的包装不合格的鞭炮引线爆炸,导致车辆和附近7栋房屋炸毁。事故以爆炸点为中心,方圆数百米范围内,几乎所有民房窗户玻璃都被爆炸产生的冲击波震碎。距离事故现场较近的房屋,连墙体都发生歪斜。而离爆炸点最近的民房,则被夷为一片废墟。事故还致使9人遇难,9人受伤。

来源:百度百科

危险货物的包装是危险货物运输的物质基础,是安全运输的根本保证。我国对危险货物的包装实行立法管理。危险货物包装不同于普通货物包装的基本要求,各种特殊的危险货物还有其特殊要求,如气瓶、爆炸品包装和放射性物质包装等。这些基本要求和特殊要求都必须经过规定的试验验证,并经过权威机关的认可。

第一节　危险货物包装的作用和基本要求

一、危险货物包装的作用

危险货物包装是指以保障运输、储存安全为主要目的,根据危险货物性质和特点,按国家有关法规、标准,专门设计制造的包装物、容器和采取的防护技术。包装有各种材质和形式,为方便管理,对包装的材质和形式可以用代码表示,危险货物包装的材质、形式、规格、方法和单件质量,应当与所包装的危险货物的性质和用途相适应,便于装卸、运输和储存。

危险货物运输包装的作用如下:

①能防止被包装的危险货物因接触雨雪、阳光、潮湿空气和杂质而使货物变质,或发生剧烈的化学反应造成事故。

②包装应具有抗冲撞、振动、挤压和摩擦的作用。可减少货物在运输过程中所受到的碰撞、振动、摩擦和挤压,使危险货物在包装的保护下保持相对稳定状态,从而保证运输安全。

③可防止因货物撒漏、挥发以及与性质相抵触的货物直接接触而发生事故或污染运输设备及其他货物。

④便于储运过程中的堆垛、搬动、保管,提高运载效率和工作效率。

二、危险货物包装的基本要求

根据危险货物的性质和运输的特点,以及包装应起的作用,危险货物的包装必须具备以下的基本要求:

(1)包装材料材质、规格和包装结构应与所装危险货物性质和重量相适应。

包装材料不得与所装物产生危险反应或削弱包装强度。危险货物对不同材料的腐蚀作用要求相应的包装材料必须耐腐蚀。在强酸中,浓硫酸可用铁质容器,其他任何酸都不能用铁器盛装。因为75%以上的浓硫酸会使铁的表面氧化生成一层薄而结构致密的氧化物保护膜,阻止了浓硫酸与铁质容器的连续反应。不过不能将盛装浓硫酸的铁器敞开置放,浓硫酸会吸收空气中的水分而变稀,稀硫酸能破坏已形成的氧化物保护膜而使铁容器被腐蚀。铝可以作硝酸、醋酸的容器,但不能盛装其他酸。氢氟酸不能使用玻璃容器。

危险货物包装容器与所装物品直接接触的部分,不应受该物品的化学或其他作用的影响。包装与内装物直接接触部分,必要时应有内涂层或进行相应处理,以使包装材质能适应内装物的物理、化学性质,使包装不与内装物发生化学反应而形成危险产物或导致削弱包装强度。

(2)包装的件重、规格和形式应适应运输要求。

每件包装的质量和体积应符合规定,不能过重或过大,应便于搬运。较重的货件应便于提起的提手或抓手,应有便于使用装卸机械的吊环或底部槽间隙。《危规》对各种货物的单件质量做了规定,一般说危险性大的货物,单件货物要小一些,危险性小的货物,可以允许采用较大一些的包装。件重不光与危险货物的性质有关,还与各运输方式的货舱大小、形式和装卸手段有关。以铁桶为例,海运规定单件的最大容积为450L,最大净重为400kg。该重量对载重量五六十吨的货车车厢来说是可以接受的,也就是说公路运输400kg的件重危险货物是可行的。但是,铁路运输的铁桶件容积不得超过220L,最大净重250kg,因为火车车厢容不下450L的铁通。航空运输根据自身的特点规定桶的最大容积220L,最大净重200kg。而且,同一危险货物采用不同材质形式的包装,其单件件重也不同。例如,同是灌装丁烷气,家庭燃气用的液体石油气钢瓶与气体打火机用钢瓶的件重差别甚远。

同样,包装的外形尺寸也应与有关的运输工具相配合,包括车辆、集装箱、托盘和装卸机具装载量和容积等,以利于装卸、搬运、运输和储存。

(3)充装液态货物的包装容器内至少应留有5%的余量。

包装容器如果充装的是液态危险货物,至少留有5%的余量,防止在运输中因温度变化所造成液体的膨胀导致容器破裂渗漏和危及安全。

(4)包装应能适应温度和湿度的变化。

危险货物运输包装应能适应温度和湿度的变化。我国同一时间各地的气温相差很大,相对湿度也相差很大。国际运输,各地温差相差更大。温差和湿度对某些危险货物有重要的影响,运输包装应能防止热胀冷缩对包装的危险性影响,其防潮措施也必须适应温度和湿度的变化，防止货物吸潮后变质或起化学反应而发生事故。

（5）液态危险货物要做到气密封口。

对须装有通气孔的容器，其设计和安装应能防止货物流出和杂质、水分进入。其他危险货物的包装应做到严密不漏。包装的封口应与所装危险货物的性质相适应。《危险化学品安全管理条例》规定："运输危险化学品的槽罐以及其他容器必须封口严密，能够承受正常运输条件下产生的内部压力和外部压力，保证危险化学品在运输中不因温度、湿度或者压力的变化而发生任何渗（撒）漏。"

危险货物包装的封口，一般说应严密不漏，特别是挥发性强或腐蚀性强的危险货物，封口更应严密，但对有些危险货物要求封口不严密，甚至还要求设有通气孔，应如何封口，要根据所装货物的性质决定。必须采取非严密包装的货物有：

①油浸的纸、棉、绸、麻等及其制品，要用透笼箱包装，以保持良好的通风。

②碳化钙，即电石。电石吸收空气中的水分即能反应产生易燃的乙炔气体。如果桶内乙炔气不能及时排出，而积聚起来，运输时滚动碰撞，桶内坚硬的碳化钙块与铁桶壁碰撞产生火星，就会点燃乙炔气发生爆炸。所以，装碳化钙的铁桶应严密到不漏水、不漏气，在桶内充氮抑制乙炔的产生，或者应有排放桶内乙炔气的通气孔，同时注意通气孔应能防止桶外的水漏进桶内，否则十分危险。

③过氧化氢，即双氧水。过氧化氢受热或经震动即分解释放出原子氧，有爆炸危险。过氧化氢的包装有出气小孔，以随时排出分解释放的氧，降低容器内压力。但切不能使排出的氧接触易燃物质，也不能使外部杂质经出气小孔进入到过氧化氢的包装容器内。

④液氮。液氮的临界温度是 -147.1℃。装液氮的安瓿瓶不耐高压，不能保持瓶内 -147.1℃以下的低温，所以不时有液氮汽化，如果汽化的氮不能排出，就有爆炸危险。考虑到氮气具有无毒不燃的性质，而且空气中本来就有78%的氮，所以液氮必须用不严密封口的安瓿瓶包装。

（6）包装应质量良好，具有一定的强度，以保护包装内的货物不受损失。

包装应坚固完好，能抗御运输、储存和装卸过程中正常的冲击震动和挤压，并便于装卸和搬运，这也是一般货物包装的共同要求。危险货物的包装强度，与货物的性质密切相关。压缩气体和液化气体，处于较高的压力下，使用的是耐压钢瓶，强度极大。又因各种气体的临界温度和临界压力不同，要求钢瓶耐受的压力大小也不同。我国所用的各种气体钢瓶的耐压的强度等级和钢瓶的材质、制造工艺、技术要求、检验使用、保管维修等程序和方法等均应符合《气瓶安全监察规程》的有关规定。

盛装液体货物的包装，考虑到液体货物热胀冷缩系数比固体大，液体货物的包装强度应比固体高。同是液体货物，沸点低的有可能产生较高的蒸汽压力。同是固体货物，比重大的在搬动时产生的动能也大，这些都要求包装要有较大的强度。

一般说，货物性质比较危险的，发生事故危害性较大的，其包装强度要高一些。同一种危险货物，单件包装质量越大，包装强度也应越高。同一类包装运距越长、倒装次数越多，包装强度应越高。

（7）内外包装之间应有衬垫，且包装的衬垫物不得与所装货物发生反应而降低安全性，应能防止内装物移动和起到减震及吸收作用。

内、外包装之间应有适当衬垫。运输包装有很多是组合包装。直接用于商品销售的包装称销售包装。为方便销售,一般件重较小,所以又称小包装。小包装不便于运输,所以把若干的小包装组合起来,再包装成一个大件,称运输包装。这样的运输包装就是一个组合包装,由外包装和内包装两部分组成。

危险货物组合包装的组成,还应包括内、外包装之间的衬垫材料,衬垫材料需有下列作用:

①缓冲作用,即能防止正常冲撞、震动、摩擦等对内包装的机械损伤。

②吸附作用,即当机械损害力过强,突破缓冲作用使内包装损坏时,如果内包装里是液体物质,衬垫材料应能将此液体物质吸收,使其不渗漏到外包装的外面。如果是粉末状货物,衬垫材料应将其吸附,使其不撒漏。

③缓解作用,正因为要求衬垫材料能吸附所装货物,衬垫材料有可能直接接触危险货物,衬垫材料应对所装货物的危险有一定的缓解作用。例如,具有氧化性的货物不能使用有机材料做衬垫,使危险没有发生的机会,或将其破坏作用降到最低限度。

(8)内容器应予固定,如属易碎容器应使用与内装物性质相适应的衬垫材料或吸收性材料衬垫妥实。

(9)包装表面应保持清洁,不得黏附所装物质和其他有害物质。

(10)包装不得重复使用(特殊包装规定的除外,如钢瓶等)。

中型桶在盛装危险品后采用机械封口方法进行严密封口,适用于易与空气反应的一次性包装危险品,不能重复使用。此包装适用于钙、电石、磷等。重复使用或修理过得包装均应符合相关规定,并能承受规定的性能试验。

(11)双重卷边结合的钢桶、金属或以金属做衬里的包装箱,应能防止爆炸物进入缝隙。钢桶或铝桶的封闭装置必须有合适的垫圈。

(12)包装内的爆炸物质或物品,包括内容器,必须衬垫妥实,在运输中不得发生危险性移动。

(13)包装的外表应有规定的各种包装标志。

为保证危险货物运输安全,使从事危险货物运输、装卸、储存的有关人员在进行作业时提高警惕,以防发生危险,并在一旦发生事故时能及时采取正确的施救措施,危险货物运输包装必须具备国家或政府间组织规定的"危险货物包装标志"。危险货物包装标志应正确、明显和牢固、清晰。一种危险货物同时具有两种以上危险性的,应分别具有表明该货物两种以上危险性的标志。一个集合包件内有几种不同性质的货物,所有这些货物的危险性质标志都应在集合包装件的表面显示出来。为了说明货物在装卸、保管、运输、开启时应注意事项,必须同时粘贴包装储运图示标志。包装的表面还必须有内装货物的正确品名、货物的质量等运输识别标志,以及表明包装本身的制造合格标志。

第二节 危险货物包装的分类

一、按危险程度分类

为了包装目的,除了第1类、第2类、第7类、第5.2项、第6.2项和第4.1项物质以外,其余危险货物按包装结构强度和防护性能以及内装物的危险程度可以从包装的角度划分为三个类别。

Ⅰ类(Ⅰ级)包装:包装强度要求高,适用内装危险性极大的货物。
Ⅱ类(Ⅱ级)包装:包装强度要求较高,适用内装危险性中等的货物。
Ⅲ类(Ⅲ级)包装:包装强度要求一般,适用于内装危险性较小的货物。

除第2类气体和第7类放射性货物的包装另有规定外,《危险货物品名表》中对所列危险货物都具体指明应采用的包装等级,实质上即表明了该货物的危险等级。例如:

氧化性物质根据其危险程度分为Ⅰ、Ⅱ、Ⅲ类包装。其包装和衬垫材料应与所装物质不相抵触。封口要严密,包装要防潮,内外包装不得沾有杂质。

毒性物质(包括农药)在确定包装类别时,必须考虑到人类意外中毒事故的经验,及个别物质具有的特殊性质,如液态、高挥发性、任何特殊的渗透可能性和特殊生物效应。在缺乏人类经验时,必须以动物试验所得的数据为根据划分包装类别,表3-1所示。对易挥发的液态毒性物质容器应气密封口,其他的应液密封口,固态的应严密封口。

确定包装类别的各项数据　　　　　　　　表3-1

包装类别	经口毒性 LD_{50} (mg/kg)	皮肤接触毒性 LD_{50} (mg/kg)	吸入粉尘和烟雾毒性 LD_{50} (mg/L)
Ⅰ	≤5	≤40	≤0.5
Ⅱ	>5~50	>40~200	>0.5~2
Ⅲ	液体:>5~200	>200~1000	>2~10

腐蚀性物质的各类包装应选择耐腐蚀的包装或容器,按所装的物质的性质和状态采用气密封口、液密封口或严密封口,防止泄漏、潮解或撒漏。

此外,易燃液体根据其闪点和初沸点等条件确定易燃液体的危险程度,采用Ⅰ、Ⅱ、Ⅲ类包装。一般闪点(闭杯)<23℃,初始沸点≤35℃用Ⅰ类包装;闪点(闭杯)<23℃,初始沸点>35℃用Ⅱ类包装;闪点(闭杯)在23~60.5℃,初始沸点>35℃用Ⅲ类包装。

二、按危险货物的种类分类

各类危险货物,有的可采用通用的危险货物包装,有的只能采用本类物品的专用包装。所以,按危险货物的种类包装可分为:

1. 通用包装

适用于第3、4、5、6、8类危险货物和第1、第9类中的某些货物。

2. 爆炸品专用包装

爆炸品专用包装为各种爆炸品专用。为保证爆炸品在储运中的安全,爆炸品的设计生产者,往往根据本爆炸品所必需的防火、防震、防磁等要求同时设计了爆炸品的包装物,这个设计需与爆炸品的设计同时被批准,否则不得进行爆炸品的生产。

3. 气瓶

气瓶是第2类气体危险货物的专用包装,其最显著的特点是能承受一定的内压,所以又称压力容器包装。

4. 放射性物品包装

放射性物品包装专用于各种放射性物品。国际原子能机构对放射性物品的运输包装有专门规定。国际运输和大部分国家的国内运输放射性物品都执行国际原子能机构的有关规定。

5. 腐蚀性物品包装

腐蚀性物品由于其对材料的腐蚀性,需用不同的材料来包装各种腐蚀品。腐蚀品的包装从整体看最庞杂,各种材料、各种形式的包装在腐蚀品中都被使用了。而从腐蚀品的品种看又是最专用的。

6. 一些特殊货物的专用包装

在可以采用通用包装的第3、4、5、6大类的危险货物中,也有一些货物,由于某种特殊性质而需采用专门包装。例如,过氧化氢专用包装、二硫化碳专用包装、黄磷专用包装、碱金属专用包装、电石专用包装、磷化铝熏蒸剂专用包装等。

三、按包装材料分类

按制作材料分类,包装可分为木制包装、金属制包装、纸制包装、玻璃陶瓷类包装、棉麻织品包装、塑料制品包装和编织材料包装等。

1. 木制包装

木材是传统的主要包装材料,包括天然板材和胶合板、木屑复合板等人工板材。木制包装可分为木箱和木桶两大类。

(1)木箱:有加档密木箱、无档密木箱、条板花格木箱,即透笼木箱、胶合板箱、纤维板箱、刨花板箱等。装危险货物净重一般不超过50kg。

(2)木桶:有柱形木桶、鼓形木桶,即琵琶桶、胶合板桶、纤维板桶等。用于装危险货物的木桶,一般容积不超过60L,净重不超过50kg。

2. 金属制包装

金属包装的主要形式有桶罐和箱两大类。金属包装具有牢固、耐压、耐破损的基本性能。金属包装的密封、防潮、强度等性能是通用包装中最高的,也是危险货物运输中使用最多、最广的包装。所用的金属材料,是各种薄钢板、铝板和塑料复合钢板。

①热轧薄钢板是普通碳素钢板,也称黑铁皮,其厚度在0.25~2.0mm。单件包装的容积大,或所装货物的净重大,所用的板材相应的厚一些,其标准以符合包装试验的要求为准。

②镀锌钢板。锌是保护性镀层,保护钢板在使用过程中免受腐蚀。锌在干燥空气中不起变化,在潮湿空气中与氧或二氧化碳作用生成氧化锌或碳酸锌薄膜,可以防止锌继续氧化。锌镀层经铬酸或铬酸盐钝化后,形成钝化膜,防腐能力大为加强。但是,锌易溶于酸或碱,且易于与硫化物反应。黑铁皮相对应,镀锌钢皮称白铁皮。

③镀锡钢板俗称马口铁,有良好的耐腐蚀性、冲压成型、可焊性和弹性。锡遇稀无机酸不溶解,与浓硝酸不起作用。遇浓硫酸、浓盐酸以及苛性碱溶液在加热时溶解。

④塑料复合钢板。其基体是普通碳素薄钢板,复层塑料采用软质或半软质聚氯乙烯塑料薄膜,或聚苯乙烯塑料薄膜。塑料复合钢板,具有钢板的切断、弯曲、深冲、钻孔、铆接、咬合、卷边等加工性能,又有很好的耐腐蚀性,可以耐浓酸、浓碱以及醇类的侵蚀。但对醇以外的有机溶剂的耐腐蚀性差。

⑤铝薄板。铝的纯度在99%以上,铝板厚2mm以上,耐硝酸和冰醋酸。铝薄板可焊,而咬合性差,一般不用卷边咬合,而是焊接。因质地较软,所以在铝桶外往往套以可拆钢质

笼筋,增加其强度。

3. 纸制包装

纸质包装有纸箱、纸盒、纸桶、纸袋等。纸质包装的防震性能很好,经特殊工艺加工之后强度也可与木材相比。纸塑复合,使纸质包装的防水性和密封性也大大提高。

4. 玻璃、陶瓷类包装

各种玻璃瓶、陶坛、瓷瓶耐腐蚀性强,但很脆,易破碎,所以又称易碎品。

5. 棉麻织品包装

用棉麻织品做成的包装,统称袋。

6. 塑料包装

塑料制的包装的形状比较多样。桶、袋、箱、瓶、盒、罐都可用塑料制造。所用的塑料种类也很多,有聚氯乙烯、聚苯乙烯、聚乙烯、钙塑、发泡塑料等,塑料还能与金属或纸做成各种复合材料。塑料包装的特点是质轻、不易碎、耐腐蚀。与金属、玻璃容器比较,其耐热、密封、耐蠕变性能要差一些。

7. 编织材料包装

由竹、柳、草三种材料编织而成的容器,有竹箩、竹箱、竹笼、柳条筐、柳条篓、蒲草席包、草袋等。编制包装容器的荆、柳、藤、竹、草等物均应不霉、不烂、无虫蛀,编制紧密结实。

四、按包装容器类型分类

按包装容器类型,包装可分为桶类、箱类、袋类、筐类、包类、捆类、坛瓶类,以及组合包装、复合包装、集装箱等数种。危险货物运输中不允许用包类、捆类和裸露的坛瓶类,因此,危险货物按外包装的类型分,可归纳为桶、箱、袋三大类。

1. 桶类

(1) 铁桶

包括马口铁桶,镀锌铁桶和各种大小的铁罐。铁桶和铁罐都是圆柱体形的容器,人们习惯上把10L以下的小铁桶称为罐。铁桶按其封口盖形式又分为小口桶、中口桶和大口桶三种。

小口桶,又称闭口桶。其顶盖不可移动。在顶盖中间有两个桶口,一个直径7cm是货物的注入口,一个直径不大于3cm的是通气口。桶口为螺旋塞,封口有垫圈,能保证桶的气密性。小口桶适用于装液体货物。

中口桶,其顶盖也不可移动。在顶盖的中央有一个15~30cm的桶口,采用压紧盖或靠螺丝固定桶盖封口。中口桶适用于装固体货物。

大口桶,又称可移动顶盖桶。桶的一个顶端与柄盖合一,用紧箍封盖。大口桶的顶盖如果受撞击凹陷变形,紧箍会封不住盖,桶的一端没有顶盖支撑,桶口容易变形失圆。适用于装黏稠状或固体货物。

铁桶的桶体须为正确的圆柱形,不倾斜。周围的瓦楞箍须均匀、不倾斜、不弯曲。桶盖应平正,不得突出桶边高度,且不得有锈蚀。焊接缝和卷边咬合缝都应坚固密实,宽度10mm左右。根据需要,可在桶内喷涂各种性能不同的涂料,如酚醛树脂、环氧防腐漆等。

(2) 铝桶

铝桶只能是小口桶,其接缝不能采用卷边机械咬合,必须用焊接,桶身外有不与桶身相接的钢质笼筋,以增加桶的强度。其余条件与铁桶相同。铝桶的规格一般是220L和110L两种,适用于装腐蚀性液体。

(3) 铁塑复合桶

有两种铁塑复合桶,一种是塑料复合在钢板上,另一种是小口铁桶内衬一只塑胆。铁塑复合桶只有小口桶,应符合小口铁桶的各项要求。其塑料内胆,胆壁最薄处不得小于0.8mm。内胆和外壳分别用螺纹盖各自密封。其规格一般是220L和60L两种,适用于装腐蚀性液体。

(4) 木板桶

桶壁、桶底都用木板做成。桶身有四道铁箍加固,桶壁严密牢固,底盖有十字形撑档木。桶内涂以涂料并衬有纸、布或塑料薄膜等。板间缝隙都用漆腻镶嵌,严密不漏。木板桶适用于装黏稠状的液体。从外形看,有的桶身成圆柱形称柱形木板桶,即直形木板桶,有的桶身成鼓形称鼓木桶或琵琶桶。鼓形桶比直形桶能承受更大的外部压力。木板桶最大装货量70kg。

(5) 胶合板桶

桶身用3层或5层胶合板制成。桶身结合直缝用钉。桶底、桶盖用木板,并有古钱形或十字形撑档木加固。桶身用四道铁箍加固。胶合板桶适用于装粉末状货物。货物应先装入纸袋、布袋或塑料袋内紧密封不漏后,再装入胶合板桶内。胶合板桶装货量一般不超过50kg。

(6) 纤维板桶、厚纸板桶

桶身用纤维板或多层牛皮纸黏合的厚纸板制成。桶形、结构、用途和使用方法都与胶合板桶相同。纤维板桶、厚纸板桶的装货量一般不超过50kg。

(7) 塑料桶

塑料桶一般是采用聚乙烯或钙塑为原料加工成厚壁、薄壁、大小各异的容器。按其开口形式分,也有小口、中口和大口之分。小口桶适用于装液体货物。中口、大口桶适用于装结晶状、粉末状的固体货物。大口桶内应衬塑料袋或两层牛皮纸袋,袋口密封。塑料桶一般用螺纹盖封口,应密封不漏。装货一般不超过50kg。

2. 箱类

箱类包括以箱为外包装的各种组合包装。

(1) 铁皮箱

采用黑铁皮或白铁皮制成。接缝应焊接、铆接或双重卷边结合。箱盖应套盖箱体。箱内用合适材料做内衬套。铁皮箱一般用于装块状固体或做销售包装的外包装。爆炸品的专用包装中,有很多是铁皮箱。如子弹箱、炮弹箱等。

(2) 危险货物保险箱

这是一种特制的包装容器,一般用来运送少量的爆炸品,以及性质特殊或科研使用的少量贵重危险货物。保险箱的设计制作要求要达到即使箱内货物发生爆炸或其他化学变化,也不会对周围环境造成任何破坏。保险箱的构造一般有五层:外层是铁皮,第二、第三层分别是木板和石棉,第四层是铁板,再用塑料或铝板衬里。箱盖和箱体应采用套压口,骑缝处有衬垫,箱盖压紧后能密闭不漏。箱内不许露铁。箱子的体积不得超过0.5m³,装货后总质量不得超过200kg。

(3) 密木箱

习惯上讲的木箱都是指密木箱。木箱由底板、侧板、端板、顶盖板和加强板,俗称带条板或档组成。密木箱用天然板材紧密拼制而成,不留空隙,所以称密木箱或全木箱。按所用条档的多少,可分为无档木箱、4根直档木箱、6根H形档木箱、8根H形档木箱、8根口形档木箱、10根H形档木箱、12根档木箱、16根档木箱等。危险货物运输包装所用的木箱一般是16根档箱,四周箱身共8根档,箱端的加强板为口形,箱外用铁箍或塑料编织带加箍,或者在棱角上包铁皮加固。箱内衬塑料袋或牛皮纸袋。固体货物先装入塑料袋或牛皮纸袋,牢固封口后,再封木箱。木箱应密封不漏。木箱装固体危险货物,货物净重一般不超过50kg。

液体危险货物先装入玻璃瓶或塑料瓶内,严密封口后,再装入木箱,箱内需用适合的材料衬垫。瓶的规格一般有0.5L、1L、2L、5L、20L等。不管用什么规格的瓶,木箱装瓶装液体危险货物,货物净重一般不超过20kg。固体危险货物先装入大口瓶或小铁听密封,胶质或糊状货物先装入金属软管、小铁听或小塑料桶或大口瓶密封,某些特殊的危险货物应先装入瓶中密封后再装入金属容器中密封,而后再装入木箱中,箱内需用适合的材料衬垫。所有各种包装方法,其货物净重都不得超过20kg。

强酸性腐蚀性货物先装入耐酸陶坛、瓷瓶中,用耐酸材料严密封口后,再装入木箱中,箱内用不燃松软材料衬垫。货物净重不得超过50kg。

(4) 胶合板箱、纤维板箱、刨花板箱

箱的六面板分别为胶合板、纤维板或刨花板。应用质量良好的木材做坚固的框架,箱外钉有加强板,箱角有铁皮包角,箱身外有铁箍或编织带加固。这三种木箱又统称人造板箱,具有自重轻、节约木材、便于运输等特点。但其用于包装危险货物则受到较大限制。一般说,人造板箱只能用于包装固体货物和以铁听、铁罐做内包装的货物,包装方法与件重限制与木箱相同。只有5层或7层胶合板制成的箱,经试验有足够的强度,才可代替木箱成为有广泛适用性的外包装。

(5) 瓦楞纸箱

瓦楞纸箱强度范围很大。在强度达到要求的条件下,瓦楞纸箱可以代替全木箱做外包装使用。

(6) 钙塑箱

钙塑是在聚乙烯和聚丙烯中填充无机钙盐而制成的一种新型材料。钙塑可制成各种容器。在强度达到要求时,钙塑箱也可代替木箱做外包装。

(7) 条板花格木箱,又称透笼木箱

一般应具有16根横板,每块箱板的宽度不得小于50mm。两板的间隔根据货物性质与质量确定,以货物不漏出为原则。箱板宽度总和不应小于木架总宽的60%。箱角包铁皮,箱身用铁箍加固。透笼箱有半透笼和全透笼两种。箱的六面全部透笼是全透笼箱。箱的任何一面为满面则是半透笼箱。透笼箱适用于装油纸、油布、绸制品或做油漆等30 kg以下的铁桶、铁听的外包装。

(8) 编织箱,包括筐、笼、篓等

箱身应有立筋支撑,增强抗压能力。箱盖要大于箱身,箱外用铁箍或塑料编织带加固。在适用的条件下,可作前述各种箱的代用品。一般用于油漆、农药的外包装。

3. 袋类

(1) 棉布袋

用于装粉状货物,质量不超过 25kg。缝口针距不大于 10 mm,可内衬纸袋、塑料袋或在布上涂塑。

(2) 麻袋

一般以黄麻、红麻、青麻等为原料机织成型;有大粒袋、中粒袋、小粒袋三种。适用于装固体货物,质量不超过 80 kg。可内衬牛皮纸袋或塑料袋,也可用沥青将牛皮纸粘于麻袋里面,制成沥青麻袋。

(3) 乳胶布袋

用乳胶布制成,内衬塑料袋。耐酸碱,防水防潮,密封性能好。可直接用作以液体,如水、酒精等做稳定剂的固体货物的外包装,如硝化棉的外包装,也可以做内包装再装入大口铁桶或全木箱中。

(4) 塑料袋

塑料袋有塑料薄膜袋和塑料编织袋两种。习惯称塑料袋即塑料薄膜袋,塑料编织袋为编织袋。塑料袋可制成中型和重型包装袋。中型袋较薄,只能做内包装或衬里用。重型袋较厚可做外包装,适用于粉状、粒状货物,净重不超过 25 kg;塑料丝、带编织而成的袋即编织袋,具有较高的强度,延伸率较小,不易变形,耐拉、耐冲击、耐磨损,防滑,可以代替麻袋做货物的外包装。编织袋有全塑编织袋、全塑涂膜编织袋、塑麻交织袋等。

(5) 纸袋

纸袋一般是用 2~6 层牛皮纸制作。制袋纸的质量通常为 70 g/m^2、80 g/m^2。纸面上不允许洞眼、破损、裂口和严重的皱纹、褶皱或鼓泡等缺陷。纸袋的层数根据货物的性质、装货重量,以及运输条件的优劣和倒运的次数等因素而定。为防潮和增加强度,可在牛皮纸上涂塑。牛皮纸袋可作为其他包装的内包装或里衬,也可做外包装。做外包装适用于粉状固体货物,最常见的是用于杀虫粉剂。装货净重小于 25kg。

(6) 集装袋是集合包装的一种

可用塑料丝编织,也可用丙纶编织布、涂塑维纶帆布加工缝制,具有负荷力强、耐腐蚀、使用方便等特点。载重量有 1t 和 2 t 两种。粉状货物的包装一般用袋,25kg 一袋装卸很不方便,难以使用机械,若把 25 kg 的袋装货集装成 1~2t 的袋,可以提高装卸效率,减少货损货差,保证货物质量,降低运输成本。

第三节　危险货物的包装设计

一、包装设计应考虑的因素

包装设计过程首先要全面了解待包装物品的物理和化学性质,其次要预测包装货物在流通各个环节中可能遇到的危害或障碍,再其次要合理选择包装材料、确定材料规格、包装结构和包装技术。

1. 被包装物品的性质

被包装物品是包装的核心,它们对包装的要求,因其性质不同而各异,包装产品的物态、外形、重量、强度、危险性、结构、价值等决定应采用什么样的包装技术。危险货物中有固体、液体、气体,有易碎、易燃、易爆、有毒、易生锈、霉变、腐烂的,有需防潮、隔氧的,有的则要通气保鲜,还有的要消毒灭菌等。这些特点都是由于货物的性质不同而产生的。因此对被包装物品各方面性质的了解是很重要的。如机械性能、化学性质和生化性质等,以及对温度、湿度、光照、空气、水分、微生物、虫害、冲击和震动的适应性。只有充分了解被包装物品的性质,才能对包装技术进行合理的选择和应用。

2. 外界环境的状况

由于包装是产品从生产到使用之间所采取的一种保护措施,在流通过程中会遇到各种环境条件,会对产品带来不同的影响,这就需要用适当的包装技术来保证包装件经受这些外界环境影响而完好无损。这些外界环境对包装件的影响主要有以下几个方面:装卸作业的影响、运输中的影响、储存中的影响、气候条件的影响等。

3. 包装材料、包装容器的选择应用

物品的性质和外界环境因素是确定包装方式与方法的基础,然后通过包装材料、包装容器和包装机械来完成包装。包装材料、包装容器和包装机械是实现包装功能的主要因素。只有通过对产品、材料、容器有比较深入的了解,才能选择适当的包装技术与方法。

(1) 选择相容性好的包装材料

要根据产品的性质,选择相容性好的包装材料制造主要的包装容器,同时选定相应的附属包装材料,如固定材料、缓冲材料、防潮材料、防锈材料、封口材料、捆扎材料、标志材料等。

(2) 选择合适的包装工艺和包装方法

要根据产品需要保护的程度,选择适当的包装工艺和包装方法,既要考虑到对产品的保护的可靠性,又要使用方便,同时能最大限度地发挥现代装卸、运输工具的效能使包装具有现代化先进水平。

(3) 选择适当的包装操作方法

前期工作过程,包装材料或容器的制造、清洗、干燥、搬运等。主要的工作过程是选别、冲切、成型、充填、封口、裹包、计量、贴标和捆扎等。后期工作过程是堆垛、储存、运输等。

4. 经济因素

包装的成本包括材料、容器的成本和包装储运费用等,包装时要全面考虑。例如,只从局部考虑,玻璃瓶装比泡罩包装成本低。但从全面考虑、因为玻璃瓶重,增加了运输费用,还要洗瓶、放置填充物、加盖等的费用,所以泡罩包装反而比玻璃瓶装成本低,而且使用方便。另一方面,还要考虑用户和消费者在经济上的承受能力,尽量避免过分包装。

5. 有关的标准和法规

包装技术是一门综合性强的学科,它涉及许多学科领域。产品品种繁多,性能复杂,要求又各不相同,对不同的产品应有相应的包装。因此包装技术的选择、研究和开发,应当遵守有关的包装标准、相关的准则,遵循科学、经济、牢固美观和适用的原则,包括国际的、国家的、地方的或企业的有关标准和法规,从而综合考虑各方面因素。

二、危险货物的包装材料

1. 缓冲包装及缓冲材料的厚度计算

(1) 缓冲包装

缓冲包装是通过缓冲材料,对冲击、震动、挤压等外力起缓冲作用,以防止被包装物资因外力作用而受损。缓冲包装的主要方法有四种:全面缓冲包装、部分缓冲包装、悬浮式缓冲包装、联合方式的缓冲包装。

(2) 缓冲包装的设计步骤

采用缓冲垫对整体产品进行缓冲包装的设计程序分为五步:确定环境、确定产品的易损性、选择合适的防震缓冲垫、设计和制造原型包装、对原型包装进行试验和修正。

(3) 物资的耐冲击度

通常把物资承受外力的能力称为耐冲击度,它也表示了物资的易损性。它可用物资承受冲击加速度的能力,即允许加速度"G"来表示。耐冲击度可以用下式表示:

$$G = \frac{a}{g}$$

式中:a——冲击加速度,m/s^2;

　　　g——重力加速度 m/s^2。

为了求算出物体的冲击力,在上式中,若分子、分母同时乘上物体的质量,则:

$$G = \frac{ma}{mg} = \frac{F}{W}$$

式中:F——物体允许冲击外力;

　　　W——物体的重量。

由上式可导出:

$$F = WG$$

即当已知物体的重量和耐冲击度 G 值时,就能求算出物体的冲击力。

各种物品的耐冲击度,通常是通过破坏实验来测定的,根据各种物品耐冲击程度的不同,可将物品的耐冲击度分为三个等级:

A 级——物品的耐冲击度 G 值≤40;

B 级——物品的耐冲击度 G 值为 41~90;

C 级——物品的耐冲击度 G 值>90。

所以缓冲包装设计的基本问题,就是要考虑包装内物品的重量,其允许加速度最大值和可能落下的高度,决定使用较经济的缓冲材料和尺寸。

(4) 缓冲材料的选定

缓冲材料的选定是个重要问题,所选用的缓冲材料应具备某些必要的特性,如缓冲性、弹性稳定、复原性、耐破损性、耐磨性、柔软性、温度稳定性、霉变抵抗性等。泡沫塑料是比较高级的性能优良的缓冲材料,聚苯乙烯泡沫塑料具有良好的缓冲防震性能,且成本较低,价格比较便宜,且易于加工处理,是一种比较理想的缓冲材料。

确定缓冲材料的厚度,可以通过下式进行计算:

$$t = \frac{C \cdot h}{G}$$

式中:t——缓冲材料的厚度,cm;

　　　C——缓冲材料的缓冲系数;

　　　h——设定物品落下的最大高度,cm;

　　　G——物品的允许 G 值。

(5)缓冲系数

缓冲系数 C 与缓冲材料所承受的应力 σ 呈一定的函数关系，应力 σ 可通过下式计算：

$$\sigma = \frac{WG}{A}$$

式中：A——缓冲材料的承重面积，cm^2。

缓冲系数 C 与应力 σ 之间的关系，可用 $C-\sigma$ 曲线表示，如图3-1所示。

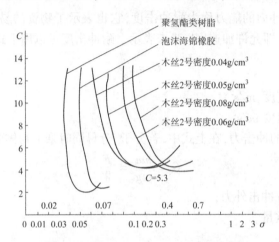

图3-1 缓冲系数 C 与应力 σ 之间的关系

例如，某被包装物品的重量为100kg，缓冲材料承重面积为5000cm^2，内装物品的 G 值为30，最大落下高度为100cm，求所需缓冲材料的厚度。

解：首先求算应力：

$$\sigma = WG/A = 100 \times 30/5000 = 0.6 \, kg/cm^2$$

然后，查看缓冲系数曲线图，从横坐标找到 σ 为 $0.6kg/cm^2$ 的位置，沿此点垂直向上与木丝2号密度 $0.06g/cm^3$ 的曲线相交，从交点做横坐标的平行线与纵坐标 C 相交，其交点的数值即所求的 C 值，此值为5.3。

最后将 C 值代入公式即可求出缓冲材料的厚度。

$$t = C \times \frac{h}{G} = 5.3 \times \frac{100}{30} = 18 \, (cm)$$

2. 防潮包装吸湿硅胶的用量计算

防潮的主要措施之一就是进行防潮包装，即在物资的外面加衬一层或多层密封性防潮材料，如柏油纸、沥青纸、铝箔纸、蜡纸、防潮玻璃纸、涂料纸、塑料薄膜等。其中，塑料薄膜由于具有透明、柔软、防水、防潮、耐腐蚀、耐油脂、强度大、重量轻、气密性好、易封合等特点，所以得到广泛应用。为被包装物创造一个干燥的环境，还可在包装内加入吸湿干燥剂。一般是利用硅胶，硅胶的用量可按下列公式计算：

$$w = \frac{A \cdot R \cdot D}{K} + \frac{Q}{2}$$

式中 w——硅胶用量，g；

A——包装全部表面积，m^2；

R ——包装材料的平均透湿度,$g/m^2 \cdot D$;
D ——包装存储时间,d;
K ——外界气候系数;
Q ——包装内吸湿衬垫材料的质量,g。

第四节　危险货物包装试验

由于危险货物的特殊性,为了确保安全运输,避免所装货物在正常运输条件下受到损害,对危险货物的运输包装必须进行规定的性能试验。经试验合格并在表面标注上持久、清晰、统一的合格标记后,才能使用。

一、试验前的准备

危险货物包装在试验前需做好如下准备:

①包装试验的试验品按随机抽样的原理在一批待用成品中随机抽样确定。

②试验品应模拟满载状态。拟装货物应用非危险物品代替。代用的固态物质的比重、粒径等物理特性应与拟装货物相同,必须盛装至试验容器的95%。代用的液态物质的比重、黏度等物理特性应与拟装货物相同,必须盛装至试验容器的98%。

③纸质或纤维板的试验品应置于控制温度[大气温度(23±2)℃]和相对湿度(50%±2%)的大气中持续24h以上。

④塑料包装的试验,温度应降低到-18℃(包括-18℃)以下。内装物经降温后不应改变物理状态。

⑤木琵琶桶应盛满水24h后再立即进行试验。

二、试验种类

检验包装强度的方法,是根据在运输过程中可能遇到的各种情况,做各种不同的模拟试验,以检验包装构造是否合理,能否经受正常运输条件下所遇到的冲撞、挤压、摩擦等。通常包装模拟试验有气密、跌落、堆码、液压(水压)、震动、渗漏(防漏)试验和制桶试验等。但不是每一种包装都要做以上的各种试验,而是根据货物的性质,所用包装材质和形式选做其中几项。不同类型的包装所需要进行试验的项目各不相同,如表3-2所示。必须强调的是作为货物的运输包装所应有的一般试验项目,如桶的滚动试验,瓦楞纸箱的防水试验等不能因此而免除。

不同类型的危险货物运输包装试验项目　　表3-2

包装类型		试验项目				
		跌落试验	液压试验	气密试验	堆码试验	制桶试验
桶	钢桶(罐)	√	√	√	√	—
	铝桶	√	√	√	√	—
	胶合板桶	√	—	—	√	—
	纤维板桶	√	—	—	√	—
	硬纸板桶	√	—	—	√	—
	塑料桶	√	√	√	√	—
	钢塑复合桶(箱)	√	√	√	√	√

续上表

包装类型		试验项目				
		跌落试验	液压试验	气密试验	堆码试验	制桶试验
箱	榫槽接缝木箱	√	—	—	√	—
	铁皮箱	√	—	—	√	—
	木箱	√	—	—	√	—
	半花格木箱	√	—	—	√	—
	纤维板箱	√	—	—	√	—
	胶合板箱	√	—	—	√	—
	铁皮箱	√	—	—	√	—
袋	麻袋	√	—	—	—	—
	乳胶布袋	√	—	—	—	—
	塑料编织袋	√	—	—	—	—
	复合塑料编织袋	√	—	—	—	—
	塑料袋	√	—	—	—	—
	纸袋	√	—	—	—	—
坛瓶	耐酸坛	—	√	—	√	—
	陶瓷坛	—	√	—	√	—
	厚度 3 mm 以上玻璃瓶	—	√	—	√	—

三、危险货物包装的试验方法及其合格标准

危险货物包装的试验方法有多种,这里介绍主要的五种试验。

1.跌落试验

跌落试验又称落体试验,是模拟人力装卸、搬运和货物倒塌时运输包装的跌落情况,通过自由跌落对装满货物的运输包装进行垂直碰撞试验。

(1)试验目的

落体试验是为了测定在用人力进行装卸搬运时跌落或者堆装时倒塌等意外情况下,包装的破损情况和安全性。

(2)试验方法

将包装提起到一定的高度,然后让其自由落下撞击到坚硬、无弹性、平坦、水平的地面上,其高度规定如表3-3 所示。

包装跌落试验落下高度规定 表3-3

货物种类 (货物相对密度 d 取一位小数)		落下高度(m)		
		I级包装	II级包装	III级包装
固体货物		1.8	1.2	0.8
液体货物	密度≤1.2	1.8	1.2	0.8
	密度>1.2	$1.5d$	$1.0d$	$d/1.5$

落体时,除平落外,包装的重心应垂直于撞击点上,并应按规定确定各种类型包装的试样数量和落体方位,如表3-4所示。

不同类型包装试验的试样数量和方法　　　　　　　　　　　表3-4

包装类型	试样数量	落体方位
钢桶(罐) 铝桶 胶合板桶 纤维板桶 硬纸板桶 塑料桶 钢塑复合桶(箱)	6个,分两次试验,每次跌落3个	第一次:桶(罐)的凸边呈斜角线撞击在地面上,如无凸边,则以桶(罐)身与桶(罐)底接缝处撞击第二次; 第一次没有试验到的最薄弱地方,如纵向焊缝、封闭口等
榫槽接缝木箱 铁皮箱 木箱 半花格木箱 纤维板箱 胶合板箱 铁皮箱	5个,每次试验1个	第一次箱底平落 第二次箱顶平落 第三次长侧面平落 第四次短侧面平落 第五次对角跌落
麻袋 乳胶布袋 塑料编织袋 复合塑料编织袋 塑料袋 纸袋	3个,每个试验3次	第一次袋的平面平落 第二次袋的一侧平落 第三次袋的端部平落

(3)试验合格标准

经过试验的包装及其内部的内包装容器不得有任何渗漏或严重破裂。如果是拟装爆炸品的包装,不允许有任何破裂。如果是拟装固体货物的大口桶,其最薄弱部位是顶部,试验后,内衬包装完整无损,即使桶盖不再具有防漏能力也视为试验合格。如果是拟装液体货物的包装,包装不漏为合格。如果是袋包装,其最外层及外包装不应有严重破裂、内装物不应有撒漏,才称试验合格。总之,包装经试验后不应有影响运输安全的损坏。

2.气密试验

(1)试验目的

气密试验的目的是检查桶是否漏气,即进行桶的气密性试验。所有拟盛装液体的包装,均应做气密试验。但不包括组合包装的内包装。

(2)试验方法

每只桶,不论是新桶,还是重复使用的旧桶或修复使用的桶,都要进行试验。将空桶浸入水中,其顶面在水平面25cm以下,浸入水中的方法不得影响试验效果。作为代替方法,也可以在桶的接缝处或其他容易漏气的地方涂上皂液、重油或其他合适的液体,在向桶内充灌气压。试验气压:Ⅰ级包装,不小于 30 kPa;Ⅱ级包装,不小于 20 kPa;Ⅲ级包装,不小于 20 kPa。

(3)试验合格标准

不漏气即为合格。

3. 液压(水压)试验

(1)试验的目的

液压试验的目的是检查桶是否漏水,即进行桶的液密性试验。所有拟盛装液体的包装均应做液压试验,但不包括组合包装的内包装。

(2)试验方法

金属包装和玻璃陶瓷容器,包括其封闭器应经受 5 min 的液压试验,塑料容器的受压时间为 30 min。试验压力不应低于拟装液体在 55℃(温度)时的蒸气气压力的 1.5 倍。但对于Ⅰ级包装,其试验压力不得低于 250 kPa 表压,对于Ⅱ、Ⅲ级包装,其试验压力不得低于 100 kPa。试验压力应连续均匀地加上,在整个试验期间保持稳定。试验不得用机械支撑。若采用支撑的方法不得影响试验效果。

(3)试验合格标准

不漏水或漏液即为合格。

4. 堆码试验

堆码试验是模拟在仓库、船舶、货车、机舱内满装货物运输,包装容器堆码时的情况而进行的试验。除袋以外的其他所有包装都要进行堆码试验。

(1)试验目的

通过堆码试验测定满装货物运输包装堆码时的耐压能力、抗压强度和对内装货物的保护程度,了解包装在堆码中的承压结果,看其是否变形、蠕变、压垮或破裂,以及运输包装在受到特殊负荷情况下的性能。

(2)试验方法

包装堆码高度一般为 3m,此高度均包括试样本身高度,试验时间不少于 24h。对塑料材质包装、钙塑箱,试验温度不应低于 40℃,试验时间为 28 天。

(3)试验合格标准

包装不漏。包装不能有严重破裂,装在其中的内容器不能有任何破裂和渗漏,包装本身不应有降低其强度或造成堆积不稳的任何变形。

5. 制桶试验

(1)试验目的

测试木质的琵琶桶的制作工艺,是否能保证桶能达到所需的强度和液密度。

(2)试验方法

拆下空桶中腹以上所有桶箍至少 2 天以上。

(3)试验合格标准

桶上半部横断面直径的扩张,不得超过 10%。

此外,包装试验还有中型容器试验、相容性试验、撕裂试验、倒塌试验、顶部和底部提升试验和正位试验等。

第五节 危险货物的包装代码和包装标志

运输包装标志是危险货物包装的组成部分,有极其重要的作用。在我国运输中实际运用的标志分成3大类,标志的制作和使用都有法定的要求。

一、危险货物运输包装标志的意义和作用

货物运输包装标志是用图形或者文字说明、英文字母标记或阿拉伯数字,在货物运输包装上制作的特定记号和说明事项。包装标志是承运、装卸、搬运、储存保管、送达直至交付的运输全过程中,区别与辨认货物的基础,是一般贸易合同、发货单据和运输保险文件中记载有关标志事项的基本部分。也是包装货物正确交接、安全运输、完整交付的基本保证。由于货物的品类繁杂、包装到达地点不一、货主繁多,要做到准确无误、安全迅速地将货物运到指定地点,与收货人完结交接任务,从而完成运输,货物运输包装标志起着决定性作用。

货物运输包装标志的目的是表示货物的主要特性和发货人的意图。正确使用标志,可以保护货物与保证作业安全,防止发生货损货差以及危险性事故。运输过程中,运输包装标志要在运单,货物上同时表现出来。它是核对运单、货物并使票货相符,以便正确、快速地辨认货物,高效地装卸、搬运作业,安全顺利地完成运输全过程,准确无误地交付货物的关键。包装标志可以节省制作单据的手续与时间,而且易于称呼,使运输人员一见标志即对有关事项一目了然,避免浪费人力与时间。

二、包装号和包装代码

各种运输方式的《危险货物品名表》都对每一种货物所必须采用的包装做了明确的规定。为节约篇幅,在品名表的包装栏内使用了包装号或包装代码。有的《危险货物品名表》把各种包装形式和方法用阿拉伯数字编号,称包装号。有的《危险货物品名表》分别用阿拉伯数字和英文字母表示包装的形状和材质,称包装代码,如我国的水运《危险货物品名表》和联合国推荐的规则。IATA(国际航空运输协会)《危险货物品名表》则综合使用代号和代码。IATA《危险货物品名表》在品名表中用包装代号,而在每个包装代号中叙述具体的包装形式时,则混合采用了联合国的代码。

危险货物的包装基本上都可分为外包装、中间包装和内包装3部分。只有一层或只有两层包装可视为特例。因此,包装的形式方法可由若干组数码来表示。每组数码由1个阿拉伯数字后接1个英文大写字母组成。阿拉伯数字表示包装形式,英文字母表示包装所用的材质。一个最复杂的包装代码可以分为3组数码,从左至右分别代表外、中、内3层包装。如果只用1层包装,那么1个代码就只有1组数码。

阿拉伯数字代表的包装形式如下:
①圆桶;
②琵琶桶;
③罐(听、筒);
④箱(盒);
⑤袋(衬套、包皮、涂层);

⑥复合容器；
⑦压力容器；
⑧瓶；
⑨安瓿瓶；
⑩酸坛。

大写英文字母代表的材质如下：

A 铁(钢)、B 铝、C 天然木、D 胶合板、F 再生木、G 纤维板(纸板、瓦楞纸板)、H 塑料(不包括编织袋和多孔塑料)、J 多孔塑料、K 柳条(竹、荆、藤)、L 纺织品(麻、棉、编织塑料)、M 不防水的纸、N 金属(不包括钢和铝)、P 玻璃、陶瓷和粗陶瓷、S 橡胶(乳胶)。

以上阿拉伯数字和大写英文字母分别代表的包装形式和材质主要参照联合国的危险货物运输建议书的内容。包装代码所表示的具体的包装举例如表 3-5 所示。

表 3-5

货物	代码	方　法
一氧化碳	7A	装在钢质压力容器内
亚硝酸钠	4C8P	装入玻璃瓶以惰性材料衬垫再装入木箱内
乙基二氯化铝	2C3N9P	装入玻璃安瓿瓶衬以惰性材料后装入金属罐，再装入木琵琶桶内

三、货物运输包装标志的分类

危险货物运输包装经试验合格需有包装试验合格标志。合格之后的包装标志又可分为 3 类，即识别标志、包装储运图示标志、危险性能标志。

1. 包装试验合格标志

经试验合格的包装,包括中型散装容器,都应在包装的明显部位标注出清晰持久的"包装合格"字样以作证明,还必须标注出制造厂名称、制造日期,以及其他有关的标志。国际联运时,如果在某国领土上进行了规定试验,还应该标注该国的名称、修复者的姓名、修复的年份和修复标志"R"等。

联合国为国际运输的需要,规定了统一的"包装合格"标志及其他有关标志的书写格式。

包装合格标志：⊕

必须强调指出,此标记只能证明包装经检验合格,而不能证明包装内的危险货物的任何情况,或做其他证明用。同时,该标记必须与在其右侧的其他标志同时使用,才能真正有效。下面举例说明包装标志的含义。

例如：4C/Y 100/S/14,其中 4C:包装代码,即天然木箱。此栏也可以是 1A,即铁桶,或其他代码。Y100:Y 是包装等级 Ⅱ 的代码,此外,Ⅰ 级包装用 X 作代码；Ⅲ 级包装用 Z 作代码。在使用上,X 级包装可以降级使用包装 Ⅱ、Ⅲ 级危险货物；Z 级包装不可以升级使用,而只能装 Ⅲ 级危险货物,同理 Y 级包装可以装 Ⅱ、Ⅲ 级危险货物。100 是指本包装允许最大毛重是 100 kg。S:该包装只能用于装固体或内包装。14:该包装的制造年代是 2014 年。此外还有其他一些含义,例如 NL:在其领土上进行了规定试验的国家的代号,NL 是荷兰的代号,如在中国进行的试验,则用 CHN。VL823:该包装的制造厂商的代号。RB:修复者的名字或代号。05RL:修复的年份是 2005 年。R 表示修复,L 表示修复后在气密试验中合格。

2. 识别标志

识别标志是货运标签,用来区分不同运输批次之间的标志。主要有以下 7 部分内容:

(1) 主要标志

有的直接写明托运人和收货人的单位、姓名与地址的全称。

(2) 批数件数号码标志

它表示同一批货物的总件数及本件的顺序编号,其用途是便于清点货物。

(3) 目的地标志

也称到达站或卸货地标志。目的地标志用来表示货物运往到达地的地名。国内即为到达站名,国外为到达国名、地名、站名。

(4) 输出地标志

也称为生产地或发货地标志。它是用来表示货物生产地或发货地的地名。国内即为始发站名,国外为原产国名、产地地名或发货站的国名、地名等。

目的地和输出地标志不能使用简称、代号或缩写,必须以文字直接写出全称名。如果是国际运输,则必须用中、外两种文字同时标明。

(5) 货物的品名、重量和体积标志

它表明货物包装内的实际货物,每一单件包装的实际尺寸(长×宽×高)和重量(总重、净重、自重)。体积与重量标志是供承运部门计算运费,选择装卸运输方式以及选择货物在运输工具堆码方法的参考。危险货物品名应包括该货物的含量,所处的抑制条件,如含水分比、加钝感剂等。

(6) 运输号码标志

它是该批货物进站、核时、清点、装运及到站卸货领取货物的依据。

(7) 附加标志

也称副标志,是在主要标志上附加某种记号,用以区分同一批货物中的几个小批或不同的品质等级,以辅助主标志。

3. 包装储运图示标志

包装储运图示标志是根据货物对易碎、易残损、易变质、怕热、怕冻等有特殊要求所提出的搬运、储存、保管以及运输安全的注意事项。

中华人民共和国国家标准《包装储运图示标志》(GB/T 191—2008)规定了包装储运图示标志的名称及图形符号,适用于各种货物的运输包装,如图 3-2 所示。

国际标准化组织推荐的货物搬运图示标志有 7 种,表示 8 种意义的搬运注意事项,适用于装有一般货物的运输包装标志,如图 3-3 所示。图示标志的颜色最好是白色,以黑色涂印。

4. 危险性能标志

危险性能标志即危险货物包装图示标志。为了清楚、有效地识别危险货物的性质,保证装卸、搬运、储存、保管、送达的安全,应根据各种危险货物的特性,在运输包装的表面加上特别的图示标志,必要时再加以文字说明,以便有关人员采取相应的防护措施,提醒各环节的作业人员谨慎小心,严防发生事故。危险性能标志的制定,是以危险货物的分类为基础,以便于根据货物或包件所贴的标志的图案、颜色、形状等形式,识别出危险货物及其特性,并为装卸、搬运、储存提供初步指南。标志的颜色或图案不同时,贴有这些标志的货物不能堆放在一起。GB 190 危险货物包装图示标志有 21 种,如图 3-4 所示。

图 3-2　包装储运图示标志

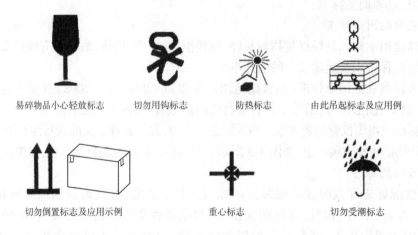

图 3-3　国际搬运图示标志

图 3-4　危险货物包装图示标志

四、危险货物运输包装标志的制作和使用要求

1. 危险货物运输包装标志的制作要求

①标志要易辨认,便于制作。要求正确、明显、牢固。图案要清楚、文字要精练、字迹要清晰。

②制作标志颜料,应具耐温、耐晒、耐摩擦和不溶于水的性能,不致发生脱落、褪色或模糊不清的现象。用于制作酸性、碱性氧化物等危险货物包装使用的各种标志的颜料,应有相应的抗腐蚀性,以免因受内装物的侵蚀而模糊不清。

③识别标志如采用标签时,应选用坚韧的纸材,对于不适于用纸质标签的运输包装用金属、木质、塑料或布制标签。

④标志的大小要与包装的大小相适应。

⑤危险货物包装标志及包装储运图示标志的制作尺寸、材料应符合国家标准的规定。

2. 危险货物运输包装标志的使用要求

①每件货物包装的表面都必须有识别标志和相应的储运图示标志和货物性能标志。

②标志的文字书写应与底边平行。带棱角不得将标志图形或文字说明分开。书写粘贴标志都应标在显而易见的位置,以利识别。如箱形包装,箱的相对两侧都必须有各种标志;袋形包装的袋的两大面,桶形包装的桶盖和桶身的相对侧向必须有要求的标志。每一包装必须有两组以上相同的标志,其位置应在相对的两侧;"由此吊起""重心""由此夹起""此处不能卡夹"等标志,使用时应根据要求粘贴、涂打或粘附在货物外包装的适当位置。

③如果一个集合货物包件内有两种以上不同性质的危险货物,假如从包件外不能一目了然地看清包件内各包装的标志的话,那么集合包件外除识别标志外,还必须具有包件内各种货物的性能标志。包件内的各包装必须有齐备的各种标志。

④放射性货物的性能标志,要正确填写内装物品的核素符号与放射性活度,如有运输指数的,必须准确填写,填写的数字应清晰、不褪色。

⑤如一种危险货物除主要危险性能外还有比较重要的副性能,应分别标有相应的主性能标志和副性能标志。磁性物质标志的使用应与其他任何主副标志同时并用。

⑥货物的运输包装上,禁止有广告性、宣传性的文字或图案,以免与包装标志混杂,影响标志的正常作用。包装在重复使用时,应把原有的、废弃的包装标志痕迹清除干净,以免与新标志混淆不清,造成事故。不准在包装外表乱写乱涂任何与标志无关的文字图案。

第六节 典型危险货物的包装

一、气瓶包装

气瓶是盛装气体的容器。气体是物质的一种聚集状态,又称气态。它与液体(态)、固体(态)合称物质的三种聚集状态。气体分子可以自由移动,因而气体总要充满整个容器。气体的体积就是指气体所充满的容器的容积。气体对容器壁有压力作用,这是气体分子频繁地碰撞容器壁而产生的。因为气体货物是用一定的压力压入钢瓶,同时气体有受热膨胀的特点,故气体货物对气瓶的内壁有一定的压力,所以气体钢瓶又称压力容器。按气体的定义,在50℃时,能承受 $3kg/cm^2$ 以上内压的容器,都可称压力容器。

1. 气体容器的分类

用于盛装在50℃时蒸气压大于30kPa的物质,或20℃时在101.3 kPa标准压强下完全是气态物质的容器,称为气体容器。气体容器中最典型,也最常用的为气体钢瓶。气体钢瓶有两大技术指标,公称工作压强和水压试验压强。气瓶的水压试验压强,一般应为公称工作压强的1.5倍。气瓶的压强系列如表3-6所示。

气瓶的压力(强)系列　　　　表3-6

压强类别	高压(MPa)					低压(MPa)			
公称工作压强	30	20	15	12.5	8	5	3	2	1
水压试验压强	45	30	22.5	18.8	12	7.5	4.5	3	1.5

气体只有将温度降低到一定程度时,再增加压强才能被液化。如果温度超过此值,则无论怎样增大压强都不能使气体液化。这个温度叫作临界温度。也就是说,临界温度是加压使气体液化所允许的最高温度。不同的物质,临界温度不同。气体在临界温度时,还需要有一定的压强才能被液化。在临界温度时,使气体液化所需要的最小压强叫作临界压强,习惯称临界压强。

瓶装气体的分类按《瓶装压缩气体分类》(GB 16163)规定。按其临界温度可划分为3类:

临界温度 < -10℃的为永久气体;

临界温度 ≥ -10℃,且 ≤70℃的为高压液化气体;

临界温度 >70℃的为低压液化气体。

常用气体气瓶的公称工作压强如表3-7规定。

气瓶公称工作压强表   表3-7

气体类别		公称工作压强(MPa)	常 用 气 体
永久气体 T_c < -10℃		30	空气、氧、氢、氮、氩、氖、氪、氙、甲烷、煤气、天然气、氟等
		20	
		15	空气、氧、氢、氮、氩、氖、氙、甲烷、煤气、三氟化硼、四氟甲烷、一氟化氮、氘(重氢)、氚等
		20	二氧化碳、一氧化二氮(氧化亚氮)、乙烷、乙烯、硅烷、磷烷、乙硼烷等
		15	
液化气体 T_c ≥ -10℃	高压液化气体 -10℃ ≤ T_c ≤70℃	12.5	氙、一氧化二氮(氧化亚氮)、六氟化硫、氯化氢、乙烷、乙烯、三氟氯甲烷(R.13)、三氟甲烷(R-23)、六氟乙烷(R-116)、1,2-二氟乙烯(偏二氟乙烯)(R-1132a)、氟乙烯(R-1141)、三氟溴甲烷(R-13B1)等
		8	六氟化硫、三氟氯甲烷(R-13)、1,1-二氟乙烯(偏二氟乙烯)(R-1132a)、六氟乙烷(R-116)、氟乙烯(R-1141)、三氟溴甲烷(R-13B1)等
	低压液化气体 T_c > -70℃	5	溴化氢、硫化氢、碳酰二氯(光气)、硫酰氟等
		3	氨、二氟氯甲烷(R-22)、1,1,1-三氟乙烷(R-143a)等
		2	氯、二氧化硫、环丙烷、六氟丙烯、二氟二氯甲烷(R-12)、1,1-二氟乙烷(R-152a)、氯甲烷、二甲醚、二氧化氮、三氟氯乙烯(R-1113)、溴甲烷、氟化氢、五氟氯乙烷(R-115)等
		1	正丁烷、异丁烷、1-丁烯、1,3-丁二烯、一氯二氟甲烷(R-21)、四氟二氯乙烷(R-114)、二氟氯乙烷(R-142b)、二氟溴氯甲烷(R-12B1)、氯乙烷、氯乙烯、溴乙烯、甲胺、二甲胺、三甲胺、乙烯基甲醚、环氧乙烷、八氟环丁烷(R-C-318)、(顺)2-丁烯、(反)2-丁烯、三氟化硼(氯化硼)、甲硫醇(硫氢甲烷)、三氟氯乙烷(R-133a)等

盛装高压液化气体的气瓶,其公称工作压力不得小于8MPa。盛装有毒和剧毒危害的液化气体的气瓶,其公称工作压力的选用应适当提高。

2. 气体容器构造的规定

①容器应使用不会与其内装物反应的材料制成,而只承受在正常运输条件下所产生的内部压力,不至于产生爆炸、破裂和永久性变形等危险。

②装置,如阀门等应使用与其内装物不会发生反应的材料制成,将阀门安装到压力容器上的方式应确保其完全紧密性,阀门设计及制造材料应保证在正常运输条件下阀门的紧密性不受影响,对阀门的试验压力不应小于对安装阀门的容器所要求的试验压力。

③关闭装置加以有效的保护,以防止其受到震动碰撞。可采用下列方法之一加以保护:

a. 安装与容器牢固连接的金属罩,该罩应有通气孔,通气孔的断面应足够大,发生泄漏时将气体散发出去。

b. 将阀门凹嵌在容器中或以其他方式加以保护,以便在容器跌到地面上时阀门不会受到撞击。

c. 将容器装入并固定在结构坚固的箱或板条箱内,外包装应做上"内部容器符合规定标准"的字样,并粘贴标志。

④对于重复使用的气体容器,应按有关国家主管部门要求的方法通过打印或其他类似的方法以清楚明显和耐久的字样至少标记下列内容,这些内容应该印在容器的加强部位或永久固定在容器上的数据牌上:

a. 制造厂商或所有人的名称或标记。

b. 注册号码。

c. 试验压力或使用压力。

d. 最初试验和最近1次定期试验的日期(年、月)。

e. 进行试验的专家的印章。

f. 空瓶重量(列明所用的计量单位)。

⑤对于指定只可以装运一种气体的容器还应标明下列内容:

a. 气体的运输专用名称。

b. 对于液化和溶解性气体,标明最大可充灌率。

c. 对于压缩气体,列出15℃时的最大充灌压。

⑥非重复使用或一次性充灌钢瓶应使用耐久方法标记下列内容:

a. 制造厂商或所有人的名称或标记。

b. 注册号码。

c. 试验压力或使用压力。

d. 制造日期(年、月)。

⑦钢印标记的项目和排列,如图3-5所示。

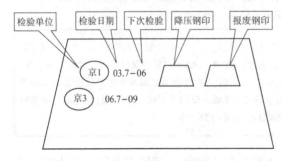

图3-5 气瓶的钢印标记

3. 气瓶构造

制造焊接盛装低压气体气瓶的材料,必须具有良好的可焊性。高压气瓶的筒体必须用合金钢或优质碳素钢,工作压力 $\geqslant 125 kg/cm^2$ 时应采用无缝结构。气阀的材料必须根据气瓶所装气体的性质选用。气瓶的大体构造如图3-6所示。

气阀侧面接头上的连接螺纹,用于可燃气体的为左旋,用于不可燃气体的为右旋。氧气瓶的阀门密封填料应采用不可燃和无油脂材料。在气阀上另加安全塞,内装爆破片,在气瓶内压超过公称工作压力10%时,即破裂泄气。安全帽上有泄气孔。气瓶的公称工作压力即是在基准温度下,气瓶满载并处于工作状态时,拟装气体对气瓶可能达到的最高压力。它与其拟装气体的临界温度有关。气瓶制成后,必须逐个进行水压试验和气密试验。

水压试验的目的是检查气瓶及各连接处的强度和紧密性。它是最安全的试验方法。水压试验的试验压力应为公称工作压力的1.5倍。气密试验的目的是检查气瓶有无漏气现象。试验时,将气瓶沉没于水中,缓慢升压至公称工作压力,持续3min,无漏气现象即认为气密检查合格。再继续升压至水压试验的压力标准,持续

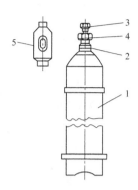

图3-6 气瓶构造
1-瓶身;2-颈部;3-阀门;
4-安全阀;5-安全帽

2min,然后降至公称工作压力进行全面检查。如果没有渗漏现象,测量容积残余变形率不超过10%即为水压试验合格。

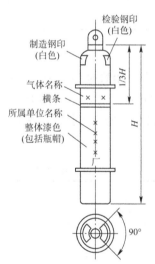

图3-7 气瓶漆色和标志

气瓶的设计压力一般要达到公称工作压力的1.5倍。其耐受压力和爆炸压力必须大大超过设计压力。例如,液化石油气瓶的一般工作压力是 $8kg/cm^2$ 设计压力为 $16 kg/cm^2$,耐压试验达 $30kg/cm^2$ 而气瓶安然无恙,爆破试验的爆炸压力必须超过 $80kg/cm^2$。所以钢瓶的安全系数是比较高的。耐压和爆破试验是设计试验,不必逐个进行。

经检验合格的气瓶,必须在气瓶肩部的规定位置按规定项目和顺序打上气瓶制造厂的钢印标志,如图3-7所示。

4. 气瓶漆色

各种气瓶的设计压力根据其拟装气体不同而各异。实际装载的气体与其拟装气体不能搞错,以免工作压力大于设计压力而使气瓶爆破。同时,一种气瓶经使用后,瓶内余气不能放尽,此时如装进了其他气体,极易发生事故,所以气瓶要专用。各种气瓶必须要有醒目的标志,以免混淆。鉴于气瓶的形状大体相同,故采用颜色做标志。无论盛装哪种气体的气瓶,在其肩部打钢印的位置上一律喷透明薄漆。在整个瓶体,包括瓶帽,涂上规定的颜色和规定的标志,如表3-8所示。气瓶漆色后,不得任意涂改、增添其他图案或标志,并保持完好。

气瓶颜色标记(部分) 表3-8

介质名称	气瓶颜色	字样	字色
氢	淡绿	氢	大红
氧	淡酞蓝、淡(酞)蓝	氧	黑
氨	淡黄	液氨	黑

续上表

介质名称	气瓶颜色	字样	字色
氯	深绿	液氯	白
空气	黑	空气	白
氮	黑	氮	淡黄
碳酰二氯 碳酰氯	白	液化光气	黑
硫化氢	白银灰	液化硫化氢	大红
溶解乙炔 乙炔	白	乙炔不可近火	大红
二氧化碳	铝白	液化二氧化碳	黑
二氯二氟甲烷 二氟二氯甲烷	铝白	液化氟氯甲烷-12 液化氟氯甲烷12	黑
三氟氯甲烷	铝白	液化氟氯甲烷-13 液化氟氯甲烷13	黑
四氟甲烷	铝白	氟氯烷-14 氟氯烷14	黑

5. 气瓶的充装系数

每种气体的气瓶充装气体的量要有限制。永久气体气瓶充气后在20℃时的压力,不得超过气瓶的公称工作压力。所以公称工作压力也可称之为20℃时的最高工作压力。高压液化气体在常温下处在亦气亦液的状态。其充装系数必须参照气瓶的不同公称工作压力来决定,如表3-9所示。

高压液化气体的充装系数　　　　表3-9

序号	气体名称	气瓶公称工作压力(MPa)			
		20.0	15.0	12.5	8.0
		充装系数(kg/L)不大于			
1	氙			1.23	
2	二氧化碳	0.74	0.60		
3	一氧化二氮(笑气)	0.62	0.52		
4	六氟化硫			1.33	1.17
5	氯化氢			0.57	
6	乙烷	0.37	0.34	0.31	
7	乙烯	0.34	0.28	0.24	
8	三氟氯甲烷(R-13)			0.94	0.73
9	三氟甲烷(R-23)			0.76	
10	六氟乙烷(R-116)			1.06	0.83

续上表

序号	气体名称	气瓶公称工作压力(MPa)			
		20.0	15.0	12.5	8.0
		充装系数(kg/L)不大于			
11	1,1 - 二氟乙烯(R - 1132a)			0.66	0.46
12	氟乙烯(乙烯基氟)(R - 1141)			0.54	0.47
13	三氟溴甲烷(R1301)			1.45	1.33
14	硅烷			0.3	
15	磷烷			0.2	
16	乙硼烷			0.035	

低压液化气在常温下不需冷冻即可处于液化状态,又可称为非冷冻液化气。其充装系数一般是该种气体的液体状态时密度的80%左右,如表3-10所示。

低压液化气的充装系数 表3-10

序号	气体名称	充装系数(kg/L)不大于	液体密度(kg/L)
1	氨	0.53	0.771
2	氯	1.25	1.47
3	溴化氢	1.19	
4	硫化氢	0.66	
5	二氧化硫	1.23	1.434
6	四氧化二氮	1.30	1.446
7	碳酰二氯(光气)	1.25	1.37
8	氟化氢	0.83	
9	丙烷	0.41	0.586(-44.5℃)
10	环丙烷	0.53	0.72(-79℃)
11	正丁烷	0.51	0.599(0℃)
12	异丁烷	0.49	0.557
13	丙烯	0.42	0.514
14	异丁烯(2 - 甲基丙烯)	0.53	0.588(25℃)
15	1 - 丁烯	0.53	0.627(15℃)
16	1,3 - 丁二烯	0.55	0.627(15℃)
17	六氟丙烯(R1216)	1.06	1.583(-40℃)
18	二氯二氟甲烷(R - 12)	1.14	1.486(-36℃)
19	一氟二氯乙烷(R21)	1.25	1.366
20	二氯氟乙烷(H - 22)	1.02	1.83
21	四氟二氯乙烷(R - 114)	1.31	1.531(0℃)
22	二氟氯乙烷(R - 142b)	0.99	1.096
23	1,1,1 - 三氟乙烷(R - 143b)	0.66	1.33

续上表

序号	气体名称	充装系数(kg/L)不大于	液体密度(kg/L)
24	1,1-二氟乙烷(R-152a)	0.79	1.004(25℃)
25	二氟溴氟甲烷(R-1280)	1.62	
26	三氟氯乙烯(R-1113)	1.10	1.31
27	氯甲烷(甲基氯)	0.81	0.918
28	氯乙烷(乙基氯)	0.80	0.917(6℃)
29	氯乙烯(乙烯基氯)	0.82	0.912
30	烷(甲基溴)	1.57	1.732
31	溴乙烯(乙烯基溴)	1.37	1.493
32	甲胺	0.60	0.662
33	二甲胺	0.58	0.681(0℃)
34	乙胺	0.62	0.689(15℃)
35	甲醚(二甲醚)	0.58	0.661
36	三甲胺	0.56	0.662(-5℃)
37	乙烯基甲醚(甲基乙烯基醚)	0.67	0.75
38	环氧乙烷(氧化乙烯)	0.79	0.872
39	(顺)2-丁烯	0.55	
40	(反)2-丁烯	0.54	
41	五氟氯乙烷(R.115)	1.05	1.69
42	八氟环丁烷(RC.318)	1.30	1.513
43	三氯化硼(氯化硼)	1.2	1.35(12℃)
44	甲硫醇(硫氢甲烷)	0.78	
45	三氟氯乙烷(R.133a)	1.18	
46	砷化氢(砷烷)		
47	硫酰氟	1.0	
48	液化石油气	0.42 或按相应国家标准	

二、放射性物质的运输包装

1. 放射性物质运输包装的组成

放射性物质运输时,必须具有良好、完整的包装。这种包装是指满足放射性物质的妥善盛装,并能经受住各种运输条件所必需的容器、材料及辅助物等零部件构成的组合体。其基本结构一般由以下几部分组成,如图3-8所示。

①放射性内容物位置:用来放置放射性物质的初始容器内部空间。
②初始容器:用作盛装放射性物品的容器。
③装货杯:它是为了方便装卸盛有放射性物质的初始容器而设置的。
④减振器和吸收体:它的作用是减少或吸收机械振动和冲击。有效地保护初熔容器和在发生事故损坏的情况下吸收放射性物质的材料。
⑤密封容器:其作用是保证放射性物质在正常运输条件和事故条件下所规定的密封性,并防止放射性物品在周围环境中的扩散。
⑥防护填充材料:作补充减弱电离辐射的辅助包装材料。
⑦防护容器,即外层容器:它是作为射线的屏蔽层,用来减弱放射性物质的电离辐射。
⑧保护包装材料:它是整个包装的最外层,其作用是防止放射性货包与工作人员、运输工具及现场周围的其他物体直接接触。

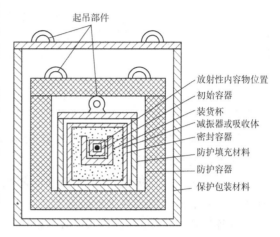

图 3-8　放射性物质运输包装结构示意图

⑨起吊部件:在装卸作业过程中,它是供起吊和移动用的装置。

放射性物品的包装除上述基本构件外,还应根据不同类型的货包要求进行具体的设计。

2. 放射性货包

放射性货包是指交付运输的包装连同其中的放射性内容物。放射性内容物则指货包内的放射性物质和被其污染了的其他物质,因此可以说,装入了放射性内容物的包装、运输罐或集装箱就称为货包。依据放射性物质的性质、数量及运输上的不同要求,货包分为四个类型,即豁免型货包、工业型货包、A 型货包和 B 型货包。货包中放射性内容物的活度,根据货包类型的不同有一定限制。

放射性货包内容物受放射性活度的限制,是考虑了货包在运输过程中万一发生事故时,一定数量内容物如果外逸,如限定 0.1% ~1.0%,对事故货包进行妥善处理的有关作业人员所受的剂量当量不致超过规定的剂量当量。

放射性货包应有足够的强度,结构要合理,封装要严密,要便于装卸搬运,表面要清洁。有些货包由于反复使用,往往会使货包内外表面发生污染,为了防止放射污染的扩散和转移,要求货包外表面的污染应保持在较低水平,一般不得大于规定的限值。

3. 放射性货包的运输等级

(1)运输指数(TI)

放射性货包的运输指数是指距货物包装件 1m 处的最大辐射水平($Sv \cdot h^{-1}$)或距货堆表面 1m 处的最大剂量率($Sv \cdot h^{-1}$)乘以大尺寸装载的放大系数,所确定的数值,大尺寸装载的放大系数,如表 3-11 所示。

运输指数按以下几种情况确定:

①确定出距离货包、外包装、运输罐、集装箱或无包装的 I 类低比活度物质和 I 类表面污

染体外表面 1 m 处的最大辐射水平,该值就是上述货包的运输指数。

②对于运输罐、集装箱和无包装的 I 类低比活度物质和表面污染体,按上述方法确定的运输指数值,还要根据货包大小再乘以规定的一个适当的放大系数。

大尺寸放射性货包运输指数放大系数 表 3-11

包装的最大截面面积 $S(m^2)$	放大系数	包装的最大截面面积 $S(m^2)$	放大系数
$S < 1$	1	$5 < S \leq 20$	3
$1 < S \leq 5$	2	$S > 20$	10

③除了最大辐射水平等于或小于 $0.05 \text{m rem} \cdot \text{h}^{-1}$,可认为运输指数是 0 外,按上述两种情况所确定的数值都应取一位小数。

④对于裂变物质货包,其运输指数的限额,应根据核临界控制来确定,以保证多个货包堆放在一起能满足次临界状态的要求。

⑤各种托运货物的运输指数,必须根据表 3-12 所规定的方法进行确定。

各种托运货物运输指数的确定方法 表 3-12

项 目	内 容 物	确定运输指数(TI)的方法
货包	非裂变物质	为控制辐射照射量而确定的 TI
	裂变物质	为控制辐射照射量而确定的 IV 和按核临界控制方法确定的 TI 中的较大者
非刚性外包装	货包	所包含的全部货包的 TI 之和
刚性外包装	货包	所包含的全部货包的 TI 之和;或按原发货人意见,可取为控制辐射照射量而确定的 TI,也可取所有货包的 TI 之和
集装箱	货包或外包装	所包含的全部货包与外包装的 TI 之和
	低比活度物质或表面污染物体	可取 TI 之和,也可取为控制辐射照射量而确定的 TI 与为控制核临界前确定的 TI 中的较大者
专用集装箱	货包或外包装	可取 TI 之和,也可取为控制辐射照射量而确定的 TI 与为控制核临界前确定的 TI 中的较大者
运输罐	非裂变物质	为控硝辐射照射量而确定的 TI
	裂变物质	为控制辐射照射量而确定的 TI 与为控制核临界而确定的 TI 中的较大者
无包装件	I 类低比活度物质或 I 类表面污染物体	为控制辐射照射量而确定的 TI

(2)货包的运输等级

为了便于组织放射性物品的运输和安全防护,根据货包和集装箱外表面和距离货包外表面 1 m 处辐射水平的大小,即运输指数,将货包分为三个运输等级,如表 3-13 所示。

货包的分级 表 3-13

运输等级	货包外表面任一点的最大辐射水平 $H/\text{mSv}\cdot\text{h}^{-1}(\text{m rem}\cdot\text{h}^{-1})$	运输指数
Ⅰ级——白色	$H \leq 0.005(0.5)$	$TI = 0$
Ⅱ级——黄色	$0.005(0.5) < H \leq 0.05(50)$	$0 < TI \leq 1$
Ⅲ级——黄色	$0.5(50) < H \leq 2(200)$	$1 < TI \leq 10$

Ⅰ级——白色,在正常运输过程中,货包外表面任一处的辐射水平不应超过 $0.005\text{mSv}\cdot\text{h}^{-1}(0.5\text{ m rem}\cdot\text{h}^{-1})$。集装箱内的任一货包的辐射水平不应高于Ⅰ级。

Ⅱ级——黄色,在正常运输过程中,货包外表面任一处的辐射水平不应超过 $0.5\text{mSv}\cdot\text{h}^{-1}(50\text{ m rem}\cdot\text{h}^{-1})$。同时运输指数不得大于1。集装箱的运输指数也不应大于1。

Ⅲ级——黄色,在正常运输过程中,货包外表面任一处的辐射水平不应超过 $2\text{mSv}\cdot\text{h}^{-1}(200\text{ m rem}\cdot\text{h}^{-1})$。同时运输指数不得大于10。集装箱的运输指数也不应大于10,并要求在任一单个集装箱或一批集装箱中运输指数的总和不应超过55。

【复习思考题】

1. 试述危险货物运输包装的定义。
2. 危险货物运输包装的作用有哪些?
3. 危险货物包装的基本要求是什么?
4. 什么是组合包装?组合包装有何特点?
5. 危险货物的包装衬垫材料的作用是什么?
6. 危险货物运输包装的分类是怎样的?
7. 什么是包装号和包装代码?
8. 举例说明包装代码的含义。
9. 怎样运用缓冲包装技术?
10. 怎样运用防潮包装技术?
11. 危险货物包装有哪些性能试验?
12. 运输包装标志的意义和作用是什么?
13. 运输包装标志的分类有哪些?
14. 识别标志包括哪些内容?
15. 危险性能标志有哪些?
16. 应当怎样使用包装标志?
17. 气瓶的构造及其设计和生产过程过程中的试验有哪些?
18. 试述放射性货物包装的组成和运输注意事项。

第四章　危险货物装卸机具和运输储存设施设备

【学习目标】

1. 了解危险货物装卸、搬运机械。
2. 明确危险货物专用车、罐车、集装箱和中型散装容器等运输设施设备。
3. 了解危险货物仓库的设置地点和建筑要求,理解库房的耐火等级、层数及占地面积规定。
4. 了解各类液体和气体储罐、堆场的布置和防火间距。
5. 掌握危险货物的装卸搬运、储存注意事项。
6. 明确危险货物泄漏处理和消防措施。

【导入案例】

天津港"8·12"瑞海公司危险品仓库特别重大火灾爆炸事故

2015年8月12日23:30左右,位于天津滨海新区塘沽开发区的天津滨海新区第五大街与跃进路交叉口的一处集装箱码头的天津东疆保税港区瑞海国际物流有限公司所属危险品仓库发生爆炸。现场火光冲天,在强烈爆炸声后,高数十米的灰白色蘑菇云瞬间腾起。随后爆炸点上空被火光染红,现场附近火焰四溅。

第一次爆炸发生在2015年8月12日23时34分6秒,近震震级ML约2.3级,相当于3吨TNT;第二次爆炸发生在30秒钟后,近震震级ML约2.9级,相当于21吨TNT。爆炸使得天津塘沽、滨海、河北河间、肃宁、晋州、藁城等地均有震感。因为沙土掩埋灭火需要很长时间,爆炸之后8个多小时大火仍未完全扑灭。

天津消防总队和河北消防等先后调派近200部消防车,1000余名消防官兵到场救援。距离爆炸核心区范围三公里内人员全部撤离。北京消防调派2架无人机绘制出360度全景图,8名官兵赶赴现场,该图为现场指挥部决策提供有力依据。爆炸事故发生后,一批中央企业也紧急调拨力量,中石化天津石化消防支队、国家电网天津市电力公司、中国医药集团旗下中生股份、中国移动、中国联通、中国电信、铁塔公司、中航工业旗下中国飞龙通航公司(派AC311直升机)等企业均第一时间参与事故救援与保障行动。

救援工作一度难以开展,因为:①发生爆炸的仓库是周转仓库,集装箱卸下的货品暂时储存,报关后运走,无法准确获取信息;②企业办公用房损毁严重;③企业负责人和相关人士受伤。以上原因造成现场化学品成分不明。2015年8月14日当天正在倒查企业报关单,核算现场化学品成分。海关报关单和管理人员说法有出入。直到2015年8月16日上午才确认氰化物的位置分布在两个点,初步判断有几百吨。直到17号傍晚才将三公里半径内氰化钠收集处理完毕。

由于爆炸中心临近进口汽车仓储地,在这起爆炸事故中数千辆进口汽车在事故中焚毁,受损新车价值超过20亿元,汽车直接经济损失高达几十亿元。大众、雷诺、路虎等企业受损严重。进港口和中国海关的大楼都被炸毁,满地白色粉末和金属碎片。受天津滨海仓库爆炸影响,津滨轻轨9号线8月13日停止运营,天津境内滨海高速南岗站入口、轻纺城站入口、临港站出口、永定新河站出口交通管制,河北境内沿海高速歧口主线站天津方向交通管制。距离爆炸现场仅几公里的国家超级计算天津中心楼房受损,超级计算机"天河一号"虽然正常运行,出于安全考虑现也人工关机。

截至2015年8月16日上午,北京军区共抽调国家级核生化应急救援力量、工程抢险力量和医疗专业救治力量共计1909人,动用专业装备和指挥保障装备201台,投入搜救。截至18日9时,遇难114人,确认身份83人其中公安消防18人,港务消防32人,民警6人,其他人员27人,未确认身份31人。由于遇难者身份确认人数增加,失联人数降为57人,公安消防6人,港务消防46人,民警5人。

据央视《焦点访谈》报道,812天津港特别重大火灾爆炸事故现场共存放有硝酸铵800吨左右、硝酸钾500吨左右、剧毒化学品氰化钠700吨左右,现场累计存放危险化学品3000吨左右。

危险货物储存场所、装卸与搬运设施应当符合相关要求。储存场所设置应与办理货物危险特性相适应,并有经相关部门验收合格的仓库、雨棚、场地等设施,配置相应的计量、检测、监控、通信、报警、通风、防火、灭火、防爆、防雷、防静电、防腐蚀、防泄漏、防中毒等安全设施设备,并进行经常性维护、保养,保证设施设备的正常使用。作业区域划分和安全防护距离应符合规定。危险货物装卸和搬运设施设备应安全、封闭管理并设立明显的安全警示标志,储存、装卸与搬运行为符合规范。

第一节 危险货物的装卸、搬运机械

危险货物的装卸搬运机械设备应符合安全要求。易燃、易爆的危险货物装卸设备应当采取防爆措施,罐车装运危险货物应当使用栈桥、鹤管等专用装卸设施,危险货物集装箱装卸作业应当使用集装箱专用装卸机械;新建、改建危险货物装卸、储存作业场所和设施,在既有作业场所增加办理危险货物品类,以及危险货物新品名、新包装和首次使用罐车、集装箱、专用车辆装载危险货物的,应当进行安全评价。

一、装卸危险品常用的机具概况

危险品装卸搬运作业常用的机具有:防爆叉车(危险品仓库专用叉车),与叉车配套的鹰嘴钩、皮货吊钩、叉臂、托盘,固定净化器和移动净化器,防爆电扇,防爆照明灯具,大圆桶、中小圆桶和爆炸品专用手推车、虎头车,卸码专用车(滑板),木跳板、铁渡板、大、小撬棍,防爆手锤,拉门绳,海绵垫及尼龙绳等。钢制机具摩擦、碰撞易产生火花的部位,都应进行涂镀等防爆处理,电动机具要配套防爆电机、电器(见表4-1)。

危险品作业时机械和工具的选择　　　　　表 4-1

	鹰嘴钩	鹰嘴吊钩	叉臂	托盘	大圆桶专用车	中小圆桶车	爆炸品专用车	虎头车	卸码专用车
木箱包装	X	X	V	V	X	V	V	V	X
瓷包装（内瓷瓶、瓷坛、玻璃瓶）	X	X	X	X	X	V	V	V	X
纸箱、条筐包装	X	X	○	○	X	V	V	V	X
大桶包装	V	V	○	X	V	○	V	○	X
中小桶包装	X	X	V	V	X	V	V	X	X
纸麻袋、塑布袋包装	X	X	V	V	V	V	V	V	X

注：(1) "X"表示不能使用的；"V"表示效果好；"○"表示可以使用，但是效果差。

(2) 爆炸品应使用爆炸品专用车，禁止普通叉车作业一、二、三类爆炸品。

(3) 自燃物品的"黄磷"，应选用专用托盘和手推车，有条件的车站应尽量直装和直放。

(4) 氧化剂和过氧化物尽量选用专用托盘和手推车。

(5) 毒害品和感染性物品，可选用专用托盘和手推车。

二、各常用装卸机具

1. 防爆叉车

通常叉车被用来将原材料运送至加工场所，将成品运送到储存场所或将货物装到车辆上。在这些过程中偶尔会发生一些事故，如货物不慎从货叉上掉下来或被戳破，叉车撞倒堆放着的货物、管路或其他设备。如果装运的物品属于易燃易爆危险品，这样的事故就可能会因危险品的泄漏或排放引起火灾或爆炸。可燃性物质的泄漏不都是由事故造成的。在正常的加工过程中，如拧开阀门、打开容器盖都可能造成可燃性物质的泄漏。在这种情况下，非防爆叉车也可能成为引燃源。

因此，根据不同的生产环境，要对车辆采用不同的防爆技术，尤其是在特殊工作环境下，消除危险隐患非常重要。在易发生爆炸的工作环境中搬运货物时，车辆的防爆技术必须过硬。

根据目前国内外技术发展情况，基本的防护措施大致包括：在柴油机进气、排气系统中安装阻焰器和排气火花消除器，控制整车表面温度及柴油机排气温度，使其不高于防爆叉车规定的温度组别值。叉车启动马达、电机、蓄电池、开关和仪表等电气元件采取防护措施，以消除或控制电弧和电火花，采用抗静电皮带、轮胎、非金属风扇及对货叉、车体采取防碰撞火花措施，用独立的自控系统进行超温、超速和漏电保护，有效监控作业区域内爆炸性混合物的浓度。防爆叉车是按照特定标准要求设计制造，不会引起周围环境中可燃性混合物爆炸的特种设备。防爆叉车依其动力形式不同可分为防爆柴油叉车和防爆电瓶叉车。

要使叉车能在已经确认为存在有可燃性物质的爆炸危险区域作业，最主要的防爆措施是严格控制叉车自身的各种引燃源。另外，也可以在对叉车引燃源进行适度控制的同时依靠气体探测系统对叉车周围环境气体浓度进行探测，当浓度达到其爆炸下限的一定比值时，叉车开始报警并最终自动停车，达到安全作业的目的。叉车发生事故爆炸的概率是叉车引

燃源出现的概率与作业是爆炸性混合物出现概率的乘积。要确保叉车的安全作业,必须有效控制引燃源,包括:

①防止柴油机正常燃烧或意外爆炸时火焰通过进气系统产生回燃。

②防止柴油机进气时因吸入可燃性气体或蒸汽引起超速失控。

③防止柴油机排气火焰和火花传向周围大气。

④使高达300~500℃的柴油机排气温度降到规定的温度组别以下(如小于或等于135℃)。

⑤当叉车出现水温、排温、油温和表面温度超高等不正常工况时,能够及时自动让柴油机熄火停机。

⑥柴油叉车或电瓶叉车所用的电气零部件通过隔爆型－把可能点燃爆炸性混合物的零部件全部封闭在一个外壳内,或者增安型－对在正常运转条件下不会产生电弧、火花的电气设备(如电瓶)采取附加措施,或者本质安全型－设备内部所有电路在标准规定条件下所产生的任何电火花或热效应均不能引燃相应的爆炸性气体环境,或者其他基本防爆形式进行保护。

⑦消除车辆运行中可能产生的静电以及防止车辆外侧、尾部和叉车因碰撞产生火花。

与防爆叉车相关的主要技术标准(均是国家强制性标准)如下:

《爆炸性环境用工业车辆防爆技术通则》(GB 19854—2005);

《爆炸性气体环境用防爆电气设备 第1部分:通用要求》(GB 3836.1—2000);

《爆炸性气体环境用防爆电气设备 第2部分:隔爆型电气设备》(GB 3836.2—2000)。

标准中对防爆叉车允许使用的危险区域及设备分类,各组别设备允许的表面温升及防爆标志均作了规定。

2. 防爆巷道堆垛机

防爆巷道堆垛机与普通堆垛机相比,采取了特殊减震与降噪措施,许多加工过程采用了特殊工艺消除爆源。在正常工作状态下可能发生摩擦碰撞的部位或同外物发生碰撞的地方,全部采用无磁感效应的材料以避免摩擦时火花的产生。

防爆巷道堆垛机是在特殊环境下运行的设备,必须满足以下要求:

①运动构件不得有爆源,绝对避免摩擦火花;

②金属结构除满足强度要求外,还必须有一定的刚度;

③运行状态下要求小振动低噪声,停车平稳准确;

④过载、断绳、超速保护装置避免冲击振动;

⑤所有运动部件采用避免产生磨损火花的特殊材料;

⑥采用无火花发生的电器执行元件。

在正常工作状态下可能发生摩擦碰撞的部位或同外物发生碰撞的地方,防爆巷道堆垛机全部采用无磁感效应的材料以避免摩擦时火花的产生。为适应防爆要求,结构部件采取以下设计特点:

(1)金属结构

金属结构是堆垛机的主体结构,立柱、上横梁和下横梁必须有足够刚度,整个结构布局紧凑、强度高,刚性好。堆垛机立柱、载货台吊架均采用型材,体积显著减小,而且刚性提高,同时加工方便,加工周期短,外形美观。

(2) 提升机构

提升机构驱动采用进口 K 系列电机减速器,双速制定电机可获得各种上升及下降速度,减少机械冲击,便于载货台的准确定位,电机与减速器采用直联式,起升卷筒安装于减速机的伸出轴上,启动与制动平衡,整个传动形式为同轴式,结构紧凑。载货台定位更为准确,运行更为平稳。

(3) 运行机构

运行机构带动堆垛机沿运行轨道水平运动,驱动装置全部采用国际最先进的总成,并采用变频器控制实现无级调速。电机安装有常闭式电磁制动器,以确保挺准精度和运行平稳。被动车轮组采用偏心轴套式结构,调整轴套不同偏心位置可以改变堆垛机的水平状态,以调整安装误差和金属结构变形的影响。运行缓冲器设置在下横梁两端,采用橡胶缓冲器或液压缓冲器,用于减少结构意外失控时,以及堆垛机与轨道端部车挡的冲击力。

(4) 货叉机构

货叉伸缩机构是堆垛机存取货物的执行机构,装设于载货台上,为减少巷道宽度,且有足够的伸出距离,采用链条传动三层伸缩货叉机构。货叉驱动机构是由电动机通过限力矩联轴器、减速机、链轮链条带动货叉传动齿轮,使中、上叉作伸缩运动。电动机选用常闭式磁制动功能的电机,减速机采用进口 R 系列产品,限力矩联轴器的目的是防止货叉伸出时发生卡住或遇障碍物而损坏电动机。同时采用专利技术——防爆专业离合器,简化了结构,有效避免了摩擦发生火花。

(5) 载货台

载货台是堆垛机承接货物并进行升降运动的部件,是由垂直吊架和水平结构两部分牢固地焊接成型的结构件,采用了独立滚轧斜面的失重同步制动器专利技术,取消了所有连杆与弹簧构件,简化了结构,大大减小了摩擦发生火花的概率。

(6) 振动和噪声的控制措施

防爆型堆垛机要求运行平稳可靠,认址准确,启动机制灵敏,运行振动小,噪声低于 80dB。

第二节 危险货物运输设备

一、毒品运输车

毒品运输车又可称为毒品车,用来运输有毒农药,放射性矿石以及矿砂等危险物料。毒品车的基本标记是 W。目前,毒品车主要有 5 个车型:W5,W5A,W5s,W6,W6s。其中,W6 型是较新的毒品车型。W5s 是 W5 的派生车型,类似的,W6s 是 W6 的派生车型,增加了押运室(即守车功能),"S"是"守"的拼音字母的简写。为醒目起见,毒品车车厢上标有毒品专用车字样,一般车厢颜色为黄色。

W5 型毒品专用车为全钢焊接结构的单层墙板的四轴专用棚车。它由底架、端墙、侧墙、车顶、遮阳板、车门、车窗、围板、风手制动装置、车钩缓冲装置(用来缓和在运行中由于机车牵引力的变化或在起动、制动及调车作业时车辆相互碰撞而引起的纵向冲击和振动。缓冲器有耗散车辆之间冲击和振动的功能,从而减轻对车体结构和装载货物的破坏作用)及转向架(保证车辆安全运行,能灵活地沿直线线路运行及顺利地通过曲线;转向架的结构要便于弹簧减振装置的安装,使之具有良好的减振特性,以缓和车辆和线路之间的相互作用,减小振动和冲击,减小动应力,提高车辆运行平稳性和安全性)等部分组成。车体易腐部分均采用耐候钢,车体内部所有焊缝均为满焊封闭。W6型毒品车的主要结构由车体、制动装置、车钩缓冲装置、转向架等部分组成。该车车体为全钢焊接整体承载结构,由底架、侧墙、端墙、车门、车顶等部分组成。

二、罐车

罐车(符号G)的标记载重是以实际装运油类、酸碱类的比重计算的。由于各种液体的密度不同,实际载重须根据所运货物的性质来确定。因此,罐车的装载能力以体积来度量。罐内液体的重量不是用地磅来量的,而是测量罐体内所盛液体水平面的高度,然后根据罐体容积表来查的所盛液体的重量的。对于每一种规格的罐体,均有其容积折算表——容量计算表。

1. 罐车的种类

(1)按用途分类

①轻油类罐车:用来运送汽油、煤油等黏度较小的石油产品及其他液体货物,由于轻油的渗透能力很强,容易渗漏,故一般利用虹吸原理采用上卸方式(G10型曾采用过下装下卸方式)。罐体外表一般均涂成银白色,以减少阳光照射产生的液体挥发。目前主要车型有G16型无底架轻油罐车,容积 $52.5m^3$;G60A 无底架轻油罐车,容积 $62.09m^3$;G70 新型轻油罐车,容积 $70m^3$;T85 新型液轻罐车,容积 $70m^3$。

②黏油类罐车:用来运送石油、润滑油等黏度较大的油类。为了便于在寒冷地区的冬季卸出货物,在卸油时需要加热溶化油品,故黏油罐车均设有加温装置,并采用下卸式排油装置。对运送原油的罐车,罐体外表面涂成黑色;国产豁油罐车有容积为 $50m^3$ 的 G12 型、容积为 $60m^3$ 的 G17 型和载重 58t GLB 沥青(保温型)罐车。

③酸碱类罐车。由于酸碱类化工产品具有较强的侵蚀作用和比重较大的特点,所以酸碱类对普通碳钢侵蚀较严重,所以这类罐车均具有底架。我国过去生产的 G10 型浓硫酸罐车,容积为 $27.3m^3$,G11 型罐车,其容积为 $36m^3$,供输送浓硫酸及碱类货物用。因浓硫酸和碱在低温时都会凝固,故 G11 型罐车设有加温套,可通过蒸汽加温融化卸车。由于浓硫酸的腐蚀性较小,因此车内未衬抗腐材料,用这种罐车运送稀硫酸、盐酸等货物时,油罐内壁必须加衬保护层。对运送浓硫酸和稀硫酸的专用罐车,前者罐体采用不锈钢、后者罐体采用铝合金创作,这两种罐车都属于化工厂的自备专用车。目前以生产 GF 玻璃钢罐车为主,专供装运盐酸,容积 $50m^3$。

④(大型钢瓶)液化气体罐车:用来运送液氨、丙烷等液化石油气体。过去运送液化气体大部分采用化工机械厂制造的罐体安装在平车或罐车底架上运输的方法,因此受到结构的限制,容积很小。近年来,设计制造了容积为 $93.5m^3$ 的 GQ 型液化气体罐车和容积为 $100m^3$ 的 HG–100/20 型液化气体罐车,目前以容积为 $96m^3$ 的 GH4 型液化石油气罐车为主。

⑤粉状货物罐车。粉状货物罐车利用流态化输送的原理,借助于压缩空气为动力将罐内散装的粉状货物经管道直接排卸到距离较远的贮藏地,以减少包装和粉尘飞扬,降低包装

成本,提高输送效率,减少了对周边环境的污染。

(2)按装卸方式分类

①上装上卸式罐车。货物的装、卸车作业均在罐体顶部进行,目前大多数罐车采用的都是这种装卸方式。

②上装下卸式罐车。货物从罐体顶部装车,从罐体底部卸车。这种装卸方式主要适用于黏度较大的货物,如沥青等,以方便卸车并加快卸车速度,但这种罐车在运输过程中底部卸车口经常发生滴、漏现象,污染罐车、线路和环境,且容易造成事故隐患,所以现在已逐渐减少生产。

(3)罐体按其形状可以分为卧罐式、立罐式和卧罐锥斗式几种。

2. 罐车的一般构造

罐车车型虽然很多,但均为整体承载结构,大部分罐车的车体都是由罐体和底架两大部分组成。由于罐体是一个卧式整体筒性结构,具有较大的强度和刚度,罐体不但能承受所装物体的重量,而且也可承担作用在罐体上的纵向力,因此,罐车的底架较其他种货车底架结构简单,甚至有的罐车取消了底架称为无底架罐车。

罐车的一般构造包括罐体、底架、罐车设备、排油装置和安全装置等。罐体为卧式筒体结构,筒体由上板、底板和端板焊接而成。罐体钢板的拼接形式有横向接缝和纵向接缝两种。黏油罐车及部分酸碱类罐车的罐体面向外面的下半部制成双层结构,即包有加温套,套内可通蒸汽,蒸汽由加温套中部两侧的进气口进入,从两端排气管排出。除中央及两端支座部分外,下半个罐体全部被加温套包住,约有 $40m^2$ 的加热面积。

液化气体罐车是指罐体的设计压力为 $0.8\sim2.2$ MPa,设计温度为50℃的罐车。液化气体罐车适用的液化气体包括:液氨、液氯、液态二氧化硫、丙烯、丙烷、丁烯、丁烷、丁二烯及液化石油气(指丙烯、丙烷、丁烯、丁烷、丁二烯中两种或两种以上混合物)。液化气体罐车除具备一般压力容器的特点外,还由于其充装、卸料、运输频繁等特殊性,更易发生事故,因此,罐车的管理较一般压力容器的安全管理更加严格。下面以 GH4 型液化石油气罐车为例进行介绍。

液化石油气罐车是盛装液化石油气的罐车。液化石油气是由丙烯与丙烷或丙烯、丙烷与碳 4 的混合物,其饱和蒸汽压随着温度的升高而增大,其爆炸上限为 9.5%,爆炸下限为 1.5%,爆炸下限较低且小于 10%,属于易燃易爆介质。另外,液化石油气中还含有少量的硫化氢,据有关资料统计,硫化氢对容器内壁的腐蚀速率高达每年 0.1mm,同时硫化氢也有一定的毒性。液化石油气罐车必须按规定装设以下主要安全附件:装卸阀门、安全阀、紧急切断装置、液面计、压力表、温度计、消除静电及消防灭火装置。

三、危险货物集装箱

危险货物集装箱分为通用、专用、特种、罐式集装箱四类。

1. 危险货物通用集装箱

危险货物通用集装箱是适用于大多数危险货物装运的集装箱,它与目前我国广泛使用的"普通集装箱"在设计和构造上大体相同,但是对箱体的隔热性、防止雨水的渗漏性、撒漏清洗的方便性、抗静电性以及箱体材料的抗腐蚀性能等方面都应有较高的要求,特别应采用耐酸碱的内壁防护条件。此外,危险货物通用集装箱应以 10 吨箱为主,考虑到一些危险货物的产量及危险性的需要,也可设置5吨或1吨箱。

在危险货物使用现有的普通货物集装箱时,按照货物的不同性质,分别情况给予处理。即:①对于大多数性质相对稳定,且不易造成集装箱污染的危险货物,可以直接使用现有的普通货物集装箱作为"危险货物通用集装箱"的代用箱。②对于稍易造成集装箱污染或损害的危险货物,在采取了有效的防护措施,以达到防止污染和损害集装箱的目的后,也可使用目前的普通货物集装箱作为"危险货物通用集装箱"的代用箱。③对易于造成集装箱污染或损害箱体的危险货物,如毒害品,放射性矿石、矿砂或玻璃、陶瓷易碎容器盛装的液体危险货物等,显然不应使用普通货物集装箱作为"危险货物通用集装箱"的代用箱,而需使用"危险货物专用集装箱"或"危险货物特种集装箱"。

2. 危险货物专用集装箱

此类集装箱又包括爆炸品专用集装箱、压缩气体和液化气体专用集装箱以及毒害品专用集装箱。

3. 危险货物特种集装箱

危险货物特种集装箱是为适应少数危险货物安全运输需要而特别设计的集装箱,如针对需要控温运输货物而设计的控温特种集装箱和适用于需要通风散热货物的通风特种集装箱等。危险货物特种集装箱原则上应由货主自备。

4. 罐式集装箱

罐式集装箱主要由罐体和箱体框架两部分构件组成,是专用装运油类(如动植物油)、液体食品以及化学品等液体货物而设计的,还可以装运酒类及其他液体的危险货物。罐箱是液体化学品的最佳运输工具。与罐装、桶箱相比,使用罐箱运输,损耗降低,使用方便,货物在途安全性提高,可减少包装费用和包装物处理费用,有利于环境保护,因而在液体货物运输中推广很快。

罐式集装箱产品根据用户要求选择 CCS、LR、GL、BV 等船级社认可。如集装罐(ISO TANK)是一种安装于紧固外部框架内的不锈钢压力容器。罐体内胆为不锈钢材质,外框为标准20尺集装箱尺寸($20' \times 8' \times 8.6'$),适合国内、国际的公路,铁路、水上运输及多式联运(见图4-1)。

所有集装罐有蒸汽加热装置并配有保温层。适合食品、化工品的运输。可选集装罐罐型为 T4,T11,T14;容量为 $14m^3,24m^3,25m^3,26m^3$。

适合装运的危险液体化工品有:

第3类液体:碳酸二甲酯,乙腈,异丙醇等;

第5类过氧化物:双氧水等;

第6类有毒物质:甲苯二异氰酸酯(TDI)等;

第8类腐蚀产品:三氧化磷,三氯氧化磷等;

第9类其他危险品。

图4-1 集装罐

四、中型散装容器

中型散装容器(IBCs)是指容积大于450L小于3000L的危险货物容器,用来大容量装运液体货物或大量装运固体货物的一种运输包装。它是刚性或柔性的可移动包装,其设计上适合于机械装卸,并经过检验合格,能够承受正常装卸和运输过程中的风险。

中型散装容器如果用于盛装包装等级Ⅱ和Ⅲ的危险货物,则其容积不超过3000L;如果使用柔性、刚性塑料、复合型、纤维板、木质中型散装容器盛装包装等级Ⅰ的固体,则其容积不超过1500L;如果使用金属中型散装容器盛装包装等级Ⅰ的固体,则其容积不超过3000L。Ⅰ级包装等级液体危险货物不可用中型散装容器。

国际海运使用中型散装容器装载危险货物进口到中国后,需国内的铁路公路运输衔接承运。我国《铁路危险货物运输规则》《汽车危险货物运输规则》没有规定中型散装容器装载危险货物可以或不可以通过铁路或公路运输。按照惯例,进口原装未开封的中型散装容器可以运输。但这并不意味着国内危险货物运输可以使用中型散装容器。如果国内危险货物运输包括出口运输欲使用中型散装容器,需经过立法程序,由各运输方式的《危规》确认。

根据《国际海运危规》,中型散装容器分为4类,用两位数代码表示:

11——盛装固体,内装物用自身重力方式装卸的刚性中型散装容器;

13——柔性中型散装容器;

21——盛装固体,内装物在大于10kPa压力(表压)下装卸的刚性中型散装容器;

31——盛装液体的刚性中型散装容器。

两位数后用英文字母表示所用包装容器材质,其含义与包装件相同,字母后的数字表示的细分含义见《国际海运危险货物运输规则》。《国际海运危规品名表》设有中型散装容器栏目,具体规定了每一个品名可以不可以用中型散装容器装载运输;如果可以,用哪一种中型散装容器。

中型散装容器在使用前需要经过相容性试验、密封试验、液压试验、堆码试验、跌落试验、顶部提升试验、底部提升试验、撕裂试验、倒塌试验和正位试验等。

第三节　危险货物储存场所

一、危险货物仓库

1. 仓库的设置地点

危险货物仓库应离开居民区、生活区、带火(热)生活区,设置在离上述各区规定的间距之外,并处在居民区的下风方向。专业性车站要远离市区,综合性货场内的危险性仓库应设在货场的边角地带,中间站上的危险货物仓库或货位应尽力避开房舍和旅客活动区。凡有条件的车站,均应单独设立专用的危险货物仓库。

危险货物仓库是办理危险货物装卸、保管的基本场所,是否修建专门的仓库应根据运量和车站所处的地区特点、位置、货运营业限制、区位环保要求和发展综合考虑。从世界各国办理危险货物的情况来看,大都在最大限度地压缩危险货物办理站的数量,建立中心站,开辟专用线。这无疑对集中建设投资、集中技术力量、保证运输安全大有好处。

2. 仓库与建筑物的防火距离

仓库储存物品按危险性一般分为甲、乙、丙、丁、戊五类。国家对保管不同类型危险货物的仓库按储存量都明确规定了防火间距(详见国际标准《建筑防火规范》)。铁路运输的危险货物基本上属于甲类,耐火等级不低于二级,库房与正线的距离不小于50m,站线为40m。与其他建筑物或库房间的距离要求如表4-2和表4-3所示。

危险货物仓库与民用建筑的防火间距　　　　　　　　　表4-2

耐火等级	储存货物类别	甲　类			
		1、2、3项		4、5、6项	
		>5		>10	
民用建筑		30	40	25	30
其他建筑	一、二级	15	20	12	15
	三级	20	25	15	20
	四级	25	20	25	30

危险货物仓库的防火间距　　　　　　　　　表4-3

	一、二级	三级	四级
一、二级	10	12	14
三级	12	14	16
四级	14	16	18

3. 危险货物仓库的其他建筑要求

(1) 隔热降温与通风

库房檐口高应不低于3.5m。考虑到进货检查和避免露天作业,仓库房檐最好设置雨塔。南方地区的仓库应设置双层通风式库顶,以遮阳、通风。仓库的窗户离地应不小于2m,两侧对应设置,玻璃应防光透射和不因气泡、疵点而引起聚焦起火事故。库墙下部30cm处设墙角通风洞。

(2) 仓库地面

为便于洗刷,应采用坡型地面,并在仓库墙角下设置明沟。对固定存放液体危险货物的仓库,还应在库外设置收集坑。地面应具有防酸和不发火性能。

(3) 电器照明

危险货物仓库内,除安装电气照明设备外,不准安装其他电气设备。库内照明应采用防爆式灯具。库内的照明线路均不得采用明敷。

4. 爆炸品仓库的特殊要求

(1) 爆炸品仓库的地址必须选择在空旷地带。在山区和丘陵地带,可利用自然地形作屏障或挖掘山洞建库。它与周围的居住区及建筑设施必须有一定的安全距离。

(2) 炸药库房至少应距离民房200m。根据《爆破安全规程》(GB 6722—2003),炸药库(小于5t)至小型工矿企业围墙或100~200住户村庄边缘的距离不得小于300m。

(3) 炸药库内、外部安全距离

单个库房存药量不大于3000kg,依据《小型民爆器材仓库安全标准》(GB 15745—1995),仓库外部安全距离按表4-4进行检查。对于仓库的内部安全距离,库区应设置不低于2m的外墙或有效的铁丝网,墙顶应设置攀缘措施,围墙距库房的距离不小于5m。库区各仓库间的距离不小于12m,值班室建在库区围墙外侧,距仓库距离不小于30m。

地面爆破器材库或药堆至住宅区或村庄边缘的最小外部距离　　　表4-4

存药量(t)	≤200,≥150	<150,≥100	<100,≥50	<50,≥30	<30,≥20	<20,≥10	<10,≥5	<5
最小外部距离(m)	1000	900	800	700	600	500	400	300

注:表中距离适用于平坦地形,当遇到下列几种特定地形时,其数值可适当增减:

(1)当危险建筑物紧靠20~30m高的山脚下布置。山的坡度为10~25°时,危险建筑物与山背后建筑物之间距离与平坦地形相比,可适当减小10%~30%;

(2)当危险建筑物紧靠30~80m高的山脚下布置,山的坡度为25~35°时,危险建筑物与山背后建筑物之间的距离与平坦地形相比,可适当减小30%~50%;

(3)在一个山沟中,一侧山高为30~60m,坡度10~25°,另侧山高30~80m,坡度25~30°,沟宽10m左右,沟内两山坡脚下对布置的两建筑物之间的距离,与平坦地形相比,应增加10%~50%;

(4)在一个山沟中,一侧山高为30~60m,坡度10~25°,另侧山高30~80m,坡度25~35°,沟宽40~100m。沟的纵坡4%~10%,沿沟纵深和沟的出口方向建筑物之间的距离,与平坦地形相比,应适当增加10%~40%。

一般确定炸药库至建筑设施的安全距离时,采用下式:

$$R = Kq^{1/2}$$

式中:R——炸药库至建筑物的最小安全距离;

q——炸药的库存量,kg;

K——安全系数。从炸药库到居民区、主要公路线、铁路编组站、重要航道、其他工厂或易燃易爆仓库的K值取5~8,如炸药库有土墙时,取2~4;到次要的单独房屋及建筑物,K取2~4,如筑有土围时,取1.1~1.9。

炸药爆炸时,引起与它不相接触的临近炸药爆炸的现象叫作殉爆。炸药库相互间的安全距离,其计算原理同上式,只是当求炸药库之间的距离时,q为最大库存量,K为殉爆安全系数(它与两殉爆炸药的组合、有无土围有关,见表4-5);当求雷管库之间及雷管库与炸药库之间的距离时,q为雷管个数,K的取值见表4-6。

炸药库之间的殉爆安全系数　　　表4-5

主爆药名称	储存方式	殉爆药名称							
		硝铵炸药及低含量的硝化甘油类炸药		含40%以上的硝化甘油类炸药		梯恩梯		黑索金,特屈儿泰安	
硝铵炸药及低含量的硝化甘油类炸药	有土围	0.25	0.15	0.35	0.25	0.40	0.30	0.70	0.55
	无土围	0.15	0.10	0.25	0.15	0.30	0.20	0.55	0.40
含40%以上的硝化甘油类炸药	有土围	0.50	0.30	0.70	0.50	0.60	0.50	1.40	1.10
	无土围	0.30	0.20	0.50	0.30	0.60	0.40	1.10	0.80
梯恩梯	有土围	0.80	0.60	1.00	0.80	1.20	0.90	2.10	1.60
	无土围	0.60	0.40	0.80	0.50	0.90	0.50	0.60	1.20
黑索金,特屈儿泰安	有土围	2.00	1.20	2.80	2.00	3.20	2.40	5.50	4.40
	无土围	1.20	0.80	2.00	1.20	2.40	1.60	4.40	3.20

(4)防护屏障

值班室与库房之间应设防护屏障。防护屏障应建在值班室与炸药库之间靠近值班室一侧,高度应超过值班室高度0.5m,顶宽不宜小于1m,坡脚距值班室不宜大于2m。

雷管库之间、雷管库与炸药库之间的安全距离计算系数　　　　表4-6

库房种类	安全系数 K		
	双方均无土围	单方有土围	双方均有土围
雷管库与炸药库	0.06	0.04	0.03
雷管库与雷管库	0.10	0.067	0.05

(5)洞库

洞库存放爆破器材,两洞间的岩土厚度不宜小于12m,值班室距洞口距离不小于30m。并偏离库轴线,共角度不宜小于70°。

(6)建筑与结构

库房内严禁设辅助用室;仓库为单屋建筑,屋顶宜为钢筋混凝土结构,砖墙承重,高度不低于3m;门为双层门,向外开,不设门槛;库窗宜配置铁栅和金属防护网,在适当部位设置通风口,并配铁栅和金属防护网。库房用非燃烧性材料建造(地面可铺木板或沥青),雷管库不能用混凝土地面。采用轻型屋顶。窗户采光面与地面面积之比为1/30~1/25。

(7)消防

库区内应配备适当的消防器材,宜设置消防水池,其容量不小于50m³。

(8)防雷防静电设施

危险货物仓库区,特别是爆炸品仓库与油罐作业区,正确设置避雷和静电导除装置是防火、防雷的重要措施。

①禁止电器线路跨越各仓库,仓库照明采用室外投光灯;仓库应设置独立的避雷装置和防感应雷设施,雷管库还应设置防静电装置,且每年至少对其接地电阻监测一次,其电阻值不得超过10Ω。

②避雷装置。雷电是雷云层摩擦带电后进行放电的自燃现象。雷击的直接作用有很大破坏力。它的热效应、电效应对危险货物都能带来燃烧、爆炸的危险。此外,雷电还有静电感应、电池感应、雷电波浸入和防雷装置上高电压对建筑物的反击作用,这些都影响危险货物的安全。因为雷电的破坏对象主要是高大建筑物、金属结构的建筑物和内部有大量金属物体的厂房和库房,所以装置避雷设备要注意避雷针的高度、截面和接地。

③静电导除装置。静电的产生主要是摩擦起电,此外还有附着带电、感应带电和极化带电。产生的静电如果没有良好的接地,则会因电荷积聚,产生高电位,形成火花放电而引起可燃物燃烧或爆炸。危险货物中油罐的注、排作业最易产生静电,对此应采用接地泄露的措施。接地线电阻不得大于100Ω,与防雷接地距离3m。此外,为控制静电的产生,还可采取限制油品流速的办法,如管径分别为5cm、10cm、20cm、40cm、60cm时,流速分别限制为3.5m/s、2.5m/s、1.8m/s、1.3m/s、1.0m/s;还可通过增加空气湿度的办法,减小物体表面电阻率以减少静电积聚。通常认为相对湿度小于40%时,静电不易逸散,当在70%以上时,静电不易积聚。

④库顶不允许架设任何电线或电缆,库内不设明线,作业过程中不适用移动式点灯照明,导线的绝缘强度不得小于500V。

5. 库房的耐火等级、层数、占地面积和安全疏散

危险货物每个仓库的最大允许占地面积与所保管的货物、仓库耐火等级有关(见表4-7)。

危险货物仓库面积和防火墙间隔　　　　表4-7

甲类物品类项	耐火等级	每座仓库面积(m^2)	防火墙间隔(m^2)
1、2、3	一级	180	60
4、5、6	一、二级	750	250

注:(1)铁路仓库面积,因保管期较短,可增加1倍。
(2)上述表中的甲类各项所包含的具体内容,原则上为:1-自燃物品、爆炸品;2-遇湿易燃物品;3-易燃固体;4-一级易燃液体;5-可燃气体(爆炸极限<10%)、遇湿易燃物品(产生气体的爆炸下限<10%);6-易燃固体、强氧化剂。

库房的耐火等级、层数和建筑面积应符合表4-8的要求。一、二级耐火等级的冷库,每座库房的最大允许占地面积和防火分隔面积,可按《冷库设计规范》有关规定执行。

库房的耐火等级、层数和建筑面积　　　　表4-8

储存物品类别		耐火等级	最多允许层数	最大允许建筑面积(m^2)						库房地下室、半地下室
				单层库房		多层库房		高层库房		
				每座库房	防火墙间	每座库房	防火墙间	每座库房	防火墙间	防火墙间
甲	3、4项	一级	1	180	60					
	1、2、5、6项	一、二级	1	750	250					
乙	1、3、4项	一、二级	3	2000	500	900	300			
	2、5、6项	三级	1	500	250					
丙	1项	一、二级	5	4000	1000	2800	700			150
		三级	1	1200	400					
	2项	一、二级	不限	6000	1500	4800	1200	4000	1000	300
		三级	3	2100	700	1200	400			
丁		一、二级	不限	不限	3000	不限	1500	4800	1200	500
		三级	3	3000	1000	1500	500			
		四级	1	2100	700					
戊		一、二级	不限	不限	不限	不限	2000	6000	1500	1000
		三级	3	3000	1000	2100	700			
		四级	1	2100	700					

注:(1)高层库房、高层仓库和筒仓的耐火等级不应低于二级,二级耐火等级的筒仓可采用钢板仓。储存特殊贵重物品的库房,其耐火等级宜为一级。
(2)独立建造的硝酸铵库房、电石仓库、聚乙烯库房、尿素库房、配煤库房以及车站、码头、机场内的中转仓库,其建筑面积可按本表的规定增加一倍,但耐火等级不应低于二级。
(3)装有自动灭火设备的库房,其建筑面积可按本表及注(2)的规定增加一倍。
(4)石油库内桶装油品库房面积可按现行的国家标准《石油库设计规范》执行。
(5)煤均化库防火分区最大允许建筑面积为12000m^2,但耐火等级不应低于二级。
(6)本条和本规范有关条文中规定的"占地面积"均指建筑面积。

在同一座库房或同一个防火墙间内,如储存数种火灾危险性不同的物品时,其库房或隔间的最低耐火等级、最多允许层数和最大允许占地面积,应按其中火灾危害性最大的物品确定。甲、乙类物品库房不应设在建筑物的地下室、半地下室。50℃以上的白酒库房不宜超过3层。

甲乙丙类液体库房,应设置防止液体流散的设施。遇水燃烧爆炸的物品库房,应有防止水浸渍损失的设施。库房或每个防火隔间(冷库除外)的安全出口数目不宜少于2个。但一座多层库房的占地面积不超过300m²时,可设1个疏散楼梯,面积不超过100m²的防火隔间,可设置1个门。高层库房应采用封闭楼梯间。

二、甲乙丙类液体储罐、堆场的布置和防火间距

甲、乙、丙类液体储罐、堆场宜布置在地势较低的地带,如采取安全防护设施,也可布置在地势较高的地带。桶装、瓶装易燃液体不宜露天布置。甲、乙、丙类液体的储罐区和乙、丙类液体的桶罐堆场与建筑物的防火间距,不应小于表4-9的规定。

储罐、堆场与建筑物的防火间距 表4-9

项 目		建筑物的耐火等级			室外变、配电站
		一、二级	三级	四级	
甲、乙类液体	一个罐区或堆场的总储量 $V(m^3)$				
	$1 \leq V < 50$	12	15	20	30
	$50 \leq V < 200$	15	20	25	35
	$200 \leq V < 1000$	20	25	30	40
	$1000 \leq V < 5000$	25	30	40	50
丙类液体	$5 \leq V < 250$	12	15	20	24
	$250 \leq V < 1000$	15	20	25	28
	$1000 \leq V < 5000$	20	25	30	32
	$5000 \leq V < 25000$	25	30	40	40

注:(1)防火间距应从距建筑物最近的储罐外壁、堆垛外缘算起,但储罐防火堤外侧基脚线至建筑物的距离不应小于10.0m。
(2)甲、乙、丙类液体的固定顶储罐区,半露天堆场和乙、丙类液体桶装堆场与甲类厂房(仓库)、民用建筑的防火间距,应按本表的规定增加25%,且甲、乙类液体储罐区,半露天堆场和乙、丙类液体桶装堆场与甲类厂房(仓库)、民用建筑的防火间距不应小于25.0m,与明火或散发火花地点的防火间距,应按本表四级耐火等级建筑的规定增加25%。
(3)浮顶储罐区或闪点大于120℃的液体储罐区与建筑物的防火间距,可按本表的规定减少25%。
(4)当数个储罐区布置在同一库区内时,储罐区之间的防火间距不应小于本表相应储量的储罐区与四级耐火等级建筑之间防火间距的较大值。
(5)直埋地下的甲、乙、丙类液体卧式罐,当单罐容积小于等于50m³,总容积小于等于200m³时,与建筑物之间的防火间距可按本表规定减少50%。
(6)石油库的储罐与建筑物、构筑物的防火间距可按《石油库设计规范》的有关规定执行。

计算一个储罐区的总储量时,1m³的甲、乙类液体按5m³的丙类液体折算。甲、乙、丙类

液体储罐之间的防火间距,不应小于表4-10的规定。

甲、乙、丙类液体储罐之间的防火间距 表4-10

液体类别	容量(m³)	固定储罐			浮顶储罐	卧式储罐
		地上式	半地下式	地下式		
甲、乙类	≤1000	0.75D	0.5D	0.4D	0.4D	不小于0.8m
	>1000	0.6D				
丙类	不论容量大小	0.4D				

注:(1) D 为相邻较大立式储罐的直径(m);矩形储罐的直径为长边与短边之和的一半。
(2) 不同液体、不同形式储罐之间的防火间距不应小于本表规定的较大值。
(3) 两排卧式储罐之间的防火间距不应小于3.0m。
(4) 设置充氮保护设备的液体储罐之间的防火间距可按浮顶储罐的间距确定。
(5) 当单罐容量小于等于1000m³且采用固定冷却消防方式时,甲、乙类液体的地上式固定顶罐之间的防火间距不应小于0.6D。
(6) 同时设有液下喷射泡沫灭火设备、固定冷却水设备和扑救防火堤内液体火灾的泡沫灭火设备时,储罐之间的防火间距可适当减小,但地上式储罐不宜小于0.4D。
(7) 闪点大于120℃的液体,当储罐容量大于1000m³时,其储罐之间的防火间距不应小于5.0m;当储罐容量小于等于1000m³时,其储罐之间的防火间距不应小于2.0m。

甲、乙、丙类液体储罐成组布置时应符合下列要求:
(1) 甲、乙、丙类液体储罐的储量不超过表4-11的规定时,可成组布置。
(2) 组内储罐的布置不应超过2行。甲、乙类液体储罐之间的间距,立式储罐不应小于2m,丙类液体的储罐之间的间距不限。卧式储罐不应小于0.8m。
(3) 储罐组之间的距离,应按储罐组储罐的形式和总储量相向的标准单罐确定,按《石油库设计规范》第五至九条的规定执行。

液体储罐成组布置的限量 表4-11

储罐名称	单罐最大储量(m³)	一级最大储量(m³)
甲、乙类液体	200	1000
丙类液体	500	3000

注:石油库内的油罐布置和防火间距,可按《石油库设计规范》有关规定执行。

甲、乙、丙类液体的地上、半地下储罐或储罐组,应设置非燃烧材料的防火堤,并应符合下列要求:
(1) 防火堤内储罐的布置不宜超过2行,但单罐容量不超过1000m³且闪电过120℃的液体储罐,可不超过4行。
(2) 防火堤内的有效容量不应小于最大罐的容量,但浮顶罐可不小于最大储罐容量的一半。
(3) 防火堤内侧基脚线至立式储罐外壁的距离,不应小于罐壁高的一半。卧式储罐至防火堤内基脚线的水平距离不应小于3m。
(4) 防火堤的高度宜为1~1.6m,其实际高度应比计算高度高出0.2m。
(5) 沸液性液体地上、半地下储罐,每个储罐应设一个防火堤或防火隔堤。
(6) 含油污水排水管在出防火堤处应设水封设施,雨水排水管应设置阀门等封闭装置。

甲、乙、丙类液体储罐与其泵房、装卸鹤管的防火间距,不应小于表4-12的规定。

液体储罐与泵房、装卸鹤管的防火间距(m)　　　　表 4-12

储罐名称		项 别		
		泵房	铁路装卸鹤管	汽车装卸鹤管
甲、乙类液体	拱顶罐	15	20	20
	浮顶罐	12	15	15
丙类液体		10	12	12

注：(1)总储量不超过1000m³的甲、乙类液体储罐的总储量不超过5000m³的丙类液体储罐，其防火间距可按本表的规定减少25%。
（2）泵房、装卸鹤管与储罐防火堤外侧基脚线的距离不应小于5m。
（3）厂内道路、铁路与装卸鹤管的防火间距，对于甲、乙类液体不应小于20m，对于丙类液体不应小于10m。
（4）泵房与鹤管的距离不应小于8m。

甲、乙、丙类液体装卸鹤管与建筑物的防火间距不应小于表4-13的规定。

液体装卸鹤管与建筑物的防火间距(m)　　　　表 4-13

名 称	耐 火 等 级		
	一、二级	三级	四级
甲、乙类液体装卸鹤管	14	16	18
丙类液体装卸鹤管	10	12	14

注：零位罐与所属作业线的距离不应小于6m。

三、可燃、助燃气体储罐的防火间距

湿式可燃气体储罐或罐区与建筑物、堆场的防火间距，不应小于表4-14的规定。

储气罐或罐区与建筑物、堆场的防火间距　　　　表 4-14

名 称			湿式可燃气体储罐的总容积 $V(m^3)$			
			$V<1000$	$1000 \leq V < 10000$	$10000 \leq V < 50000$	$50000 \leq V < 100000$
甲类物品仓库 明火或散发火花的地点 甲、乙、丙类液体储罐 可燃材料堆场 室外变、配电站			20	25	30	35
民用建筑			18	20	25	30
其他建筑	耐火等级	一、二级	12	15	20	25
		三级	15	20	25	30
		四级	20	25	30	35

注：(1)固定容积的可燃气体储罐与建筑物、堆场的防火间距应按本表的规定执行。总容积按其水容量(m³)和工作压力(绝对压力,105Pa)的乘积计算。
（2）干式可燃气体储罐与建筑物、堆场的防火间距应按本表增加25%。
（3）容积不超过20m³的可燃气体储罐与所属厂房的防火间距不限。

可燃气体储罐或罐区之间的防火间距应符合下列要求：
①湿式储罐之间的防火间距，不应小于相邻较大罐的半径。
②干式或卧式储罐之间的防火间距，不应小于相邻较大罐直径的2/3，球形罐之间的防火间距不应小于相邻较大罐的直径。
③卧式、球形储罐与湿式储罐或干式储罐之间的防火间距，应按其中较大者确定。
④一组卧式或球形储罐的总容积不应超过30000m³。组与组的防火间距、卧式槽罐不小于相邻较大罐长度的一半；球形储罐不应小于相邻较大罐的直径，且不应小于10m。

湿式氧气罐或罐区与建筑物、储罐、堆场的防火间距,不应小于表 4-15 的规定。

湿式氧气罐或罐区与建筑物、储罐、堆场的防火间距　　　表 4-15

名　称			湿式氧气储罐的总容积 $V(m^3)$		
			$V \leqslant 1000$	$1000 < V \leqslant 50000$	$V > 50000$
甲、乙、丙类液体储罐,可燃材料堆场,甲类物品仓库,室外变、配电站			20	25	30
民用建筑			18	20	25
其他建筑	耐火等级	一、二级	10	12	14
		三级	12	14	16
		四级	14	16	18

注:(1)固定容积的氧气储罐,与建筑物、储罐、堆场的防火间距应按本表的规定执行。总容积按其水容量(m^3)和工作压力(绝对压力,105Pa)的乘积计算。
(2)氧气储罐与其制氧厂房的间距,可按工艺布置要求确定。
(3)容积不超过 $50m^3$ 的氧气储罐与所属使用厂房的防火间距不限。

液氧储罐与建筑物、储罐、堆场的防火间距应符合本规范第 4.3.3 条相应储量湿式氧气储罐防火间距的规定。液氧储罐与其泵房的间距不宜小于 3m。总容积小于等于 $3m^3$ 的液氧储罐与其使用建筑的防火间距应符合下列规定。
(1)当设置在独立的一、二级耐火等级的专用建筑物内时,其防火间距不应小于 10m。
(2)当设置在独立的一、二级耐火等级的专用建筑物内,且面向使用建筑物一侧采用无门窗洞口的防火墙隔开时,其防火间距不限。
(3)当低温储存的液氧储罐采取了防火措施时,其防火间距不应小于 5m。(注:$1m^3$ 液氧折合标准状态下 $800m^3$ 气态氧。)

四、液化石油气储罐的布置和防火间距

液化石油气储罐区宜布置在本单位或本地区全年最小频率风向的上风侧,并选择通风良好的地点单独设置。储罐区宜设置高度为 1m 的非燃烧体实体防护墙。液化石油气储罐或罐区与建筑物、堆场的防火间距,不应小于表 4-16 的规定。

液化石油气供应基地的全压式和半冷冻式储罐(区)与明火、散发火花地点和基地外建构筑物之间的防火间距(m)　　　表 4-16

总容积 $V(m^3)$	$30 < V \leqslant 50$	$50 < V \leqslant 200$	$200 < V \leqslant 500$	$500 < V \leqslant 1000$	$1000 < V \leqslant 2500$	$2500 < V \leqslant 5000$	$V > 5000$
单罐容量 $V(m^3)$	$V \leqslant 20$	$V \leqslant 50$	$V \leqslant 100$	$V \leqslant 200$	$V \leqslant 400$	$V \leqslant 1000$	$V > 1000$
居住区、村镇和学校、影剧院、体育馆等重要公共建筑（最外侧建筑物外墙）	45	50	70	90	110	130	150
工业企业(最外侧建筑物外墙)	27	30	35	40	50	60	75
明火或散发火花地点室外变、配电站	45	50	55	60	70	80	120

续上表

总容积 $V(m^3)$		$30<V \leq 50$	$50<V \leq 200$	$200<V \leq 500$	$500<V \leq 1000$	$1000<V \leq 2500$	$2500<V \leq 5000$	$V>5000$
民用建筑,甲、乙类液体储罐 甲乙类仓库,甲乙类厂房 稻草、麦秸、芦苇、打包废纸等 材料堆场		40	45	50	55	65	75	100
丙类液体储罐、可燃气体储罐 丙丁类厂房、丙丁类仓库		32	35	40	45	55	65	80
助燃气体储罐、木材等材料堆场		27	30	35	40	50	60	75
其他建筑	一、二级	18	20	22	25	30	40	50
耐火等级	三级	22	25	27	30	40	50	60
	四级	27	30	35	40	50	60	75
公路 (路边)	高速、Ⅰ、Ⅱ级	20	25					30
	Ⅲ、Ⅳ级	15	20					25
架空电力线(中心线)		应符合本规范的规定						
架空通信线(中心线)	Ⅰ、Ⅱ级	30				40		
	Ⅲ、Ⅳ级	1.5 倍杆高						
铁路(中心线)	国家线	60		70		80		100
	企业专用线	25		30		35		40

注:(1)防火间距应按本表储罐总容积或单罐容积较大者确定,并应从距建筑最近的储罐外壁、堆垛外缘算起。
(2)当地下液化石油气储罐的单罐容积小于等于 $50m^3$,总容积小于等于 $400m^3$ 时,其防火间距可按本表减少 50%。
(3)居住区、村镇系指 1000 人或 300 户以上者,以下者按本表民用建筑执行。
(4)与本表规定以外的其他建筑物的防火间距,应按现行国家标准《城镇燃气设计规范》(GB 50028)的有关规定执行。
(5)容积超过 $1000m^3$ 的液化石油气单罐或总储量超过 $5000m^3$ 的罐区,与明火或散发火花地点和民用建筑的防火间距不应小于 120m,与其他建筑的防火间距应按本表的规定增加 25%。

位于居民区内的液化石油气化站、混气站,其储罐与重要公共建筑和其他民用建筑、道路之间的防火间距,可按现行的《城市煤气设计规范》的有关规定执行,但与明火或散发火花地点的防火间距不应小于 30m。

五、易燃、可燃材料的露天、半露天堆场的布置和防火间距

易燃材料的露天堆场宜设置在天然水源充足的地方,并宜布置在本单位或本地区全年最小频率风向的上风侧。易燃、可燃材料的露天、半露天堆场与建筑物的防火间距,不应小于表 4-17 规定。

露天、半露天堆场与建筑物的防火间距　　表 4-17

名称	一个堆场的总储量	建筑物的耐火等级		
		一、二级	三级	四级
粮食席穴囤 $W(t)$	$10 \leq W < 5000$	15	20	25
	$5000 \leq W < 20000$	20	25	30

续上表

名称	一个堆场的总储量	建筑物的耐火等级		
		一、二级	三级	四级
粮食土圆仓 $W(t)$	$500 \leq W < 10000$	10	15	20
	$10000 \leq W < 20000$	15	20	25
棉、麻、毛、化纤、百货 $W(t)$	$10 \leq W < 500$	10	15	20
	$500 \leq W < 1000$	15	20	25
	$1000 \leq W < 5000$	20	25	30
稻草、麦秸、芦苇、打包废纸等 $W(t)$	$10 \leq W < 5000$	15	20	25
	$5000 \leq W < 10000$	20	25	30
	$W \geq 10000$	25	30	40
木材等 $V(m^3)$	$50 \leq V < 1000$	10	15	20
	$1000 \leq V < 10000$	15	20	25
	$V \geq 10000$	20	25	30
煤和焦炭 $W(t)$	$100 \leq W < 5000$	6	8	10
	$W \geq 5000$	8	10	12

注：(1) 一个堆场的总储量如超过本表的规定，宜分设堆场。堆场之间的防火间距，不应小于较大堆场与四级建筑的间距。

(2) 不同性质物品堆场之间的防火间距，不应小于本表相应储量堆场与四级建筑间距的较大值。

(3) 易燃材料露天、半露天堆场与甲类生产厂房、甲类物品库房以及民用建筑的防火间距，应按本表的规定增加 25%，且不应小于 25m。

(4) 易燃材料露天、半露天堆场与明火或散发火花地点的防火间距，应按本表四级建筑的规定增加 25%。

(5) 易燃、可燃材料堆场与甲、乙、丙类液体储罐的防火间距，不应小于本表和本规范表 4-4.2 中相应储量堆场与四级建筑间距的较大值。

(6) 粮食总储量为 20001~40000t 一栏，仅适用于筒仓；木材等可燃材料总储量为 10001~25000m³ 一栏，仅适用于圆木堆场。

六、仓库、储罐区、堆场的布置及与铁路、道路的防火间距

液化石油储配站的站址应根据储量大小，宜设置在远离居住区、村镇、工业企业和影剧院、体育馆等重要公共建筑的地区。甲、乙类物品专用仓库，甲、乙、丙类液体储罐区、易燃材料堆场等，宜设置在市区边缘的安全地带。城市煤气储罐宜分散布置在用户集中的安全地段。

库房、储罐、堆场与铁路、道路的防火间距，不应小于表 4-18 的规定。

库房、储罐、堆场与铁路、道路的防火间距 表 4-18

铁路、道路类别	厂外铁路线、中心线	厂内铁路线、中心线	厂外道路路边	厂内道路路边	
				主要	次要
液化石油气储罐	45	35	25	15	10
甲类物品库房	40	30	20	10	5
甲、乙类液体储罐	35	25	20	15	10
丙类液体储罐易燃材料堆场	30	20	15	10	5
可燃、助燃气体储罐	25	20	15	10	5

注：(1) 厂内铁路装卸线与设有装卸站台的甲类物品库房的防火间距，可不受本表规定的限制。

(2) 未列入本表的堆场、储罐、库房与铁路、道路的防火间距，可根据储存物品的火灾危险性适当减少。

第四节　危险货物的装卸、搬运、储存和撒漏处理

危险货物的储存方式、方法以及储存数量、隔离等应当符合规定。仓库、雨棚、储罐等专用设施,应当由专人负责管理。剧毒品以及储存数量构成重大危险源的其他危险货物,应当单独存放,并实行双人收发、双人保管制度。

一、危险货物装卸前的准备工作

①装卸前应调查清楚该类危险货物的特性、应采取的防灾措施和发生危险后的处理方法。

②作业场所要选在避免日光照射、隔离热源和火源、通风良好的地点且要有足够的面积和必要的设备,以便发生事故时能有效地处置。

③要检查危险货物的容器、包装和标志是否完整,与文件资料上所载明的内容是否一致。禁止将包装有损伤、容器有泄漏的危险货物装入箱内。

④在装卸现场备妥相应的消防设备,并使其处于随时可用状态。

⑤夜间作业应备好足够的照明设备;装卸易燃易爆危险货物必须使用防爆式或封闭式安全照明设备,严禁使用其他不安全灯具。

⑥装载爆炸品、氧化性物质的危险货物时,装货前箱内要仔细清扫,应进行充分的通风。应有防止摩擦产生火花的措施,须经有关部门检测后才能开始卸货作业。

二、装卸搬运危险货物的注意事项

①装卸作业时,要悬挂显示规定的灯号或标志。

②装卸危险品时,应有专人值班,作业时要按有关规则的规定执行。作业人员操作时应穿防护工作衣,戴防护面具和橡皮手套。

③装货时监装人员应逐件检查货物包装及标志,破、漏、渗的包装件应拒装。

④严格按要求装卸,危险货物的任何部分都不允许突出于仓储和运输设施设备外,装货后要能正常关闭仓储运输设施。

⑤危险货物时应使用适当的机器。在装卸易燃易爆、剧毒、腐蚀及放射性危险货物时,装卸机具应按额定负荷降低25%使用;在装卸易燃或爆炸品时禁止使用易产生火花的工具。

⑥有些用纸袋、纤维板和纤维桶包装的危险货物,遇水后会引起化学反应而发生自燃、发热或产生有毒气体,故应严格进行防水检查。

⑦装卸危险货物时应采取正确的作业方法,小心谨慎地操作,平稳吊落货物,轻拿轻放。严禁摔碰、撞击、摩擦、拖拉、滑跌、抛丢、坠落、翻滚、挖井等野蛮作业。装卸机具应有防止产生火花的措施。

⑧危险货物与其他货物混载时,应尽量把危险货物装在箱门附近,严禁危险货物与仪器类货物混载。

⑨装卸爆炸品或烈性易燃品时,不得进行能产生火花的检修工作和烤铲油漆作业。

⑩起卸包装破漏的危险品时现场严禁明火,有关人员应站在上风处,对包装破损严重的,要进行必要的修理和清洁工作,以避免危险品的大量渗漏,但必须十分注意安全,并根据

"应急措施表"及"医疗急救指南"采取相应的措施。

⑪在装卸与搬运爆炸品时,开关车门、车窗不得使用铁撬棍、铁钩等铁质工具,必须使用时,应采取防火花涂层等防护措施;不准穿铁钉鞋;使用铁轮、铁铲头推车和叉车时,应有防火花措施;禁止使用可能发生火花的机具设备;照明应使用防爆灯具。第1.1项和1.2项爆炸品的装载和堆码高度不得超过1.8m。车、库内不得残留酸、碱、油脂等物质。发现跌落破损的货件不得装车,应另行放置,妥善处理。

⑫在储存、运输和使用压缩气体和液化气体的过程中,一定要注意防火、防晒、隔热等措施;在向容器和气瓶内充装时,要注意极限温度和压力,严格控制充装量,防止超装、超温、超压。作业时,应使用抬架或搬运车,防止气瓶安全帽脱落以及损害瓶嘴。装卸机械工具应有防止产生火花的措施。气瓶装车时应平卧横放。装卸搬运时,气瓶阀不要对准人身。装卸搬运工具、工作服以及手套不得沾有油脂。装卸有毒气体时,应配备防护用品,必要时使用供氧式防毒面具。

⑬易燃液体装卸前应先通风、开关车门、车窗时不要使用铁制工具猛力敲打,必须使用时应采取防止产生火花的防护措施。作业人员不准穿铁钉鞋。装卸搬运中,不能撞击、摩擦、拖拉、翻滚。装载钢桶包装的易燃液体,要采取防磨措施,不得倒入和卧放。

⑭装卸易燃固体、易于自燃的物质、遇水放出易燃气体的物质时应特别注意勿使黄磷脱水,引起自燃。雨雪天无防雨设备时,不能装卸遇水易燃物质。

⑮对于氧化性物质和有机过氧化物,装车前,车内应打扫干净,保持干燥,不得残留酸类和粉状类可燃物。卸车前,应先通风后作业。搬运机具上不得残留或沾有杂质。托盘和手推车尽量专用。

⑯毒性物质、感染性物质和放射性物质装卸车前应先行通风,装卸搬运时严禁肩扛、背负。装卸易燃毒害品时,必须穿戴防护用品,严防皮肤破损处接触毒物。毒性和感染性物质作业完成后及时清洁身体后方可进食和吸烟。放射性物质作业时间应按《危规》的要求控制。堆码时应将辐射水平低的放射性包装放在辐射水平高的包装件范围。在搬运Ⅲ级放射性包装件时,应在搬运机械的适当位置上安放屏蔽或穿护围裙,以减少人员受照剂量。装卸、搬运放射性矿石、矿砂时,作业场所应喷水防止飞尘,作业人员应穿戴工作服、工作鞋、戴口罩和手套,作业完毕应全身清洗。

⑰腐蚀性物质装卸与搬运作业前应穿戴耐腐蚀的防护用品,对易散发有毒蒸气或烟雾的腐蚀性物质,必须通风作业,并使用防毒面具。货物堆码必须平稳牢固,严禁肩扛、背负。装车前卸车后必须清扫车辆,不得留有稻草、木屑、煤炭、油蜡、纸屑、碎布等可燃物。

⑱装运过危险货物的车辆、集装箱,卸后应当清扫洗刷干净,确保不会对其他货物和作业人员造成污染、损害。洗刷废水、废物处理应当符合环保要求。

三、危险货物的存放和保管注意事项

①爆炸品必须存放于专库内,库房应有避雷装置、防爆灯及低压防爆开关。仓库应由专人负责保管。库内应保持清洁,并隔绝热源与火源,在温度40℃以上时,要采取通风和降温措施。爆炸品的堆垛间及堆垛与库墙间应有0.5m以上的间隔。要避免日光直晒。

②危险气体应存放于阴凉通风场所,防止日晒、油污、隔绝热源与火种,当库内温度超过40℃时,应采取通风降温措施。气瓶平卧放置时,堆垛不得超过5层,瓶头要朝向同一方,瓶

身要填塞充实,防止滚动。气瓶立放时要放置稳妥。

③易燃液体应存于阴凉通风场所,避免日晒,隔绝热源和火种。堆放要稳固,严禁倒置。库内温度超过40℃时,应采取通风降温措施。容器受热膨胀时,应浇洒冷水冷却,必要时应移至安全通风处放气处理。

④遇水放出易燃气体的物质应存放与阴凉、通风、干燥场所,防止日晒,隔绝热源和火种,与酸类、氧化剂必须隔离存放。严禁露天存放遇水易燃物质。盛装遇空气或潮气能引起反应的物质,其容器须密封口。对缓慢氧化能自燃的物质包装应易于通风散热。对化学性质特别敏感的钠、钾等金属,须浸没在煤油或密封于石蜡中。

⑤氧化性物质和有机过氧化物应存放于阴凉通风场所,防止日晒、受潮、远离酸类和可燃物,特别要远离硫黄、硝化棉、金属粉等还原性物质。亚硝酸盐类与其他氧化性物质应分库或隔离存放。堆垛不宜过高、过大、注意通风散热。库内货位应保持清洁,对搬出后的货位应清扫干净。

⑥毒性物质应存放在阴凉、通风、干燥的库内,不得露天存放。与酸类物质应隔离存放,严禁与食品同库存放。必须加强管理,严防丢失和发生误交付。

⑦放射性物质的存放必须专库专用,仓库应通风良好、干燥、地面平坦,应有专人管理,按规定码放。遇到燃烧、爆炸可能危及放射性物质安全时,应迅速转移至安全处,并派专人看管。

⑧腐蚀性物质应存放在清洁、通风、阴凉、干燥场所,防止日晒、雨淋、堆码应整齐稳固,不得与可燃物、氧化剂等混存。

四、危险货物的撒漏处理

①对撒漏的爆炸品应及时用水润湿,撒以松软物后轻轻收集,并通知公安和消防人员处理。禁止将收集的撒漏物品装入原包件中。

②危险性气体阀门松动漏气要立即拧紧,如无法关闭时,可将气瓶浸入冷水或石灰水中(氨水瓶只能浸入水中);液化气体容器破裂时,应将裂口部位朝上。

③为了防止危险性液体泄漏和流散,在储存工作中应备置事故槽(罐),构筑防火堤、设置水封井等;液体着火时,应设法堵截流散的液体,防止火势扩大蔓延。易燃液体容器渗漏时,应及时移至安全通风处更换包装。渗出的液体可用干砂土等物覆盖后扫除干净。

④撒漏的易燃固体、易于自燃的物质、遇水放出易燃气体的物质,应谨慎收集妥善处理。撒漏的黄磷应立即浸入水中,硝化纤维要用水润湿;金属钠、钾应浸入煤油或液状石蜡中,电石、保险粉等遇水易燃物品撒漏,收集后应进行安全处理,不得并入原货件中。

⑤氧化性物质撒漏时,应扫除干净,再用水冲洗。收集的撒漏物品,不得倒入原货件内。

⑥固体毒品处理撒漏时,应谨慎处理收集,如氰化钠可以用漂白粉或次氯酸钠处理,液态毒品渗漏时,可先用砂土、锯末等物吸收,妥善处理。被毒性物质污染的机具,车辆及仓库地面,应进行洗刷除污。

⑦放射性物质运输中包装件破裂,内容物撒漏时,应立即向有关部门报告。由安全防护人员测量并划出安全区域,悬挂明显标志。当人体受污染时,应在防护人员指导下迅速除污,若人员受到过量照射时,应立即送医院救治。放射性矿石、矿砂的包装件破损时不得运输。

⑧发现酸性腐蚀性液体物质撒漏应及时撒上干砂土,清除干净后,再用清水冲洗污染。

大量酸液溢漏时,可用石灰水中和。

第五节　危险货物的消防设施及消防处理

一、火灾的类型及级别

1. 火灾类型

我国将火灾分为 A、B、C、D 和 E 类五大类。

A 类火灾:指含碳固体可燃物质火灾,一般在燃烧时能产生灼热的余烬。如木材、棉毛、麻、纸张燃烧的火灾等。

B 类火灾:指易燃、可燃液体火灾,可熔化的固体火灾。如汽油、煤油、原油、甲醇、乙醇、沥青、石蜡火灾等。

C 类火灾:指易燃、可燃气体火灾,如煤气、天然气、氢气、甲烷、乙烷、丙烷等火灾。

D 类火灾:指可燃金属火灾,如钾、钠、镁、钛、锆、锂、铝镁合金火灾。

E 类火灾:指带电燃烧的火灾。

2. 火灾级别

按照一次火灾事故造成的人员伤亡、受灾户数和直接财产损失金额,火灾分为一般火灾、重大火灾、特大火灾三个等级。

特大火灾:具有下列情形之一的为特大火灾:死亡十人及以上,重伤二十人及以上;死亡、重伤二十人及以上;受灾五十户及以上;毁损财物损失五十万元及以上。

重大火灾:具有下列情形之一的为重大火灾:死亡三人及以上,重伤十人及以上;毁损财物损失五万元及以上。

一般火灾:不具备前列两项情况的主要有两种,燃烧事故火灾。

二、灭火器分类及其适用

1. 灭火器的分类及型号

按所充装的灭火剂类型分为:干粉灭火器(充装的灭火剂即碳酸氢钠和磷酸铵盐灭火剂),二氧化碳灭火器,泡沫型灭火器,水型灭火器和卤代烷型灭火器(俗称"1211"灭火器和"1301"灭火器)。

按驱动灭火器的压力方式分为:贮气式灭火器(灭火剂由灭火器上的贮气瓶释放的压缩气体的或液化气体的压力驱动的灭火器);贮压式灭火器(灭火剂由灭火器同一容器内的压缩气体或灭火蒸气的压力驱动的灭火器);化学反应式灭火器(灭火剂由灭火器内化学反应产生的气体压力驱动的灭火器)。

按灭火器移动方式分为:手提式灭火器,推车式灭火器,背负式灭火器,投掷式灭火器和悬挂式灭火器。

我国灭火器的型号是按照《消防产品型号编制方法》的规定编制的。它由类、组、特征代号及主要参数几部分组成。类、组、特征代号用大写汉语拼音字母表示;主要参数代表灭火器的充装量,用阿拉伯字母表示。阿拉伯数字代表灭火剂重量或容积,一般单位为每千克或升。

本体号：一般编在型号首位，是灭火器本身的代号。通常用"M"表示。

灭火剂代号：编在型号第二位：P——泡沫灭火剂，酸碱灭火剂；F——干粉灭火剂；T——二氧化碳灭火剂；Y——1211灭火剂；SQ——清水灭火剂。

形式号：编在型号中的第三位，是各类灭火器结构特征的代号。目前我国灭火器的结构特征有手提式（包括手轮式）、推车式、鸭嘴式、舟车式、背负式五种，其中型号分别用S、T、Z、Z、B。

数字号：一般编在型号之尾，指灭火器充装灭火剂的实际量，有两种含义。一种是对固体和液体、气体灭火剂而言，表示重量，单位为公斤；另一种是对液体化学灭火剂而言，表示容量，单位为升。

2. 泡沫灭火器

泡沫灭火器是指灭火器内充装的为泡沫灭火剂，可分为化学泡沫灭火器和空气泡沫灭火器。

(1) 化学泡沫灭火器

化学泡沫灭火器适用范围：可用来扑灭木材，棉布等燃烧引起的失火。此类灭火器是通过筒体内酸性溶液与碱性溶液混合发生化学反应，将生成的泡沫压出喷嘴，喷射出去进行灭火的。它除了用于扑救一般固体物质火灾外，还能扑救油类等可燃液体火灾，但不能扑救带电设备和醇、酮、酯、醚等有机溶剂的火灾。

泡沫灭火器有MP型手提式、MPZ型手提舟车式和MPT型推车式三种类型。下面以MP型手提式为例简单说明其使用方法和注意事项。MP型手提式泡沫灭火器主要由筒体、器盖、瓶胆和喷嘴等组成。筒体内装碱性溶液，瓶胆内装酸性溶液，瓶胆用瓶盖盖上，以防酸性溶液蒸发或因震荡溅出而与碱性溶液混合。

化学泡沫灭火器的使用方法：手提筒体上部的提环靠近火场，在距着火点10m左右，将筒体颠倒过来，一只手握紧提环，另一只手握住筒体的底圈，将射流对准燃烧物。在扑救可燃液体火灾时，如已呈流淌状燃烧，则将泡沫由远及近喷射，使泡沫完全覆盖在燃烧液面上；如在容器内燃烧，应将泡沫射向容器内壁，使泡沫沿容器内壁流淌，逐步覆盖着火液面。切忌直接对准液面喷射，以免由于射流的冲击将燃烧的液体冲出容器而扩大燃烧范围。在扑救固体火灾时，应将射流对准燃烧最猛烈处进行灭火。在使用过程中，灭火器应当始终处于倒置状态，否则会中断喷射。

(2) 空气泡沫灭火器

空气泡沫灭火器的使用方法：将灭火器提到距着火物6m左右，拔出保险销，一手握住开启压把，另一只手紧握喷枪，用力捏紧开启压把，打开密封或刺穿储气瓶密封片，空气泡沫即可从喷枪中喷出。灭火方法与化学泡沫灭火器相同，但与化学泡沫灭火器不同的是，空气泡沫灭火器在使用时，灭火器应当是直立状态的，不可颠倒或横卧使用，否则会中断喷射；也不能松开开启压把，否则也会中断喷射。

3. 酸碱灭火器

(1) 灭火原理

酸碱灭火器是一种内部分别装有65%的工业硫酸和碳酸氢钠水溶液的灭火器。酸碱灭火器由筒体、筒盖、硫酸瓶胆、喷嘴等组成。筒体内装有碳酸氢钠水溶液，硫酸瓶胆内装有浓硫酸。瓶胆口有铅塞,用来封住瓶口,以防瓶胆内的浓硫酸吸水稀释或同瓶胆外的药液混合。酸碱灭火器的作用原理是利用两种药剂混合后发生化学反应,产生压力使药剂喷出,从而扑灭火灾。酸碱灭火器利用器内两种灭火剂混合后喷出的水溶液扑灭火灾,适用于扑救竹、木、棉、毛、草、纸等一般可燃物质的初起火灾,但不宜用于扑救油类、忌水和忌酸物质及带电设备的火灾。

(2)酸碱灭火器使用方法

第一步:平稳地将灭火器提到起火点。

第二步:用手指压紧喷嘴,将灭火器颠倒过来,上下摇动几下。

第三步:松开手指,对准燃烧最猛烈处喷射。

第四步:随着灭火器喷射距离的缩短,使用者应逐渐向燃烧物靠近,始终使水流喷射在燃烧物上,直至把火扑灭。

(3)酸碱灭火器使用注意事项:

①灭火器在运送过程中,不能把灭火器扛在肩上或横拿,也不能让灭火器过分倾斜,以防两种药剂混合而提前喷射。

②使用时,应始终使灭火器保持颠倒状态,不得直立或横置。否则,会影响水流喷射。

③使用时,不能将筒盖或筒底对着人体,以防筒底爆破或筒盖飞出伤人。

④避免放在高温处,以防化学药剂失效,冬季要注意防冻。

⑤要定期检查,发现药液变质应予以更换。

4. 二氧化碳灭火器

(1)灭火原理

二氧化碳灭火剂是一种具有一百多年历史的灭火剂,价格低廉,获取、制备容易,其主要依靠窒息作用和部分冷却作用灭火。二氧化碳具有较高的密度,约为空气的1.5倍。在常压下,液态的二氧化碳会立即汽化,一般1kg的液态二氧化碳可产生约$0.5m^3$的气体。因而,灭火时,二氧化碳气体可以排除空气而包围在燃烧物体的表面或分布于较密闭的空间中,降低可燃物周围或防护空间内的氧浓度,产生窒息作用而灭火。另外,二氧化碳从储存容器中喷出时,会由液体迅速汽化成气体,而从周围吸收部分热量,起到冷却的作用。

(2)适用范围

二氧化碳灭火器有流动性好、喷射率高、不腐蚀容器和不易变质等优良性能,用来扑灭图书,档案,贵重设备,精密仪器、600V以下电气设备及油类的初起火灾。适用于扑救B类火灾,C类火灾和E类火灾。

(3)使用方法

在使用时,应首先将灭火器提到起火地点,放下灭火器,拔出保险销,一只手握住喇叭筒根部的手柄,另一只手紧握启闭阀的压把。对没有喷射软管的二氧化碳灭火器,应把喇叭筒往上扳70~90°。使用时,不能直接用手抓住喇叭筒外壁或金属连接管,防止手被冻伤。在使用二氧化碳灭火器时,在室外使用的,应选择上风方向喷射;在室内窄小空间使用的,灭火后操作者应迅速离开,以防窒息。

可手提筒体上部的提环,迅速奔赴火场。这时应注意不得使灭火器过分倾斜,更不可横拿或颠倒,以免两种药剂混合而提前喷出。当距离着火点10m左右,即可将筒体颠倒过来,一只手紧握提环,另一只手扶住筒体的底圈,将射流对准燃烧物。在扑救可燃液体火灾时,如已呈流淌状燃烧,则将泡沫由远而近喷射,使泡沫完全覆盖在燃烧液面上;如在容器内燃烧,应将泡沫射向容器的内壁,使泡沫沿着内壁流淌,逐步覆盖着火液面。切忌直接对准液面喷射,以免由于射流的冲击,反而将燃烧的液体冲散或冲出容器,扩大燃烧范围。在扑救固体物质火灾时,应将射流对准燃烧最猛烈处。灭火时随着有效喷射距离的缩短,使用者应逐渐向燃烧区靠近,并始终将泡沫喷在燃烧物上,直到扑灭。使用时,灭火器应始终保持倒置状态,否则会中断喷射。

泡沫灭火器存放应选择干燥、阴凉、通风并取用方便之处,不可靠近高温或可能受到曝晒的地方,以防止碳酸分解而失效;冬季要采取防冻措施,以防止冻结;并应经常擦除灰尘、疏通喷嘴,使之保持通畅。

5. 卤代烷灭火器

这类灭火器内充装的灭火剂是卤代烷灭火剂。该类灭火剂品种较多,而我国只发展两种,一种是二氟一氯一溴甲烷和三氟一溴甲烷简称:1211灭火器,1301灭火器。

卤代烷1211是一种性能良好、应用范围广泛的灭火剂。它的灭火效率高,灭火速度快,当防火区内的灭火剂浓度达到临界灭火值时,一般为体积的5%就能在几秒钟内甚至更短的时间内将火焰扑灭。卤代烷1211灭火主要不是依靠冷却、稀释氧或隔绝空气等物理作用来实现的,而是通过抑制燃烧的化学反应过程,中断燃烧的链反应而迅速灭火的,属于化学灭火。卤代烷1211在标准状态下为略带芳香味的无色气体,加压或制冷后可液化储存在压力容器内。卤代烷的蒸汽有一定的毒性,在使用时避免吸入蒸汽和与皮肤接触,使用后应通风换气10min后再进入使用区域。

6. 干粉灭火器

(1) 灭火原理

干粉灭火器内充装的是碳酸氢钠(ABC型为磷酸铵盐)干粉灭火剂,驱动气体为氮气,常温下其工作压力为1.5MPa。干粉灭火剂是用于灭火的干燥且易于流动的微细粉末,由具有灭火效能的无机盐和少量的添加剂经干燥、粉碎、混合而成微细固体粉末组成。它是一种在消防中得到广泛应用的灭火剂,且主要用于灭火器中。除扑救金属火灾的专用干粉化学灭火剂外,干粉灭火剂一般分为BC干粉灭火剂(碳酸氢钠)和ABC干粉(磷酸铵盐)两大类。一是靠干粉中的无机盐的挥发性分解物,与燃烧过程中燃料所产生的自由基或活性基团发生化学抑制和负催化作用,使燃烧的链反应中断而灭火;二是靠干粉的粉末落在可燃物表面外,发生化学反应,并在高温作用下形成一层玻璃状覆盖层,从而隔绝氧,进而窒息灭火。另外,还有部分稀释氧和冷却作用。干粉灭火器按照充装干粉灭火剂的种类可以分为:普通干粉灭火器和超细干粉灭火器。

(2) 灭火器分类及构成

干粉灭火器按移动方式分为手提式、背负式和推车式三种。手提式干粉灭火器筒体采用优质碳素钢经特殊工艺加工而成。该系列灭火器具有结构简单、操作灵活应用广泛、使用方便、价格低廉等优点。灭火器主要由筒体、瓶头阀、喷射软管(喷嘴)等组成。推车式干粉灭火器主要由筒体、器头总成、喷管总成、车架总成等几部分组成。

(3) 适用范围

干粉灭火器可扑灭一般火灾,还可扑灭油、气等燃烧引起的火灾。干粉灭火器是利用二氧化碳气体或氮气气体作动力,将筒内的干粉喷出灭火的。干粉是一种干燥的、易于流动的微细固体粉末,由能灭火的基料和防潮剂、流动促进剂、结块防止剂等添加剂组成。主要用于扑救石油、有机溶剂等易燃液体、可燃气体和电气设备的初期火灾。

(4) 使用方法

干粉灭火器最常用的开启方法为压把法。将灭火器提到距火源适当位置后,先上下颠倒几次,使筒内的干粉松动,然后让喷嘴对准燃烧最猛烈处,拔去保险销,压下压把,灭火剂便会喷出灭火。开启干粉灭火棒时,左手握住其中部,将喷嘴对准火焰根部,右手拔掉保险卡,旋转开启旋钮,打开贮气瓶,滞时1~4s,干粉便会喷出灭火。

①手提式干粉灭火器适应火灾和使用方法

碳酸氢钠干粉灭火器适用于易燃、可燃液体、气体及带电设备的初起火灾;磷酸铵盐干粉灭火器除可用于上述几类火灾外,还可扑救固体类物质的初起火灾。但都不能扑救金属燃烧火灾。

灭火时,可手提或肩扛灭火器快速奔赴火场,在距燃烧处5m左右,放下灭火器。如在室外,应选择在上风方向喷射。使用的干粉灭火器若是外挂式储压式的,操作者应一手紧握喷枪,另一手提起储气瓶上的开启提环。如果储气瓶的开启是手轮式的,则向逆时针方向旋开,并旋到最高位置,随即提起灭火器。当干粉喷出后,迅速对准火焰的根部扫射。使用的干粉灭火器若是内置式储气瓶的或者是储压式的,操作者应先将开启把上的保险销拔下,然后握住喷射软管前端喷嘴部,另一只手将开启压把压下,打开灭火器进行灭火。有喷射软管的灭火器或储压式灭火器在使用时,一手应始终压下压把,不能放开,否则会中断喷射。

干粉灭火器扑救可燃、易燃液体火灾时,应对准火焰要部扫射,如果被扑救的液体火灾呈流淌燃烧时,应对准火焰根部由近而远,并左右扫射,直至把火焰全部扑灭。如果可燃液体在容器内燃烧,使用者应对准火焰根部左右晃动扫射,使喷射出的干粉流覆盖整个容器开口表面;当火焰被赶出容器时,使用者仍应继续喷射,直至将火焰全部扑灭。在扑救容器内可燃液体火灾时,应注意不能将喷嘴直接对准液面喷射,防止喷流的冲击力使可燃液体溅出而扩大火势,造成灭火困难。如果当可燃液体在金属容器中燃烧时间过长,容器的壁温已高于扑救可燃液体的自燃点,此时极易造成灭火后再复燃的现象,若与泡沫类灭火器联用,则灭火效果更佳。使用磷酸铵盐干粉灭火器扑救固体可燃物火灾时,应对准燃烧最猛烈处喷射,并上下、左右扫射。如条件许可,使用者可提着灭火器沿着燃烧物的四周边走边喷,使干粉灭火剂均匀地喷在燃烧物的表面,直至将火焰全部扑灭。

②推车式干粉灭火器的使用方法

推车式干粉灭火器主要适用于扑救易燃液体、可燃气体和电器设备的初起火灾。推车式干粉灭火器移动方便,操作简单,灭火效果好。把灭火器拉或推到现场,用右手抓着喷粉枪,左手顺势展开喷粉胶管,直至平直,不能弯折或打圈,接着除掉铅封,拔出保险销,用手掌使劲按下供气阀门,再左手把持喷粉枪管托,右手把持枪把用手指扳动喷粉开关,对准火焰喷射,不断靠前左右摆动喷粉枪,把干粉笼罩住燃烧区,直至把火扑灭为止。

③背负式干粉灭火器的使用方法

使用背负式灭火器时,应站在距火焰边缘5~6m处,右手紧握干粉枪握把(若为氮气动力,则只能握住木制把手,否则可能被低温气体冻伤),左手扳动转换开关到"3"号位置(喷射顺序为 3、2、1),打开保险机,将喷枪对准火源,扣扳机,干粉即可喷出。如喷完一瓶干粉未能将火扑灭,可将转换开关拨到 2 号或 1 号的位置,连续喷射,直到射完为止。

三、消火栓

消防栓正式叫法为消火栓,是一种固定式消防设施,是消防供水的重要设备,是设置在消防给水管网上的消防供水装置,由阀、出水口和壳体等组成。其主要作用是控制可燃物、隔绝助燃物、消除着火源。分室内消火栓和室外消火栓。消防系统包括:室外消火栓系统、室内消火栓系统、灭火器系统,有的还会有自动喷淋系统、水炮系统、气体灭火系统、火探系统、水雾系统等。消火栓主要供消防车从市政给水管网或室外消防给水管网取水实施灭火,也可以直接连接水带、水枪出水灭火。消火栓按其水压可分为低压式和高压式两种;按其设置条件分为室内式和室外式以及地上式和地下式两种。所以,室内外消火栓系统也是扑救火灾的重要消防设施之一。

1. 室内消火栓

室内消火栓是室内管网向火场供水的,带有阀门的接口、为工厂、仓库、高层建筑、公共建筑及船舶等室内固定消防设施,通常安装在消火栓箱内,与消防水带和水枪等器材配套使用。室内消火栓是消防水系统重要的一部分,它安装在室内消防箱内,一般公称通径(mm):DN50、DN65 两种,公称工作压力 1.6MPa,强度测验压力 2.4MPa,适用介质:清质水,泡沫混合液。通常室内消火栓可分为普通型、减压稳压型、旋转型等。

(1)使用方法

当发生火灾时,找到离火场距离最近的消火栓,打开消火栓箱门,取出水带,将水带的一端接在消火栓出水口上,另一端接好水枪,拉到起火点附近后方可打开消火栓阀门,当消防泵控制柜处于自动状态时直接按动消火栓按钮启动消防泵。当消防泵控制柜处于手动状态时应及时派人到消防泵房手动启动消防泵。注意:在确认火灾现场供电已断开的情况下,才能用水进行扑救。

(2)室内消火栓的日常维护保养

维护和保养室内消火栓应注意:

①定期检查消火栓是否完好,有无生锈现象。

②检查接口垫圈是否完整无缺。

③消火栓阀门上应加注润滑油。

④定期进行放水检查,以确保火灾发生时能及时打开放水。

⑤灭火后,要把水带洗净晾干,按盘卷或折叠方式放入箱内,在把水枪卡在枪夹内,关好箱门。

⑥要定期检查卷盘、水枪、水带是否损坏,阀门、卷盘转动是否灵活,发现问题要及时检修。

⑦定期检查消火栓箱门是否损坏,门是否开启灵活,水带架是否完好,箱体是否锈死。发现问题要及时更换、修理。

⑧定期对消火栓例行保养时还应进行排水操作检查,一方面确定消火栓是否启闭有效,水压水量是否符合正常范畴。另一方面在配水管网上也要通过消火栓排水起到改善管网水

质的目的。在实施消火栓排水工作中,为确保排水质量效果和防止管网二次污染,排水时应采取接软管将水排至雨水井内。

2. 室外消火

(1)室外消火栓概况

室外消火栓与城镇自来水管网相连接,它既可供消防车取水,又可连接水带、水枪,直接出水灭火。室外消火栓种类有地上式、地下式和墙壁式。地上消火栓适用于气候温暖地区,外露于地面之上,结构紧凑、标志明显、便于寻找,使用维修方便,但不利于防冻也影响美观。地下消火栓则适用于气候寒冷地区,可根据冻土层要求埋设于地下,进行防冻,不影响美观,但不便寻找。墙壁式室外消火栓安装在外墙。本规范推荐采用地上式室外消火栓,在防冻或建筑美观要求时,可采用地下式。墙壁式由于不能保证消火栓与建筑物外墙的距离,在使用时会影响消防人员的安全和操作,因此在高层民用建筑中使用时,其上方应有防坠落物的措施。

(2)室外消火栓的日常维护保养

①为便于消防车取水灭火,消防水池应设取水口或取水井。取水口或取水井的尺寸应满足吸水管的布置、安装、检修和水泵正常工作的要求。

②为使消防车水泵能吸上水,消防水池的水深应保证水泵的吸水高度不超过6m。

③为便于扑救,也为了消防水池不受建筑物火灾的威胁,消防水池取水口或取水井的位置距建筑物,一般不宜小于5m,最好也不大于40m。但考虑到在区域或集中高压(或临时高压)给水系统的设计上这样做有一定困难。因此,本条规定消防水池取水口与被保护建筑物间的距离不宜超过100m。当消防水池位于建筑物内时,取水口或取水井与建筑物的距离仍须按规范要求保证,而消防水池与取水口或取水井间用连通管连接,管径应能保证消防流量,取水井有效容积不得小于最大一台(组)水泵3min的出水量。

④寒冷地区的消防水池应有防冻措施,如在水池上覆土保温,人孔和取水口设双层保温井盖等。消防水池有独立设置或与其他共用水池,当共用时为保证消防时的消防用水,消防水池内的消防用水在平时不应作为他用,因此,消防用水与其他用水合用的消防水池,应采取措施,防止消防用水作为他用。一般可采取下列办法:a. 其他用水的出水管置于共用水池的消防最高水位上。b. 消防用水和其他用水在共用水池隔开,分别设置出水管。c. 其他用水出水管采用虹吸管形式,在消防最高水位处留进气孔。

四、自动灭火系统

自动灭火系统由设备部分和控制部分组成,前者由充装灭火剂的设备、动力设备、输送灭火剂管道喷嘴等组成,后者由火灾探测器、启动装置、报警器等组成。

1. 自动喷水灭火系统

自动喷水灭火系统由洒水喷头、报警阀组、水流报警装置(水流指示器或压力开关)等组件,以及管道、供水设施组成,并能在发生火灾时喷水的自动灭火系统。依照采用的喷头分为两类:采用闭式洒水喷头的为闭式系统;采用开式洒水喷头的为开式系统。

(1)闭式系统

闭式系统的类型较多,基本类型包括湿式、干式、预作用及重复启闭预作用系统等。用量最多的是湿式系统。在已安装的自动喷水灭火系统中,有70%以上为湿式系统。

①湿式系统

湿式系统由湿式报警阀组、闭式喷头、水流指示器、控制阀门、末端试水装置、管道和供水设施等组成。系统的管道内充满有压水,一旦发生火灾,喷头动作后立即喷水。

a. 工作原理

火灾发生的初期,建筑物的温度随之不断上升,当温度上升到以闭式喷头温感元件爆破或熔化脱落时,喷头即自动喷水灭火。该系统结构简单,使用方便、可靠,便于施工,容易管理,灭火速度快,控火效率高,比较经济,适用范围广,占整个自动喷水灭火系统的75%以上,适合安装在能用水灭火的建筑物、构筑物内。

b. 湿式系统适用范围

在环境温度不低于4℃、不高于70℃的建筑物和场所(不能用水扑救的建筑物和场所除外)都可以采用湿式系统。该系统局部应用时,适用于室内最大净空高度不超过8m、总建筑面积不超过1000㎡的民用建筑中的轻危险级或中危险级Ⅰ级需要局部保护的区域。

c. 湿式系统特点

结构简单,使用可靠;系统施工简单、灵活方便;灭火速度快、控火效率高;系统投资省,比较经济;适用范围广。

②干式系统

准工作状态时配水管道内充满用于启动系统的有压气体的闭式系统称为干式系统。

a. 工作原理

干式系统与湿式类似只是控制信号阀的结构和作用原理不同,配水管网与供水管间设置干式控制信号阀将它们隔开,而在配水管网中平时充满着有压力气体用于系统的启动。发生火灾时,喷头首先喷出气体,致使管网中压力降低,供水管道中的压力水打开控制信号阀而进入配水管网,接着从喷头喷出灭火。不过该系统需要多增设一套充气设备,一次性投资高、平时管理较复杂、灭火速度较慢。

b. 干式系统适用范围

干式系统适用于环境温度低于4℃和高于70℃的建筑物和场所,如不采暖的地下车库、冷库等。

c. 干式系统特点

在报警阀后的管网内无水,故可避免冻结和水汽化的危险,不受环境温度的制约,可用于一些无法使用湿式系统的场所;比湿式系统投资高;干式系统的施工和维护管理较复杂,对管道的气密性有较严格的要求,管道平时的气压应保持在一定的范围,当气压下降到一定值时,就需进行充气;比湿式系统喷水灭火速度慢,因为喷头受热开启后,首先要排出管道中的气体,然后再出水,这就延误了时机。

③预作用系统

准工作状态时配水管道内不充水,由火灾自动报警系统自动开启雨淋报警阀后,转换为湿式系统的闭式系统。适于如下场所:系统处于准工作状态是严禁管道漏水;严禁系统误喷;替代干式系统;重复启闭预作用系统。该系统能在扑灭火灾后自动关阀、复燃时再次开阀喷水的预作用系统。适用于灭火后必须及时停止喷水的场所。目前这种系统有两种形式:一种是喷头具有自动重复启闭的功能,另一种是系统通过烟、温感传感器控制系统的控制阀来实现系统的重复启闭功能。

(2)开式系统

采用开式洒水喷头的自动喷水灭火系统,包括:雨淋系统、水喷雾系统、水幕系统。

①雨淋系统

由火灾自动报警系统或传动管控制,自动开启雨淋报警阀和启动供水泵后,向开式洒水喷头供水的自动喷水灭火系统。亦称开式系统。应采用雨淋系统的场所详见《自动喷水灭火系统设计规范》(GB 50084—2001)第4.2.5条。

②水幕系统

由开式洒水喷头或水幕喷头、雨淋报警阀组或感温雨淋阀,以及水流报警装置(水流指示器或压力开关)等组成,用于挡烟阻火和冷却分隔物的喷水系统。

2. 二氧化碳灭火系统

二氧化碳灭火系统系在发生火灾时向保护对象释放二氧化碳灭火剂,用以减少空间中氧含量使燃烧达不到所必要的氧浓度的灭火系统,它由二氧化碳供应源、喷嘴和管路组成。其灭火原理是通过减少空气中氧的含量,使其达不到支持燃烧的浓度。二氧化碳在空气中含量达到15%以上时能使人窒息死亡;达到30%~35%时能使一般可燃物质的燃烧逐渐窒息;达到43.6%时能抑制汽油蒸汽及其他易燃气体的燃炸。其主要应用场所包括:

①容易发生火灾的生产作业设施和设备,如浸渍槽、熔化槽、烘干设备、干洗设备等。

②油渍变压器、高压电容器室及多油开关断路器室。

③电子计算机房、数据存储间、贵重文物库等重要物品场所。

④船舶的机舱、货舱。

3. 卤代烷灭火系统

卤代烷灭火系统由卤代烷供应源、喷嘴和管路组成。通常应用的卤代烷灭火系统主要有1301灭火系统和1211灭火系统。卤代烷灭火剂适用于扑救下列类别的火灾:

①可燃气体火灾。如甲烷、乙烷、丙烷、乙烯、煤气等气体的火灾。

②甲、乙、丙类液体火灾。即易燃、可燃液体火灾。如甲醇、乙醇、丙酮、苯、煤油、汽油、柴油等的火灾。

③可燃固体物质的表面火灾。如纸张、木材、织物等的表面火灾。

④电气设备和电气线路火灾。如变配电设备、发电机组、电缆以及电子设备等电气火灾。

卤代烷灭火剂不得用于扑救含有下列物质的火灾:

①无空气仍能迅速氧化的化学物质和强氧化剂。如硝化纤维、炸药、氧化氮、氟等。

②活泼金属及其氢化物。如钾、钠、镁、钛、锆、铀、钚、氢化钾、氢化钠等。

③能自行分解的有机过氧化物、联氨等。

④能自燃的物质。如磷等。

⑤可燃固体物质的引燃火灾。

主要应用场所有:

①重要的电气、电子设备场所,如电子计算机房、变压器室、动力发电机组、微波中继站、广播电视演播室和电气仪表控制中心等。

②易燃液体仓库、油泵站、采油和炼油设备。
③贵重的文物档案场所,如档案馆、博物馆和文史馆等。
④军用装备及交通运输工具,如飞机、舰船、坦克等。

4. 泡沫灭火系统

泡沫灭火系统是指泡沫灭火剂与水按一定比例混合,经泡沫产生装置产生灭火泡沫的灭火系统。它有消防水源、消防泵、泡沫液供应源、泡沫比例混合器、泡沫混合液管路、泡沫产生装置和控制阀门等组成。泡沫灭火系统在石油化工企业、油库、地下工程、汽车库、各类仓库、煤矿、大型飞机库、船舶、油田、炼油厂、油罐区、发电厂以及、码头、地下室、矿井坑道等大型重要场所得到广泛的应用。它是扑灭甲乙丙类液体火灾和某些固体火灾的主要灭火设施。按照安装方式可以分为固定式、半固定式和移动式泡沫灭火系统;按照发泡倍数可以分为低倍数、中倍数和高倍数泡沫灭火系统;按照泡沫喷射形式不同可以分为液上、液下、半液下喷射泡沫灭火系统、泡沫喷淋灭火系统和泡沫炮灭火系统。

5. 干粉灭火系统

干粉灭火系统是由于干粉供应源通过输送管路连接到固定的喷嘴上经喷嘴喷放干粉的灭火系统。主要用于扑救可燃气体,易燃、可燃液体和电气设备的火灾。

(1) 系统特点

①灭火时间短,效率高,对石油及石油产品的灭火效果尤为显著。
②绝缘性能好,可扑救带电设备火灾。
③对人畜无毒或低毒,对环境不会产生危害。
④灭火后,对机器设备的污损较小。
⑤以有相当压力的二氧化碳和氮气作为喷射动力,不受电源限制。
⑥干粉能长距离输送,设备可远离火区。
⑦寒冷地区使用不需防冻。
⑧干粉灭火剂长期储存不变质。
⑨不用水,特别适用于缺水地区。

(2) 适宜扑救的火灾

干粉灭火设备对 A、B、C、D 四类火灾都可以使用,但是大量的还是用于 B、D 类火灾。

(3) 不适宜扑救的火灾

①不能用于扑救自身能够施放氧或提供氧源的化合物火灾,例如硝化纤维素、过氧化物的火灾。
②不能用于扑救钠、钾、钛等金属火灾,扑救这些物质的火灾应使用金属专用粉末灭火剂。
③不能扑救深度阴燃物质的火灾。
④不宜扑救精密仪器和精密电器设备火灾。

(4) 系统的检查和维护

①在装置区要设详细的操作说明,操作人员必须熟练,并严格遵守。干粉灭火系统的喷粉时间一般为 1min 左右,某一部分的误动作,可引起系统的误动作,造成不必要的损失。
②要经常检查干粉管路,气体管路是否发生损坏,腐蚀等现象,以免出现漏气,影响系统

的喷射。

③检查干粉罐的附属部件是否工作正常。如安全阀、进气阀、出口阀等是否动作灵活自如。

④要经常检查干粉喷嘴是否安装正确,喷嘴上是否有污物聚集,并及时清理。

⑤干粉灭火器的检查:一般2~3年打开干粉罐的装粉盖,检查干粉灭火剂是否结块,如果结块,立即更换。同时取样品送往检查单位进行性能检查,即使不结块,性能不合格时也要更换。

五、火灾自动报警系统

火灾自动报警系统是由触发装置、火灾报警装置、联动输出装置以及具有其他辅助功能装置组成的,它具有能在火灾初期,将燃烧产生的烟雾、热量、火焰等物理量,通过火灾探测器变成电信号,传输到火灾报警控制器,并同时以声或光的形式通知着火层及上下邻层疏散,控制器记录火灾发生的部位、时间等,使人们能够及时发现火灾,并及时采取有效措施,扑灭初期火灾,最大限度地减少因火灾造成的生命和财产的损失,是人们同火灾做斗争的有力工具。

1. 火灾探测器

(1)火灾探测器分类

火灾探测器是火灾自动报警系统分为感烟火灾探测器、感温火灾探测器、感光火灾烟温复合式火灾探测器以及气体火灾探测器,按其测控范围又可分为点型火灾探测器和线型火灾探测器两大类。点型火灾探测器只能对警戒范围中某一点周围的温度、烟等参数进行控制,如点型离子感、点型紫光火焰火灾探测器、点型感温火灾探测器等,线型火灾探测器则可以对警戒范围中某一线路周围烟雾、温度进行探测,如红外光束线型火灾探测器、激光线型火灾探测器、缆式线型感温火灾探测器等。智能建筑中应以感烟火灾探测器选用为主,个别不宜选用感烟火灾探测器的场所,应该选用感温火灾探测器。

(2)探测区域探测器设置要点

标准规定:火灾探测区域一般以独立的房间划分探测区域内的每个房间内至少应设置一只探测器。在敞开或封闭的楼梯间、消防电梯前室、走道、坡道、管道井、闷顶、夹层等场所都应单独划分的探测区域,设置相应探测器、内部空间开阔且门口有灯光显示装置的大面积房间可划分一个的探测区域,但其最大面积不能超过1000m^2。探测器的设置一般按保护面积确定,每只探测器保护面积和保护半径确定,要考虑房间高度、屋顶坡度、探测器自身灵敏度三个主要因素的影响,但在有梁的顶棚上设置探测器时必须考虑到梁突出顶棚影响。另外,在设置火灾探测器时,还要考虑智能建筑内部走道宽度、至端墙的距离、至墙壁梁边距离、空调通风口距离以及房间隔情况等的影响。

(3)探测器总数确定

首先确定一个探测区域所需设置的探测器数量,其计算公式为:$N = S \div KA$ 式中:N——探测器数量(只),取整数;S——该探测区域的面积(m^2) A——探测器的保护面积(m^2) K——修正系数,容纳人数超过10000人的公共场所宜取0.7~0.8,容纳人数为2000~10000人的公共场所宜取0.8~0.9,容纳人数为500~2000人的公共场所宜取0.9~1.0,其他场所可取1.0。注:感烟和感温探测器均以此公式计算。智能建筑内全部探测区域所需和即为该建筑需要配置的探测器总数量。

2. 火灾报警控制器

火灾报警控制器是火灾自动报警系统的中枢,它接收信号并做出分析判断,一旦发生火灾,它立即发出火警信号并启动相应消防设备计算机技术的发展使传统的开关量多线制火灾自动报警系统已被模拟量总线制火灾自动报警系统总线制火灾自动报警系统所替代,目前分布式智能火灾自动报警系统也广泛应用。模拟量总线制火灾自动报警系统和分布式智能火灾自动报警系统都是在计算机技术基础上发展起来的,都可以作为智能建筑的选用产品。

(1)报警区域的划分

报警区域的按照智能建筑的保护等级、耐火等级,合理正确的划分。规范规定"报警区域应根据防火分区或楼层划分。"也就是说在报警区域,也可以将同层的几个防火分区划为一个报警区域。特别强调,将几个防火分区同一报警区域时,只能在同一楼层而不得跨越楼层。

(2)确定区域火灾报警控制器的容量

区域火灾报警控制器一般按防火分区设置,其容量的确定,主要取决于本报警区域内编址探测设备的数量。报警区域编址探测设备,不单指感烟感温或其他种类火灾探测器的数量,还包括该报警区域内手动报警按钮、消火栓报警按钮以及通过控制模块转换信号的水流批示器、水压力开关等。例如某型号火灾报警控制器的容量为 4 回路 × 128 探测点,即每个控制回路可控制 128 个编址探测点,智能建筑中某报警区域编址设备总数为 400 个,则该火灾自动报警控制器正好满足区域报警要求。假设该报警区域内有 600 个编址探测点,显然需要二台该型号控制器(一般这种情况下,应选用单台容量满足 600 个编址探测点要求的产品作区域报警控制器)。

一般火灾报警控制器标示容量都是单台控制器的最大容量,为了保证火灾自动报警系统既能高效率又能高可靠性的工作,实际设计各回路探测点时要考虑一定的信息余量。关于这一点,GB 50106—98 第 5.1.2 条有明确规定。综合考虑建筑结构与建筑施工等因素影响,火灾自动报警系统中区域火灾报警器每回路实际设计容量应为标称容量的 80% ~ 50%。

(3)确定集中火灾报警控制器

在火灾自动报警与联动控制系统中,集中火灾报警控制器的选配,一方面要满足整个火灾自动报警系统工作要求,另一方面,还应该具备与智能建筑中其他控制系统的通信界面。主要包括以下几点:

①与各个报警区域内区域火灾报警控制器的通信功能。
②处理显示整个系统报警信息、故障信息、联动信息的功能。
③应能根据火警信息,启动消防联动设备并显示其状态。
④具备与智能建筑中其他控制系统的通信界面。

3. 消防联动设备控制

消防联动设备是火灾自动报警系统的执行部件,消防控制室接收火警信息后应自动或手动启动相应消防联动设备。

(1)智能建筑中应具备的消防联动设备及其功能

根据建筑设计防火规范和智能建筑防火灭火要求,智能建筑应具备以下全部或部分消防联动设备；火灾警报装置与应急广播，火灾发生时警示或通知人员安全转移；消防专用电话，火灾报警，查询情况，应急指挥，能与"119"直通；非消防电源控制，火灾应急照明和安全疏散指示灯控制；室内消火栓泵和喷淋水泵，火灾时实施灭火；消防电梯运行控制；管网气体灭火系统、泡沫灭火系统和干粉灭火系统，火灾确认后实施灭火；防火门、防火卷帘、防火阀的控制，火灾时实施防火分隔，防止火灾蔓延；防烟排烟风机，空调通风设备，送风阀，排烟阀，防止烟气蔓延提供救生保障。

（2）消防联动设备的联动要求

火灾发生时，火灾报警控制器发出警报信息，消防联动控制器根据火灾信息管理部联动关系，输出联动信号，启动有关消防设备实施防火灭火。消防联动必须在"自动"和"手动"状态下均能实现。在自动情况下，智能建筑中的火灾自动报警系统按照预先编制的联动逻辑关系，在火灾报警后，输出自动控制指令，启动相关设备动作。手动情况下，应能根据手工操作，实现对应控制。

4. 系统布线及其与智能建筑的适配性

由于火灾自动报警系统的特殊地位，使得它在布线安装方面有别于智能建筑中其他控制系统。对线缆的选型和布线方式：一要满足自动报警装置自身的技术条件，如其报警传输线大多数要求采用双绞线等；二要满足一定的机械强度，三要采取穿管保护、暗敷或阻燃措施，四要与其他低压系统电缆竖井分开布设，五要使其传输网络不与其他传输网络共用。

从智能建筑的概念讲，火灾自动报警系统及其联动控制应当属于建筑设备自动化系统（BAS）范畴，目前火灾自动报警系统库存特殊的管理要求其报警线、联动线、通信线基本自成体系，与智能建筑中综合布线系统有相当差异，但就智能建筑的发展和火灾自动报警系统日趋成熟，两者在应用上的结合将越来越密切。关键在于智能建筑中设计选配火灾自动报警系统时，一定要考虑两者在连接界面上的适配性。使它们在安装使用、运行以最好的方式结合起来。

六、危险货物的消防处理

①爆炸品有火灾危险时，应尽可能将爆炸品转移或隔离，不能转移或隔离时，要立即组织人员疏散。扑救时，可用水或其他灭火器灭火，禁用砂土。施救人员应配备防毒面具。

②气瓶着火时，应向钢瓶浇洒大量冷水，或将气瓶投入水中使之冷却，同时将周围气瓶和可燃物搬离现场。

③易燃液体灭火时一般不宜用水，对比重大于水或溶于水的易燃液体，可用雾状水或开花水灭火，但应防止液体被冲散而扩大着火范围。扑救有毒性液体的火灾，应戴防毒面具或站在上风处。发现中毒人员，应立即移至空气流通处，并送医诊治。

④易燃固体、易于自燃的物质、遇水放出易燃气体的物质的一些金属粉末、金属有机化合物、氨基化合物和遇水易燃物质着火时，禁止用水和二氧化碳灭火剂。扑救浸油的棉、毛、麻类制品火灾时，要防止复燃。对本类物品的火灾扑救，应有防毒措施。

⑤过氧化钠着火时，不能用水补救，其他氧化性物质用水灭火时，要防止水溶液流至易燃、易爆物品处。

⑥遇水能发生危险反应的毒性物质（如金属铊、锑粉、铍粉、磷化锌、磷化铝、氟化汞、氟化铅、四氰基乙烯等）发生火灾时不得用水灭火。处理撒漏毒性物质和扑救毒性物质火灾

时,必须穿戴防护服、口罩、手套或防护面具,施救人员要站在上风处,发现人员有头晕、恶心、呕吐等现象,要立即转移至空气新鲜处。

⑦腐蚀性液体着火时,不可用柱状水,以防腐蚀性液体飞溅伤人。对遇水能剧烈反应引起燃烧、爆炸或放出有毒气体的腐蚀性物质,禁止用水灭火。

【复习思考题】

1. 危险货物的装卸、搬运机械有哪些?
2. 危险货物装卸需要做哪些准备?
3. 危险货物装卸搬运时的注意事项有哪些?
4. 试述危险货物泄漏时的处理。
5. 试述危险货物仓库的设置地点要求。
6. 试述危险货物仓库与建筑物的防火距离规定。
7. 危险货物仓库的建筑要求有哪些?
8. 试述危险货物库房的耐火等级、层数、占地面积的规定。
9. 试述液体储罐、堆场的布置和防火间距。
10. 试述气体储罐的防火间距。
11. 试述液化石油气储罐的布置和防火间距。
12. 试述危险货物集装箱的分类及应用。
13. 危险货物专用车规定有哪些?
14. 试述危险货物罐车的种类和构造。
15. 危险货物发生火灾时的消防注意事项有哪些?
16. 火灾的类型和分级有哪些?
17. 试述灭火器的分类及其灭火原理、适用范围和使用方法。
18. 试述室内外消火栓的使用和维护保养。
19. 试述各自动灭火系统的适用范围。
20. 试述火灾自动报警系统的组成。

第五章　危险货物运输方式及安全管理规定

【学习目标】

1. 熟悉主要危险货物运输方式的特点。
2. 掌握主要危险货物运输方式安全管理的相关法规。
3. 了解危险货物运输方式的现状及发展方向。

【导入案例】

渝宜高速公路发生危险品泄漏事故

2010年7月18日22时30分,渝宜高速公路长寿至垫江段的双向车道开始封闭,持续约9h,导致大量车辆堵在路中,或被迫改道。双向车道局部地段封闭时间之长,在重庆市近年来高速公路管制中极其罕见。原来,一辆载有15t易燃易爆危险化学品—甲胺的大型罐车,行驶途中遭遇追尾出现泄漏,刺激性气味蔓延3km。长寿、垫江两地130名消防官兵和高速公路执法人员连夜奋战,疏散高速公路上及周边上千驾驶员和住户。

深夜追尾,拖挂车撞翻液罐车

18日晚10时16分,长寿区消防支队接到报警:在渝宜高速公路往长寿方向云台至合兴路段上,一辆大型拖挂车追尾一辆大罐车,罐车被撞进边沟中,不明液体在泄漏!长寿支队消防官兵立即赶往现场。在距离事发地还有2~3km时,官兵便闻到了一股类似氨气的刺鼻气味。

到达现场后,发现追尾的拖挂车车头严重变形,横在高速公路上,罐车则撞断护栏后冲进边沟。两车驾驶员均无大碍,但拖挂车副驾驶位上一名男子受伤严重,卡在驾驶室内无法动弹。消防官兵使用破拆工具营救伤员。19日凌晨零时07分,被困男子获救,送往就近医院。

异味弥漫,紧急疏散上千人员

经询问,拖挂车由安徽驶往重庆,载有140台冰箱;罐车由河南驶往四川宜宾,载有15t一甲胺液体。一甲胺,具有强烈刺激性氨样臭味,是易燃、易爆混合物危化品!

现场情况十分危急。消防官兵和高速公路执法人员做出联合部署:在事发地前后3km范围内实施交通管制,严禁车辆靠近;指挥已靠近的尾随车辆后退至安全区域,并疏散警戒范围内的驾驶员及高速公路边的村民;喷水稀释已泄漏的一甲胺,并请求垫江消防增援。

不久,长寿、垫江两地及厂企专职消防近20辆消防车、130余名消防官兵赶到。由于罐体破裂口有50cm长,无法堵漏,消防官兵只能戴起空气呼吸器,架起数支水枪对汩汩泄漏的一甲胺进行稀释。凌晨2时许,一辆罐车到达现场,将剩余一甲胺液体转移走。初步估计,一甲胺泄漏量在 6~7t,消防喷水量超过 25t。

交通分流,疏导受堵车辆行进

由于事态重大,从凌晨 1 时起,在双向封闭长寿合兴至云台路段车道的基础上,高速公路执法人员还对当地车流提前实施了疏导分流。19 日 7 时 15 分,抢险救援及事故现场清理完毕,封闭近 9h 的渝宜高速公路全线恢复通车。

目前,环保部门正对周边土壤、水源、空气质量展开监测。

摘自 2010 年 7 月 18 日 华龙网—重庆晚报

在几种主要的运输方式中,水路运输和航空运输由于基础设施、管理水平、管理体制以及技术手段等方面存在较多限制,危险货物通过这两种方式运输的运量相对较小;管道运输主要集中在石油产品、天然气等适合管道运输的少数种类的危险品;铁路运输除原油、成品油及部分腐蚀品(如硫酸)等运量较大的危险货物通过铁路罐车运输外,受运距、编组、运输周转和效率等因素影响,其他危险货物运输量也不大;因此道路(公路)运输的危险货物在几种运输方式中占有相当大的比重。本章将讨论几种主要的运输方式的特点、现状及安全管理方面的内容。

对危险货物安全运输的一般要求是严格贯彻执行相关的法律和法规规定,管理部门要把好市场准入关对运输单位进行资质认定;加强现场监管,在整顿和规范运输秩序的同时,加强行业指导和改善服务;严格剧毒危险品运输的安全管理;企业要建立健全规章制度,依法经营,加强管理,重视培训,努力提高从业人员安全生产的意识和技术业务水平,从本质上提升危险货物运输企业的素质。

第一节 危险货物道路运输

据中国物流与采购联合会统计,2016 年,我国危险品道路运输总量达到 3 亿 t,从业人员共约 130 万人。同时,道路危险货物运输的品种越来越多,危险程度也越来越高。据世界卫生组织报道,目前仅用于工农业的化工物质就达 60 万种,并且每年还要增加 3000 余种,在这些物质中,有明显或潜在危险的就达 3 万余种。道路运输是危险化学品的最主要运输方式,同时道路运输事故也是事故频率最高、事故灾害最严重的运输方式,占危险化学品运输事故的 85% 以上。

一、我国道路危险货物运输存在的主要问题

1. 道路危险货物运输风险大、运输事故频发

由于危险货物与普通的货物不同,危险货物物流是一种非常特殊的物流,它的专业性和技术性很强,不仅要求运输中使用专用车辆,悬挂相应标志,而且还要求从业人员要有一定的专业知识,对相应的物流企业提出了很高的要求。另外危险货物道路运输很多都是异地运输,运距长、运输半径过大、成本较高、超载严重。道路运输的危险货物具有易燃、易爆、腐蚀性的特性,这些危险货物在全国道路上运输,像一颗不定时炸弹可能随时爆炸,严重危害人民生命和财产安全,因此使得运输管理的难度加大,道路危险货物运输安全必须引起高度重视。

我国道路危险货物运输行业不断发展和壮大,然而,与快速增长的运输量相比,危险货物运输车辆的技术状况、从业人员素质以及管理水平并没有得到根本性提高,致使道路危险货物运输事故频繁发生,而且也产生了很多的新问题和新情况。

经统计分析2006年—2014年我国发生的危险化学品道路运输事故,得出如下结论:

①危险化学品道路运输事故发生的可能性大于一般的道路交通事故。道路交通事故是引发危险化学品运输事故的主要原因之一;恶劣环境、车辆及其设备的不合格也是引发危险化学品运输事故的重要因素;人员失误和管理失效也造成了很多不必要的危险化学品运输事故。

②侧翻是危险化学品车辆最容易发生的道路交通事故。同时,随着我国高速公路的迅猛发展,追尾造成的危险化学品运输事故数量呈上升趋势,所引发的危险化学品运输事故危害性也高于其他事故。

③危险化学品道路运输过程中易燃液体事故起数最多,爆炸品和毒性物质事故造成的人员伤亡最严重。

④道路运输过程中,易燃液体泄漏后比易燃气体泄漏后更容易起火;易燃气体泄漏起火后引发爆炸事故的可能性比易燃液体泄漏起火后引发爆炸事故的可能性要大。而爆炸品起火后,基本上不可避免地要发生爆炸。

⑤近年来,春节前后成为危险化学品道路运输事故高发期。

2.道路危险货物运输信息化、专业化程度低

目前,有的危险货物运输车辆安装了GPS系统或行车记录仪,但这些车辆进入外省(区、市)后,外省(区、市)的GPS监控系统很难对这些车辆进行监控,以致发生了交通事故不能提供有效的救援。而有的车辆根本没有安装现代化的信息装备,使企业和客户很难掌握货物的运输状况,更没有办法对货物的运输状况进行实时跟踪。

另外,道路危险货物运输社会化物流发展水平的专业化程度也比较低,自产自运的情况占相当大比重,很多危险货物运输企业运输的目的,不是为社会提供危险货物运输服务,而是为了满足本单位生产经营运输需要,无法从根本上提高危险货物物流服务质量。这些企业缺乏统一的能够保证安全的装备技术标准,装备技术状况整体上比较差,同时也缺乏专业技术人才、缺乏维修技术标准和维修定额标准等。这些因素的存在制约了我国道路危险货物运输行业的发展。

3.管理部门主体不明,监管没有形成合力

目前涉及危险货物运输的管理部门有安监、交通、质检、公安等部门,多头管理一方面导致管理交叉重复,另一方面又导致管理部门之间的脱节,易产生监管盲区。各部门、各地区之间缺乏协调、沟通,信息衔接不到位,基础信息数据无法共享,因此使得各部门监管能力下降,执法能力不足。就公安部门内部而言,目前公安治安部门、交管部门仅对运输剧毒化学品车辆行驶的具体路线予以审批,而对运输其他化学品车辆行驶路线审批上存在管理盲区,只是在中心城区周边设置禁止驶入标志。对于危险货物车辆违法运输,路面交警执法缺少技术手段,缺乏专业技术人员、必要的卸载设施和专门停车场地,面临现场查获违法车辆处置难、转运难、返厂难、卸货难等问题,相关部门和单位不愿接收等情况,加之办案程序复杂,执勤民警有畏难情绪,导致对危化货物运输车辆的超载现象治理、执法难度大。

4. 道路危险货物运输的设备设施技术落后

道路危险货物的车辆技术等级低，专业运输车辆少。一些企业只顾生产效益，缺乏对车辆的技术管理，有的企业擅自改装车辆，有的车辆本身不具备运输危险货物的安全性能，带病车辆大量存在。这些车辆在运输过程中极易造成漏泄、爆炸等安全事故。

5. 管理部门市场监管力度不够，管理人员执法能力有待提高

目前，道路执法和管理在对危险货物运输市场实施全面监控方面还存在着盲区，同时由于管理人员紧张等原因，还存在着对危险货物运输违章稽查不全面、不彻底等情况，从而造成无证车辆上路和无证上岗等现象。

以浙江省道路运政管理机关的基本情况为例，行业管理人员中大专及以上文化程度人数约占50%；具有中级以上技术职称和初级职称的人数仅占总人数的12.8%和26.8%，而无职称人员则占总人数的60.4%。行业管理人员文化素质偏低，专业技术人员缺少。许多具体管理危险货物运输的行业管理人员本身没有经过正规的业务培训，道路危险货物运输业务知识和管理知识缺乏，从而使管理的方法和措施停留在表面，缺乏深度。

二、道路危险货物运输法规及技术标准

1. 道路危险货物运输行政法规

在我国，涉及道路危险货物运输的法规有《中华人民共和国安全生产法》(2002年发布，2014年8月31日修订)、《中华人民共和国刑法》《中华人民共和国固体废物污染环境防治法》和《中华人民共和国道路交通安全法》。道路危险货物运输方面的主要条例是《中华人民共和国道路运输条例》(中华人民共和国国务院令2004年第406号，2004年7月1日起施行)、《危险化学品安全管理条例》(中华人民共和国国务院令第591号，2011年3月2日公布，12月1日实施)、《特种设备安全监察条例》和《医疗废物管理条例》等。

《中华人民共和国道路运输条例》，对道路危险货物运输开业、经营、人员配备、安全生产制度等方面有明确的规定。该条例第二十四条规定，申请从事危险货物运输经营的，除符合第二十二条、第二十三条等有关规定外，还应当具备四项条件：①有5辆以上经检验合格的运输危险货物专用车辆、设备；②有经所在地设区的市级人民政府交通主管部门考试合格，取得上岗资格证的驾驶人员、装卸管理人员、押运人员；③危险货物运输专用车辆配有必要的通信工具；④有健全的安全生产管理制度。第二十七条规定运输危险货物应当采取必要措施，防止危险货物燃烧、爆炸、辐射、泄漏等。第二十八条规定运输危险货物应当配备必要的押运人员，保证危险货物处于押运人员的监管之下，并悬挂明显的危险货物运输标志。

《危险化学品安全管理条例》，是现行危险化学品货物运输安全管理法规中内容全面、层次最高的行政法规。

交通运输部最早在2005年颁布实施了《道路危险货物运输管理规定》(交通部令2005年第9号)，在规范危险货物道路运输市场秩序、加强危险货物道路运输市场监管、规范危险货物道路运输经营者行为等方面发挥了积极作用。2013年第2号文修订了《道路危险货物运输管理规定》(2013年1月23日公布，7月1日实施)，后在2016年第36号文又进行了进一步的修改，自2016年4月11日起施行。将原第八条第(一)项第2目修改为："专用车辆的技术要求应当符合《道路运输车辆技术管理规定》有关规定"，删除第3、4目；将原第十条"应当向所在地设区的市级道路运输管理机构提出申请，并提交以下材料"修改为"应当依

法向工商行政管理机关办理有关登记手续后,向所在地设区的市级道路运输管理机构提出申请,并提交以下材料";将原第(四)项中"车辆技术等级证明或者车辆综合性能检测技术合格证明"修改为"车辆技术等级评定结论"。删除第十七条、第二十五条、第六十二条;将第二十二条、第二十三条中"道路货物运输及站场管理规定"修改为"道路运输车辆技术管理规定"。

2. 道路危险货物运输技术标准

道路危险货物运输及其管理是一项技术性很强的工作。根据1989年4月1日施行的《中华人民共和国标准化法》规定,国家标准和行业标准又分为强制性标准和推荐性标准两种。

国家标准:《危险货物分类和品名编号》(GB 6944—2012)、《危险货物品名表》(GB 12268—2012)、《危险化学品目录(2015版)》《道路运输危险货物车辆标志》(GB 13392—2005)。

行业标准:《汽车运输危险货物规则》(JT 617—2004)、《汽车运输、装卸危险货物作业规程》(JT 618—2004)、《公路、水路危险货物运输包装基本要求和性能试验》(JT 0017—1988)。

三、危险货物道路运输安全管理

1. 道路危险货物运输许可

申请从事道路危险货物运输经营,应当具备下列条件:

(1)有符合下列要求的专用车辆及设备

①自有专用车辆(挂车除外)5辆以上;运输剧毒化学品、爆炸品的,自有专用车辆(挂车除外)10辆以上。

②专用车辆的技术要求应当符合《道路运输车辆技术管理规定》。

③配备有效的通信工具。

④专用车辆应当安装具有行驶记录功能的卫星定位装置。

⑤运输剧毒化学品、爆炸品、易制爆危险化学品的,应当配备罐式、厢式专用车辆或者压力容器等专用容器。

⑥罐式专用车辆的罐体应当经质量检验部门检验合格,且罐体载货后总质量与专用车辆核定载质量相匹配。运输爆炸品、强腐蚀性危险货物的罐式专用车辆的罐体容积不得超过$20m^3$,运输剧毒化学品的罐式专用车辆的罐体容积不得超过$10m^3$,但符合国家有关标准的罐式集装箱除外。

⑦运输剧毒化学品、爆炸品、强腐蚀性危险货物的非罐式专用车辆,核定载质量不得超过10t,但符合国家有关标准的集装箱运输专用车辆除外。

⑧配备与运输的危险货物性质相适应的安全防护、环境保护和消防设施设备。

对于省级以上安全生产监督管理部门批准设立的生产、使用、储存危险化学品的企业,或有特殊需求的科研、军工等企事业单位,可以使用自备专用车辆从事为本单位服务的非经营性道路危险货物运输。

(2)有符合下列要求的停车场地

①自有或者租借期限为3年以上,且与经营范围、规模相适应的停车场地,停车场地应当位于企业注册地市级行政区域内。

②运输剧毒化学品、爆炸品专用车辆以及罐式专用车辆,数量为20辆(含)以下的,停车场地面积不小于车辆正投影面积的1.5倍,数量为20辆以上的,超过部分,每辆车的停车场地面积不小于车辆正投影面积;运输其他危险货物的,专用车辆数量为10辆(含)以下的,停车场地面积不小于车辆正投影面积的1.5倍;数量为10辆以上的,超过部分,每辆车的停车场地面积不小于车辆正投影面积。

③停车场地应当封闭并设立明显标志,不得妨碍居民生活和威胁公共安全。

(3)有符合下列要求的从业人员和安全管理人员

①专用车辆的驾驶人员取得相应机动车驾驶证,年龄不超过60周岁。

②从事道路危险货物运输的驾驶人员、装卸管理人员、押运人员应当经所在地设区的市级人民政府交通运输主管部门考试合格,并取得相应的从业资格证;从事剧毒化学品、爆炸品道路运输的驾驶人员、装卸管理人员、押运人员,应当经考试合格,取得注明为"剧毒化学品运输"或者"爆炸品运输"类别的从业资格证。

③企业应当配备专职安全管理人员。

(4)有健全的安全生产管理制度

①企业主要负责人、安全管理部门负责人、专职安全管理人员安全生产责任制度。

②从业人员安全生产责任制度。

③安全生产监督检查制度。

④安全生产教育培训制度。

⑤从业人员,专用车辆、设备及停车场地安全管理制度。

⑥应急救援预案制度。

⑦安全生产作业规程。

⑧安全生产考核与奖惩制度。

⑨安全事故报告、统计与处理制度。

2. 专用车辆、设备管理

①道路危险货物运输企业或者单位应当按照《道路运输车辆技术管理规定》中有关车辆管理的规定,维护、检测、使用和管理专用车辆,确保专用车辆技术状况良好。

②设区的市级道路运输管理机构应当定期对专用车辆进行审验,每年审验一次。审验按照《道路运输车辆技术管理规定》进行,并增加以下审验项目:专用车辆投保危险货物承运人责任险情况;必需的应急处理器材、安全防护设施设备和专用车辆标志的配备情况;具有行驶记录功能的卫星定位装置的配备情况。

③禁止使用报废的、擅自改装的、检测不合格的、车辆技术等级达不到一级的和其他不符合国家规定的车辆从事道路危险货物运输。

除铰接列车、具有特殊装置的大型物件运输专用车辆外,严禁使用货车列车从事危险货物运输;倾卸式车辆只能运输散装硫黄、萘饼、粗蒽、煤焦沥青等危险货物。

禁止使用移动罐体(罐式集装箱除外)从事危险货物运输。

④用于装卸危险货物的机械及工具的技术状况应当符合行业标准《汽车运输危险货物规则》(JT 617)规定的技术要求。

⑤罐式专用车辆的常压罐体应当符合国家标准《道路运输液体危险货物罐式车辆 第

1部分:金属常压罐体技术要求》(GB 18564.1)、《道路运输液体危险货物罐式车辆 第2部分:非金属常压罐体技术要求》(GB 18564.2)等有关技术要求。

使用压力容器运输危险货物的,应当符合国家特种设备安全监督管理部门制定并颁布的《移动式压力容器安全技术监察规程》(TSG R0005)等有关技术要求。

压力容器和罐式专用车辆应当在质量检验部门出具的压力容器或者罐体检验合格的有效期内承运危险货物。

⑥道路危险货物运输企业或者单位对重复使用的危险货物包装物、容器,在重复使用前应当进行检查;发现存在安全隐患的,应当维修或者更换。

道路危险货物运输企业或者单位应当对检查情况做出记录,记录的保存期限不得少于2年。

⑦道路危险货物运输企业或者单位应当到具有污染物处理能力的机构对常压罐体进行清洗(置换)作业,将废气、污水等污染物集中收集,消除污染,不得随意排放,污染环境。

3. 道路危险货物运输

交通运输部在《道路危险货物运输管理规定》中对于道路危险货物运输作了如下规定:

第二十八条 道路危险货物运输企业或者单位应当严格按照道路运输管理机构决定的许可事项从事道路危险货物运输活动,不得转让、出租道路危险货物运输许可证件。

严禁非经营性道路危险货物运输单位从事道路危险货物运输经营活动。

第二十九条 危险货物托运人应当委托具有道路危险货物运输资质的企业承运。

危险货物托运人应当对托运的危险货物种类、数量和承运人等相关信息予以记录,记录的保存期限不得少于1年。

第三十条 危险货物托运人应当严格按照国家有关规定妥善包装并在外包装设置标志,并向承运人说明危险货物的品名、数量、危害、应急措施等情况。需要添加抑制剂或者稳定剂的,托运人应当按照规定添加,并告知承运人相关注意事项。

危险货物托运人托运危险化学品的,还应当提交与托运的危险化学品完全一致的安全技术说明书和安全标签。

第三十一条 不得使用罐式专用车辆或者运输有毒、感染性、腐蚀性危险货物的专用车辆运输普通货物。

其他专用车辆可以从事食品、生活用品、药品、医疗器具以外的普通货物运输,但应当由运输企业对专用车辆进行消除危害处理,确保不对普通货物造成污染、损害。

不得将危险货物与普通货物混装运输。

第三十二条 专用车辆应当按照国家标准《道路运输危险货物车辆标志》(GB 13392)的要求悬挂标志。

第三十三条 运输剧毒化学品、爆炸品的企业或者单位,应当配备专用停车区域,并设立明显的警示标牌。

第三十四条 专用车辆应当配备符合有关国家标准以及与所载运的危险货物相适应的应急处理器材和安全防护设备。

第三十五条 道路危险货物运输企业或者单位不得运输法律、行政法规禁止运输的货物。

法律、行政法规规定的限运、凭证运输货物,道路危险货物运输企业或者单位应当按照有关规定办理相关运输手续。

法律、行政法规规定托运人必须办理有关手续后方可运输的危险货物,道路危险货物运输企业应当查验有关手续齐全有效后方可承运。

第三十六条　道路危险货物运输企业或者单位应当采取必要措施,防止危险货物脱落、扬散、丢失以及燃烧、爆炸、泄漏等。

第三十七条　驾驶人员应当随车携带道路运输证。驾驶人员或者押运人员应当按照《汽车运输危险货物规则》(JT 617)的要求,随车携带道路运输危险货物安全卡。

第三十八条　在道路危险货物运输过程中,除驾驶人员外,还应当在专用车辆上配备押运人员,确保危险货物处于押运人员监管之下。

第三十九条　道路危险货物运输途中,驾驶人员不得随意停车。

因住宿或者发生影响正常运输的情况需要较长时间停车的,驾驶人员、押运人员应当设置警戒带,并采取相应的安全防范措施。

运输剧毒化学品或者易制爆危险化学品需要较长时间停车的,驾驶人员或者押运人员应当向当地公安机关报告。

第四十条　危险货物的装卸作业应当遵守安全作业标准、规程和制度,并在装卸管理人员的现场指挥或者监控下进行。

危险货物运输托运人和承运人应当按照合同约定指派装卸管理人员;若合同未予约定,则由负责装卸作业的一方指派装卸管理人员。

第四十一条　驾驶人员、装卸管理人员和押运人员上岗时应当随身携带从业资格证。

第四十二条　严禁专用车辆违反国家有关规定超载、超限运输。

道路危险货物运输企业或者单位使用罐式专用车辆运输货物时,罐体载货后的总质量应当和专用车辆核定载质量相匹配;使用牵引车运输货物时,挂车载货后的总质量应当与牵引车的准牵引总质量相匹配。

第四十三条　道路危险货物运输企业或者单位应当要求驾驶人员和押运人员在运输危险货物时,严格遵守有关部门关于危险货物运输线路、时间、速度方面的有关规定,并遵守有关部门关于剧毒、爆炸危险品道路运输车辆在重大节假日通行高速公路的相关规定。

第四十四条　道路危险货物运输企业或者单位应当通过卫星定位监控平台或者监控终端及时纠正和处理超速行驶、疲劳驾驶、不按规定线路行驶等违法违规驾驶行为。

监控数据应当至少保存3个月,违法驾驶信息及处理情况应当至少保存3年。

第四十五条　道路危险货物运输从业人员必须熟悉有关安全生产的法规、技术标准和安全生产规章制度、安全操作规程,了解所装运危险货物的性质、危害特性、包装物或者容器的使用要求和发生意外事故时的处置措施,并严格执行《汽车运输危险货物规则》(JT 617)、《汽车运输、装卸危险货物作业规程》(JT 618)等标准,不得违章作业。

第四十六条　道路危险货物运输企业或者单位应当通过岗前培训、例会、定期学习等方式,对从业人员进行经常性安全生产、职业道德、业务知识和操作规程的教育培训。

第四十七条　道路危险货物运输企业或者单位应当加强安全生产管理,制订突发事件应急预案,配备应急救援人员和必要的应急救援器材、设备,并定期组织应急救援演练,严格落实各项安全制度。

第四十八条 道路危险货物运输企业或者单位应当委托具备资质条件的机构,对本企业或单位的安全管理情况每3年至少进行一次安全评估,出具安全评估报告。

第四十九条 在危险货物运输过程中发生燃烧、爆炸、污染、中毒或者被盗、丢失、流散、泄漏等事故,驾驶人员、押运人员应当立即根据应急预案和道路运输危险货物安全卡的要求采取应急处置措施,并向事故发生地公安部门、交通运输主管部门和本运输企业或者单位报告。运输企业或者单位接到事故报告后,应当按照本单位危险货物应急预案组织救援,并向事故发生地安全生产监督管理部门和环境保护、卫生主管部门报告。

道路危险货物运输管理机构应当公布事故报告电话。

第五十条 在危险货物装卸过程中,应当根据危险货物的性质,轻装轻卸,堆码整齐,防止混杂、撒漏、破损,不得与普通货物混合堆放。

第五十一条 道路危险货物运输企业或者单位应当为其承运的危险货物投保承运人责任险。

第五十二条 道路危险货物运输企业异地经营(运输线路起讫点均不在企业注册地市域内)累计3个月以上的,应当向经营地设区的市级道路运输管理机构备案并接受其监管。

4. 监督检查

①道路危险货物运输监督检查按照《道路货物运输及站场管理规定》执行。

道路运输管理机构工作人员应当定期或者不定期对道路危险货物运输企业或者单位进行现场检查。

②道路运输管理机构工作人员对在异地取得从业资格的人员监督检查时,可以向原发证机关申请提供相应的从业资格档案资料,原发证机关应当予以配合。

③道路运输管理机构在实施监督检查过程中,经本部门主要负责人批准,可以对没有随车携带道路运输证又无法当场提供其他有效证明文件的危险货物运输专用车辆予以扣押。

④任何单位和个人对违反本规定的行为,有权向道路危险货物运输管理机构举报。

道路危险货物运输管理机构应当公布举报电话,并在接到举报后及时依法处理;对不属于本部门职责的,应当及时移送有关部门处理。

5. 汽车危险货物运输

现行的《汽车运输危险货物规则》(JT 617—2004),2004年12月30日发布,2005年3月1日实施。本标准规定了汽车运输危险货物的包装、标志和标签、托运、承运、车辆和设备、运输、从业人员、劳动防护和事故应急处理等基本要求。本标准适用于汽车运输危险货物的安全管理。

四、我国道路危险货物运输发展方向

经过多年的发展,道路危险货物运输安全管理已日趋完善。展望未来道路危险货物运输行业的发展前景,既要联系社会经济发展需求和国民经济建设可能对危险货物运输提出的任务,又要联系我国道路危险货物运输的现有基础及国际相关发展趋势,积极与国际危险货物运输管理接轨,提高道路危险货物运输安全管理水平。为此,应加强下述领域的工作。

1. 加强法律法规建设,健全统一、规范的道路危险货物运输行业标准

在我国现行体制下,道路危险货物运输的相关内容分属不同部门管理,有的政策法规甚

至还互相矛盾,使道路危险货物运输者较为困惑。因此,建立统一、规范的道路危险货物运输行业标准是本行业健康发展的重要保障。在未来的发展中,按照"安全第一,预防为主"的方针,改进道路危险货物运输法规和政策制定,维持和改进有效的监管,完善宏观调控机制和市场监督体系,促进道路危险货物运输市场健康有序发展是一项迫切需要完成的工作。

2. 合理规划危险货物运输网络

道路危险货物运输网络的规划关系到地区环境和国民安全,并且对运输成本和企业经济效益有着重要影响。因此,需要政府组织专家学者规划合理的道路危险货物运输网络,将大量生产、使用危险化学品的企业向合理的地理位置转移,从宏观角度规划出区域内风险最小的危险货物运输网络,并建立快速应急机制,以便在事故发生时快速处置,使损失降至最低,最大限度保障国民生命财产安全。道路危险货物运输企业在政府规划设计的网络内,通过加强对道路危险货物运输的管理,选择优化的运输路径和方式,在保障安全的前提下,从经济效益的角度出发使企业的成本降到最低。

3. 建立有效的危险货物运输管理信息平台

利用无线射频技术(RFID)、卫星定位系统(GPS)和地理信息系统(GIS)等现代技术,为危险货物运输过程的跟踪、监控、管理等提供技术支撑,以及事故发生后的应急管理提供技术保障。目前,这些监控网都是独立运行,只能监控本地区、本企业内部的危险货物运输车辆。从以往发生的事故分析可以看出,就一个地区网而言,对于外地驶入的车辆,无论是否安装GPS都缺乏监控,一旦这些车辆在本地区发生事故,就很难在第一时间调动本地区内的应急部门进行处置。因此,实现有效的联网和信息连通,在事故发生的第一时间进行快速处置,是今后需要开展的工作。

4. 建立安全保障机制,确保道路危险货物运输安全

针对当前道路危险货物运输安全生产和管理中的突出问题和薄弱环节,一是在现有情况下全面提高管理人员和从业人员的素质,而政府各职能部门则应提升管理水平,采用现代管理手段,尽最大努力保障国民经济快速发展对道路危险货物运输量的需求。二是针对道路危险货物运输市场现状,结合国外成功经验,建立和完善道路危险货物运输安全保障机制,形成"齐抓共管,规范运作、安全运输"的市场秩序。

第二节 危险货物水路运输

由于经济、安全、运量大,水路运输已成为危险品运输的重要方式,大量危险货物通过水路运输从生产、储存领域向消费领域转移。2016年,全国包括原油、成品油、液化气、化学品以及其他固体品种在内的内河危险品运量上升,仅长江水系危险品运量约2亿t,占全国内河运量的70%。"十一五"期间,长江危险品运量以每年10%左右的速度增长。

目前,我国水路运输各种易燃、易爆、氧化、毒害、腐蚀等危险品已达上千个品种,《水路危险货物运输规则》中列出的危险品就有3000多种。长江运输的危险品种类繁多,主要分为固体和液体危险品两大类,其中,液体危险品又分为油品、化学品以及液化气3类。油品包括原油、成品油、沥青等;化学品主要品种有苯、甲苯、二甲苯、甲醇、液碱、冰醋酸、苯乙烯

等,品种总数超过 60 种;液化气则主要是指液化天然气、液化石油气。庞大的危险品运量,对我国内河(尤其是长江)的安全和运输能力而言,无疑是极大的考验。

同时,由于全球化的快速推进及我国进出口贸易的飞速发展,危险货物海运市场也发展迅速。虽然一般的海上危险货物运输事故没有大型油轮燃烧或搁浅造成的影响巨大,但是,一旦发生事故,也会造成重大损失。如 1989 年 Masquasar 号化学品运输船运载了 257700t 化学品,包括 7000t 剧毒性的丙烯腈、苛性钠、苯乙烯和甲醇,因事故爆炸燃烧了 5 天时间,23 名船员全部遇难。自 1998 至 2003 年,国际上发生了 9 起较大的货船失火事件,对船只、船员和货物造成重大危险,其中 Hanjin Pennsylvania 号船接到了超过 1 亿美元的保险索赔要求。

一、水路运输概述

水路运输是利用船舶、排筏和其他浮运工具,在江、河、湖泊、人工水道以及海洋上运送旅客和货物的一种运输方式。它是我国综合运输体系中的重要组成部分,并且正日益显示出它的巨大作用。

1. 水路运输的划分及特点

水路运输按其航行的区域,大体上可划分为远洋运输、沿海运输和内河运输三种形式。远洋运输通常是指除沿海运输以外所有的海上运输。沿海运输是指利用船舶在我国沿海区域各地之间的运输。内河运输是指利用船舶、排筏和其他浮运工具,在江、河、湖泊、水库及人工水道上从事的运输。

水路运输具有下列的特点,也是它的优点:

①水运主要利用江、河、湖泊和海洋的"天然航道"来进行。水上航道四通八达,通航能力几乎不受限制,而且投资省。

②水上运输可以利用天然的有利条件,实现大吨位、长距离的运输。因此,水运的主要特点是运量大,成本低,非常适合于大宗货物的运输。

③是开展国际贸易的主要方式,是发展经济和友好往来的主要交通工具。

2. 水路运输的组成及其技术设备

一般来说,水路运输的主要对象是旅客和货物,而为了输送他(它)们就需要有船舶和港口。从统一的运输网来说,水运只是运输"大系统"中的一个"子系统"。然而,水运系统的组成也是极其庞大复杂的。

现代港口是水陆运输工具的汇集点,是交通运输的枢纽,它所担负的工作就更为繁杂。在一般情况下,港口所在地的规划建设部门要统一研究附近海、河岸线的充分与合理使用,由航务工程部门负责港区码头的勘测设计和施工,而港口机械制造部门则对码头泊位进行"武装",配备上各种先进的装卸机械,使来港车船能在最短时间里将货物卸下或装上,以加速运输工具的周转。

为保证水上运输工作的顺利进行,还有许多部门密切协同,相互支援。如有船舶的燃料、淡水和生活物资的供应部门,通信导航部门,业务代理与理货公司,甚至还有发生海难后的救援打捞机构,等等。所有上述各系统汇合起来才能组成完整的水运系统;而一般笼统扼要地讲,可以认为水上运输的组成主要是船和港。

水路运输的主要技术设备包括:船舶(以及驳和舟、筏等)、航道、港口及通信、导航等设施。其中港口是水运生产的一个重要环节,船舶的装卸、补给、修理工作和船员的修整等都要在港口进行。因此,可以说港口是水运工作的关键所在,不论河港或海港,其最基本的功能就是为船舶进行装卸搬运工作。

二、危险货物水路运输法规

1. 国际海运危险货物规则

我国早在1973年就加入了国际海事组织。自1982年10月起,我国已开始执行《国际海运危险货物规则》,简称《国际危规》(IMDG Code)。《国际危规》当前的最新版是第36版(简称第36-12版)。国际海事组织海上安全委员会第90届会议以第MSC.328(90)号决议通过了《国际海运危险货物规则》的修正案(36-12修正案)。根据《安全公约》第Ⅷ(b)(vii)(2)(bb)条的规定,上述修正案已于2013年7月1日以默认方式被接受,并于2014年1月1日起生效。

《国际危规》由国际海事组织的海上安全委员会(MSC)组织编写而成。MSC指派在海运危险货物方面有丰富经验的国家组成一个专家工作组,根据《1960国际海上人命安全公约》第七章的规定与联合国危险货物运输专家委员会紧密合作编写,并于1965年9月27日由国际海事组织以A.81(Ⅳ)决议通过产生了著名的《国际海运危险货物规则》。《国际危规》作为全球海洋运输包装危险货物的指导规则,其制定原则是除非符合规则的要求,否则禁止装运危险货物。其目的是保障船舶载运危险货物和人命财产安全、防止事故发生、防止海洋污染、使航行更安全、使海洋更清洁。

现行的《国际危规》是经修正的《1974年国际海上人命安全公约》(下称《安全公约》)框架下的强制性规则。国际海上人命安全公约(SOLAS公约,英文名称是 International Convention for the Safety of Life at Sea),是为保障海上航行船舶上的人命安全,在船舶结构、设备和性能等方面规定统一标准的国际公约。

《国际危规》的主要内容与联合国《关于危险货物运输建议书 规章范本》基本保持一致,由以下3大块(7个部分、2个附录、补充本)组成。

第1册的内容:第1部分:总则、定义和培训;第2部分:分类;第4部分:包装和罐柜规定;第5部分:托运程序;第6部分:包装、中型散装容器、大宗包装、可移动罐柜、多单元气体容器和公路罐车的构造和试验;第7部分:运输作业的有关规定。

第2册的内容:第3部分:危险货物一览表和限量内免除;附录A——通用的和未另列明条目的正确运输名称清单;附录B——术语汇编;危险货物英文索引;危险货物中文索引。

第3册是补充(内容):船舶载运危险货物应急反应措施(EmS指南)、危险货物事故医疗急救指南(MFAG)、报告程序、IMO/ILO/UN ECE货物运输组件装载指南、船舶安全使用杀虫剂建议书、船舶安全使用杀虫剂建议书货舱熏蒸应用、适用于熏蒸货物组件的船舶安全使用杀虫剂建议书、国际船舶安全载运包装辐射核燃料、钚和高强度放射性废弃物规则(INF规则)。

《国际危规》自实施以来,由国际海事组织统一进行定期修正,当前是每2年更新一次。修订主要基于以下4个原因:工业技术的改变;规则自身完善的需要;其他运输模式的改变;与联合国《橙皮书》的修订步调保持一致(联合国橙皮书每两年进行一次修订)。根据MSC

决定,《国际危规》在2004年1月1日起成为SOLAS公约下的强制性实施规则,成为指导海上危险货物运输的全球唯一有效的规则,但仍有部分内容是建议性的。在规则行文中用到的"须(Shall)""应(Should)"和"可(may)"分别表示其相关规定是"强制性的""建议性的"和"选择性的"。

2. 我国危险货物水路运输安全法规

为加强危险货物水路运输安全管理,我国结合上述国际相关法规,相继出台一系列法律法规、规章制度,保障了危险货物水路运输安全形势的稳定。我国现有与危险货物水路运输安全相关的法律、法规、部门规章、规范性文件主要有:

(1) 法律、法规

《中华人民共和国安全生产法》(2002年11月1日起施行,2014年8月31日修订)

《港口法》(2004年1月1日起施行)

《海上交通安全法》(1984年1月1日起施行,本法共十二章五十三条,其中第六章是关于危险货物运输的)

《危险化学品安全管理条例》(2011年12月1日起施行)

《内河交通安全管理条例》(2002年8月1日起施行)

《国内水路运输管理条例》(2012年10月13日国务院第625号令公布修订后的版本,并于2013年1月1日起施行)。

新《水路运输条例》共分6章,主要内容包括总则、水路运输经营者、水路运输经营活动、水路运输辅助业务、法律责任和附则。新《水路运输条例》的亮点主要体现在四个方面:一是减少了行政许可项目,简化了审批程序;二是进一步明确了水路运输交通主管部门的公共管理职能;三是进一步强化了水路运输安全;四是进一步明确了水路运输行业节能减排的法律义务。

(2) 部门规章、规范性文件

《港口危险货物安全管理规定》(2013年2月1日起施行)

《水路危险货物运输规则 第一部分 水路包装危险货物运输规则》(1996年12月1日起施行)

《船舶载运危险货物安全监督管理规定》(2012年3月14日起施行)

《关于公布水路运输易流态化固体散装货物安全管理规定的通知》(交水发〔2011〕638号)

《关于加强港口安全生产管理工作的通知》(交水发〔2002〕598号)

《关于做好港口安全生产和安全管理的通知》(交水发〔2004〕263号)

《关于印发〈港口安全评价管理办法〉的通知》(交人劳发〔2004〕462号)

《关于加强港口企业防治污染海洋环境安全营运管理制度建设的通知》(交水发〔2011〕516号)

《关于进一步加强长江危化品运输安全管理工作的通知》(交水发〔2012〕783号)

《关于加强易流态化固体散装货物港口作业安全管理工作的通知》(厅水字〔2012〕45号)

《关于明确港口危险化学品安全监督管理若干问题的通知》(厅水字〔2012〕4号)

《交通运输部关于做好港口危险化学品储存设施安全监管职责交接工作的紧急通知》（交水发〔2013〕386号）

《关于进一步加强水路危险货物运输管理和监督工作的通知》（交水发〔1999〕674号）

《交通运输部关于印发〈港口危险货物重大危险源监督管理办法（试行）〉的通知》（交水发〔2013〕274号）

《关于实施〈危险化学品安全管理条例〉有关事项的通知》（海船舶〔2011〕865号）

三、危险货物水路运输的积载因素

积载，是根据货物特点和船舶承受能力，将已装上船的货物谨慎而适当地堆放的作业行为。积载是《海牙规则》所规定的承运人货物管理的一项内容。从货物的安全出发，积载时应注意防止各种货物之间的串味、污染及重货压轻货等情况发生；从船舶安全出发，积载时应避免船体局部受载过重、易燃易爆等危险货物靠近机舱，还要使积载后的船舶在首尾吃水及稳定性方面符合航行要求。对积载不当造成的货损，承运人负赔偿责任。按危规要求正确进行危险货物的积载和隔离是防止发生各类危险事故，或发生事故后便于有效控制事故范围，减少事故损失的另一项重要因素。

1. 危险货物积载的一般原则

易燃易爆危险货物应尽可能保持阴凉，远离一切热源、电源和生活区。能产生危险气体的货物应选配于通风良好的处所和舱面。遇水放出危险气体的货物应选配于水密和通风良好的干燥货舱，与易散发水分货物分舱配装。有毒或放射性货物应远离生活区。有强烈化学反应性质的货物，应清除舱内不相容的残留货物，严格满足与不相容货物之间的隔离要求。海洋污染性货物应优先选择舱内积载。遇有下列情况，应采用舱面积载：需要经常或近前检查的货物；能生成爆炸性气体混合物，产生剧毒蒸气或对船舶有强烈腐蚀性的货物；有机过氧化物；发生意外事故时必须投弃的货物。

2. 积载系数

积载系数是指某一种货物每一吨在货舱中正常堆积时所占的空间（立方米或立方英尺）。它是船舶配载工作中十分重要的货物资料，用于计算一定重量的某种货物需占多少货舱容积，或一定的货舱容积能装载多少吨某种货物等。现在有专门的表格可以查询货物的积载系数（或因素），计算公式如下：

$$积载系数 = 毛重/计费体积（吨/立方米，t/m^3）$$

如果积载系数大于1，为重货，按重量计征；

如果积载系数小于1，为轻货，按体积计征；

如果积载系数等于1，按重量吨和尺码吨一样。

3. 船舶对积载的基本要求

（1）充分利用船舶的装载能力

船舶的装载能力包括：载重、舱容和装载液体货、重大件；危险品；冷藏货、贵重货物的特殊能力三个方面。

船舶的载重能力根据载重线、航程、航道与港口水深，由船方核定。

充分利用装载能力，首先要尽量使船舶达到满载满舱，做到轻重货物合理搭配，不仅整船考虑轻重搭配，每个舱也要尽可能做到轻重搭配。在满舱而不能满载时，可选些不怕雨淋日晒的甲板货,以增加船舶载重量。

特殊装载能力的充分利用,也是一个不容忽视的问题,因为特殊货物不是每艘船都能装运,配载人员要掌握船、货情况,充分利用这种能力和机会。

(2)保证船体强度不受破坏

合理地配置货物,保证积载满足船体强度要求,对延长船舶使用寿命和保证船舶安全运输都有重大意义。与积载关系密切的主要是保证船舶的纵向强度、局部强度和扭转强度不被破坏。保证纵向强度就是要使船舶纵向弯曲变形不超过允许范围。保证船体纵向强度就是按浮力在船长方向的分布规律,分配各舱的载重量,使浮力、重力不仅全船平衡,在各舱也应基本上做到平衡。保证船体局部强度就是要尽量使舱底和甲板均衡受载,不超负荷。船舶建造出厂时,均有各层甲板及舱底的单位面积最大允许均布载荷和集中负荷的资料。使用船舶时,应做到不超负荷。保证扭转强度就是要使两舷的重量分布平衡,不仅是全船平衡,而且要使各舷的左右舷重量分布都平衡。

(3)保证船舶具有适度的稳性

重心越低,稳性越好,但船舶会因为复原力矩过大而产生剧烈的摇摆;重心偏高,稳性又感不足,这就提出了适度稳性的要求。适度稳性指的通常是一个范围,而不是一个确定的具体数值,各船的要求也不尽相同。船舶配积载时,应根据各船的具体情况,凭经验确定各层舱的重量分配比例,以控制重心高度,达到适度稳性的要求。

(4)保证船舶具有适度的吃水差

船舶吃水差就是首吃水与尾吃水的差值。通常船舶航行需要有一定的尾倾,而不允许有首倾。因为适当的尾倾有利于螺旋桨和舵工作,也可防止船首上浪。有时船舶通过浅航道,为了多装些货则要求平吃水,没有吃水差。船舶积载应满足船舶对吃水差的要求。在实践中各船往往都有自己的经验,用按比例分配各货舱的载重量来保证吃水差要求。

四、危险货物水路运输的隔离要求

对互不相容的危险货物进行正确隔离,能有效地防止因泄漏等引发危险反应,发生火灾等事故后易于采取应急措施,最大限度地缩小危害范围,减少损失。

①一般隔离要求:按《国际危规》将危险货物的隔离分为四个等级,见表5-1。

②第一类爆炸品之间的隔离要求:配装类相同的货物可以同一舱室配装;配装类 L 的货物不允许与除 该配装类以外的货物同室装载;配装类 S 的货物可以与除配装类 A 和 L 外的货物同一舱室配装;配装类 C、D、E 和 G 的货物相互间可以同一舱室配装;配装类 N 的货物可以同 C、D 和 E 的货物相互间同一舱室配装。

③危险货物与食品之间的隔离要求:按《国际危规》的四个规定进行。

危险货物隔离表　　　　　表 5-1

类　项		1.1、1.2、1.5	1.3 1.6	1.4	2.1	2.2	2.3	3	4.1	4.2	4.3	5.1	5.2	6.1	6.2	7	8	9
爆炸品	1.1、1.2、1.5	*	*	*	4	2	2	4	4	4	4	4	4	2	4	2	4	×
爆炸品	1.3、1.6	*	*	*	4	2	2	4	3	3	4	4	4	2	4	2	2	×
爆炸品	1.4	*	*	*	2	1	1	2	2	2	2	2	2	×	4	2	2	×

续上表

类项		1.1、1.2、1.5	1.3 1.6	1.4	2.1	2.2	2.3	3	4.1	4.2	4.3	5.1	5.2	6.1	6.2	7	8	9
易燃气体	2.1	4	4②	2	×	×	×	2	1	2	×	2	2	×	4	2	1	×
无毒不燃气体	2.2	2	2	1	×	×	×	1	×	1	×	×	×	×	2	1	×	×
有毒气体	2.3	2	2	1	×	×	×	2	×	×	×	×	×	×	2	1	×	×
易燃液体	3	4	4	2	2	1	2	×	×	2	1	2	2	×	3	2	×	×
易燃固体	4.1	4	3	2	1	×	×	×	×	1	×	1	2	×	3	2	1	×
易自燃物质	4.2	4	3	2	2	1	2	2	1	×	1	2	2	1	3	2	1	×
遇湿易燃物品	4.3	4	4②	2	×	×	×	1	×	1	×	2	2	×	2	2	1	×②
氧化剂	5.1	4	4	2	2	1	2	2	1	2	2	×	2	1	3	1	2	×
有机过氧化物	5.2	4	4	2	2	1	2	2	2	2	2	2	×	1	3	2	2	×
毒害品	6.1	2	2	×	×	×	×	×	×	1	×	1	1	×	1	×	×	×
感染性物质	6.2	4	4	4	2	2	2	3	3	3	2	3	3	1	×	3	3	×
放射性物质	7	2	2	2	1	1	2	2	2	2	2	1	2	×	3	×	2	×
腐蚀品	8	4	2	2	1	×	×	X	1	1	1	2	2	×	3	2	×	×
杂类危险物质和物品	9	×	×	×	×	×	×	×	×	×	×	×	×	×	×	×	×	

备注:1-"远离";2-"隔离";3-"用一整个舱室或货舱隔离";4-"用一介于中间的整个舱室或货舱作纵向隔离";×-隔离要求(如存在)应查阅物质明细表;②-我国《水路危规》定义"2——隔离";*-详见《国际危规》第1类爆炸品之间的隔离要求。

除第1类爆炸品之间的隔离要求外,上述危险货物四个等级的隔离含义如下:

①隔离1:远离(Away from)。有效地隔离从而使互不相容的物质在万一发生意外时不致相互起危险性反应,但只要在水平垂直投影距离不少于3m,仍可在同一舱室或货舱内或"舱面"上装载。

②隔离2:隔离(Separated from)。在"舱内"积载时,装于不同舱室或货舱内。如中间甲板是防火防液的,垂直距离(即在不同的舱室积载),可以看成是同等效果的隔离。就舱面积载而言,这种隔离应不小于6m的水平距离。

③隔离3:用一整个舱室或货舱隔离(Separated by a complete compartment or hold from)垂向的或水平的隔离。如果中间甲板不是防火防液的,只能用一介于中间的整个舱室或货舱作纵向隔离。就"舱面"积载而言,这种隔离即不少于12m的水平距离。如果一包件在"舱面"积载,而另一包件在最上层舱室积载,也要保持上述的同样距离。

④隔离4:用一介于中间的整个舱室或货舱作纵向隔离(Separated by an intervening complete compartment or hold from)。单独的垂向隔离不符合这一要求。在舱内积载的包件与在"舱面"积载的另一包件之间的距离包括纵向的一整个舱室在内必须保持不少于24m。就"舱面"积载而言,这种隔离应不小于24m的纵向距离。

由于每种危险货物的性质差别很大,因此查阅物质明细表中对隔离的具体要求比查阅一般要求更为重要。同时,在确定隔离要求时还应当以危险货物主、副(如果存在时)标志的隔离要求中较高者为准。

第三节 危险货物铁路运输

长期以来,铁路部门承担着我国石油化工企业、军事国防、航空航天、建材、医药、科研教育等系统的危险化学品运输。随着化工产品的不断进步和企业生产经营范围的扩大,各行业对危险品的需求也逐年增加。现阶段我国95%的危险品不是在生产地被使用,而是需要长距离、大吨位的异地运输,运输半径通常在200km以上,大型石化生产制造及加工企业均由铁路专用线连通。

铁路危险货物办理站按类型分为5种：
①专办站：指主要办理危险货物运输的车站；
②兼办站：指主要办理普通货物运输,兼办危险货物运输的车站；
③集装箱办理站：指在站内办理危险货物集装箱运输的车站；
④专用线接轨站：指仅在接轨的专用线、专用铁路办理危险货物作业的车站；
⑤综合办理站：指前4项中2项以上的车站。

一、铁路危险货物运输的特点

铁路危险货物运输不仅要满足一般货物的运输条件,同时还要满足特殊的运输条件。铁路危险货物运输有以下几个特点：

①运输环节多、事故诱发因素多。铁路运输的危险货物,在整个运输过程中要经过搬运、保管、装卸、配装和挂运,而且在这些环节中都要受到不同程度的摩擦、震动和冲击、气温变化、风雨侵袭,以及与不同性质的货物相接触等,都可诱发事故。

同时,铁路危险货物运输又具有运输网络庞大、作业环境多样、业务性质复杂、不确定因素多、作业流程各环节间耦合性强等特点,因此对危险货物在受理、装车、编组隔离、押运管理、装卸作业、安全防护、应急处置等方面都有更高的要求。

②危险货物品种多、性质复杂。危险货物发生破坏性事故,是该种货物的危险性通过外界条件的作用而发生的。由于危险货物品种繁多、性质各异、运输条件不同,所以,要依据各类危险货物的共性和特性提出运输各环节基本的安全组织措施和设施要求。

经铁路运输的危险货物涵盖于《铁路危险货物运输管理规则》中的2544种10086个品名。运输的危险货物有爆炸品、气体、易燃液体、易燃固体、氧化物质和有机过氧化物、毒性物质和感染性物质、放射性物质、腐蚀性物质、杂项危险物质9大类。由于危险货物不同于普通货物,在设备管理、技术管理、运输组织、安全防护及事故施救等方面都有其特殊的要求。

③事故处理方法复杂。对不同性质的危险品,仅灭火方法就有多种,可以用水的,不能用水的,有的需用化学剂、苏打灰、砂、泡沫剂或雾化剂或二氧化碳等。

铁路危险货物运输作为一种动态危险源,一旦发生事故,不仅会造成重大经济损失,而且会带来严重的社会影响,同时给环境带来很大的污染。由于危险品自身的特性,决定了危险货物运输事故必定会引起次生灾害,带来大气、水体、土壤等污染,因此要加强安全防护和应急预案管理。

二、我国铁路危险货物运输安全管理存在的问题

我国铁路危险货物运输安全管理已经取得长足发展,但在相关制度制定、文化建设、运输方式优化及安全管理信息化等方面仍存在亟待解决的问题。

1. 法规制定问题

我国危险货物运输采取的是多个政府部门齐抓共管、条块式监督管理模式,易造成地区分割和部门分割的局面,同时也容易形成法律管理空白。例如,对危险货物托运人的管理,就是几方管理的空白地带,另外我国有关铁路危险货物运输的规章和标准多年修改一次,有时无法反映新的情况。

2. 文化建设问题

提高铁路危险货物运输安全管理水平的一个重要环节是提高相关工作人员的素质,加强安全运输文化建设是落实这一环节的重要手段。目前对相关人员的思想工作、业务训练以及心理考察等方面工作虽然得到了进一步加强,但对危险货物运输安全文化建设重要性、长期性、基础性提高认识仍是当务之急。

3. 运输方式问题

集装箱运输在铁路危险货物运输方面具有极大优势,但我国铁路过去由于诸多因素的影响,曾经禁止使用集装箱运输危险货物。随着运输环境的变化和运输条件的改善,我国危险货物办理站逐步减少。

4. 信息化监控问题

随着铁路信息化时代的到来,我国现在已经开发建设货运安全保障体系五大子系统,其中与危险货物运输密切相关的是铁路危险货物运输管理信息系统。其子系统包括铁路危险货物运输安全监控系统,铁路毒品运输追踪系统,铁路危险货物运输资质及办理规定查询系统等。对各个系统的进一步建设和改进是当前运输管理信息化工作的重中之重。

三、我国铁路危险货物安全管理制度

我国的危险货物铁路运输安全管理立法积极与国际接轨,相继颁布了《中华人民共和国安全生产法》《危险化学品安全管理条例》《铁路危险货物运输管理规则》,以及《危险货物分类与品名编号》《危险货物品名表》《危险货物包装标志》《危险货物运输包装通用技术条件》《包装储运图示标志》等法规和标准。另外,2013年8月17日国务院第639号文发布了《铁路安全管理条例》,自2014年1月1日起施行。

对于铁路危险货物运输,原铁道部[1]制定了一系列危险货物运输安全管理的规章制度,包括《铁路危险货物运输管理规则》《铁路危险货物品名表》《铁路危险货物托运人资质许可办法》《铁路危险货物承运人资质许可办法》《铁路危险货物自备罐车管理手册》、铁路危险货物应急预案及信息施救网络等,从根本上规范了铁路危险货物运输的各项工作,涵盖了危险货物运输管理和作业的各方面。规章的制定和实施对于规范危险货物运输安全作业、提高危险货物运输管理水平、降低事故风险率等方面都起到了重要的作用。

2013年国务院进行了机构改革和职能转变,实行铁路政企分开,撤销了原铁道部,组建

---

[1] 原铁道部已于2013年并入交通运输部。

国家铁路局(由交通运输部管理)和中国铁路总公司。交通运输部以2015年第1号令于2015年3月12日发布了最新的《铁路危险货物运输安全监督管理规定》,自2015年5月1日起施行。

《铁路危险货物运输安全监督管理规定》着眼于保护环境等公共利益需要,结合铁路危险货物运输特性,进一步规范运输条件,明确了铁路危险货物办理地点、设备设施、运载工具、运输包装等方面应当具备的条件,并对新品名、新包装,以及罐车、集装箱、专用车辆装运危险货物运输做出规定。特别强调了"高速铁路、城际铁路等客运专线及旅客列车禁止运输危险货物",明确提出"铁路危险货物运输安全管理坚持安全第一、预防为主、综合治理的方针,强化和落实铁路运输企业、专用铁路、铁路专用线等危险货物运输相关单位的主体责任"。该规定对于进一步预防危险货物运输事故,保障公众生命财产安全意义重大。

相关规定主要包含以下内容:

1. 铁路运输"危险货物"的定义

铁路运输的危险货物是指具有爆炸、易燃、毒害、感染、腐蚀、放射性等危险特性,在铁路运输过程中,容易造成人身伤亡、财产毁损或者环境污染而需要特别防护的物质和物品。

具体的品名包括有关法律、行政法规和标准以及国务院铁路行业监督管理部门制订公布的铁路危险货物品名,如《危险化学品目录(2015版)》《危险货物品名表》《铁路危险货物品名表》等。

2. 禁止通过铁路运输的危险货物

下列情况是严格禁止运输的:一是法律、行政法规禁止生产和运输的危险物品,如氯丹、六氯苯等对健康、环境有严重危害的物品,以及非法生产的违禁物品等。二是危险性质不明的物品。三是未采取安全措施的过度敏感或者能自发反应而产生危险的物品,如叠氮铵、高锰酸铵等。四是高速铁路、城际铁路等客运专线及旅客列车禁止运输危险货物(法律、行政法规另有规定的除外)。

3. 铁路运输危险货物需要具备的条件

一是场站条件。运输危险货物的车站、专用铁路、铁路专用线应当符合法律、行政法规和标准规定,具备相应品名办理条件,其安全生产条件经安全评价合格。

二是设备设施条件。储存、装卸、安全设施设备及运输车辆、集装箱、其他容器、运输包装等应当符合本规章有关要求和法律、行政法规、安全技术规范和标准规定的其他条件。

三是从业人员应当掌握所运输危险货物的危险特性及其运输工具、包装物、容器的使用要求和出现危险情况时的应急处置方法,并经考核合格。

4. 需要托运人或收货人提交相关证明材料的情况

按照新修订的《铁路安全管理条例》(国务院令第639号),自2013年7月起取消了铁路危险货物承运、托运行政许可。承运人、托运人办理危险货物运输均不再进行行政审批。

特殊情况需要提供相关材料:

一是国家对生产、经营、储存、使用等实行许可管理的危险货物,如汽油、苯、硫酸等危险化学品。

二是国家规定需要凭证运输的危险货物,如剧毒品、放射性物品、民用爆炸物品、属于危险货物的易制毒化学品等。

三是需要添加抑制剂、稳定剂和采取其他特殊措施方可运输的危险货物,如氯丙酮、醋酸乙烯、甲基丙烯酸甲酯等。

四是运输包装、容器列入国家生产许可证制度工业产品目录的危险货物。

五是法律、行政法规及国家规定的其他情形。

5."运输单位"的范围

从事铁路危险货物运输活动的相关单位,如铁路运输企业、托运人、收货人、专用铁路、铁路专用线,以及开展安全评价和咨询活动的机构等,均属于运输单位的范畴。对其从事的相关活动,如承运、托运、装卸、场站管理、培训、安全评价等,均应承担相应责任。

6.托运危险货物的主要安全义务

一是如实向铁路运输企业如实说明所托运危险货物的品名、数量(重量)、危险特性以及发生危险情况时的应急处置措施等,不得将危险货物匿报或者谎报品名进行托运;不得在托运的普通货物中夹带危险货物,或者在危险货物中夹带禁止配装的货物。

二是对国家规定实行许可管理、需凭证运输或者采取特殊措施的危险货物,向铁路运输企业如实提交相关证明。

三是配备必要的押运人员和应急处理器材、设备和防护用品,并使危险货物始终处于押运人员的监管之下。

7.承运危险货物的主要安全义务

一是对承运的货物进行安全检查,不得在非危险货物办理站办理危险货物承运手续,不得承运未接受安全检查的货物,不得承运不符合安全规定、可能危害铁路运输安全的货物。

二是对国家规定实行许可管理、需凭证运输或者采取特殊措施的危险货物,查验托运人、收货人提供的相关证明材料并留存备查。

三是告知押运人注意事项,检查押运人员、备品、设施及押运工作情况,并为押运人员提供必要的工作、生活条件。

8.对危险货物运输进行安全评价

开展危险货物运输安全评价,是落实《安全生产法》《危险化学品安全管理条例》的要求,也是落实"安全第一、预防为主、综合治理"方针的重要技术保障。可以借助社会力量监督危险货物运输单位,指导其及时发现问题、采取措施消除隐患、降低事故发生率。按照法律法规相关规定,吸收铁路管理经验,借鉴相关行业做法,危险货物运输安全评价的范围和主体规定如下:

一是评价范围。包括既有危险货物装卸、储存作业场所和设施等安全生产条件;新建、改建危险货物装卸、储存作业场所和设施;在既有作业场所增加办理危险货物品类;以及危险货物新品名、新包装和首次使用铁路罐车、集装箱、专用车辆装载危险货物等。

二是评价主体。运输单位按照国家有关规定进行安全评价。法律、行政法规规定需要委托相关机构进行安全评价的,运输单位应当委托具备国家规定资质条件且业务范围涵盖铁路运输、危险化学品等相关领域的机构进行。

9.装载危险货物车辆的安全防范要求

一是要求装卸、储存专用场地和安全设施设备封闭管理并设立明显的安全警示标志,避免无关人员接近装载危险货物车辆。

二是要求托运人配备必要的押运人员和应急处理器材、设备及防护用品,并使危险货物始终处于押运人员的监管之下。

三是运输危险货物的车辆途中停留时,要求远离客运列车及停留期间有乘降作业的客运站台等人员密集场所和设施,并采取安全防范措施。

四是装运剧毒品、爆炸品、放射性物质和气体等危险货物的车辆途中停留时,由铁路运输企业派人看守。

五是铁路运输企业制订完善事故应急预案,配备应急救援人员和必要的应急救援器材、设备,并定期组织救援演练,一旦发生意外及时采取措施,防止事态扩大。

10. 铁路运输企业应当报告的危险货物信息

铁路运输企业应当实时掌握本单位危险货物运输状况,并按要求向所在地铁路监督管理局报告危险货物运量统计、办理站点、设施设备、安全等信息。主要内容如下:

一是运量统计。危险货物品名及编号、装载数量(重量)、发到站、作业地点、装运方式、车(箱)号、托运人、收货人、押运人等信息。

二是办理站点。如办理危险货物的车站名称、作业地点(货场、专用铁路、铁路专用线名称)、办理品名及编号、装运方式等。

三是设施设备。场站、储存、装卸、运输工具、安全、应急救援等设施设备。

四是安全信息。发生危险货物运输事故的时间、地点、类型、损失、原因、采取措施、调查处理等相关信息。

11. 铁路监管部门进行监督检查时,可以采取的措施

按照《安全生产法》《铁路安全管理条例》《危险化学品安全管理条例》等规定,可采取的措施包括:

一是进入铁路危险货物运输作业场所检查,调阅有关资料,向有关单位和人员了解情况。

二是纠正或者要求限期改正危险货物运输安全违法行为;对依法应当给予行政处罚的行为,依照法律、行政法规的规定做出行政处罚决定。

三是责令立即排除危险货物运输事故隐患;重大隐患排除前或者排除过程中无法保证安全的,应当责令撤出危险区域内的作业人员,责令暂时停运或者停止使用相关设施、设备。

四是责令立即停止使用不符合规定的设施、设备、装置、器材、运输工具等。

五是依法查封或者扣押有根据认为不符合保障安全生产的国家标准或者行业标准的设施、设备、器材,并做出处理决定。

六是法律、行政法规规定的其他措施。

12. 对危险货物运输违法行为的处罚

违反法律、行政法规规定运输危险货物的,按照《违反〈铁路安全管理条例〉行政处罚实施办法》及有关法律、行政法规的规定实施处罚;依法应当由其他部门实施处罚的,应当通报有关部门依法处理。

违反法律、行政法规规定运输危险货物,造成铁路交通事故或者其他事故的,依法追究相关单位及其主要负责人、工作人员的行政责任;涉嫌犯罪的,依法移送司法机关处理。

第四节 危险货物航空运输

航空运输所管控的危险品是指能对人体健康、飞行安全、财产或者环境构成危害,且在国际民航组织(ICAO)所颁布的《危险物品安全航空运输技术细则》(Technical Instructions for the Safe Transport of Dangerous Goods by Air,简称《技术细则》或 TI)危险品品名表中列明或者根据该细则分类的物质或者物品。这些危险品中既有危险性显而易见的各类化工产品,也有日常生活中可见的公众容易忽视其危险性的物品。随着社会的不断发展,危险品的种类还在不断增加。

根据危险品的危险程度不同,危险品又可以分为客货机均可载运的危险品、仅限货机运输的危险品、正常情况下禁止运输但经国家批准或豁免可以载运的危险品,以及在任何情况下都禁止运输的危险品。

一、中国民航危险品运输发展史

危险品的航空运输几乎是与商业航空运营同时开始的,我国危险品的航空运输可以追溯到 20 世纪 50 年代。那时中国民航主管部门先后制定了《危险品载运暂行规定》和《放射性物质运输的规定》,航空运输的危险品主要是农药和极少量的放射性同位素。1961 年后,为确保航空运输的安全,国家规定民航客货班机一律不载运化工危险品和放射性同位素。

20 世纪 60 年代初期,我国民航仅开通了与苏联、缅甸、越南、蒙古和朝鲜等周边国家的少数国际航线,国际货物和国内货物的航空运输量都还十分有限。此后的十余年间,随着国民经济的发展,我国也陆续开辟了北京—莫斯科、北京—上海—大阪—东京、北京—卡拉奇—巴黎和北京—德黑兰—布加勒斯特—地拉那等多条国际航线。随着国际航线的增加,空运进口的化学危险品逐渐多了起来。外航承运到我国的危险品货物最终目的地通常为航班终点站以外的其他城市,如何把这些危险品转运到其最终目的地是一个急需解决的问题。同样,在国内方面,虽然明令禁止载运危险品,但随着越来越多的化学工业品走进了人们的生活,民航运输部门也需要面对"如何确定托运人所托运的货物是否属于危险品、是否可以收运"等问题。第一次社会需求的增加促使政府考虑解除民航运输危险品禁令的可能性。

历史转折于 1974 年 4 月,经中国民航主管部门批准,可以在国际航线上运输危险品货物,国际到港的危险品货物需要国内航段联运的也可以运输,运输标准均参照国际航空运输协会(IATA)的统一规定。两年后,1976 年 1 月,又恢复了国内航班对放射性同位素的运输,并制定了《航空运输放射性同位素的规定》。1979 年 9 月,中国民航局印发施行《化学物品运输规定》,对化学物品的空运做了比较完整的规定。上述三条规定使得我国危险品航空运输有了基本的制度体系和技术标准体系。

2015 年 3 月,民航局依据国际民航组织相关文件,制定并公布了《航空运输危险品目录(2015 版)》(以下简称《目录》),航空运输中常见的 3436 种危险品"榜上有名"。凡是《目录》中列出的危险品,旅客在携带乘机或者作为货物托运时,都应当满足民航法规的相关要求。该《目录》自 4 月 1 日起施行。

《目录》列出的航空运输中常见的 3436 种危险品中,包括爆炸品、易燃品、氧化性物质、放射性物质、毒性物质和感染性物质等。根据航空运输的不同要求,《目录》所列危险品分为三类:一是在符合相关规定的情况下,可以进行航空运输的危险品,共 3153 种;二是在正常情况下禁止航空运输,但满足相关要求后,航空运输时不受限制的危险品,共 2 种;三是在任何情况下均禁止航空运输的危险品,共 281 种。

二、民航危险货物运输法律法规

中国民航危险品运输管理的法律法规体系包括三个层次:

第一层次是遵守现行有效的危险品运输国际公约和国际标准,包括联合国的《关于危险货物运输的建议书》(UN Recommendation)、国际原子能机构(IAEA)的《放射性物质安全运输规则》、国际民航组织的《芝加哥公约》附件 18《危险品的安全航空运输》及其《危险物品安全航空运输技术细则》。《危险物品安全航空运输技术细则》是法律性文件,必须强制执行,每两年更新发行一次。国际航空协会的《危险品规则》(Dangerous Goods Regulations,简称 DGR)也是国际危险品航空运输业通行的技术标准,它的基本内容与国际民航组织的《危险物品安全航空运输技术细则》保持一致,又考虑了国际上各种新型化工产品和最新高科技产品的运输安全标准,在我国及全球危险品运输操作部门广泛使用,它每年更新发行一次,新版本于每年 1 月 1 日生效。

第二层次是遵守国家制定和颁布的一系列与危险品运输相关的国家法律和法规,如《中华人民共和国民用航空法》《中华人民共和国安全生产法》《放射性污染防治法》《危险化学品安全管理条例》《民用航空危险品运输管理规定》《放射性物质安全运输管理条例》《民用爆炸物品安全管理条例》等。

第三层次是中国民航局制定的危险品规章,现行有效的是 2014 年 3 月 1 日起正式施行的《中国民用航空危险品运输管理规定》(民航局 2013 年第 216 号令,CCAR-276-R1,以下简称《规定》),是 2004 年版本的修订版。本次修订以《国际民用航空公约》附件 18(2011 年 7 月第四版)和国际民航组织《技术细则(2011—2012 版)》(Doc9284 号文件)为主要依据,全面贯彻持续安全理念,健全危险品经营人、托运人、代理人管理制度,严格落实危险品运输主体责任;创新危险品运输管理模式,突出持续监督检查,保证危险品航空运输安全。修订后的《规定》适用于国内公共航空运输经营人、在外国和中国地点间进行定期航线经营或者不定期飞行的外国公共航空运输经营人以及与危险品航空运输活动有关的任何单位和个人。

修订后,《规定》重点调整了危险品航空运输的许可模式,突出了对从事危险品航空运输活动的代理人的管理,加强了对危险品培训大纲的管理,增加了对培训机构及教员管理的相关要求,丰富了向航空运输旅客提供危险品运输信息的相关内容,明确了国内经营人的运行规范应当包括危险品航空运输许可信息,增加了机场管理机构有关危险品航空运输地面应急救援的相关要求,新增危险品航空运输监督管理内容,完善了法律责任的内容,增加了港澳台地区经营人申请运输危险品的规定。

为确保上述各层次法律法规和规章的贯彻执行,中国民航局还制定了《危险品监察员手册》,这本手册是危险品监察员开展工作的具体程序和方法指导。此外,《危险品手册样本》和《危险品训练大纲样本》等为航空运营人申请危险品运输许可和开展危险品运营提供指导。这些手册和样本等材料的编写,既借鉴了国际上先进的管理手段,也充分考虑了我国国情和已有的实际工作经验,具有先进性和实用性的特点。

三、中国民航危险货物运输安全管理

1. 经营企业及从业人员管理

营运人实施危险品航空运输需取得民航局的危险品航空运输许可,满足下列要求:国际民用航空组织发布的现行有效的《危险品航空安全运输技术细则》,包括经国际民用航空组织理事会批准和公布的补充材料和任何附录;局方规定的危险品航空运输许可中的附加限制条件。

申请人条件:国内申请人需提交拟运输危险品的类别和运行机场的说明、危险品手册、危险品训练大纲、人员训练说明、危险品事故应急救援方案、符合性声明、局方要求的其他文件。国外申请人应提交营运人所在国颁发的危险品航空运输许可文件、拟运输危险品的类别和运行机场的说明、营运人所在国认可的危险品手册或等效文件、营运人所在国批准的危险品训练大纲或等效文件、局方要求的其他文件。

从业人员条件:接受相关培训,并获得证书;违反要求的将被处以警告或罚款;需掌握以下知识:熟悉危险品定义,了解现行危险品规定的来源,知道危险品分类,正确认识危险品标签,了解危险品的标记,了解危险品运输的文件,了解危险品装载和存储的规定,识别货物中隐含的危险品,掌握有关危险品事件、事故和错误申报的报告要求,并且面对紧急情况能够采取适当的应急处理措施。

2. 危险货物航空运输信息

①经营人在其航空器上载运危险品,应当在航空器起飞前向机长提供《技术细则》规定的书面信息。

②经营人应当在运行手册中提供信息,使机组成员能履行其对危险品航空运输的职责,同时应当提供在出现涉及危险品的紧急情况时采取的行动指南。

③经营人应当确保在旅客购买机票时,向旅客提供关于禁止航空运输危险品的信息。通过互联网提供的信息可以是文字或者图像形式,但应当确保只有在旅客表示已经理解行李中的危险品限制之后,方可完成购票手续。

④在旅客办理乘机手续前,经营人应当在其网站或者其他信息来源向旅客提供《技术细则》关于旅客携带危险品的限制要求。通过互联网办理乘机手续的,经营人应当向旅客提供关于禁止旅客航空运输的危险品种类的信息。信息可以是文字或者图像形式,但应当确保只有在旅客表示已经理解行李中的危险品限制之后,方可完成办理乘机手续。

⑤旅客自助办理乘机手续的,经营人应当向旅客提供关于禁止旅客航空运输的危险品种类的信息。信息应当是图像形式,并应确保只有在旅客表示已经理解行李中的危险品限制之后,方可完成办理乘机手续。

⑥经营人、机场管理机构应当保证在机场每一售票处、办理旅客乘机手续处、登机处以及其他旅客可以办理乘机手续的任何地方醒目地张贴数量充足的布告,告知旅客禁止航空运输危险品的种类。这些布告应当包括禁止用航空器运输的危险品的直观示例。

⑦经营人、货运销售代理人和地面服务代理人应当在货物、邮件收运处的醒目地点展示和提供数量充足、引人注目的关于危险品运输信息的布告,以提醒托运人及其代理人注意到托运物可能含有的任何危险品以及危险品违规运输的相关规定和法律责任。这些布告必须包括危险品的直观示例。

⑧与危险品航空运输有关的经营人、托运人、机场管理机构等其他机构应当向其人员提供信息,使其能履行与危险品航空运输相关的职责,同时应当提供在出现涉及危险品的紧急情况时采取的行动指南。

⑨如果在飞行时发生紧急情况,如情况许可,机长应当按照《技术细则》的规定立即将机上载有危险品的信息通报有关空中交通管制部门,以便通知机场。

⑩航空器事故或者严重事故征候可能涉及作为货物运输的危险品时,经营人应当立即将机上危险品的信息提供给处理事故或者严重事故征候的应急处置机构、经营人所在国和事故或者严重事故征候发生所在国的有关当局。

当运输危险品货物的航空器发生事故征候,该经营人应当立即将机上危险品的信息提供给处理事故征候的应急处置机构和事故征候发生所在国的有关当局。

提供的信息应当与向机长提供的书面信息一致。

⑪发生危险品事故或者危险品事故征候,经营人应当向经营人所在国及事故、事故征候发生地所在国有关当局报告。

初始报告可以用各种方式进行,但应当尽快完成一份书面报告。

3.安全监管

在组织架构方面,我国危险品航空运输的监管职责在民航局运输司,主要负责中国民航危险品运输规章和政策的制定,负责全国危险品航空运输的监管工作统筹安排,负责危险品运输的国际国内技术交流,负责特殊危险品运输的批准和豁免等。全国各地区管理局和各地方安全监督管理局的运输处按照职责划分负责本辖区内的危险品航空运输日常监管工作,包括受理和审批国际国内运营人的危险品运输许可等。中国民航科学技术研究院危险品运输管理室主要承担技术支持工作,协助运输司进行政策研究和技术咨询等。

在监管人员方面,民航局于2004年和2011年先后印发通知,要求各地区管理局和监管局运输处设立专职的危险品监察员,并配备兼职的危险品监察员,从人员上保障本地区危险品航空运输的监督和管理工作,这标志着我国民航危险品监察员制度的确立。

有了完善的组织机构保障,在管理工作中,民航局实施危险品运输许可制度和持续监督检查制度,以确保民航危险品运输的安全。持续监督检查目的是确保航空营运人根据国际民航公约附件18及《技术细则》的要求,按照运营人自己的《危险品运输手册》实施运行;确保各航空运营人及机场部门对有关危险品事故处置程序、方案熟悉,人员训练到位。对于危险品航空运输中的违法事件,民航局还制定了事故调查与报告制度,监管部门均设立了事故报告电话并对外公布。与此同时,民航局实施的安全审计工作也有针对危险品运输管理方面的检查。

伴随着全球贸易的一体化发展,工业、商业、医疗卫生、科研等需要的大量危险品都需要航空运输,危险品航空运输年增长率在不断提高,随之而来的危险品安全运输管理难度也在增加。切实做好危险品航空运输管理工作,对于实现持续安全发展,推进建设民航强国事业具有非常重要的意义。

4.危险品航空运输中对瞒报的处理方案

对于航空危险品物流运输面临的挑战和问题,业内人士认为最大的问题就是"瞒报"现象。瞒报可以分为三类:无意瞒报(疏忽瞒报)、蓄意瞒报和恶意瞒报。无意瞒报是指货物托运人在申报操作过程中出现的非故意的瞒报过失,通过物流行业的管理与努力,最多只能解决无意瞒报的现象。

对于蓄意瞒报和恶意瞒报,由于隐蔽性非常强,在收运环节予以检查识别并转送国家主管机构进行查处都是非常难的。而且蓄意瞒报和恶意瞒报往往可能都伴随其他性质的犯罪,如蓄意瞒报可能是由于想突破某些禁运限制来运输危险货物(如有些危险品航空禁运、有些公司无危险品操作资质)或降低成本(普通货物运输比危险品运输成本低很多)。2000年2月,中国化工建设大连公司委托空运80桶"8-羟基喹啉"的化工产品,并表示该化工产品为固体粉末。结果当年3月15日,马来西亚航空公司飞机抵达吉隆坡机场,装卸工人进入飞机货舱准备卸货时,发现货物为液体,且已发生大量泄漏,其中5名装卸工因为吸入有害气体,突发晕厥,后经抢救脱离危险。而整架飞机全部损毁,只有两个发动机勉强是好的。为此,承运的马来西亚航空公司及曼班通用保险公司等5家境外保险公司将大连化建诉至北京市高院,成为历时5年、索赔金额迄今为止北京市最高的民事诉讼案件。

2012年5月9日,民航局在官方网站上发布公告,首次对外公布了近年来危险品航空运输违规行为处罚情况,27家存在危险品航空运输违规行为的责任单位上榜。据了解,今后民航局将定期向全社会公布危险品航空运输违规行为的处罚情况,并将这些情况长期保留在民航局官方网站公告栏,供社会公众查询。

此次公布的27家单位均为2010年2月至2012年3月期间存在危险品航空运输违规行为,并已由民航各地区管理局实施行政处罚的责任单位,包括航空公司、货运销售代理人和托运人。公告详细注明了对相关责任单位的处罚事由、处罚依据和处罚内容。

相关人士坦言,依据《中国民用航空危险品运输管理规定》,民航行政机关对危险品航空运输违规行为的处罚仅限于行政罚款,且处罚额度有限(最多可处以3万元以下的罚款),难以起到震慑作用。特别是针对货运销售代理人发生隐报、瞒报危险品和普通货物中夹带危险品的违规行为时,由于货运销售代理人资质管理由中航协负责,民航行政部门无权吊销销售代理人的资质,无形中导致了违法成本的降低,造成了违法行为屡屡发生。此次民航局向社会公布近年来危险品航空运输违规处罚情况,就是为了强化舆论监督的作用,进一步规范危险品航空运输秩序,加大危险品运输管理力度,确保危险品航空运输安全。

虽然自《中国民用航空危险品运输管理规定(2004版)》颁布实施后,我国危险品的航空运输正逐步走向科学化和规范化,但是距建立一个完善的危险品运输管理体系还有一定的距离。危险品运输管理体系是一个非常庞大的工程,它包括危险品航空物流系统、危险品航空运输管理系统。把危险品航空物流链条中的危险品生产商、销售商、购买人、托运人、包装供应商、包装人、货运代理、检测单位、机场、安检、运营人、收货人这个链条中各个环节控制好,对降低风险将起到决定性的作用。仅仅靠最后安检和收运环节的把关,有点亡羊补牢的味道。因此建议:

①利用媒体、网络加大危险品安全航空运输的宣传力度,利用现代化手段在各个售票点、售票网站、收货点、机场候机大厅、安检口突出宣传告知;

②注重对从业人员的培训,运用"关键少数"法则,提升危险品教员的质量;

③在培训到位的前提下,放宽危险品运输限制,使托运人能找到正规运输途径;建议中航协(中国航空运输协会)尽快出台危险品代理人制度,民航局赋予其监管职责。

【复习思考题】

1. 试述几种危险货物运输方式的特点。
2. 掌握积载的概念及计算。
3. 国际海运危险货物规则的内容有哪些?
4. 民航危险货物运输面临的主要威胁有哪些?

【案例介绍】

兰州车务段强化铁路危险货物运输安全管理的实践

1 兰州车务段概况

兰州车务段属兰州铁路局(以下简称兰州局),地处亚欧大陆桥中段,管内营业里程578.2km,管辖54个车站、18个车间,其中货运营业站27个,衔接专用线(专用铁路)共73条,主要担负着青海、甘肃、宁夏三省区的"七县五区"的旅客、货物发送任务,年货物发送量1800万t。

兰州车务段有危险货物办理站17个,占兰州局危险货物办理站总数的32%。危险货物运输呈现出"品类繁多、涉及面广、运量大"的特点:办理的危险货物的品类主要有爆炸品、气体类、易燃液体、易燃固体及遇湿易燃物品、氧化剂、毒害品、放射性物品和腐蚀品八大类货物;从到发量来看,17个办理站(含站内办理危险货物的车站6个,爆炸品办理站2个,剧毒品办理站2个)年到发危险货物1200多万t,占兰州局危险货物发到总量的52%。兰州局近60%的气体类货物和全部剧毒品发送都在兰州车务段管内办理。

如何强化危险货物运输的安全管理,对兰州车务段做好运输安全管理具有非常重要的作用。近年来,兰州车务段立足于强化危险货物运输管理基础,注重过程的细节管理,紧盯关键的动态卡控,在管理理念和工作方法上着眼于探索创新,在安全管理和现场控制中加快信息化建设,充分利用现代科技手段,闭环解决危险货物运输管理中的问题,取得良好的效果。

2 强化危险货物运输安全管理的实践

2.1 完善制度强基础,流程再造堵漏洞

2.1.1 分品类制定卡控措施

针对17个车站办理的8类危险货物,按类分别制定了《危险货物运输安全控制措施》《强化货装安全控制措施》等制度,对计划受理、资料审核、货物承运检查、装车组织等各环节、各工种及各作业岗位间结合部作业标准和措施进行明确,通过作业流程的优化对可能引发问题、涉及责任划分等关键环节进行双重卡控并实行影像化管理。

2.1.2 完善罐车运输作业流程

兰州车务段罐装货物品名多、运量大,占全段总运量的32.3%,罐装危险货物占罐装货物总运量的94.5%。结合液体危险货物发运量大且罐车因阀盖、罐体质量难以外观判别,容易造成跑冒滴漏等实际情况,通过分析1980年以来全路危险货物运输发生的事故及近年来管内危险货物运输发生的险情,对危险货物罐车运输常发事故原因及引发的后果进行了详细分析。按照源头把关、流程控制,可检查、可评估的原则,针对专车不专用可能引发事故的

原因,对罐车运输作业全过程各环节卡控进行了梳理和细化。按照罐车的用途和装运货物性质,针对液化气体罐车、轻油类罐车、粘油类罐车、酸碱类罐车、其他液体类危险货物自备罐车的作业特点,从受理、装车前检查、专用线(专用铁路)装车、交接检查4个作业环节入手,明确了关键环节检查的具体要求、卡控措施、实现形式、责任人,使现场作业人员进一步明确了罐车作业卡控重点,使检查人员进一步明确了检查内容。

2.1.3 强化制度落实前的学习、培训

针对货运职工年龄偏大、业务学习主动性需加强的实际,在每项制度执行前及阶段安全重点任务落实前,坚持做好人员的培训、重点环节的盯控、安排,通过事故案例的分析讨论,讲清讲透各项制度措施的规章依据,明确卡控措施与确保安全的关系,从而为各项制度的落实打好思想基础。对于危险货物运输方面发生的事故案例,组织业务主管科室有关人员结合管内作业特点进行具体分析、查找隐患,制定措施并组织一线货运管理人员共同进行讨论,力求措施简单可行、操作性强。主管科室人员在制度实行之初,利用现场检查时间及电话抽问等方式,针对制度落实开展反复讲解、提问、讨论,指导职工正确认识各项措施的目的,发挥专业管理作用,规范基础工作。

2.2 信息系统保源头,过程控制盯关键

2.2.1 建立危险货物信息管理系统

由于兰州车务段管内点多线长,涉及办理危险货物的车站和专用线(专用铁路)覆盖面大,品类繁多,危险货物运输安全管理难度相对较大。以往危险货物运输办理过程中对基础资料的检查和审核仅能依赖于岗位检查把关,但由于作业繁忙程度、人员素质不同,存在基础资料不全或过期不能及时发现更换等问题。为此,从2010年起,根据车务段管内各车站实际情况借助于网络办公平台建立了兰州车务段货运管理系统,危险货物运输基础管理作为系统中的一个模块,将涉及托运人资质、承运人资质、工商营业执照、化学品生产经营许可证、从业人员及押运员培训情况、危险货物包装、协议签订情况等基础资料录入,并通过系统定时提醒功能,分别在相关资料维护不及时或到期前1个月、过期等时点进行不同形式的自动提示,从而督促车站及时清理和调整危险货物运输相关材料信息,保证资质材料的有效性;车站、车务段各级管理人员可以在货运管理系统平台上对每个办理站、专用线危险货物运输管理基础情况进行有效监督和指导。

2.2.2 推广使用危险货物监控系统

自原铁道部推行危险货物监控系统以来,兰州车务段积极利用《铁路危险货物办理站、专用线(专用铁路)办理规定》电子版及监控系统,每次系统升级指定主管科室、专人负责,督促各车站做好系统数据维护。同时通过管理人员的复核、抽查,实现对作业人员受理环节的有效监控,从源头上杜绝了违规办理、误办理等问题的发生。此外,为实现专用线装运危险货物的全程监装,兰州车务段积极与专用线单位协调,建议安装视频监控系统,车务段业务科室人员通过检查专用线视频系统,督促专用线做好危险货物装车组织。

2.2.3 严格重点货物作业流程控制

为强化重点危险货物的监控,针对剧毒品、电石装车作业及包装质量检查、包装强度试验等关键环节实行签认制度,关键环节实行岗位作业人员与货运值班干部双岗互控,并按照影像化管理的要求拍照存查,建立按作业流程顺序存查照片的制度,上传车务段货运管理系

统。通过影像化管理,实现对重点危险货物作业流程的实时盯控。

特别是剧毒品装车作业过程中,一是从车辆现状和货物装载状态上加大检查。装车前检查车体状况是否符合规定,按规定进行包装试验、检查和测试;装车中按照装载加固方案要求检查车内货物码放状态,装车后对施封和加锁状态,以上环节均实行拍照、存档、备查。二是从作业过程上严格控制,即从计划、受理、装车、制票、挂运、信息传输等全过程由8个工种、4位企业人员共同进行签认,实行岗位人员自控及岗位间互控。三是结合剧毒品货物运输信息跟踪系统及剧毒品车辆防盗装置,实现对剧毒品运输全过程跟踪管理,使剧毒品运输全程处于严格可控状态。

2.3 多重卡控抓重点,逐级负责保安全

2.3.1 路企联动,共保安全

危险货物绝大部分在专用线办理,提高专用线单位的标准意识、安全意识是实现危险货物运输安全可控的重点。

(1)始终把加强专用线管理作为危险货物运输的重点。各车站利用专用线货主座谈会广泛听取货主建议,组织学习有关危险货物文电,不定期向企业通报阶段危险货物方面产生的问题及本专用线所存在的问题,向企业货主宣讲铁路安全形势,引起货主对危险货物运输安全的重视,明确安全是路企双方的共同责任。

(2)坚持定期深入专用线检查路企危险货物运输制度执行情况,及时掌握专用线在作业中存在的问题,组织各部门、各岗位对发现的问题进行梳理分析,对规制定措施并督促整改。

(3)及时对专用线内发运的危险货物品名进行清理和规范,严格执行新增危险货物专用线、共用单位和新增品名的规定,认真落实专用线开展综合分析的要求,对规范和提高危险货物专用线管理起到了很好作用。

2.3.2 重点监控,集中管理

兰州车务段强化奥运会等国家大型活动及国庆长假等关键时期的危险货物运输管理,做到电报及时传达、请车货运管理人员把关。同时对电石、硅铁类货物的空车选车和包装质量抽检、爆炸品装车后折角塞门关闭、剧毒品包装、车辆检查等关键环节实行干部重点盯控制度,由值班干部会同货运员、托运人共同对车辆选车等环节进行共同检查、确认,对危险货物试运包装管理实行分级定期检查和试验、随时抽查制度,督促托运单位对货物包装管理有序,确保包装质量良好。对电石、剧毒品的干部盯控、重点环节作业影像化,每天通过网络集中到兰州车务段危险货物业务主管处进行审核,并同时纳入车务段每天早8点的交接班系统进行集中远程监控。

2.3.3 逐级检查,督促落实

没有考核的管理是无效的管理。兰州车务段明确危险货物检查管理制度,制定各车站货运主管人员、站长、书记、业务主管科室货运组织员、危险货物主管、业务科室负责人、主管副段长对危险货物作业管理情况的检查重点内容及量化标准,对发现问题严格按规定纳入考核。车务段对相关人员监控重点危险货物的全程作业、危险货物包装管理、发现问题情况按月进行统计、分析,督促有关人员加大现场作业情况检查、监督力度,提高危险货物运输可控性。

3 取得的效果

3.1 危险货物安全管理得到规范提升

通过统一台账模式,引入信息系统的定时提醒功能、远程监控检查等手段,兰州车务段危险货物基础管理水平得到明显提高。改进基础管理手段后,车务段、车站及时发现并整改危险货物资质管理、液碱自备罐车容积与充装量方面存在的影响安全的问题,及时与主管部门汇报并妥善处理,确保了危险货物运输安全。

3.2 作业人员的思想认识得到明显提高

通过现场检查及远程监控、影像存查等方式,使基层管理人员及现场职工增强了安全责任意识和执行标准、落实规章的自觉性。近年来兰州车务段危险货物运输办理中的违章违纪问题明显下降,由 2009 年的月均 9.3 件减少为 2011 年的月均 7.3 件。

3.3 各项制度措施符合实际且逐步优化

充分结合现场实际,发动现场职工共同参与,集思广益,不断完善作业标准、制度、措施,提高了制度办法的可操作性,更便于现场作业人员执行和落实。车务段在反复调研、修订基础上制定的电石、硫酸类危险货物及罐车运输安全控制措施,通过现场作业的检验,能够在现有的作业条件下保证货物运输安全

摘自《铁道货运》2011 年第 8 期

第六章　危险货物运输组织管理

【学习目标】
1. 理解危险货物的作业流程。
2. 熟悉危险货物运输的托运人、承运人的资质要求。
3. 掌握危险货物托运准备的内容。
4. 掌握危险货物途中作业和到达作业的注意事项。
5. 了解危险货物集装箱、自备车和罐车运输组织管理。
6. 掌握进出口危险货物的组织管理。

【导入案例】

因装错产品受槽内反应致氯气外逸小朋友遭殃

××××年5月16日,上运七场一辆次氯酸钠槽罐汽车驾驶员无证驾驶,去天原化工厂错装了盐酸。无证押运员也未核查货物即将盐酸押运至浦东某织造厂,该厂围墙上仅设一受料孔,无标识,驾驶员将槽车软管插入卸料。当盐酸卸入次氯酸钠受槽后发生激烈的化学反应,如下:

$$HCl + NaCl \rightarrow NaCl + H_2O + Cl_2 \uparrow$$

产生的氯气(Cl_2)大量外逸至下风侧的幼儿园,造成100多名小朋友吸入中毒。

第一节　危险货物运输流程

危险货物运输全过程可分为在始发站的发送作业,在运输期间的途中作业和终到站的到达作业,作业流程如图6-1所示。

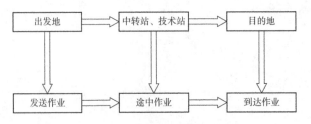

图6-1　危险货物运输流程

危险货物运输的流程就是将危险货物从出发点运往目的地的过程。出发地的作业称为发送作业,目的地的作业称为到达作业,而中途的运输过程称为途中作业。

第二节 危险货物运输的发送作业

一、发送作业流程

图 6-2 展示了危险货物发送作业的环节和整个流程。首先是托运人向承运人交货,承运人受理托运任务。第二步,承运人对危险货物进行验货。第三步,验货合格后送空车到托运人处进行装车。第四步,装车完毕后取重车。第五步,托运人填制货票,承运人核收运费或者双方协商也可以在货物运到目的地之后再收取运费。第六步,承运人开始承运货物,完成出发作业。

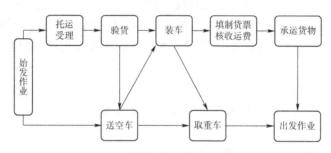

图 6-2 危险货物发送作业流程

二、危险货物托运

危险货物托运前的准备:

托运人向承运人提出货运单和运输要求,称为货物的托运。托运人在办理托运手续前应准备好货物,以便向承运人提交货物或装车(集装箱)。危险货物运输的托运人,应以在"危险货物运输托运证明书"上签字的人为主要托运人,但也不排除在特殊情况下,按法律的规定,把发货人、收货人、运输代理人作为托运方的连带责任人。托运人的责任与危险货物运输的安全有直接的关系,所以各种《危险货物运输管理规则》(以下简称《危规》)都明确或隐含地规定了托运人的责任。

(1) 货物的准备

①危险货物仅办理整车和 10t 以上集装箱运输。

②所托运的货物应符合一批的要求,凡危险货物与非危险货物(另有规定者除外)、性质或消防方法相互抵触以及配装号或类项不同的危险货物不能按一批托运。

③妥善包装危险货物。危险货物的运输包装和内包装应按《危险货物品名表》及《铁路危险货物包装表》的规定确定,危险货物运输包装必须经过包装检测机构进行包装性能试验。

④危险货物应有准确而明显的标志和标签,以便承运人或其他人及时了解货物性质种类,做出准确判断与反应,以减少或避免损失。一般来说,标志应明显可见而容易识别,和包装外表面的背景形成鲜明的颜色对比,且不应与可能大大降低其效果的其他标志放在一起。托运人在托运危险货物时必须遵守这些规定。

⑤托运的货物应符合运输条件。如对于新品名、新包装的危险货物,要求托运人填写

"危险货物运输技术说明"或"改变运输包装申请表",按规定程序办理;检查托运的空容器是否卸空倒净;所运输的危险货物是否符合普通货物运输的条件。

⑥备齐必要的凭证文件。托运人托运需要凭证明文件运输货物时,托运前应事先备齐,以便与货物运单同时提出。证明文件有下列几种:托运有运输限制的货物,应有中央及省、自治区、直辖市的物资出境证明;托运规定的爆炸品,应有公安机关的运输证明;托运出口物资应有海关检疫手续及其他特殊情况的证明;托运某些动植物及其制品,应有卫生机关的检疫证明。

(2)提交货物运单

①运单的作用

运单是托运人与承运人之间,为运输货物而签订的一种货运合同的组成部分。它是确定托运人、承运人、收货人之间的运输过程中的权利、义务和责任的原始依据。运单既是托运人向承运人托运货物的申请书,也是承运人承运货物和核收运费、填制货票以及编制记录和理赔的依据。

②危险货物运单的填写

a. 组成:货物运单由货物运单和领货凭证两部分构成。

b. 传递过程。

货物运单部分:托运人—出发地—目的地—收货人。

领货凭证部分:托运人—出发地—托运人—收货人—目的地。

c. 运单填写的基本要求。

运单填写分承运人填写和托运人填写两部分。在运单中"托运人填写"(粗线的左侧)和"领货凭证"有关各栏由托运人填写,粗线右侧各栏由承运人填写,承、托双方应对运单上填写的内容的真实性负责,并且填写内容和方法要符合相关规定,要求做到以下几点:

(a)正确。要求填记的内容和方法符合规定,如出发地和目的地必须填写全称。

(b)完备。要求填记的事项,必须填写齐全,不得遗漏。如危险货物不但要填写货物的名称,而且要填写其编号。

(c)真实。要求实事求是地填写,内容不得虚假隐瞒。如不能错报、匿报货物品名。

(d)详细。要求填写的品名应具体,有具体名称的不填概括名称。

(e)清楚。填写字迹清晰,应使用钢笔、圆珠笔或加盖戳记、打字机打印等方法填写,不能用红色墨水填写;文字规范,以免造成办理上的错误。

(f)更改盖章。运单内填写各栏有更改时,在更改处,属于托运人填记事项,应由托运人盖章证明;属于承运人记载事项,应由车站加盖站名戳记。承运人对托运人填记事项一般不得更改。

严禁中介部门代理(代办)国内危险货物运输。因此,在办理国内危险货物运输时,应由托运人直接办理代运手续。在办理托运手续时,须出具资质证书、经办人身份证和业务培训合格证书。不得匿报、伪报货物品名,不得违反规定夹带危险货物或普通货物,并对运单内填写的事项的真实性负责。

d. 运单填写的具体要求。

(a)出发地、目的地全称。

(b)托运人、收货人名称、地址及电话。

托运人、收货人名称,应填写托运单位、收货单位的完整名称,当为自然人时,应填写其姓名。对于危险货物,应是认定了的资深企业法人。

托运人地址或收货人地址,应详细填写其所在省、自治区、直辖市城镇街道、门牌号码或乡、镇、村名称。电话号码也应填写,以便到货通知或联系。

(c)货物名称及编号。

"货物名称"栏应填写《危规》附件1内所列载的品名和编号(非危险货物按《价规》"检查表"内所列载的品名填写)。

(a)列有具体名称的应填写具体名称。

(b)具体名称附有别名的,可填写其中之一。

(c)属于概括名称的,先填写具体名称,再注明所属概括名称。

(d)不能填写《危规》附件1内未列载的名称(危险货物新产品除外)或俗称。

(e)同一货物如有《危规》附件1内未列载的其他名称,根据托运人的需要可以在品名的下面以括号注明其他名称。

(f)允许混装在同一包装内运输的危险货物,托运人应在运单内分别写明货物的名称和编号。

(g)危险货物新产品,应先填写其比照的概括名称,再注明其具体名称。

e.包装。

本栏填写包装种类,如"木箱""纸箱""麻袋""铁桶"等,按件承运的无包装的货物填写"无"字。使用集装箱运输的货物填写箱型。只按重量承运的货物,本栏可不填写。

f.件数。

"件数"栏,按货物名称和包装种类,分别填写件数。使用集装箱运输的货物填写箱数。只按重量承运的货物,本栏填写"散""堆""罐"字样。

g.货物价格。

按保价运输和(或)货物保险运输时,必须填写此栏。一批多种货物时,按货物的名称分别填写,也可填写一个总数。

h.托运人确定重量。

按货物名称和包装种类,以千克(kg)为单位,分别填写货物的重量,也可填写一个总数。

i.合计。

"货物价格""托运人确定重量"各栏填写其合计数。"件数"栏填写其合计数或"散""堆""罐"字样。

j.托运人记载事项。

此栏应填写的事项极多,这里只列举一些与货物运输有关的事项。

托运危险货物时,应填写托运人的"资质证书"号码及经办人的身份证、业务培训合格证号码,并承诺其向铁路提供的文件、有关货物资料及收货人资格的真实性、合法性负责。

需要证明文件运输的货物,应填写证明文件名称、号码及填发日期。如托运爆炸品(烟花爆竹)时,托运人须出具到达地县级人民政府公安部门批准的"民用爆炸物品运输许可证"("烟花爆竹道路运输许可证"),并注明许可证名称和号码,并在运单右上角用红色戳记标明"爆竹品(烟花爆竹)"字样。

委托待递的有关文件或单据,应填写文件、单据的名称和页数。

派有押运人的货物,应填写押运人姓名,证明文件名称以及证明文件与业务培训合格证号码。

整车货物,应填写要求使用的车种、吨位,是否苫盖篷布。在专用线卸车时,还应填写"在××专用线卸车"。

国外进口危险货物按原包装运输时,应填写"进口原包装"字样。

使用旧包装容器装危险货物(剧毒品除外),应填写"使用旧包装,符合安全要求"。

托运的货物,在《海协危规》《货协危规》等有关国际运输组织规定中属危险货物,而我国按非危险货物运输时,可继续按非危险货物运输,但应填写"转海运进(出)口"或"国际联运进(出)口"字样。

经批准改变包装试运时,应填写"试运包装"。

经批准进行危险货物新产品试运时,应填写"危险货物新产品试运"。

自备罐车装运《危规》附件1未做规定的品名,经铁道部批准后进行试运时,应填写"自备罐车试运"。

经批准进行危险货物集装箱试运时,应填写"危险货物集装箱试运"。

托运爆炸品保险箱时,应填写保险箱的统一编号。

托运"短寿命"放射性物品时,应填写"允许运输期限×天"。

按普通货物条件运输的危险货物,应填写"××(名称),可按普通货运"。

托运人使用自备篷布时,应填写"自备篷布×张"。

委托承运人待封货车或集装箱时,应填写"委托承运人施封"。

使用自备货车或租用铁路货车在营业线上运输货物时,应填写"××单位自备车"或"××单位租用车"。

出发地由托运人组织装车,目的地由承运人卸车,托运人要求到站会同承运人卸车时,应填写此要求事项。

使用自备车集装箱运输货物时,应填写"使用×吨自备箱"。

集装箱内单位重量超过100kg时应注明。

整车分卸货物,应分别注明最终到站和各分卸站的站名、货物品名、件数、重量。

润滑油罐车运输润滑油时,应注明"罐车卸后回送××站"。

其他应注明的事项。

k. 领货凭证。

领货凭证各栏的内容应与运单相应各栏保持一致。

托运人填写完运单和领货凭证并确认无误后,在此两栏内盖章或签字,还应在日期处填写日期。

托运人还应在运单的右上角,用红色戳记标明危险货物的类项名称,如金属钠,43002,在运单的右上角应标明一级遇湿易燃物品。

三、危险货物承运

1. 受理

承运人对托运人提出的货物运单,经审查符合运输规定后,在货物运单"货物指定于 X 月 X 日搬入"栏内,填写搬入或装车日期,即为受理。

托运人将危险货物交付给承运人,并从承运人处得到货运单或提单或运单后,危险货物的保管责任即同时移交给承运人,直接收货人从承运人手中提取货物止,在整个承运期间,承运人要对所运危险货物的安全负全部责任。

危险货物承运人在受理托运人交给的危险货物时,除应遵守受理普通货物的一般规定外,还要按危险货物的运输要求对托运人提交的运输单证和货物对照《危规》的各项规定进行全面、详尽、严格的审核检查。

2. 受理的内容

托运危险货物时,应认真审核托运人、经办人、押运人和托运人的资质证书,不符合规定的一律不办理运输。办理运输手续,与运输计划不符时车站应拒绝承运,并及时向上级单位和交通运输部门报告情况。

整车运输有无批准计划号码,计划外运输有无批准命令,集装箱运输时是否符合规定的去向。

到站营业办理限制(包括临时停限装)和起重能力,主要根据《货物运价里程表》中"站名索引表""营业办理限制"和"最大起重能力"中的规定来确定。

运单记载的品名、类项、编号等内容与《危险货物品名表》的规定一致,并核查《危险货物品名表》第 11 栏内有无特殊规定。货物名称关系着货物运输条件、安全和运费的计算。危险货物名称应以《危险货物品名表》中所列的品名和规定填写,其品名、编号及类项是否符合规定,托运品与发到站办理的品名是否相符,所运货物是否符合运输条件。

危险货物的包装种类是否符合《危规》附件《危险货物包装表》的规定,不符合时是否按"试运包装"办理。

需要凭证明文件运输的危险货物,证明文件中的品种、数量、运入地、货主及人是否相符,证件是否齐全有效。证明文件种类有:托运麻醉品、枪支、民用爆炸品等,须提出药政管理或公安部门的证明文件;托运烟草、酒类应提出有关物质管理部门的证明文件;进出口货物需要有进出口许可证和卫生检疫方面的证明文件。

托运"短寿命"放射性物质时,其允许运输期限至少须大于货物运到期限。

需要声明的事项是否在"托运人记载事项"栏里注明,如派有押运员的货物,托运人应在该栏内注明押运员姓名,证件号码等有关事项。

受理剧毒品时,还应认真审核下列内容:是否使用黄色运单,同一车内是否有同一危险货物编号的剧毒品;剧毒品仅限采用剧毒品专用本,企业自备货车和企业自备集装箱装运,审核所使用的车、箱是否符合规定;剧毒品必须符合《危规》有关技术条件的规定,必须出具国家认定的包装检测机构提出的包装检测合格证明。

3. 车辆使用

危险货物限使用棚车装运,《品名表》有特殊规定的除外,如:

①爆炸品、硝酸铵、氯酸钠、氯酸钾、黄磷和钢桶包装的一级易燃液体应选用车况良好的

P64、P64A、P64AK、P64AT、P64GK、P64GT型竹底棚车或木底棚车装运,并须对门口处金属磨耗板,端、侧墙的金属部分采用非破坏性措施进行衬垫隔离处理。如使用铁底棚车时,须经铁路局批准。

②毒性物质限使用毒品专用车,如毒品专用车不足时,经批准可使用铁底篷车装运(剧毒品除外)。

③企业自备罐车的使用[见《危规》附件1"特殊规定第2号2(a)、2(b)、2(c)、2(d)"]。

a.液氨、液氯、二氧化硫(液化的)、丙烷、丁烷、正丁烷、异丁烷、丙烯、丁烯、异丁烯、丁二烯、石油液化气等限使用耐压的液化气自备罐车装运。

b.硝酸、乙酸、硝酸乙酸、冰醋酸等限使用铝制的自备罐车装运。

c.盐酸、甲醛等限使用有橡胶封衬里钢制或特制玻璃钢的自备罐车装运。

d.硫酸、乙醇、甲醇、苯、粗苯、甲苯、汽油、柴油、煤油,石油原油等限使用钢制的自备罐车装运。

④进口散装硫黄须经铁路局批准后可用敞车运输,但车内四周及车底板衬垫并苫盖自备棚布(特殊规定第27号)。

⑤硝酸铵按氧化性物质使用敞车装运时,需采取安全措施,并经铁路局主管部门批准,实习全程随货押运(特殊规定第73号)。

⑥可使用敞车运输的危险货物品名(特殊规定第31号)。

a.塑料沥青可用敞车运输

b.动物植物纤维及制品,不饱和油类处理的纸、油布、绸及其制品,漆布及其制品等品名可用敞车苫盖篷布运输。

c.用钢桶包装的氢氧化钠、氢氧化钾、硫化钠、硫化钾、焦油、易燃煤焦油、松焦油等可用敞车运输。

d.黑色金属的镗、刨、旋、切削(易自燃)等可用全钢敞车散装运输,但车内必须干燥。

⑦对部分地区硅系铁合金产量大,棚车数量不足,需敞车代用并用吨袋包装装运时,其品名仅限硅铁。

4.危险货物装卸车

危险货物装卸作业使用的照明设备及装卸机具必须具有防爆性能,并能防止由于装卸作业摩擦、碰撞产生火花。装卸作业前,应对车辆和仓库进行必要的通风和检查,向装卸工说明货物品名、性质、作业安全事项并准备好消防器材和安全防护用品。作业时要轻拿轻放,堆码整齐稳固,防止倒塌,严禁倒放、卧装(钢瓶等特殊容器除外)。装卸作业要求如下:

(1)装卸车责任范围

a.承运人装卸的范围。

货物装车或卸车的组织工作,在车站公共装卸场所以内由承运人负责。需要特殊的技术或设备、工具,也可由托运人或收货人负责组织。

b.托运人、收货人装卸的范围除车站公共装卸场所以外进行的卸装作业,装车由托运人、卸车由收货人负责。

(2)装卸车作业

a. 装车作业。

检查车辆：检查车种车型与规定装运货物是否相符，查看门窗状态，进行透光检查，确认车辆检修是否过期。

检查货物：检查货物品名、包装、件数与运单填写是否一致，以及货物包装是否符合规定，装载货物重量是否超出车辆允许载重，严禁超载。

装车作业：向装车班组传达安全注意事项及装载方案。

装车后工作：检查堆码及装载状态，查验门窗是否关闭良好，做好施封加锁及装车台账登记等工作。

b. 卸车作业。

检查车辆：车辆及施封状况，核对票据与现车，确定卸车及堆码方法。

卸车作业：向卸车组传达安全作业注意事项及卸车方案。

卸车后工作：填写卸车登记簿，对受到污染的车辆，及时回送洗刷所除污，清理车辆残存废弃物交由收货人负责处理，因污染、腐蚀造成车辆损坏的，要按规定索赔。

c. 货车施封。

货车和集装箱施封是货物(车、箱)交接、划分运输责任的一项手段，是贯彻责任制，保证货物运输安全的重要措施。是否需要施封，是根据使用的车种(或集装箱)来决定的。施封及拆封的技术要求，应按《货车和集装箱施封拆封的规定》办理。

第三节　危险货物的途中作业

一、危险货物的换装整理

危险货物的换装整理是指装载货物的车辆在运送过程中发生可能危及行车安全和货物完整等情况时所进行的更换货车或货物整理作业。

1. 换装整理的范围

经过技术检查或货运检查后，若发现货车偏载、超载，货物撒漏以及因车辆技术状态不良经车辆部门扣留不能继续运行时或根据交接货物(车)时检查和处理的事项中规定需要换装整理的货物，如违反货车使用和通行限制、货物装载有异状、有坠落、倒塌危险或窜出可能，装载加固及篷布苫盖不符合规定等，应由发现站(或指定站)及时换装整理。

2. 换装整理的处理

换装时应选用与原车种和标重相同的货车，并按照货票核对货物现有数量及状态，如数量不符合或状态有异，应编制货运记录。换装后，应将运单、货票、票据封套上的车龄、车号等有关各栏，予以订正。

经过整理换装的货车，不论是否换车，均应编制普通记录。证明换装整理情况和责任单位，并在货票丁联背面记明有关事项。

换装整理的时间不应超过2d，如2d内未能换装整理完毕时，应由换装车站以电报通知到站，以便收货人查询。

由于换装整理所产生的费用，属于铁路责任的由铁路内部按规定进行清算，属于托运人责任的由到站向收货人核收。

二、危险货物运输合同变更

1. 合同变更的概念

托运人或收货人由于特殊原因(货主的生产、销售、调拨或收货人卸货设备、场地原因临时变化及生产急需等),对承运后的货运合同提出变更要求,称为货运合同变更。

2. 合同变更的种类

变更目的地:货物已经装车挂运,托运人或收货人可按批向货物所在的中途或目的地提出变更目的地。铁路液化气体罐车不允许进行运输变更或重新起票办理新到站,如遇特殊情况需要变更或重新起票办理新到站时,需经铁路局批准。

变更收货人:货物已经装车挂运,托运人或收货人可按批向货物所在的中途站或到站提出变更收货人。

3. 合同变更的限制

对于下列情况,承运人不受理货运合同的变更:

违反国家法律、行政法规;违反物资流向;违反运输限制;蜜蜂;变更到站后的货物运到期限大于允许运输期限;变更一批货物中的一部分;第二次变更到站。

4. 合同变更的处理

托运人或收货人要求变更时,应提出领货凭证和货物运输变更要求书,提不出领货凭证时,应提出其他有效证明文件,并在货物运输变更要求书内注明。

货物运输变更由到站或货物所在的中途站办理。在办理变更手续时车站必须认真检查变更内容如新到站的办理范围、办理危险货物的资质条件、原票据记载事项以及货物运到期限等,确认无误后再予以变更。

车站在处理变更时,应在货票"记事"栏内记明变更的根据,改正运输票据、标记(货签)等有关记载事项,并加盖车站日期戳或带有站名的名章。变更到站时,应电报通知新到站及其主管铁路分局收入检查室和发站。货物变更需交纳变更手续费。

5. 货运合同的解除

整车货物和大型集装箱在承运后挂运前,集装箱货物在承运后装车前,托运人可向发站提出取消托运,经承运人同意,货运合同即告解除。解除合同,发站退还全部运费与押运人乘车费,但特种车使用费和冷藏车回送费不退。此外,还应按规定支付变更手续费、保管费等费用。

6. 危险货物运输障碍

因不可抗力(如风灾、水灾、雹灾、地震等)的原因致使行车中断,货物运输发生障碍时,铁路局对已承运的货物,可指示绕路运输。或者在必要时先将货物卸下,妥善保管,待恢复运输时再行装车继续运输,所需装卸费用,由进行装卸作业的承运人负担。因货物性质特殊(如危险货物发生燃烧、爆炸等)绕路运输或卸下再装,可能造成货物损失时,车站应联系托运人或收货人,请其在要求的时间内提出处理办法。超过要求时间未接到答复或因等候答复使货物造成损失时,比照无法交付货物处理,所剩余价款(缴纳装卸、保管、运输、清扫、洗刷除污费后)通知托运人领取。

第四节 危险货物的到达作业

危险货物运抵目的地后,应迅速通知收货人取货。待取货期间,承运人应对危险货物妥善保管。即使收货人逾期未领,也不能因此免除承运人的保管责任。如果在此期间货物发生变化危及安全,承运人有临时处置的权责,但最好是会同当地公安部门共同进行,以备赔偿纠纷的解决。

一、危险货物的配放

危险货物品名繁多,性质不一,有些危险货物的性质和消防方法相互抵触,给同库存放多种品名货物带来了困难。《危险货物配方表》是确定危险货物在仓库内存放时每间仓库隔离条件的依据。

1. 制定配方表的因素

决定不同危险货物能否同库配放的因素很多,危险货物配方表主要综合考虑了下列因素:

①性质相抵触不能同库配放。
②性质相近或同类同项,但危险性大,不能同库配放。
③性质虽不抵触,但消防方法相抵触,不能同库配放。
④性质虽有抵触,但在包装完好的条件下,相互间影响不大,可以同库隔离 2m 以上配放。
⑤性质相近,消防不抵触的可以同库配放。

2. 危险货物配放符号说明

危险货物存放时要求按类、项区别专库专用,如不同类项的危险货物确需同库混合存放,须符合《危险货物配放表》的规定。《危险货物配放表》将危险货物按其类、项、级别、品名及各类普通货物分为 26 个配装号,配装条件分为三类作为各类货物的混装限制。

①无配放符号表示可以配放在同一库中,也不需要隔离。
②"△"表示可以配放,但在堆放时至少隔离 2m。
③"X"表示不可以配放。不能配放是指两种货物不能配放在一起,主要因为货物性质抵触,或虽然性质相近或同类、同项但危险性大,或性质不抵触但消防方法相抵触。
④有"注 1"、"注 2"等注释时按注释规定办理。

3. 配装步骤

①根据货物品类或危险货物编号查危险货物配装表,确定配装号。
②根据配装号从危险货物配装表中确定配装条件。
③根据货物重量和体积,隔离配装时还要考虑隔离距离,是否符合一车的条件。

实际使用中,事先将可以配装(包括隔离配装)的排成组号,按配装要求进行核定即可。

4. "配放表"注释内容

注释(1):除硝酸盐(如硝酸钠、硝酸钾或硝酸铵等)与硝酸、发烟硝酸可以混存外,其他情况皆不得混存。

①硝酸或发烟硝酸及硝酸盐均含有硝酸根(NO_3^-),它们之间不起化学反应,所以可以

配放。

②配放号 14 的其他氧化剂与配放号 19 的强酸(硫酸、硝酸、氯磺酸等)不能配放。因为它们的性质抵触,易发生剧烈化学反应,生成的高氯酸是强酸,二氧化氯极不稳定,很容易发生爆炸。

③硝酸盐与配装号 19 的不含硝酸根的其他强酸(硫酸、氯磺酸等)也不能配放。它们接触后能发生化学反应,生成物有硝酸、硝酸盐,硝酸遇热易分解,甚至发生爆炸。

注释(2):氧化剂不得与松软的粉状可燃物(如煤粉、焦粉、炭黑、糖、淀粉、锯末等)混存。

氧化剂与松软的可燃物混合,生成爆炸性。遇明火、受热、震荡、摩擦或撞击时,极易引起燃烧或爆炸,所以不能配放。如黑火药就是由硝酸钾(51056)、硫黄(41501)、碳(42522)混合而成,会发生爆炸反应。

注释(3):饮食品、粮食、饲料、药品、药材类、食用油脂及活动物不得贴有 6 号、13 号、14 号、15 号、16 号包装标志的物品,及有恶臭能使货物污染异味的物品,以及畜禽产品中的生皮张、生毛皮(包括碎皮)、畜禽毛、骨、蹄、角、鬃等物品混存。

畜产品中含有一种炭疽苗,寄生在畜禽的毛、骨、蹄、角、鬃等,与食品接触,炭疽苗可通过食品传染给人、畜。此外,畜产品的恶臭味能污染食品,故不能配放。

注释(4):饮食品、粮食、饲料、药品、药材类、食用油脂与按普通货物条件运输的化工原料、化学试剂、香精、香料应隔离 1m 以上。

按普通条件运输的化工原料、化学试剂、香精、香料仍具有危险货物的性质。如氢氧化钠(82001)、氢氧化钾(82002),采用小包装时,可按普通货物条件运输。但它们仍属强碱,具有强腐蚀性,依靠严格的包装,危险性不表露出来。所以,采取隔离配放。

注释(5):漂白粉与过氧化氢、易燃物品、非食用油脂应隔离 2m 以上,与饮食品、粮食、饲料、药品、药材类、食用油脂及活动物不得混存。

漂白粉(51509)虽列入二级氧化剂,但有腐蚀性,与有机可燃物及液体接触能引起燃烧或爆炸。所以,规定不能与食品类和活动物配放。漂白粉能和酸类起剧烈化学反应,放热,生产氯化氢和原子态氧,具有强氧化性,故"配放表"规定漂白粉与酸类腐蚀品不能配放。

漂白粉与过氧化氢接触,能起化学反应,生成原子态氧,但依靠严密的包装,使之不能接触,故可隔离配放。

注释(6):贴有 7 号包装标志的液态农药不得与氧化性物质和有机过氧化物混存。

贴有 7 号包装标志的液态农药是指下列物品:

①61889 二级氨基甲酸酯液态农药。

②61891 苯氧基液态农药。

③61893 硝基苯酚液态农药。

④61895 香豆素衍生物液态农药。

⑤61897 联此啶液态农药。

⑥61901 酰胺类液态农药。

上诉农药遇到氧化剂和有机过氧化物能起化学反应,破坏农药结构而失效,故不能配放。

二、危险货物保管

危险货物应按其性质和要求存放在制定的仓库、雨棚等场地,遇潮或受阳光照射容易燃烧或产生有毒气体的危险货物不得在雨棚、露天存放。存放保管危险物品时,应符合《配放表》的要求。编号不同的爆炸品不得同库存放。放射性物品不得与其他危险货物同库存放,放射性物质需建专用仓库,并与爆炸性仓库保持20m以上的安全距离。

危险货物的保管分为承运后装车前的保管和卸车后交付前的保管。保管应按其性质和要求存放在指定的仓库、雨棚内,并符合《配放表》的要求。存放危险货物的仓库,应符合国家标准对安全、消防和通风的要求,设置明显的安全标志,并建立健全值班巡守制度。堆放危险货物的仓库、雨棚等场地必须清洁干燥、通风良好,配备充足有效的消防措施。货场应设置明显的安全警示标志,须建立健全值班巡守制度。仓库作业完毕后应及时锁闭,剧毒品须加双锁,做到双人收发、双人保管,进入货场的机动车辆必须存取防火措施。发现危险货物包装破损,应在车站指定的安全地点采取防护措施予以维修,撒漏物要指定地点存放,必要时,联系托运人或收货人及时处理。仓库、储存相关规定详见第五章。

三、危险货物办理站和专用线

基于危险货物的特殊性和储运的安全性,危险货物办理站的货场、货区、仓库应严格按照《建筑设计防火规范》《爆炸和火灾危险环境电力设计规范》《建筑物防雷设施规范》《常用化学危险品储存通则》《装卸机械通用技术要求配置》《危险货物专办站安全卫生要求》等国家标准进行配置、设计。危险货物主要以仓库存放,因此,对危险货物的耐火等级、防火间距、面积、结构(包括屋盖、墙体、窗、门、地面等)、照明、通风等均有相应规定,必须执行,详见第四章。

凡在《办理规定》中未列载的办理站不得办理危险货物运输。批准办理危险货物运输的办理站只准办理列载的危险货物。危险货物办理站应建立危险货物有关技术档案,具体掌握危险货物的运量、品类、理化特性、包装、运输方式、装卸作业设备、消防设施等情况。适时掌握企业危险货物运输发展动态,相应调整管理措施和内容。

铁路运输存在危险货物运输专用线。铁路危险货物运输专用线是指由企业或单位自己修建,或由自己或委托单位管理,主要为本企业内部运输危险货物服务,与其他铁路线路接轨的岔线。一般长度较短,运输动力使用与其相接的铁路动力。铁路危险货物专用线公用是指在保证专用线产权单位运输需要和专用线既有设备能力富余的前提下,与其吸引范围内的单位共同使用该专用线办理铁路货物发到业务。随着各行业对化工产品需求不断增加和企业生产经营范围的扩大,越来越多的企业申请新建或扩建危险货物专用线,危险货物运输的品种和数量也逐渐增多。专用线原则上不进行危险货物运输共用。

四、危险货物交付

对到达危险货物要及时取送车辆,及时组织卸车,及时通知收货人。

收货人持加盖"货物交讫"运单将货物搬出时,门卫对搬出的货物应认真检查品名、件数、交付日期与运单记载是否相符,经确认无误后放行。

车站对清空后的货位,须及时清扫、洗刷干净,对撒漏的危险货物和废弃物,应及时通知收货人进行处理。对危险性大、撒漏严重的要会同卫生防疫、环保、消防等部门共同处理。

对到达的货物要及时通知收货人,收到及时交付货物,及时取送车辆。货位清空后,需及时清扫、洗刷干净。对撒漏的危险货物及废弃物,应及时通知收货人进行处理。对危险性大、撒漏严重的,要会同卫生防疫、环保、消防等部门共同处理。

小结:危险货物运输,要经过受理托运,仓储保管,货物装卸、运送、交付等环节,这些环节分别由不同岗位人员操作完成。其中,受理托运、货物运送及交接保管工作环节尤其应加强挂历,其规范要点如表6-1所示。

托运、货物运送及交接保管工作要点 表6-1

事项	组织危险货物运输业务的有关规范
受理托运	在受理前必须对货物名称、性质等情况进行详细了解并注明
	问清包装、规格和标志是否符合国家规定要求,必要时下现场进行了解
	新产品应检查随附的《技术鉴定书》是否有效
	按规定需要的"准运证件"是否齐全
	做好运输前准备工作,装卸现场、环境要符合安全运输条件
	在受理前应赴现场检查包装等情况,看是否符合安全运输要求
货物运送	详细审核托运单内容,发现问题要及时弄清情况,再安排运输作业
	必须按照货物性质和托运人要求安排车班、车次
	要注意气象预报,掌握雨雪和气温的变化
	遇有大批量烈性易燃、易爆、剧毒和放射性物质时,须做重点安排
	安排大批量危险物品跨省市运输时,应安排有关负责人员带队
	遇有特殊注意事项,应在行车单上注明
交接保管	承运单位及驾驶、装卸人员、押运人员的应明确各自应负的责任
	严格货物交接,危险货物必须点收点交,签证手续完善
	装货时发现包装不良或不符安全要求,应拒绝装运,待改善后再运
	因故不能及时卸货,在待卸期间行车人员应负责对所运危险货物的看管
	如所装货物危及安全时,承运人应立即报请当地有关部门进行处理

第五节 危险货物的运输条件

一、按普通货物运输条件运输的危险品

危险货物按普通货物运输条件运输时,经批准可在非危险货物办理站办理托运。托运人应在运单"托运人记载事项"栏内注明"×××,可按普通货物运输"。符合下列条件之一,可按普通货物运输:

1.危险性较低的危险货物

对于有些浓度较低,含水量较高而危险性较低的危险货物,或包装数量较少且包装较好的危险货物可按普通条件运输,包括:

容量不超过2L的安全瓶盛装的压缩气体;含氨12%以下,相对密度0.88的氨溶液,内包装每瓶0.5kg及以下,每箱净重不超过20kg;医药用安全瓶包装,每盒5×0.2mL,每箱300盒;动、植物油含量在3%以下;含量<3%的过氧化氢;含有效氯<10%和5%的水溶液;医

药用的四氯乙烯;含量<3.5%的溴水,内包装<1kg,每箱净重<20kg;含碘小于50%的稀碘酒,每瓶20mL,10瓶装一纸盒,外包装为瓦楞纸箱,每箱不超过16kg;成套货物部分配件或货物的部分材料属危险货物;放射性物质的包装件外表面最大辐射水平不超过0.005mSv/h,包装件外表面放射性污染不超过:包装间外层辅助包装和运输工具编码污染 β、γ 和低毒 α 发射体为 $0.4Bq/cm^2$。

注:按普通货物条件运输的危险货物,限使用棚车装运,其包装标志未必符合危险货物的相应规定。经批准可在非危险货物办理站发送的危险货物,托运人在货物运单"托运人记载事项"栏内注明"×××可按普通货物运输",托运人可不办理"托运人资质证书"。

2. 易燃普通货物

易燃普通货物也是易燃的,也可能造成火灾的危险,但在危险程度上达不到易燃危险的程度而列为普通货物,在运输上就不受易燃危险货物运输条件的限制,"易燃普通货物品名表"以示与易燃危险货物作为普通货物的区别,而按易燃普通货物品名表中注明的品名,按普通货物运输(见表6-2)。

易燃普通货物品名表 表6-2

序号	品　　名
1	《品名表》规定之外的籽棉、棉花(皮棉)、木棉、黄棉花、皮棉、飞花、破籽花
2	《品名表》规定之外的各种麻类和麻屑
3	麻袋(包括废、破麻袋)、各种破布、碎布、线屑、化学纤维
4	牧草、谷草、油草、蒲草、羊草、芦苇、荻苇、玉米棒(去掉玉米的)、玉蜀黍秸、豆秸、秋秸、麦秸、蒲叶、烟秸、甘蔗渣、蒲棒、蒲棒绒、芒秆、亚麻草、烤烟叶、棕叶以及其他草秸类
5	葵扇(芭蕉扇)、蒲扇、草扇、棕扇、草帽辫、草席、草帘、草包、草袋、蒲包、草绳、芦席、芦苇帘子、扫帚以及其他芦苇、草秸的制品
6	干树皮、干树枝、干树条、树枝(经脱叶加工)、带叶的竹枝、薪柴(劈柴除外)、松明子、腐朽木材(喷化学防火涂料的除外)
7	刨花、木屑、锯末
8	纸屑、废纸、纸浆、柏油纸、油毡纸
9	炭黑、煤粉
10	粮谷壳、花生壳、笋壳
11	羊毛、驼毛、马毛、猪鬃以及禽兽毛绒
12	麻黄、甘草

上表中需注意的问题如下:

①用敞、平车,砂石车装运易燃普通货物时,应用篷布苫盖严密,在调车或编入列车时,应进行隔离。但对于树皮、干树枝和带叶的竹枝,由于干湿程度、带叶多少不同,是否应苫盖篷布,由发站根据气温和运输距离在确保运输安全的原则下负责确定。

②腐朽木材喷防火涂料或采取其他防火措施后,可不占盖篷布。

③本表未列的品名,是否也属于易燃普通货物,由发站报铁路局确定。

④以易燃材料做包装、捆扎、填塞物,以竹席、芦苇、棉被等苫盖的非燃物,以及用木箱、木桶、铁桶包装的易燃普通货物,均按普通货物运输。以敞车装运时,是否应占盖篷布,

由托运人根据货物的运输安全条件情况负责确定,并在运单托运人记事栏内注明。

3. 特殊规定条件下的货物运输

危险货物运输特殊规定是《品名表》第11栏中的特殊规定,共有74条。例如,铁路危险货物运输《品名表》11栏内注有61的就是特殊规定的第61条,要求这些货物的运输按以下要求办理。经铁路局批准,可按普通货物运输。同时,要符合《危规》第三十六条的规定,本条规定的品名为:41552 棉花等,42521 活性炭,42522 碳,42523 废氧化铁,42524 椰肉,42525 种子油饼等,42526 鱼粉等,91006 石棉,91008 蓖麻籽,81507 氯铂酸,81509 硫酸氢钾等,81513 三氯化铁,82502 铝酸钠,83504 氯化锌,83506 镓。其中:

①鱼粉或鱼屑如在装载时温度超过35℃或者比周围温度高出5℃(以较高值为准),不得运输。鱼屑或鱼粉在托运时必须至少含有百万分之一百的抗氧化剂(乙氧基醌)。

②根据豆柏等的货物性质,为加强铁路货物运输安全,规定如下:

a. 规定豆柏以及菜籽饼、棉籽饼、尼日尔草籽饼、大豆饼、花生饼、玉米饼、米糠饼、椰子饼,亚麻仁饼、棕榈仁饼、酒精等货物禁止采用藏车和集装箱运输。

b. 上述货物按《危规》编号 42525 中易于自燃的物质办理。

c. 上述货物装车前必须冷却在40℃以下。

d. 上述货物包装必须是一次性的。装车前必须对车辆进行清扫,车内需保持干燥,不得残留氧化剂、锯末、炭屑等有机可燃物。

上述品名按普通货物运输的同时,要符合《危规》第三十六条的规定,符合《品名表》第11栏特殊情况规定条件的,可按普通货物运输。危险货物按普通货物条件运输时,经铁路局批准后可在非危险货物办理站发运。托运人应在货物运单"托运人记载事项"栏内注明:×××,可按普通货物运输(如"石棉,可按普通货物运输"或"活性炭可按普通货物运输")。按普通货物运输的危险货物限使用棚车装运,其包装、标志须符合危险货物的相应要求。按普通货物运输的,可不办理"托运人资质证书"。因此,必须十分注意这些特殊规定。

二、两种特殊情况

1. 装过危险货物的空容器的运输

装过危险货物的空容器,口盖必须封闭严密。装过有毒、易燃气体的空钢瓶,装过黄磷、一级毒害品(剧毒品),一级酸性腐蚀性物品的空容器必须按原装危险货物的运输条件办理。其他危险货物空容器经车站确认,已卸空、倒净,可按普通货物运输,但托运人应在运单"货物名称"栏内注明"原装×××,已经安全处理,无危险"字样。

2. 过度敏感或能自发反应引起危险的物品运输

有些危险货物由于其性质过度敏感或能自发反应而引起危险的物品,需禁止运输。如叠氮铵、无水雷汞、浓度超过72%的高氯酸、含水量低于35%的苦味酸、无机高锰酸盐中的高锰酸铵、无机亚硝酸盐类中的亚硝酸铵、铵盐和无机亚硝酸盐混合物。有些危险货物运输与外界温度有关,必须满足温度条件方可运输。如硝化甘油混合炸药,发站、到站及沿途气温低于10℃时不能承运。耐冻的硝化甘油混合炸药,发站、到站及沿途气温低于 -20℃时不予承运。有些危险货物其性质不稳定或由于聚合、分解在运输过程中能引起剧烈反应的货物,托运人应采用加入稳定剂或抑制剂等方法,才能保证运输安全。如乙烯基甲醚、乙酰乙烯酮、丙烯醛、丙烯酸等。

三、新品名和新包装的运输

1. 新品名的运输条件

随着危险化学品新产品的不断出现,"危险货物品名索引表"中未列载的品名办理运输时须进行性质鉴定,属于危险货物时,按危险货物新品名试运要求办理运输。托运人提交品名鉴定前,需填写"危险货物运输技术说明书"(简称"技术说明书"见表6-3)一式四份并提供送检样品,经批准后,发站、托运人和鉴定单位各留一份"技术说明书",新品名试运须在指定的时间和区段内进行。试运前承运人、托运人双方应签订安全运输协议。试运时,由托运人在运单"托运人记载事项"栏内注明"危险货物新品名试运,批准号×××"字样。

危险货物运输技术说明书　　　　　　　表6-3

品名		别名	
外文名称		分子式(结构式)	
成分及百分含量			
货物主要物理性质	颜色:　;状态:　;气味:　;比重:　;溶解度:　g/100mL		
	熔点:　℃;沸点:　℃;闪点:　℃[开(闭)杯];燃点:　℃		
	控温温度:　℃;应急温度:　℃;黏度:		
	其他有关物理性质		
货物主要化学性质	遇　　分解;分解产物:		
	分解温度:　℃;聚合温度:　℃;稳定剂及含量:		
	货物与酸、碱及水反应情况:		
	其他有关化学性质		
货物主要危险性质	爆炸性:爆发点　℃;爆速:　m/s;撞击(摩擦)感度:		
	压缩和液化气体特性:临界温度　℃;50℃时蒸气压:　kPa;充装气压:　kPa		
	易燃性:闪点　℃(闭杯);爆发极限:　;燃点:℃;燃烧产物:		
	自燃性:自燃点:　℃		
	遇湿易燃性:与水反应产物:　反应速度:　;放热量:		
	氧化性:　;与可燃物粉末混合后燃烧、摩擦、撞击情况:		
	毒害性:经口或皮肤接触半数致死量 LD_{50} =　mg/kg;吸入蒸气 LC_{50} =　mg/L		
	放射性:比活度:Bq/kg;总活度:Bq;半衰期　天;射线类型:		
	腐蚀性:　;与皮肤、碳钢、纤维等作用情况:		
	其他危险性:感染性　;恶臭:　;其他影响运输的性质:		
货物包装情况	内包装(材质、规格、封口);		
	衬垫(材质、方法);		
	外包装(材质、规格、封口、捆扎);		
	单位重量:　kg;总重:　kg;包装标志:　;包装类		
防护及应急措施	作业注意事项:		
	容器破损及撒漏处理方法:		
	灭火方法:　;灭火禁忌:		
	中毒急救措施:		
	存放注意事项:　;洗刷除污方法:		

续上表

鉴定单位意见	该货物属于危险货物第　类,第　项; 比照编号; 比照品名; 比照《危规》第　包装。 其他:	县以上(不包括县) 主管单位意见	（公章） 年　月　日
鉴定单位及鉴定人	鉴定单位(公章)　　鉴定人(签章) 年　月　日　　　　　年　月　日		
装车站意见			（公章）　年　月　日
上级部门意见			（公章）　年　月　日
产品生产及托运单位	产品生产单位:　　地址:　　邮政编码:　　电话: 托运单位:　　　　地址:　　邮政编码:　　电话: 托运单位(公章)　　　　联系人(签章)　年　月　日		

2.危险货物包装表

为了保证危险货物的运输、装卸、搬运、保管的安全,方便托运人托运的危险货物应按"危险货物包装表"中的规定进行包装,并符合危险货物的基本要求。"包装表"也是承运人受理、承运货物的依据。

3.改变包装

随着包装材料和方法的不断改进,危险货物新包装不断出现,当包装方式与"包装表"不一致时,托运人要求改变危险货物运输包装,应填写"改变运输包装申请表",并应首先向发站提出县级以上(不包括县)主管部门审查同意的包装方法,产品物理、化学特性及经包装检测机构出具的包装试验合格证明。发站对托运人提出的改变包装的有关文件确认后,报上级批准,并在指定的时间和区段内组织试运。危险性较大的货物,还应进行可行性研究后方可试运。

试运时,托运人应在货物运单"托运人记载事项"栏内注明"试运包装"字样,试运时间1~2年。试运结束后托运人应将试运结果报告运输主管上级部门。对试运结果报告进行研究后,提出试运报告上报相关交通运输部门进行复验,达到要求后正式批准,未经批准或超过试运期限未总结上报的,必须立即中止试运。

第六节　危险货物集装箱、自备车和罐车运输组织管理

一、危险货物集装箱运输

1.危险货物集装箱运输组织方式

(1)危险货物箱运输的一般规定

运输危险货物集装箱须采用门到门方式运输,严禁在站内掏、装箱;危险货物集装箱应

在危险货物集装箱办理地办理运输,那里应设置专用场地,并要求具有必要的设施、设备;危险货物集装箱运输必须组织一站直达;危险货运集装箱仅限装运同一品名的危险货物,不允许拼箱运输;危险货物集装箱掏箱后,收货人应负责清扫、洗刷除污,并负责撤除危险货物标志;未经清扫,洗刷除污的危险货物集装箱严禁回空使用;用危险货物箱装运危险货物,包装必须符合《危规》包装的有关要求;托运人装箱时应将货物码放稳固,并采取必要的防护措施,防止货物在运输途中发生倒塌、窜动和撒漏等问题;危险货物箱装卸车作业,货运员必须到现场进行必要的监督和指挥。

进出口及过境国际标准集装箱,采用原箱,原运输包装运输的危险货物,跨局运输至口岸站、港口站或危险货物箱办理站时,由国家级交通运输部门审核批准。进出口及过境危险货物集装箱经由国际联运的,按《国际联运危险货物运送规则》的有关规定办理。

匿式箱检修分临时检修、中修和大修,由箱主委托认定的具有检修资格的单位完成。

(2)危险货物集装箱的托运和承运

托运人应根据危险货物类别,在集装箱上拴挂相应的危险货物标志。标志拴挂具体位置:箱门把手处各一枚,5t以上箱正面吊装孔各一枚(一吨箱正面吊装环各一枚),共计4枚。危险货物标志按《危规》的有关规定拴挂,规格:100mm×100mm。标志应用塑料双面彩色印刷。标志应拴挂牢固,不得脱色、脱落。

托运人托运集装箱货物,应按批提出货物运单和运输服务订单,集装箱总重之和不得超过允许载重,自备集装箱和其他集装箱不得按一批办理。集装箱装箱由托运人负责,使用前须检查箱体状态,箱体不良时,应要求承运人更换。装箱后,由托运人施封。集装箱掏箱由收货人负责,装掏箱作业,托运人、收货人也可委托承运人担当。集装箱掏空后应清扫干净、关闭箱门、有污染的须进行洗刷。自备危险货物箱运输时,须由运输部门签发"危险货物自备集装箱安全技术审查合格证"(以下简称"危险货物箱安全合格证",格式20),该证实行一箱一证,建立"危险货物箱安全合格证"档案,每年进行一次复核。

办理进出口及过境的危险货物集装箱运输时,托运人应提供危险货物技术性能说明书,并提交完整、齐全、准确的危险品装箱清单以及货物在箱内装载情况。托运人应在集装箱到港(口岸)前一个月,持有关技术文件报国家运输部门批准。

2. 可以用于危险货物集装箱装运的货物

按普通货物运输的危险货物,可在普通集装箱办理地办理运输,但其包装和标志须符合危险货物的有关规定。危险货物箱仅办理《品名表》中规定的某些品类。

危险货物集装箱办理站可以办理的危险货物品名是:

(1)通用箱可以装运的危险货物

①二级易燃固体《危规》编号为:41501~41553。

②二级氧化剂《危规》编号为:51501~51527。

③腐蚀品。

a. 二级无机酸性腐蚀品《危规》编号为:81501~81531。

b. 二级有机酸性腐蚀品《危规》编号为:81601~81647、T81501。

c. 二级碱性腐蚀品。

《危规》编号为:82501~82521、T82501~T83503。

d. 二级其他腐蚀品。

《危规》编号为：83501～83512、T83501～T83502。

(2) 专用箱可以装运的危险货物

①通用箱可以装运的品名。

②有毒品《危规》编号为：61501～61908、T61501～T61515。

在"危险货物品名表"品名索引表中带"＊"标志的或《危险货物运输管理规则》附件一中带有特殊规定第70号的危险货物可在普通集装箱办理站办理运输。

对上述规定以外的危险货物品名使用集装箱装运时，托运人应提出申请，待有关文件确认后，报上级审批。

二、危险货物罐车运输

原油、汽油、煤油、柴油、溶剂油、石脑油、重油、润滑油可以使用罐车装运。液体危险货物（包括上述品名）使用自备罐车装运时，必须符合《危险货物品名表》中的规定。在《品名表》中未规定可以用罐车装运的，需要由托运人提出自备罐车装运危险货物的试运申请报告。待对有关资料审查并提出意见后报相关部门制定运输条件后进行试运。

1. 危险货物购置自备罐车的技术审查

为确保危险货物自备罐车适宜装运相应危险货物，申请人在购置危险货物自备罐车前，应申请技术审查，其技术审查方法按照购置危险货物自备货车规定进行。危险货物自备货车是企业为满足自身生产需要装运危险货物并经铁路车站过轨运输的货车。企业危险货物自备货车包括装运危险货物的罐车、棚车、敞车、平车、矿石车及其他特种车。危险货物自备货车必须达到交通运输部门规定的安全标准和技术条件。

申请时应提交下列材料：相关运输部门审查意见、申请人申请报告、专业技术机构出具的《运输安全综合分析报告》及《危险货物自备货车购置技术审查表》（以下简称《自备罐车审查表》，格式13）一式四份。申请报告除车辆技术条件外还应包括下列内容：资质条件、企业生产规模、产品性质、运量、流向、装卸设备、管理制度以及发生事故的应急预案等。相关部门对符合条件的予以批复，同时将《自备货车审查表》或《自备罐车审查表》留存两份备案，另两份的其中一份由运输部门留存，一份交购置单位。

此外，购置非新造危险货物自备货车以及罐车变更介质时，需比照规定办理技术审查。购置非新造危险货物自备货车的需提交车辆转让协议。企业的危险货物自备罐车应按规定统一编号。

2. 危险货物罐车运输的托运和承运

(1) 托运人办理托运时，应出具自备罐车的"危险货物车安全合格证"。

托运人使用危险货物自备罐车运输时，须出示"危险货物自备货车安全技术审查合格证"，车证相符，按规定品名装运，不得租借和混装使用。托运人申请使用自备罐车装运危险货物时，办理"危险货物车安全合格证"应出具下列技术文件：

①装运气体类危险货物罐车。

申请报告（含企业生产经营规模、运量、产品理化特性和危险性分析）；《自备罐车审查表》；压力容器使用登记证；货车定期检修合格证明；车辆验收记录；押运员的"押运员证"和"培训合格证"；其他有关资料。

②装运非气体类液体危险货物罐车

申请报告(含企业生产经营规模、运量、产品理化特性和危险性分析);《自备罐车审查表》;罐车容积检定证书;车辆验收记录;货车制造合格证明;货车定期检修合格证明;押运员的"培训合格证"(规定须押运的货物);其他有关资料。

(2)罐车限装规定的危险货物。铁路产权罐车限装品名为原油、汽油、煤油、柴油、石脑油及非危险货物的重油、润滑油。

(3)装运危险货物的企业自备罐车应适合所装的危险货物的性质。自备罐车装运危险货物,应符合《危险货物运输特殊规定》。

(4)发站承运自备液化气体罐车时,将审查以下内容:

"罐车充装记录"填写是否完整;货物运单内是否注明押运人的姓名和有关证明文件的名称和号码;其他有关规定。

对定检过期、车况不良、罐盖不严、罐体标记文字不清以及有碍安全运输的自备罐车,一律不能承运。承运液化气体罐车后,"罐车充装记录"一份由发站存查,一份随货物运单送至到站交收货人。

(5)气体类危险货物罐车运输不允许办理运输变更或重新托运,如遇特殊情况需要变更或重新托运时,需经相关部门批准。

3. 自备罐车的装卸作业

(1)自备罐车装卸地点

自备罐车装卸地点的最小防火间距应符合相关规定。危险货物自备罐车的装卸作业必须在专用点办理。第二类、第三类危险货物采用罐车的装卸地点,距运输正线、房屋建筑的防火间距不少于45m和30m,距其他线路不少于35m和20m。装卸地点应严格控制火源,所有设备应具有防火、防爆和导除静电性能。装卸罐车时散发的易燃、有毒和有害气体,不得超过国家规定允许的浓度标准。

(2)罐车的装卸

罐车充装前必须对罐车进行全面检查,发现不符合规定的情况一律禁止充装。装车前,托运人应确认罐车是否良好,罐车外表应保持清洁,标记、文字应能清晰易辨。罐体有漏裂、阀、盖、垫及仪表等附件、配备不完整或作用不良的罐车禁止使用。气体类危险货物充装前必须有专人检查罐车,按规定对罐体外表、罐体密闭性能、罐体余压等进行检查,不具备充装条件的罐车严禁充装。罐车充装完毕后,充装单位应会同押运员复检充装量,检查各密封件和封车压力状况,认真详细填记"充装记录",符合规定时,方可申请办理托运手续。

装卸罐车必须在货物装注前或卸空后及时将阀件关严,严禁混入杂质。罐车充装完毕后,充装单位应复检充装量,各密封封面进行泄漏检查,检查封车压力。检查情况必须详细填记于"罐车充装记录"内,符合规定才能办理托运。

装卸车后认真关闭阀门,盖好入孔盖,打紧螺栓。罐体外表应保持清洁,上面涂打的标记文字应能清晰易辨。承运人对罐车上盖关闭状态应进行检查,确保关闭严密。重罐车和需要施封的空罐车应在注入口和排出口施封。卸车时必须将罐车卸净,气体类危险货物罐车卸后罐体内须留有不低于0.05MPa的余压。

(3)罐车的检衡

充装第二类以外的液体危险货物时,托运人应根据液体货物的比重、罐车载重、容积以及货温、气温变化,按规定确定充装量,不得超重。对相对密度低于1的液体危险货物,罐体有效容积的膨胀余量上限为8%,下限为20%。凡充装后下限超过20%的,罐车内部应安装隔板,以保持运输的稳定性。充装液化气体时,还必须用轨道衡对空、重罐车分别检衡,确定罐内余液及实际充装量。充装量应符合《液化气体罐车安全管理规程》。严禁超装超载。

气体类危险货物在充装前须对空车进行检衡。充装后,需用轨道衡再对重车进行计量,严禁超装。充装量应按计算公式计算,但不得大于标记载重量。计算的充装量大于标记记载重量时,充装量应按标记载重重量为准。表6-4列明了常见罐车充装介质的重量充装系数。

常见介质的重量充装系数表　　　　　　　　　表6-4

充装介质种类	重量充装系数ϕ(t/m)	充装介质种类	重量充装系数ϕ(t/m)
液氨	0.52	混合液化石油气	0.42
液氯	1.20	正丁烷	0.51
液态二氧化硫	1.20	异丁烷	0.49
丙烯	0.43	丁烯、异丁烯	0.50
丙烷	0.42	丁二烯	0.55

(4)罐车的卸车

卸车时必须将罐车卸净。

(5)企业自备罐车罐体的标志

企业自备罐车罐体的标志应符合相关规定。自备罐车罐体本底色应为应灰色,罐体两侧纵向中部应涂刷一条宽300mm表示货物主要特性的水平环形色带:红色表示易燃性,绿色表示氧化性,黄色表示毒性,黑色表示腐蚀性。装运酸、碱类的罐体为金黄色,罐体两侧纵向中部应涂刷一条宽300mm黑色水平环形色带;装运煤焦油、脱晶蒽油、液体萘、二蒽油的罐体为全黑色,罐体两侧纵向中部应涂一条宽300mm红色水平环形色带。装运黄磷的罐体为银灰色,罐体中部不用涂环形色带,需在罐体两端右侧中部喷涂9.13号危险货物标志图。环带上层200mm宽涂蓝色,下层100mm涂红色或黄色分别表示易燃气体或毒性气体。环带300mm为全蓝色时表示非易燃无毒气体。

罐体两侧环形色带中部(有扶梯时在扶梯右侧)以分子、分母形式喷涂货物名称及其危险性,如:杠上"苯",杠下"易燃、有毒"字样。遇水会剧烈反应,事故处理严禁用水的危险物,还应在分母内喷涂"禁水"二字,如硫酸:杠上"硫酸",杠下"腐蚀,禁水"字样。

4.罐车事故施救及处理

罐车运输途中发生行车事故时应立即启动应急预案并上报相关部门按规定处理。危险货物罐车在运输途中发生泄漏、火灾及其他行车事故时,应立即向主管部门、地方政府、公安消防及环保、卫生防疫部门报告,并速请熟悉货物性质及罐体构造的单位前来处理和抢救。

同时设立警戒区,组织人员向逆风方向疏散,防止危险货物流入河川。易燃气体及易燃液体发生泄漏时,应迅速隔断火源。如已发生火灾应立即摘下着火罐车,并尽快转移到安全地点,用干粉扑救,同时用大量水冷却罐车,以防爆炸。对标有"禁水"标记的罐车,严禁用水施救。对有毒气体施救时应站在上风方向,防止中毒事故。发生事故的危险货物自备罐车托、收货人收到事故通报后,必须立即派人员前往事故现场或联系的单位协助派员前往施救。事故发生地附近具有施救能力的危险货物储运业务有关单位接到施救请求后应前往协助施救。

5. 危险货物罐车运输的押运

液化气体罐车运输时,托运人应派人押运(空罐车不需押运)。押运人应熟悉货物的物理、化学性质,了解罐车的构造及附件性能以及发生故障的处理方法,经主管部门考试合格并取得铁路认可的押运证后方可担任押运工作。押运人应坚守岗位,全程押运,并就沿途温度(外温)、压力变化等做好记录。派发站需认真审查托运人在货物运单内是否注明押运人的姓名、有关证明文件的名称及号码,未按规定填写或无押运人的不予承运。途中各站发现液化气体罐车无人押运或达不到押运人数要求时,应立即甩下,并用电报通知发转告托运人速派人解决。

液化气体罐车的押运人数应按表6-5所示的规定配备。

液化气体罐车押运人数表　　　　　　　　　　　　　表6-5

罐车(批、辆)	1~4	5~10	11~15	16以上
押运人(人)	2	3	4	相关部门确定

第七节　剧毒品物质运输的组织管理

剧毒品系指《危险货物品名表》中第6类一级毒性物质,编号61001~61499的危险货物。

一、剧毒品运输的托运和承运

受理剧毒品运输时,要严格审核托运人、经办人、押运人的资质条件,不符合规定的一律不得办理运输。剧毒品运输的一般规定如下:

①运输剧毒品由国家相关部门确定有关运输条件。

②剧毒品运输采用剧毒品黄色专用运单并在运单上印有骷髅图案。

③同一车辆只允许装同一危险货物编号的剧毒品。装车前,货运员认真核对毒品的到站、品名是否符合"办理规定",检查品名填写是否正确,包装方式、包装材质、规格尺寸、罐车类型、包装标志是否符合规定。

④如果是铁路运输,各铁路局要根据专用线办理剧毒品运输的情况,配备专用线货运员。装卸作业时,货运员要会同托运员确认品名,清点件数(罐车除外),监督托运人进行施封,并检查施封是否有效。在车辆上门扣用加固锁加固,并安装防盗报警装置。剧毒品装卸作业过程须进行签认,签认单格式见《铁路剧毒品发送作业签认单》《铁路剧毒品途中作业

签认单》《铁路剧毒品到达作业签认单》。

⑤剧毒品运输作业须由参加作业的货运员、货检员、货运调度员和企业运输员、押运员以及公安人员签认。装运剧毒品的罐车和罐式箱不需押运,故没有押运员签认。

⑥货检人员对剧毒品车辆应做重点检查,用数码相机两侧拍照(如车号、施封、门窗情况)并存档保管至少3个月,运输过程中发现装有剧毒品的车辆或集装箱无封,封印无效以及有异状时,必须甩车,并通知公安部门共同清点,按规定进行处理,如发现丢失被盗等情况时,应及时报告相关部门。

二、剧毒品运输车辆跟踪管理

各种运输方式的剧毒品运输都需要做好跟踪管理。承运人要根据作业情况建立剧毒品车辆登记、检查、报告和交接制度,值班人员要按技术作业过程对剧毒品车辆进行跟踪监控。剧毒品运输实行计算机跟踪管理。

1. **出发作业**

车号员要在剧毒品车辆记事栏内标记"D"。发车前认真核对现车,确保出发车辆、货运票据和装运内容一致。做好发车记录,并将信息登录到剧毒品运输信息跟踪系统。

2. **途中作业**

如果中途需要换装整理,要准确掌握剧毒品车辆信息,及时安排换装作业,并在调车作业通知单上注明标记,严格执行剧毒品车辆限速连挂和禁止溜放规定。承运人要按调车作业计划,将剧毒品车辆的作业方法、注意事项直接向司机和调车作业人员传达清楚,严格按要求进行调车作业。作业完毕,及时将剧毒品车辆有关信息向调车领导人报告。

3. **到达作业**

严格执行核对现车制度,发现车辆编号、货运票据和装运内容不一致时,应及时记录并向相关领导汇报。对剧毒品车辆要进行标记。货检人员对剧毒品车辆要重点进行检查,认真检查剧毒品车辆,集装箱施封状态,没有押运员的必须及时通知发站派人处理,同时通知公安部门采取监护措施。

三、剧毒品进出口运输

①受理、承运进出口剧毒品时,除满足一般危险货物托运要求外,如委托代理人代办,代理人须向承运人交验"代理人资格确认件"、经办人身份证和"培训合格证",以及代理授权人的"托运人资质证书"(境外委托的外商及境内收货人除外),办理出发地和目的地、办理品名、运输方式应与"办理规定一致"。

②出口剧毒品,办理站除规定要求填写联运运单外,还需填写国内剧毒品专用运单两份(专用运单仅作为添附文件,连同联运运单装入封套内,并在封套外加剧毒品专用戳记),一份派发站留存,一份随联运运单到口岸站存查。

③出口剧毒品到达口岸后,需撤出专用运单并将运载信息和口岸站作业信息输入剧毒品运输跟踪管路系统。

④进口剧毒品由口岸站填写剧毒品专用运单两份。一份口岸站留存,一份随联运运单至到站存查,并将剧毒品专用运单所载信息和作业信息输入到剧毒品运输跟踪管理系统。

⑤剧毒品专用运单由承运人保存1年。

第八节 放射性危险货物运输的组织管理

放射性物质自发地、不断地放出 α、β、γ 射线或中子流,这些射线具有不同程度的能量和强烈的穿透能力,过量的照射对人体细胞有杀伤作用,造成很大的危害。除此之外,有些放射性物质还有易燃易爆、腐蚀性和毒害等危险性。《危险货物运输管理规则》对放射性物质的运输做了特殊规定。

一、放射性物质的发送作业

1. 托运要求

《危规》第一百一十条规定:托运人托运放射性物质或放射性物质空容器时,应出具经卫生防疫部门核查签发的"运输放射性物质包装件表面污染及辐射水平检查证明书"。对辐射水平相等的、重量固定、包装件统一的放射性物质(如化学试剂、化学制品、矿石、矿砂等)再次托运时,可出具证明书复印件。托运封闭型固体块状辐射源,如果当地无核查单位时,托运人可凭原有辐射水平检查证明书托运。

《危规》规定:托运 B 型包装件、气体放射性物质、国家管制的核材料以及"危险货物品名索引表"内未列载的放射性物质时,须由托运人的主管部门与国家相关交通运输部门商定运输条件。托运 A 型包装件时,内容物为不弥散的固体放射性物质或装有放射性物质的密封小容器,放射性内容物活度不得大于 A1 值;内容物粉末状、晶粒或液体的放射性物质则不得大于 A2 值。托运"短寿命"放射性物质时,应在货物运单"托运人记载事项"栏内注明货物允许运输期限。允许运输期限须大于铁路货物运到期限 3 天。

2. 包装要求

包装件应具有足够的强度,保证内容物不泄漏和散失。内、外容器必须封严、盖紧,能有效地减弱放射性强度至允许水平并使放射性物质处于次临界状态。便于搬运、装卸和堆码,重量在 5kg 以上的包装件应有提手。袋装矿石、矿砂袋口两角应扎结抓手。30kg 以上的应有提环、挂钩。50kg 以上的包装件应清晰耐久地标明总重。应在包装件两侧分别粘贴、喷涂或拴挂放射性货物包装标志(见表 6-6)。

放射性货物包装标志　　　　表 6-6

标志名称	标志图形
一级放射性物品	一级放射性物品 Ⅰ 7

续上表

标志名称	标志图形
二级放射性物品	(二级放射性物品 II 7)
三级放射性物品	(三级放射性物品 III 7)

二、放射性运输包装件的装运

(1)包装件和运输工具外表面放射性污染和外表面的辐射水平的规定

包装件和运输工具外表面放射性污染不得超过下列限制：

$4Bq/cm^2$（β、γ 和低毒性 α 发射体）；$0.4Bq/cm^2$（对于所有其他 α 发射体）。

装运放射性物质时,运输工具和包装件外表面的辐射水平不得大于 2mSv/h,运输指数不得大于 10；在距运输工具 2m 处的任何一点辐射水平不得大于 0.1mSv/h；装车后,车内各包装件的运输指数总和不得大于 50。Ⅰ类低比活度放射性物质,运输指数总和不受限制。

(2)低比活度放射性物质和表面污染物体在运输时要符合相关规定的要求

①每一辆车中装运的Ⅰ类低比活度放射性物质和非易燃固体的Ⅱ、Ⅲ类低比放射性物质的放射性活度不受限制。

②表面污染物体以及可燃性固体和液体的Ⅱ、Ⅲ类低比活度放射性物质的放射性总活度不得超过 $100A_2$。

③无包装的Ⅰ类低比活度放射性物质和Ⅰ类表面污染物体必须使用企业自备敞车苫盖自备篷布装运,保证运输途中不撒漏、不飞扬。装卸作业地点限在规定允许的专用线(专用铁路)办理。

(3)作业人员与放射性物质最小安全距离和每天作业时间规定要求

放射性包装件装车时,运输包装等级小的包装件应摆放在运输包装等级大的包装件周围。另外,作业人员与放射性物质最小安全距离和每天装卸放射性货物的时间也要符合相关规定(见表 6-7、表 6-8)。

作业人员与放射性物质最小安全距离表　　　　　　　　　　　表6-7

安全距离(m) 运输指数(T1)	照射时间(h)[d]					
	1	2	4	10	24[1]	48[2]
0.2	0.5	0.5	0.5	0.5	1.0	1.0
0.5	0.5	0.5	0.5	1.0	1.5	1.5
1.0	0.5	0.5	1.0	1.5	2.5	2.5
2.0	0.5	1.0	1.5	2.0	4.0	4.0
4.0	0.5	1.0	2.0	3.0	5.0	5.0
8.0	1.0	2.0	2.5	4.0	7.0	7.0
10.0	1.5	2.5	3.0	5.0	8.0	8.0

装卸放射性物质允许作业时间表　　　　　　　　　　　表6-8

包装件运输等级	包装件表面辐射水平(mSv/h)	运输等级T1	徒手作业	简单工具(据包装件表面约0.5m)	半机械化操作(据包装件表面1m)	机械化操作(据包装件表面1.5m)
Ⅰ级	≤0.005	0(注(1))	6h	—(注(2))	—	—
Ⅱ级	0.01	0	4h	6h	—	—
	0.05	0	1.5h	6h	—	—
	0.1	0.1	40min	3h	—	—
	0.2	0.3	20min	2h	6h	—
	0.3	0.6	15min	1.5h	6h	—
	0.4	0.8	10min	1h	5h	—
	0.5	1.0	7min	40min	5h	—
Ⅲ级	0.6	1.0	×(注(3))	40min	5h	—
	0.8	2.0	×	25min	3.5h	6h
	1.0	3.0	×	20min	2.5h	4h
	1.2	4.0	×	15min	1.7h	3h
	1.4	5.0	×	12min	1.5h	2h
	1.8	7.0	×	10min	1h	1.5h
	2.0	10.0	×	8min	30min	1h

注:(1)于T1≤0.05(即0.0005mSv/h)的货包,其运输指数均认为0;

(2)"—"表示不必限值;

(3)"×"表示不允许。

(4)放射性包装件破损时不得继续运输

放射性物质泄漏时,要立即报告铁路和地方政府主管部门及公安、环保部门和防疫部门,除要求有关部门协助处理外,事故地点应按辐射水平0.005mSv/h为依据划出警告区并悬挂警告牌,派人看护。在装卸与搬运放射性物品时,要做好必要的防护工作,同时严格按照相关规定进行操作。

三、放射性物质可按普通货物运输包装的规定

放射性物质的包装件外表面最大辐射水平不超过0.005mSv/h,包装件外表面放射性污

染不超过表6-9中的最大限值和表6-10限值的,可按普通货物运输。

包装件放射性污染最大限值　　　　　表6-9

污染表示	β、γ和低毒性α发射体(Bq/cm)	其他α发射体(Bq/cm)
包装件外表面或包装件外层辅助包装和运输工具表面	0.4	0.04

每个包装件放射性内容物不超过表6-10中所列限值。

包装件的放射性活度限值　　　　　表6-10

内容		仪表或制成品		放射性物质包装件限值
		物品限值	包装件限值	
固态	特殊形式	$10^{-2}A_1$	A_1	$10^{-3}A_1$
	其他形式	$10^{-2}A_2$	A_2	$10^{-3}A_2$
	液态	$10^{-3}A_2$	$10^{-1}A_2$	$10^{-4}A_2$
气态	氚	$2\times10^{-2}A_2$	$2\times10^{-1}A_2$	$2\times10^{-2}A_2$
	特殊形式	$10^{-3}A_1$	$10^{-2}A_1$	$10^{-3}A_1$
	其他	$10^{-3}A_2$	$10^{-2}A_2$	$10^{-3}A_2$

第九节　危险货物进出口运输组织管理

一、国际货运代理的地位和作用

国际货运代理能够为委托人办理国家货物运输中的每一个环节的业务或全称各个环节的业务,手续简单方便;能够把小批量的货物集中成为成组货物进行运输。这对托运人来说,可以取得优惠运价而节省运杂费用。对于承运人来说,接受货物省时、省事、省费,而且有比较稳定的货源;能够根据委托人托运货物的具体情况,综合考虑运输中的安全、时耗、运价等各种因素,使用最合适的运输工具和运输方式,选择最佳的运输路线和最优的运输方案,把进出口货物安全、迅速、准确、节省、方便地运往目的地;能够掌握货物的全程运输信息,使用最现代化的通信设备随时向委托人报告货物运输途中的状况;能够就运费、包装、单证、结关、领事要求、金融等方面向进出口商提供咨询,并对国外市场和在国外市场销售的可能性提供建议。

国际货运代理不仅能够组织和协调运输,而且能够开创开发新运输方式、新运输路线以及制定新的费率。

二、进出口危险货物运输组织

办理危险货物进出口运输时,如委托代理人,代理人须向承运人交验"进出口危险货物代理人资格确认件"(以下简称"代理人资格确认件")、经办人身份证和"培训合格证"、代理授权人的"托运资质证书"(境外委托的外商及境内收货人除外)。对国家规定需要办理进出口许可的危险货物,必须出具相应的许可证明。

①申请"代理人资格确认件"必须符合下列基本条件:

a. 取得危险化学品经营的许可证。

b.3 年以上从事危险货物工作经验和完善的管理制度,有相应数量熟悉铁路危险货物基本知识的专业技术人员。

　　c.经办人员须取得"培训合格证"。"代理人资格确认件"由相关交通运输部门核发。

　　②在《国际海运危险货物规则》《国际铁路货物联运协定》《危险货物运送规则》等有关国际运输组织的规定中属危险货物,而《危规》规定按普通货物办理运输,其包装和标志应符合上述有关国际运输组织的规定。托运人可在非危险货物办理站发运,在货物运单"托运人记载事项"栏内注明"转运进(出)口"字样。

　　③《危规》规定列为危险货物,而《国际海运危险货物规则》《国际铁路货物联运协定》《危险货物运送规则》等有关国际运输组织的规定中属非危险货物时,则按国内规定办理。

　　④办理非国际联运的危险货物时,同属危险货物,但包装方法不同时,进口的货物,须托运人确认包装的完好,符合安全运输要求,并在货物运单"托运人记载事项"栏内注明"进口原包装"字样,车站请示铁路局同意后,可按原包装方法运输。出口的货物托运人应按改变包装有关规定处理。

　　⑤进口集装箱装运的危险货物(陆运口岸按国际联运有关规定办理)在运输 30 个工作日前,托运人提出申请报告,危险货物运输有关资质、"技术说明书"、集装箱类型、包装形式及装载方式等有关技术和资料以中文文书形式报国家相关部门批准。

三、国内运输与出口运输办理规定比较

国内运输与出口运输办理规定可参照对照表(见表 6-11)

国内运输与出口运输办理规定对照表　　　　　表 6-11

序号	国内铁路运输按下列"铁危编号"办理	出口运输下列"铁危编号"办理	国际编号
1	31024 丙烯醛(稳定的)	61141 丙烯醛(稳定的)	1092
2	43046 连二亚硫酸钠	42012 连二亚硫酸钠	1384
3	41057 聚苯乙烯	91004 聚苯乙烯珠粒	2211
4	31048 烯丙胺	烯丙胺	2334
5	61134 一级氨基甲酸酯农药(液态) 61889 二级氨基甲酸酯农药(液态)	31314 氨基甲酸酯农药 (液态,易燃,毒性,闪点低于23℃)	2758
6	61879 二级含砷农药(液体)	31303 液体含砷农药 (液体,易燃,毒性,闪点低于23℃)	2760
7	61128 一级有机氯农药 61877 二级有机氯农药	31304 有机氯农药 (液体,易燃,毒性,闪点低于23℃)	2762
8	61899 三嗪农药(液体,未另列明的)	31305 三嗪农药 (液体,易燃,毒性,闪点低于23℃)	2764
9	61889 二级硫化氨基甲酸酯农药(液体)	31306 硫化氨基甲酸酯农药 (液体,易燃,毒性,闪点低于23℃)	2772
10	61887 二级含铜农药(液体,未另列明的)	31315 酮基农药 (液体,易燃,毒性,闪点低于23℃)	2776
11	61130 一级含汞农药(液态) 61883 二级含汞农药(液态,未另列明的)	31307 汞基农药 (液态,易燃,毒性,闪点低于23℃)	2778

续上表

序号	国内铁路运输按下列"铁危编号"办理	出口运输下列"铁危编号"办理	国际编号
12	61893 取代硝基苯酚农药（液态）	31308 取代硝基苯酚农药（液态，易燃，毒性，闪点低于23℃）	2780
13	61897 联吡啶农药（液态）	31309 联吡啶农药（液态，易燃，毒性，闪点低于23℃）	2782
14	61126 一级有机磷农药（液态） 61875 二级有机磷农药（液态）	31310 有机磷农药（液态，易燃，毒性，闪点低于23℃）	2784
15	61132 一级有机锡农药（液态） 61885 二级有机锡农药（液态，未另列明的）	31311 有机锡农药（液态，易燃，毒性，闪点低于23℃）	2787
16	61138 一级其他农药（液态） 61905 二级其他农药（液态）	31312 农药（液态，易燃，毒性，未另标明的，闪点低于23℃）	3021
17	61895 香豆素衍生物农药（液态）	313131 香豆素衍生物农药（液态，易燃，毒性，闪点低于23℃）	3024

【复习思考题】

1. 详细说明危险货物的发送作业流程。
2. 危险货物运输托运人、承运人的资质要求、申请条件及程序。
3. 危险货物托运准备的内容有哪些？
4. 简述危险货物装车作业的注意事项。
5. 按普通货物运输的危险品有哪些？
6. 集装箱按照构造和所有人是怎样分类的？
7. 危险货物集装箱运输的一般规定是什么？
8. 危险货物集装箱的托运和承运规定是什么？
9. 危险货物集装箱办理站的条件有哪些？
10. 铁路通用箱可以装运的危险货物有哪些？
11. 危险货物托运准备的内容有哪些？
12. 专用箱可以装运的危险货物有哪些？
13. 危险货物自备罐车的技术审查流程是怎样的？
14. 危险货物罐车运输的托运和承运规定是什么？
15. 简述罐车事故施救及处理。
16. 危险货物罐车运输的押运规定是什么？
17. 剧毒品运输的一般规定。
18. 剧毒品运输车辆跟踪管理的内容。
19. 放射性运输包装件的运输条件。
20. 进出口危险货物运输组织的内容。

第七章 危险货物运输的安全防护及应急预案

【学习目标】

1. 熟悉危险货物运输安全防护的内容。
2. 掌握危险货物运输应急预案的重要性。
3. 了解主要危险货物安全防护的特点。

【导入案例】

48 吨液化气槽罐车侧翻 消防官兵奋战 2 小时排除险情

2012 年 5 月 17 日 18 时 25 分,一辆 48 吨重的液化气槽罐车行驶至河南省浚县东环城路时发生侧翻。事故发生后,浚县有关领导及消防、公安、安监、交通、卫生等部门立即赶到现场,组织开展应急救援工作,消防官兵经过近两个小时的奋战,消除了潜在的危险。

避行人,槽罐车侧翻路边

5 月 17 日,一辆 48 吨重的液化气槽罐车行驶至浚县东环城路时,为了避让行人,司机急打方向盘,导致槽罐车发生侧翻。液化石油气易燃,在空气中达到一定浓度时,遇到明火就会爆炸。幸运的是,这辆侧翻的槽罐车翻到在公路边缘的水沟坡面上,附近种植的树木对车身起到了一定的支撑作用,但沉重的车身随时都有压断树木、滚入沟内的可能。

未漏气,施救困难重重

事故发生后,浚县消防大队出动了 40 名消防官兵,两辆水罐消防车、一辆水罐泡沫消防车、一辆抢险救援车,火速赶赴现场。消防官兵远远看到一辆长达 10 多米的液化气槽罐车侧翻在路边水沟的坡面上,随后对槽罐车的罐体进行了全面检查,发现罐体完好,可燃气体探测仪也显示未检测到泄漏气体。然而槽罐车车身长 10 多米,总重量达 48 吨,车的倒灌口位于车身右侧,被罐体压在下面,无法实施倒灌处理。如果强行拖拉,不仅无法将槽罐车拖起,还可能导致严重的泄漏,继而引发爆炸。

现场应急处置指挥部一方面指挥消防车架起两个水枪,对槽罐车进行洒水冷却处理,防止发生次生事故;另一方面指挥切断警戒区内一切电源、火源。交警部门对该段道路实行交通管制,还在附近设置了观察哨,时刻监测罐体周围的气体变化情况。考虑到潜在的危险性,指挥部决定,立即疏散侧翻槽罐车周边 500 米范围内的居民,并扩大警戒区域,并采取严密的管控措施。

急疏散,专家敲定对策

18 时 50 分许,公安、消防、安监等部门的应急救援处置专家先后赶到现场。指挥部经研究决定：增加警力，加强交通管制；迅速调集大型起重车辆到场起吊；对槽罐车实施严密监控，不间断地监测罐体周围的气体变化情况；联系燃气部门调派倒灌车辆和技术人员，随时做好应急处置工作。

显神力，"巨擘"吊起槽罐车

19时20分许，三辆大型起重吊车赶到事故现场。为保证钢绳牢固可靠地绑在槽罐车支撑部位，应急处置指挥部成员认真查看了槽罐车结构，最终在罐体的前、中、后部选择3个固定点。同时，为了避免在起吊过程中产生火花，引发次生事故，消防官兵在起吊用的钢绳上涂满黄油。

对罐体固定点和起吊钢绳反复检查后，驾驶员起吊。在消防官兵用水枪不断喷淋下，3名驾驶员协同配合，槽罐车被一点点吊起，逐渐调整了停放状态。20时10分许，槽罐车被成功吊起，停放在路面。众人再次对车身进行了检查，确保万无一失。在确保罐体安全的情况下，消防官兵又更换了车头。

由于消防官兵处置得当，罐体没有任何损坏，罐内的23吨液化气得以保全。最后，槽罐车安全驶离事故现场。

摘自2012—5—22燃气网

伴随着现代工业的快速发展，危险品的生产量和运输量在不断增加，并呈逐年上升趋势。危险品运输事故所造成的人员伤亡、经济损失和环境破坏等严重后果，使危险货物运输安全问题成为一个备受关注的社会公共安全问题。因此，科学合理地确定危险品运输风险等级，有效地实施风险评价，采取多方面的安全防护措施及应急预案来保证危险货物运输安全有效地进行，对提高运输质量和保证人民生命财产安全具有重要意义。

第一节　影响危险货物运输安全的因素

从影响事故发生的可能性因素和事故可能造成的严重性后果两个角度考虑，可以采用人－物－环－管分析法，综合考虑危险货物运输过程中各个影响因素及可能的后果。危险品运输风险评价指标体系的构建是风险评估的基础。传统风险评价模型认为，风险是危险品运输事故发生概率和事故后果的乘积，其事故后果不仅包括人员伤亡、财产损失、环境损害等直接损失，还包括清理成本、交通延迟等间接损失。

综合来看，影响危险货物运输安全的因素除货物本身以外，还包括人员因素、设备因素、环境因素和管理因素。

一、产品因素

危险货物性质及数量不仅影响事故发生，同时决定了事故发生救援的难易程度。每种危险品都有不同的属性和危害性，因此必须对其性质较为了解，并对相应的危险事故的处置有一定预案。

如作为易燃液体的乙醇（别名酒精），其特性是无色而有特殊香味的透明、易挥发、易燃液体。相对密度0.789（20/4℃），沸点78.5℃，熔点－117.3℃，它能够溶解多种无机物和有机物，能跟水任意互溶，乙醇蒸气与空气混合形成爆炸性混合物。爆炸极限3.5%~18%（体积)。通常饮用的各种酒中都含乙醇,啤酒含乙醇3%~5%,葡萄酒含乙醇6%~20%,黄酒含乙醇8%~15%,白酒含乙醇50%~70%。

其包装采用150kg大铁桶包装或2500mL玻璃瓶装,外装木箱,箱内用塑料气泡垫或其他松软材料衬垫。不渗漏,达到气体密封的程度。各种包装注明容量、规格、出厂日期和易燃、防止受热、小心轻放、勿倒置等明显标志。

同时应贮存于阴凉通风,具有避免日光直射的库房,库内温度控制在30℃以下,可与其他醇类、酮类等性质相同的物品同库贮存,不得与氧化剂、酸类、强碱等不同性质物品混存。

如果发生火灾,可用抗醇泡沫、二氧化碳和砂土扑救,普通泡沫无效。

二、人员因素

危险品运输作业中,人的因素主要包括驾驶人员、装卸人员、押运人员等相关人员,他们的不安全作业行为易导致事故的发生,该因素是影响事故发生的关键。运输过程中,作业人员的安全防护意识、身体健康状况、情绪、心理状况负荷和专业技术能力4个方面直接影响其作业行为,决定了运输作业的可靠性。

驾驶员必须遵守《中华人民共和国道路交通管理条例》的有关规定;押运人员必须乘坐在指定位置上,车上严禁搭乘无关人员,不得携带与所装货物相抵触物品;根据车辆装卸情况,途中应进行检查,发现问题及时采取措施。中途临时停车应与其他车辆、高压线、人口聚集地等保持一定的安全距离,应停放在有利于安全防护的地方;同时,尚需遵守运输过程中按规定安装《道路运输危险货物车辆标志》;运输途中遇天气发生变化,应根据货物特性采取相应的防护措施;车辆发生故障时,应选择安全地点进行修理。需进入修理厂时,不准载货进入厂内;运输途中发生货物丢失或泄漏等情况时,应及时报告有关部门并进行应急处理;危险货物运输、装卸过程中,一旦发生事故,随车操作人员应立即组织抢救及负责维护现场并即使向当地有关部门如实报告。

三、设备因素

危险货物及设备的不安全状态是构成事故发生的物质基础,运输过程中的货物及设备因素主要指危险货物及运输设备、安全防护和应急处理设备。危险品包装、车辆自身性能及保养状况和安全防护设备配置影响事故发生的可能性,应急处理设备配置状况则直接关系着事故后果。

1. 道路危险货物运输车辆车型选择

①钢瓶装气体、小包装的易燃液体、易燃固体、自燃物品、无机氧化剂、毒害品、固体腐蚀品应选用栏板货车;

②爆炸物品、遇湿易燃物品、固体剧毒品、感染性物品、放射性物品、有机过氧化物应选用厢式货车;

③压缩气体和液化气体应选用压力容器专用罐车;

④易燃液体、液体剧毒品应选用化工物品专用罐车或罐式集装箱运输;

⑤液体腐蚀品货物应选用化工物品专用罐车、可移动罐体车或罐式集装箱运输;

⑥有机过氧化物、感染性物品应选用控温车型。

2. 道路危险货物运输车辆的安全设施

运输车辆应配备排气管火花熄灭器;电源总开关;导静电拖地带;消防器材:酸碱、泡沫、

1211、二氧化碳、干粉灭火器等。

3. 道路危险货物运输车辆基本要求

对于专用罐车，按其罐体壳承受工作压力大小，分为压力容器专用罐车和常压专用罐车，各有不同的要求。

压力容器专用罐车（又称液化气体罐车）：根据不同气体的物理性质，罐体可分为裸式、有保温层、绝热层等形式。罐体必须符合《压力容器安全技术监察规程》的要求，定期进行检验（每年1次），全面检验每6年1次。如果罐体发生重大事故或停用时间超过一年的，使用前必须进行全面检验。其他规定：

①压力容器专用罐车适用于运输液化石油气、液化天然气、丙烯、丙烷、液氨及低温的液氧、液氮等。

②必须有安全阀、紧急切断装置、液面计、压力表、温度计等安全装置。

③必须有消防装置。

④涂色与标志。罐体外面应按国家标准喷涂颜色色带和标示。易燃易爆罐体两侧中央部位应用红色喷写"严禁烟火"字样，字高不小于200mm。

常压专用罐车：罐体必须沿罐体水平中心线四周喷刷一条表示运输液体种类的环形油漆色带，色带宽度为150mm，7m³以下的罐体为120mm。

4. 铁路危险货物运输车辆要求

按《铁路危险货物运输管理规则》第五十条要求：

危险货物限使用棚车装运（《品名表》第11栏内有特殊规定除外）。装运时，限同一品名、同一铁危编号。

爆炸品、硝酸铵、氯酸钠、氯酸钾、黄磷和钢桶包装的一级易燃液体应选用车况良好的P64、P64A、P64AK、P64AT、P64GK、P64GT等竹底棚车或木底棚车装运，并须对门口处金属磨耗板、端、侧墙的金属部分采用非破坏性措施进行衬垫隔离处理。如使用铁底棚车时，须经铁路局批准。

毒性物质限使用毒品专用车，如毒品专用车不足时，经铁路局批准可使用铁底棚车装运（剧毒品除外）。铁路局应指定毒品专用车保管（备用）站。毒品专用车回送时，使用"特殊货车及运送用具回送清单"。

5. 对于潜在事故发生区域，需要完善相应的预防事故和控制事故设施设备

(1) 预防事故设施

检测、报警设施：压力、温度、液位、流量、组分等报警设施，可燃气体、有毒有害气体、氧气等检测和报警设施，用于安全检查和安全数据分析等检验检测设备、仪器。

设备安全防护设施：防护罩、防护屏、负荷限制器、行程限制器、制动、限速、防雷、防潮、防晒、防冻、防腐、防渗漏等设施，传动设备安全锁闭设施，电器过载保护设施，静电接地设施。

防爆设施：各种电气、仪表的防爆设施，抑制助燃物品混入（如氮封）、易燃易爆气体和粉尘形成等设施，阻隔防爆器材，防爆工器具。

作业场所防护设施：作业场所的防辐射、防静电、防噪声、通风（除尘、排毒）、防护栏（网）、防滑、防灼烫等设施。

安全警示标志:包括各种指示、警示作业安全和逃生避难及风向等警示标志。

(2)控制事故设施

泄压和止逆设施:用于泄压的阀门、爆破片、放空管等设施,用于止逆的阀门等设施,真空系统的密封设施。

紧急处理设施:紧急备用电源,紧急切断、分流、排放(火炬)、吸收、中和、冷却等设施,通入或者加入惰性气体、反应抑制剂等设施,紧急停车、仪表联锁等设施。

(3)减少与消除事故影响设施

防止火灾蔓延设施:阻火器、安全水封、回火防止器、防油(火)堤、防爆墙、防爆门等隔爆设施,防火墙、防火门、蒸汽幕、水幕等设施,防火材料涂层。

灭火设施:水喷淋、惰性气体、蒸气、泡沫释放等灭火设施,消火栓、高压水枪(炮)、消防车、消防水管网、消防站等。

紧急个体处置设施:洗眼器、喷淋器、逃生器、逃生索、应急照明等设施。

应急救援设施:堵漏、工程抢险装备和现场受伤人员医疗抢救装备。

逃生避难设施:逃生和避难的安全通道(梯)、安全避难所(带空气呼吸系统)、避难信号等。

劳动防护用品和装备:包括头部,面部,视觉、呼吸、听觉器官、四肢、躯干防火、防毒、防灼烫、防腐蚀、防噪声、防光射、防高处坠落、防砸击、防刺伤等免受作业场所物理、化学因素伤害的劳动防护用品和装备。

四、环境因素

不安全的运输环境是滋生事故发生的土壤,主要包括道路运输的交通环境、天气状况、人文和生态环境等。交通环境体现在道路线形复杂性、交通状况方面。危险路段监控、天气情况关系着作业环境的可靠性,直接影响事故的发生。人口财产密度及人文生态环境则直接关系着事故可能造成的严重后果。

装卸危险货物的车辆不得在居民聚居点、行人稠密地段、政府机关、名胜古迹、风景游览区停车。如必须在上述地区进行装卸作业或临时停车,应采取安全措施并征得当地公安部门同意。运输爆炸品、放射性物品及有毒压缩气体、液化气体,禁止通过大中城市的市区和风景游览区,如必须进入上述地区,应事先报经当地县、市公安部门批准,按照指定的路线、时间行驶。

运输途中应防止曝晒,雨淋,防高温、明火。途中遇有雷雨时,要远离树木、电线杆或高大建筑物,防止雷击。集队运输时,应指定专人负责统一指挥。车辆之间要保持安全距离。停放车辆时,应严格选择停放地点,远离高压电源、火源和高温等场所,要与其他车辆隔离,留有专人看管。

五、管理因素

管理缺陷是事故发生的间接原因,主要反映在员工的教育培训、运输车辆和设备审查、安全管理制度制定及应急预案响应能力等方面。

①运输基本条件。危险货物的到发作业应在危险货物集装箱办理站之间进行,并符合《办理规定》的要求;危货箱办理站应设置专用场地,并按货物性质和类项划分区域;场地须

具备消防、报警和避雷等必要的安全设施;配备必要的防爆机具和检测仪器。危险货物集装箱仅限装运同一品名的危险货物。

②包装和标志。危险货物箱装运的危险货物,运输包装必须符合《品名表》和危险货物包装表的规定。托运人应根据危险货物的类别,在集装箱上拴挂相应的危险货物标志:箱门把手处各1枚,箱角吊装孔各1枚,共计6枚。标志采用塑料双面彩色印刷,规格:100mm×100mm。标志应拴挂牢固,不得脱色、脱落。

③对危险货物运输实行押运管理。运输爆炸品、剧毒品、气体、硝酸铵等危险货物必须实行全程随车(货)押运。装运剧毒品罐车、罐式箱不需押运。其他危险货物需要押运时按有关规定办理。押运人必须具备押运资质。运输爆炸品、剧毒品、硝酸铵等必须取得《培训合格证》,运输气体类货物时还必须取得《液化气体铁路罐车押运员证》方能上岗押运。押运人应了解所押运货物的特性,持证上岗,出乘前携带所需通信、防护、消防、检测、维护等工具。

④建立危险货物运输应急预案。按危险化学品铁路运输事故灾难的可控性、严重程度和影响范围,应急响应级别原则上分为Ⅰ、Ⅱ、Ⅲ、Ⅳ四级。

第二节 危险货物运输的防火

火灾是危险货物储存和运输中最常见的事故,一般的爆炸都伴随着火灾的发生。从本质上讲,火是物质燃烧产生的光和热,是能量的一种;而燃烧是可燃物与氧化剂作用发生的放热反应,通常伴有火焰、发光和发烟现象。因此,物质燃烧过程的产生,必须具备3个必要条件,即可燃物、氧化剂和火源。

一、灭火的基本原理和方法

根据物质燃烧的条件,同样,为了有效地控制和扑灭火灾,只要消除火灾现场的某一条件,火灾即可得到控制。因此,所谓灭火就是移除燃烧条件使燃烧反应终止的过程。

常用的有4种方法灭火方法,即冷却法、隔离法、窒息法和化学抑制法。在实际控制灭火中,应根据可燃物的性质、燃烧特点、火灾大小、火场的具体条件以及消防技术装备的性质等实际情况,选择一种或几种灭火办法。一般来说,几种灭火法综合运用效果较好。

①冷却灭火法。冷却灭火法是最常用的灭火方法,即将灭火剂直接喷洒到燃烧的物体表面上,使得物质的温度降到燃点以下而终止燃烧。也可用灭火剂喷洒在火场附近的未燃的易燃物上起冷却作用,防止其受热辐射影响而起火。

②隔离灭火法。隔离灭火法也是常用的灭火方法之一,即将燃烧的物质与附近未燃烧的物质隔离或疏散开,使燃烧因缺少可燃物受到停止。这种灭火方法可用于扑救各种固体、液体和气体火灾。

一般有3种方法:a.将可燃、易燃、易爆物质和氧化剂等从燃烧区移至安全地点;b.对于可燃气体或液体着火,可以关闭阀门,阻止可燃气体或液体流入燃烧区域;c.用泡沫覆盖已着火的易燃液体表面,把燃烧区与液面隔开,阻止可燃蒸气进入燃烧区。

③窒息灭火法。各种可燃物的燃烧都必须在其最低氧气浓度以上进行,否则燃烧不能持续进行。因此,通过降低燃烧物周围的氧气浓度可以起到灭火的作用。通常使用的二氧

化碳、氮气、水蒸气等的灭火机理主要是采取这种方法。

④化学抑制灭火法。化学抑制灭火法是将灭火剂加入到燃烧反应中去,起到抑制反应而终止火灾,即是使燃烧反应中产生的自由基与灭火剂中的卤素原子相结合,形成稳定分子或低活性的自由基,从而切断了氢自由基与氧自由基连锁反应链,使燃烧终止。

目前常用的1211、1202、1301都属于抑制燃烧反应的灭火剂,使用这类灭火剂时,一定要将灭火剂准确地喷洒在燃烧区内,否则影响灭火效果。

二、对各类危险货物火灾时的处置措施

根据危险货物的不同类别,各类危险货物在着火时采用不同的紧急处理方法。

1. 爆炸品货物着火紧急处置方法

爆炸品着火可用水、空气泡沫(高倍数泡沫较好)、二氧化碳、干粉等灭火剂施救。最好的灭火剂是水,因为水能够渗透到炸药内部在炸药的结晶表面形成一层可塑性的柔软薄膜,将结晶包围起来使其钝感。由于炸药本身既有可燃物,又含有氧化剂,着火后不需要空气中氧的作用就可持续燃烧,而且在一定的条件下会由着火转为爆炸,因此炸药着火不可用窒息法灭火,首要的就是用大量的水进行冷却。禁止用砂土覆盖,也不可用蒸气和酸碱灭火剂灭火。如在房间内或在车厢、船舱内着火时,要迅速将门窗、厢门、舱盖打开,向里射水冷却,万万不可关闭门窗、厢门、舱盖窒息灭火。要注意利用掩体,在火场上,墙体,低洼处、树干等均可作为掩体利用。

由于有的爆炸品不仅本身有毒,而且燃烧产物也有毒。所以灭火时应注意防毒,当遇到爆炸品着火时,应戴隔绝式氧气或空气呼吸器,以防中毒。

典型的爆炸品叠氮钠的储存及防火要点见表7-1。

叠氮钠的储存及防火要点　　　　　　　　　　　　　　表7-1

品名	叠氮钠
编号	11010
化学式	NaN_3
分子量	65.02
特性	无色六角形结晶,能溶于水及氨水,微溶于乙醇,不溶于乙醚。相对密度:1.846;熔点65.02℃(分解)。性质不稳定,加热300℃时分解,遇高热、震动能引起强烈爆炸。用于制造炸药、医药、试剂
包装	装入玻璃瓶、塑料瓶或聚乙烯袋,严密封口再装入铁皮桶或塑料盒,再装入坚固木箱,箱内用塑料气泡垫或松软材料衬垫牢固,箱外用铁皮或铁丝加固,每箱净重不超过20kg,每瓶净重不超过1kg
贮存条件	贮存在专存爆炸品的库房,库内阴凉干燥、库温不超过30℃,相对湿度不超过80%,与各种起焊器材、黑火药、其他化学危险品等隔离贮存
注意事项	发生火灾用雾状水、泡沫、二氧化碳灭火,禁用砂土压置

2. 压缩气体和液化气体货物泄漏着火紧急处置方法

(1)漏气处理

发现钢瓶漏气时,首先应了解所漏出的是什么气体,并根据气体性质做好相应的人为防

护，及时设法拧紧气嘴。操作人员应佩戴防毒面具。如果钢瓶受热，应站在上风头向气瓶撒冷水，使之降低温度，然后将阀门旋紧。如果气瓶阀门失控，对氰化氢、氟化氢、二氧化碳、氯气等酸性气体最好浸入石灰水中。因为石灰水不仅可以冷却降温、降压，还可以溶解大量有毒气体，并能与碱性的石灰水起中和作用。

如果现场没有石灰水，也可将气瓶浸入清水中，使用水吸收，以避免作业环境受到污染，因为通常1个体积的水可溶解25个体积的氯气、20个体积的二氧化硫。

但是，氨气瓶漏气时，不可浸入石灰水中。因为熟石灰水是碱性物质，氨也属碱性。熟石灰水虽也有冷却作用，但不能充分溶解氨气，故最好的方法就是将氨气瓶浸入清水中。

(2) 着火处理

当漏出的气体着火时，如有可能，应将毗邻的气瓶移至安全距离以外，并设法阻止逸漏，若逸漏着火的气瓶是在地面上，而又有利于气体的安全消散时，可用正常的方法将火扑灭。否则，应向气瓶大量喷水冷却，防止瓶内压力升高，导致爆裂的发生。必须注意的是，若漏出的气体已着火，不得在能够有效停止气体逸漏之前将火扑灭，否则泄漏出的可燃气体就会聚集，与空气形成爆炸性或毒性和窒息性混合气体，此时遇火源会导致爆炸，从而带来更大的灾害。因此，在停止逸漏之前，首先应对容器进行有效的冷却，在条件成熟，能够设法有效停止逸漏时才能将火扑灭。当其他物质着火威胁气瓶的安全时，应用大量水喷洒气瓶，使其保持冷却，如有可能，应将气瓶从火场或危险区移走。

典型的压缩气体的储存及防火要点见表7-2。

氢的储存及防火要点　　　　　　　　　　　　　　　　　　　　表7-2

品名	氢
编号	21001
化学式	H_2
分子量	2.0162
特性	无色无臭气体，极微溶于水、乙醇、乙醚。无毒无腐蚀性，极易燃烧，燃烧时发生青色火焰并发生爆鸣，燃烧温度可达2000℃，氢氧混合燃烧火焰温度达2100~2500℃，与氟、氯等能引起猛烈反应。相对密度0.0899，沸点-252.8℃，熔点-259.18℃；气压在-214℃时为10个大气压；临界温度-239℃，临界压力1297kPa；自燃点400℃；爆炸极限4.1%~74.2%，最大爆炸压力740kPa，产生最大爆炸压力浓度32.3%，最小引燃能量0.019mJ
包装	应使用耐压钢瓶盛装，钢瓶外部漆深绿色，并用红漆标明"氢气"字样
贮存条件	贮存于阴凉通风，地面不易发生火花的库房内，远离火种、热源，避免日光照晒，防止雨淋、水湿、与氧气、压缩空气、氟、氯等隔离贮存，与其他化学药剂分别贮存，库温宜保持在30℃以下，相对湿度不超过80%
注意事项	火灾可用水、二氧化碳

3. 易燃液体物料着火紧急处置方法

易燃液体一旦着火，发展迅速而猛烈，有时甚至发生爆炸且不易扑救，所以平时要做好充分的灭火准备，根据不同液体的特性、易燃程度和灭火方法，配备足够、相应的消防器材，并加强对职工的消防知识教育。

灭火方法主要根据易燃液体密度的大小、能否溶于水和灭火剂来确定。

一般来说,对于原油、汽油、煤油、柴油、苯、乙醚、石油醚等比水轻且又不溶于水或微溶于水的烃基化合物的液体、液体混合物火灾,可用泡沫、干粉和卤代烷等灭火剂扑救。当火势初燃,面积不大或可燃物又不多时,也可用二氧化碳扑救。对重质油品,有蒸气源的还可选择蒸气扑救。

对于能溶于水或部分溶于水的甲醇、乙醇等醇类,乙酸乙酯、乙酸戊酯等酯类,丙酮、丁酮等酮类的易燃液体着火时,可用雾状水或抗溶性泡沫、干粉等灭火剂进行施救。

对于二硫化碳等不溶于水,且密度大于水的易燃液体着火时可用水扑救,因为水能覆盖在这些易燃液体的表面上使之与空气隔绝,但水层必须有一定的厚度。

易燃液体大多具有麻醉性和毒害性,灭火时应站在上风头和利用现场的掩体,穿戴必要的防护用具,采用正确的灭火方法和战术。扑火中如有头晕、恶心、发冷等症状,应立即离开现场,安静休息,严重者速送往医院诊治。

典型的易燃液体的储存及防火要点见表7-3。

汽油的储存及防火要点 表7-3

品名	汽油
编号	31001
特性	无色透明液体,是含 C5-C12 的烷烃、烯烃、环烷烃和芳香烃组成的混合物,极易挥发,有特殊气味不溶于水,能溶于苯、二硫化碳和无水乙醇,毒性与煤油相似,在空气中浓度达到 30～40mg/L,能引起人身中毒。沸点 40～200℃,闪点 -50℃
包装	铁桶包装,桶皮厚度不小于1.2mm。桶口严密不漏;贮存条件:阴凉通风的库房,避免日光直接照射,与氧化剂隔离存放,库温控制在30℃以下为宜
注意事项	火灾发生后可用干粉、泡沫、干粉灭火机,也可用水冷却未燃烧的包装外部,发生中毒现象立即转移至空气新鲜处。严重者送医院抢救

4. 易燃固体、自燃物品和遇湿易燃物品着火处置方法

(1) 易燃固体着火紧急处置方法

易燃固体着火,绝大多数可以用水扑救,尤其是通过摩擦可能起火或促成起火的固体以及丙类易燃固体等均可用水扑救,对就近可取的泡沫灭火器,二氧化碳、干粉等灭火器也可用来应急。

对脂族偶氮化合物、芳香族硫代酰肼化合物、亚硝基类化合物和重氮盐类化合物等自反应物质(如偶氮二异丁腈、苯磺酰肼等)着火时,不可用窒息法灭火,最好用大量的水冷却灭火,因为此类物质燃烧时,不需要外部空气中氧的参与。

镁粉、铝粉、钛粉、锆粉等金属元素的粉末类火灾,不可用水施救,也不可用二氧化碳等施救。因为这类物质着火时,可产生相当高的温度,高温可使水分子或二氧化碳分子分解出氢气、氧气和碳,而氢气、氧气和碳又极易引起爆炸或使燃烧更加猛烈。如金属镁燃烧时可产生2500℃的高温,将燃烧着的镁条放在二氧化碳气体中时,燃烧的高温就会把二氧化碳分解成氧气和碳,镁便和二氧化碳中的氧生成氧化镁和无定形的碳。所以,金属类物质着火不可用水和二氧化碳扑救。

由于三硫化四磷、五硫化二磷等硫的磷化物遇水或潮湿空气,可分解产生易燃有毒的硫

化氢气体,所以也不可用水施救,还由于赤磷、黄磷、磷化钙等金属的磷化物本身毒性很强,其燃烧产物五氧化二磷等都具有一定的毒害性,所以,应特别注意防毒。

(2) 自燃品着火紧急处置方法

对于烷基镁、烷基铝、烷基铝氢化物、烷基铝卤化物以及硼、锌、锑、锂的烷基化物和铝导线焊接药包等有遇湿易燃危险的自燃物品,不可用二氧化碳、水或含水的任何物质施救(如化学泡沫、空气泡沫、氟蛋白泡沫等)。

黄磷、651除氧催化剂等可用水施救,且最好浸于水中。潮湿的棉花、油纸、油绸、油布、赛璐珞碎屑等有积热自燃危险的物品着火时一般都可以用水扑救。

对于本身或产物有毒的自燃物品,扑火时一定注意防毒。

(3) 遇湿易燃品着火紧急处置方法

遇湿易燃品物料的通性是遇水易燃易爆,它们遇水后发生剧烈的化学反应使水分解,夺取水中的氧与之化合,放出可燃气体和热量。当可燃气体在空气中达到燃烧范围时,或接触明火,或由于反应放出的热量达到引燃温度时就会发生着火或爆炸。如金属钠、氢化钠、二硼氢等遇水反应剧烈,放出氢气多,产生热量大,能直接使氢气燃爆。因此,遇湿易燃物品着火必须采取特殊的应急措施和正确的方法才能奏效。

由遇湿易燃物品的性质可知,此类物品着火以下几种灭火剂不可使用:

①水和含水的灭火剂(如各种泡沫灭火剂)。因为水和各种泡沫灭火剂均可与遇湿易燃物品反应产生易燃气体。

②二氧化碳、卤代烷。因为遇湿易燃物品都是碱金属、碱土金属以及这些金属化合物,它们不仅遇水易燃,而且在燃烧时可产生相当高的温度,在高温下这些物质大部分可与二氧化碳、卤代烷反应。

③四氯化碳、氮气。因为四氯化碳与燃烧着的钠等金属接触,会立即生成一团碳雾。使燃烧更加猛烈;氮气能与金属锂直接化合生成氮化锂,与金属钙在5000℃时可生成氮化钙。

从目前研究成果看,扑救遇湿易燃物品火灾可选用以下几种灭火剂:

①偏硼酸三甲酯(7150)。偏硼酸三甲酯(7150)是一种可以固化的灭火剂,当把其喷洒到着火物质表面时,可在燃烧高温的烘烤下迅速固化,并把着火物质的表面包裹起来,使其与空气隔绝从而把火扑灭。但是,由于其价格较贵,使用面不太广,故市场上很少有销售。

②食盐、碱面、石墨、铁粉。由于金属钾、钠大都是由电解氯化钾、氯化钠(食盐)等盐而制得的,生产现场都有大量的食盐等原料,所以对金属钾、钠火灾在现场随即用干燥的食盐、碱面扑救此类物品火灾效果又好又经济。如果现场有石墨、铁粉等效果也很好,但应注意,金属锂着火时若用碳酸钠或食盐扑救,其燃烧的高温能使碳酸钠和氯化钠分解,放出比锂更危险的钠。所以,金属锂着火,不可用碳酸钠干粉和食盐扑救。另外,由于金属铯能与石墨反应生成铯碳化物,故也不可用石墨扑救。

③干砂、黄土、干粉、石粉。用干砂、黄土、干粉、石粉等不含水的粉状不燃物质覆盖遇湿易燃物品火灾,可以隔绝空气,使其熄灭,且价格低廉,效果也好,所以现场可以多准备一些。

注意的问题:遇湿易燃物品本身或燃烧产物大多数是有毒害性和腐蚀性的。如金属磷化物类。遇湿产生的易燃气体磷化氢气体有似大蒜的气味,是剧毒气体,当空气中含有0.01mg/L时,吸入即中毒。金属钠与水反应除放出氢气外,还生成腐蚀性很强的氢氧化钠。

所以,在扑救遇湿易燃物品火灾时,应特别注意防毒、防腐蚀,必要时应佩戴一定的防护用品,确保人身安全。

典型的易燃固体的储存及防火要点见表7-4。

红磷的储存及防火要点 表7-4

品名	红磷,别名:赤磷
编号	41001
化学式	P_4
分子量	124.08
特性	红色或紫红色粉末,无臭,无毒,416℃升华,在暗处不发磷光。能溶于无水醇和二硫化碳,不溶于水。相对密度2.2,蒸气密度4.77;熔点590℃(4.36×10^6Pa);着火点200℃;自燃点260℃。为强还原剂,化学性质很活泼,与溴、氯等强氧化剂,能立即反应引起燃烧,与强氧化剂氯酸钾混合,轻微摩擦,即会发生燃烧,燃烧将生成大量五氧化二磷的烟雾,并有强烈的刺激性和毒害性。主要用于制造火柴、火药、五氧化二磷、硫化磷、有机合成等
包装	试剂品为玻璃瓶盛装,严封后装入木箱,在包装的内侧和瓶与瓶之间有松软材料作衬垫,箱外用铁丝或铁皮加固。工业品为塑料袋,外加铁桶包装,净重不超过50kg,再装入坚固木箱,包装外均应标明产品名称、规格、重量、出厂日期、易燃固体、注意事项等,封口必须严密
贮存条件	本品为一级易燃固体,应贮存于阴凉、干燥、通风良好的库房内,库房墙壁和房顶有隔热层、门窗开关灵活,通风良好,能严密闭,库内温度保持32℃以下,相对湿度80%以下,库内照明和排风设备应使用防爆,密封式电器,与氧化剂,酸类、氯、溴等分库存放
注意事项	冒烟及初起火苗可用黄沙、干粉、石灰粉扑救,大火时可用水,但应注意水的流向,防止危及其他库房或物品,同时还必须对红磷现场的散落物进行彻底处理,防止复燃,灭火时应注意防毒。红磷本身毒性不大,具有一定刺激性,人体接触后即脱离危险区,安静休息

5.氧化剂和有机过氧化物溢漏、着火紧急处置方法

(1)溢漏处理

氧化剂在运输过程中,如有溢漏,应小心地收集起来,或使用惰性材料作为吸收剂将其吸收起来,然后在尽可能远的地方以大量的水冲洗残留物。严禁使用锯末、废棉纱等可燃材料作为吸收材料,以免发生氧化反应而着火。

对收集起来的溢漏物,切不可重新装入原包装或装入完好的包件内,以免杂质混入而引起危险。应针对其特性用安全可行的办法处理或考虑埋入地下。

(2)着火处理

氧化剂着火或被卷入火中时,会因受热放出氧而加剧火势,即使在惰性气体中,火也仍然会自行燃烧;无论将货舱、容器、仓房封死,或者用蒸汽、二氧化碳及其他惰性气体灭火都是无效的;如果用少量的水灭火,还会引起物品中过氧化物的剧烈反应。因此,应使用大量的水或用水淹浸的方法灭火,这是控制氧化剂火灾的最为有效的方法。

有机过氧化物要根据它们的危险特性,采取正确的灭火方法。当有机过氧化物着火或被卷入火中时,可能导致爆炸。所以,应迅速将这些包件从火场移开。任何曾卷入火中或暴露于高温下的有机过氧化物包件,会随时发生剧烈分解,即使火已扑灭,在包件尚未完全冷

却之前,也不应接近这些包件,应用大量水冷却。如有可能,应在专业人员的技术指导下,对这些包件进行处理,如果没有这种可能,在水上运输时,若情况紧急应考虑将其投弃水中。

由于有机过氧化物的人身伤害性主要表现为容易伤害眼睛,如过氧化二乙酸对眼睛有伤害作用,即使与眼睛短暂的接触,也会对角膜造成严重的伤害。因此,应避免眼睛接触有机过氧化物,人员应尽可能远离火场,并在有防护的位置用大量的水来灭火。

典型的氧化剂的储存及防火要点见表7-5。

过氧化氢的储存及防火要点　　　　　　　　　表7-5

品名	过氧化氢(20%~60%),别名:双氧水
编号	51001
化学式	H_2O_2
分子量	34.02
特性	含量60%~100%为爆炸品,40%~60%为一级氧化剂,市售工业品含量为27.5%及35%,医药用含量为3%,工业品以锡酸盐或焦磷酸钠为稳定剂,医药品以乙酰苯胺为稳定剂。无色透明液体,有强腐蚀性。 化学性质不稳定,在贮存及运输过程中易发生缓慢分解成为氧及水,氧化能力强,如遇金属如铁、铜、锰或离子存在,可加速分解。如与强氧化剂如高锰酸钾,则能发生猛烈氧化还原反应,与铅和铅的氧化物接触能发生剧烈反应,与丙酮、甲酸、羧酸、乙二醇能引起爆炸,接触有机物如木材、稻草等能缓慢引起燃烧
包装	工业品用高压聚乙烯桶装,每桶20kg,桶盖有气体溢出孔,每两桶套一铁框架以便运输。试剂用螺丝口玻璃瓶或塑料瓶,瓶盖应有气体溢出孔。每瓶500mL,每瓶外套有厚塑料袋,袋口扎紧,每20瓶装入一坚固木箱,箱内使用不燃性松软材料衬垫牢固,各种包装容器都应有明显的品名、重量、规格、厂名、批号、生产日期及"氧化剂""腐蚀性""小心轻放""勿倒置"等标记
贮存条件	贮藏在阴凉、通风专用库房远离火源、热源、避免日光直晒。库温不超过30℃。与各种强氧化剂、易燃液体、易燃物隔离
注意事项	火灾可用雾状水扑救,火灾熄灭后应用大量水冲洗现场。皮肤灼伤作用大量水冲洗

6.毒害品物料着火紧急处置方法

因为绝大部分有机毒害品物料都是可燃物,且燃烧时能产生大量的有毒或极毒的气体,所以,做好毒害品着火时的应急灭火措施是十分重要的。

(1)在一般情况下,如系液体毒害品物料着火,可根据液体的性质(有无水溶性和相对密度的大小)选用抗溶性泡沫或机械泡沫及化学泡沫灭火。如系固体毒害品物料着火,可用水或雾状水扑救,或用砂土、干粉、石粉等施救。

(2)无机毒害品物料中的氰、磷、砷或硒的化合物遇酸或水后能产生极毒的易燃气体氰化氢、磷化氢、砷化氢、硒化氢等,因此着火时,不一可使用酸、碱灭火剂和二氧化碳灭火剂,也不宜用水施救,可用干粉、石粉、砂土等施救。

(3)如系氰化物用大量水灭火时,要有防止灭火人员接触含有氰化物水的措施。特别是皮肤的破伤处不得接触,并要防止有毒的水流入河道,污染环境。灭火时一定要戴好各种防毒、防护用具。

以下为典型的毒害品的储存及防火要点见表 7-6。

氰化钠的储存及防火要点 表 7-6

品名	氰化钠,别名:山奈
编号	61001
化学式	NaCN
分子量	49.02
特性	无色立方晶体,在空气中易潮解,有氰化氢的微弱臭味。溶于水,水溶液发生水解呈碱性反应,微溶于醇。相对密度1.596;熔点563.7℃;沸点149.6℃;蒸气压133.3Pa(817℃)、1333.2Pa(983℃)。本品剧毒,有腐蚀性。本身不针对燃烧,遇酸即分解放出氰化物剧毒气体。露置空气中与水分和二氧化碳接触后,也能缓慢反应生产剧毒气体。与氰酸盐、硝酸盐或亚硝酸盐反应强烈,有发生爆炸的危险。接触皮肤或吸入微量粉末极易中毒,最高浓度 0.3mg/m³,大白鼠口服半数致死量 15mg/kg
包装	装入塑料袋,袋口密封,再装入不小于 0.75mm 厚铁皮的坚固铁桶中,桶盖严密封闭,每桶净重不超过 50kg。装入玻璃瓶,严封后瓶外套乙烯气泡套垫,装入坚固木箱,箱内空隙处用松软材料填塞严实。箱外用铁皮搭角或铁丝、铁皮加固,每箱净重不超过 10kg,每瓶净重不超过 1kg。各种外包装均应注明生产厂、品名、规格、等级、出厂日期、重量,有明显"剧毒品""小心轻放"标志
贮存条件	属剧毒品类,应专库贮存,且干燥通风,门窗严密,坚固有效,由专人保管,非工作人员禁止入内,严格管理,出入库后随时锁门,库温为环境温度,相对湿度 80% 以下
注意事项	本品遇火灾可用大量干砂土扑救,严禁用酸碱式泡沫灭火剂,施救人员必须戴防毒面具

7. 放射性物料着火紧急处置方法

在运输、储存、生产或销售过程中,当发生着火、爆炸或其他事故可能危及仓库、车间以及销售地点放射性物品的安全时,应迅速将放射性物品转移到远离危险源和人员的安全地点存放,并适当划出安全区迅速将火势扑灭;当放射性物品的内容器受到破坏,使放射性物质可能扩散到外面,或剂量率较大的放射性物品的外容器受到严重破坏时,必须立即通知当地公安部门和卫生、科学技术管理部门协助处理,并应在事故地点划分适当的安全区,悬挂警告牌,设置警戒等。在划定安全区的同时,对放射性物品应用适当的材料进行屏蔽。对粉末状物品,应迅速将其盖好,防止影响范围再扩大。

当放射性物品着火时,可用雾状水扑救。灭火人员应穿戴防护服(手套、靴子、连体工作服、安全帽)、自给式呼吸器。对于小火,可使用硅藻土等惰性材料吸收。对于大火,应当在尽可能远的地方用尽可能多的水带,并站在上风头向包件喷射雾状水。临近的容器要保持冷却到火灾扑灭之后。这样有助于防止辐射和屏蔽材料(如铅)的熔化,但应注意不使消防用水流失过大,以免造成大面积污染。如有可能,应及时转移可能涉入火中的容器,以防止受到威胁。为防止火灾扑灭后物质可能再着火,应以安全的方式将残余物清除。放射性物品沾染人体时,应迅速用肥皂水洗刷至少 3 次,灭火结束时要很好地淋浴冲洗,使用过程的防护用品要在防疫部门的监督下进行清洗。

以下为典型的放射性物品的储存及防火要点见表 7-7。

金属钍的储存及防火要点　　　　　　　　　　　　　　　　表 7-7

品名	金属钍,别名:钍粉
编号	71001
化学式	Th
分子量	232.04
特性	为灰色粉末或海绵状粉末,刚切开时为银白色有光泽金属,能溶于酸,不溶于碱和水。相对密度11.72;熔点1750℃;沸点约4500℃。金属钍粉末为易燃固体,遇火易引起燃烧,粉尘遇火星即可引起爆炸,又能与卤素、磷、硫作用引起燃烧
包装	装入玻璃瓶,塑料瓶严密封口,容器瓶外用黑色避光纸包裹,外套厚塑料袋密封,再装入塑料或金属制成的外容器,再装入木箱。箱外用铁丝或铁皮加固,每箱净重不超过15kg,箱外应有品名、重量、生产日期、生产厂及"放射性物品""易燃""小心轻放"等明显标志
贮存条件	贮存在干燥的库房内,远离火种及热源,与氧化剂、卤素、磷、硫及酸等分别贮存,库内相对湿度不超过80%
注意事项	火灾不宜用水,可用干粉或干砂扑救

8. 腐蚀品物料着火紧急处置方法

腐蚀品物料着火,一般可用雾状水或干砂、泡沫、干粉等扑救,不宜用高压水,以防酸液四溅,伤害扑救人员。硫酸、卤化物、强碱等遇水发热、分解或遇水产生酸性烟雾的腐蚀品,不能用水施救,可用干砂、泡沫、干粉施救。灭火人员要注意防腐蚀、防毒气,戴防毒口罩、防护眼镜或隔绝式防护面具,穿橡胶雨衣和长筒胶鞋,戴防腐手套等。灭火人员应站在上风头,发现中毒者,应立即送往医院抢救,并说明中毒物物品的品名,以便医生救治。

以下为典型的腐蚀品的储存及防火要点,见表 7-8。

发烟硝酸的储存及防火要点　　　　　　　　　　　　　　　　表 7-8

品名	发烟硝酸
编号	81001
化学式	HNO_3
分子量	63.02
特性	无色,微黄或微带棕色澄清液体,在空气中挥发出深黄或棕红色二氧化氮或四氧化氮烟状蒸汽,发烟硝酸浓度随二氧化氮含量的增加而增大。工业硝酸含量在96%~98%时为浓硝酸即发烟硝酸,试剂用发烟硝酸为90%~100%时相对密度为1.5,易溶于水及醚。沸点86℃(97%~98%),熔点-42℃。有强烈腐蚀性及氧化性,遇光能部分分解,与人体接触皮肤组织即被破坏,与有机物接触易发生氧化作用而引起燃烧,与氧化剂氯酸钠、发孔剂H、发孔剂N接触能引起剧烈燃烧,与金属镁、钠接触能引起爆炸,与乙醇、环己胺、环戊二烯、乙酸酐、硝基甲烷、硝基苯接触能引起爆炸和燃烧,与苯胺、松节油、丁硫醇、丙酮等接触能引起剧烈燃烧。主要用途:有机合成、染料、炸药、化肥人造纤维、医药、试剂、电镀等
包装	用8mm厚容积2m³的铝罐装,或250~500kg铝罐装封口严密。用耐酸陶瓷坛装,每坛35~40kg,坛口用水玻璃拌黄沙或用石膏封闭,装入坚固的半透笼木箱中,内衬细煤渣或矿渣。化学试剂用玻璃瓶装,每250mL装入一磨砂口玻璃瓶中,瓶口先用一层塑料薄膜包严,用石膏、石蜡混合封口剂严封,再烫一层清蜡,每瓶外套一大口高压聚乙烯筒,每10或20筒装入1.5~2cm厚的坚固木箱内,用碳酸钙衬垫,箱外用铁丝或铁皮捆扎牢固。各种包装必须有明显的品名、规格、净重或容量、厂名、出厂日期及"腐蚀物品""切勿倒置"等标志

续上表

贮存条件	贮存条件：宜单独存放在低温干燥通风的一级防火建筑库房。防止日光直晒，与各种酸、碱、氧化剂、可燃物、有毒物品隔离存放
注意事项	灭火可用雾状水、砂土、二氧化碳扑救，灭火时戴好防毒面具以防人身中毒，禁止使用高压水以防水溅伤人，进入口内立即用大量水漱口，服大量冷开水催吐，有条件的再服牛奶和氧化镁悬浊液洗胃。呼吸中毒立即移至新鲜空气处吸氧，皮肤受伤用大量水或小苏打水洗涤后再敷软膏，然后再送医院诊治

第三节 危险货物运输的防爆

一、危险货物运输爆炸防护技术措施

采用火车运输爆炸品时，除按铁路部门有关规定执行外还应采取下列防护措施：

①有危险品的车辆必须编组，所有解体作业、工厂铁路调车站和线路所，都应设在单独的地段，与生产区、总仓库区、靶场、销毁场等危险建筑物的距离不应小于300m。

②机车和装有危险品的车厢之间应有非危险车辆隔离，其隔离车数量如下：

危险品车厢与蒸汽机车之间不少于2辆；危险品车辆与内燃机车之间不少于1辆；装火工品的车厢与装无烟药、炸药、弹药的车厢之间不少于1辆。

③蒸汽机车进入危险品库区时，必须设有烟筒挡火星装置和挡灰箱，并停止鼓风，关闭燃烧室与挡灰箱。机车停放位置与最近的危险库房距离不小于50m。

④凡具有爆炸危险的产品，不论包装形式如何，装卸时应稳拿轻放，严禁撞击、滑跌、摔落等不安全作业。堆码要整齐、稳固，桶盖、瓶口朝上，禁止倒放。

⑤装卸危险货物时，遇有雷鸣、电闪和附近发生火灾，应立即停止作业，并将危险货物妥善处理。雨雪天气禁止装卸遇湿易燃物品。

⑥装卸危险货物，现场应备有相应的消防、应急器材。

二、爆炸品运输中的管理措施

控制爆炸品运输事故的发生，应做到以下几点：

①首先要求政府部门进一步加强危险品运输资质的管理，严格车辆管理和检查；加强铁路道口的管理，加强抢险人员关于爆炸品应急救援方面的培训，对爆炸品铁路运输的管理贯彻全过程、全方位控制的思想。

②企业应严格执行国家的爆炸品安全管理法规、条例的有关规定，健全爆炸品运输规章制度，运输爆炸品的单位、押运人员等一定要具备相关资质，充分认识到运输爆炸品的危险性，从危险化学品的装载、包装，车辆检查和押运人员的培训，对路线、天气状况的充分考虑等方面，制定针对性的安全对策，加强对装卸管理人员和押运人员的安全教育和管理，做好安全事故的预防工作。

③企业和政府有关部门还应做好危险品事故的应急救援准备工作，包括救援队伍的培训、救援组织的健全、救援设备的配置、事故应急预案的编制等，以形成完善的、全方位的危

险品铁路运输事故预防体系。

④在自然灾害、恶劣气象条件等严重影响铁路运输安全时,爆炸品货物列车不得上路行驶。

⑤运输爆炸品需要添加抑制剂或者稳定剂的,托运人交付托运时应当添加抑制剂或者稳定剂,并告知承运人。

⑥用于爆炸运输的槽罐及其他容器,必须由专业生产企业定点生产,并经检测、检验合格后,方准使用。

三、爆炸品保险箱运输的管理

爆炸品保险箱(以下简称保险箱)是运输爆炸品的一种容器。用保险箱装爆炸品时,装箱后箱内空隙要填充紧密。同一保险箱内只限装同一品名的货物,每箱总重不得超过200kg。保险箱两端应有"向上""防潮""爆炸品"标志。托运装有爆炸品的保险箱时,托运人需在货物运单的"货物名称"栏内填写货物品名、编号,在运单右上角及封套上标明危险货物类项,在运单"托运人记载事项"栏内注明保险箱的统一编号。

①保险箱编号、标志应清晰,箱体不得破损、变形。托运人应对箱内货物品名的真实性、包装及衬垫的完好性负责。

②装在同一车内或在同一仓库内作业及存放的保险箱,箱内危险货物编号必须一致。装有爆炸品的保险箱可比照普通货物配装,但不得与放射性物品同装一车。装车时,保险箱应放在底层,摆放整齐稳固,并尽量装在车门附近。装卸搬运时要稳起稳落,严禁摔碰、撞击、拖拉、翻滚。

③调动装有爆炸品保险箱的车辆时,发站应在货物运单、封套、货车装载清单、列车编组顺序表上记明"禁止溜放"字样,并插挂"禁止溜放"货车标示牌。

④装有爆炸品的保险箱,车站应及时发送、中转和交付。保险箱应存放在车站指定的仓库内妥善保管。如遇火灾应及时将保险箱或车辆送至安全地带。

⑤保险箱的设计、制造应由生产单位的主管部门(省、部级)与铁道部商定后按《爆炸品保险箱》(GB 2701—90)的标准生产。

保险箱外部应按国家标准涂打使用单位代号。各使用单位需提出爆炸品保险箱编号申请表(格式5)一式四份及生产厂出具的爆炸品保险箱合格证到所在地的铁路局编号。

⑥保险箱在使用过程中发生损坏,使用单位应及时检修处理,保持完好状态。保险箱每隔两年需由指定单位检验一次。技术状态良好、符合使用要求的由检验单位在箱体两端涂打检验年、月、单位(如94.5-5534厂检)。使用单位应持检验合格证到铁路局进行重新登记,未经登记者不得使用。

第四节 危险货物运输的防毒

一、危险货物中毒的预防

防止中毒,保证工作人员的安全和健康,是危险货物安全管理的重要一环。主要措施有以下四条:

①降低有毒物质的浓度,改进有毒物质的包装,满足运输安全的要求,这是防毒的根本方法。但是由于目前的包装条件有限,在运输过程中难免会出现毒害撒漏、气体或粉尘逸出。在运输危险货物时要注意加以防范:a.毒害品挥发、分解的条件是遇高温、遇水及潮湿空气。因此,毒害品应放置在干燥、通风的库房内,尽量避免造成挥发、分解的外因条件。b.库内应有良好的通风设备,即使有毒气体挥发出来,在通风良好的条件下,能尽快散发,以减少库内空气中有毒物质的含量。c.毒害品的覆盖物料要专用,不得与其他货物特别是食品的覆盖物料混用。d.存放或装过毒品的仓库、车辆应及时清扫、洗刷、除污,以防二次污染。e.装卸作业前应先打开库门和车门进行通风,以降低空气中有毒物质的浓度后,再进行装卸作业。

②搬运前应先检查货物包装有无破损,如纸袋是否有漏洞,瓶子、坛子外面是否有溢出、漏出药液。铁桶外面是否沾有毒害品。装卸时应轻拿、轻放,不要用手直接接触毒害品,严禁肩扛、背负、冲撞、翻滚和倒置。

③发现有毒害品撒漏时,应迅速处理。对收集起来的毒害品,应联系当地卫生部门和防疫部门妥善处理。

④个人防护。在作业和休息时,不得吸烟进食,未经防护不得接触毒害品。为了防止有毒物质、有毒气体和粉尘侵入人体,应穿防护服、戴口罩、手套、防毒面具、鞋盖等。特别是对于可能造成皮肤损害或可能由皮肤侵入人体的有毒物质,主要靠个人防护。休息时应离开作业区,在通风良好的地方休息。作业完毕后要洗澡、漱口、更换工作服。经常接触毒害品的工作人员,应定期检查身体,以便对人体中毒能早期发现。

二、危险货物中毒急救步骤

对危险货物运输发生中毒现象,一般是货物逸漏或运输工具破损造成,对此首先应判明危险货物的性质及严重程度,及时抢救中毒人员,并隔离环境,防止事态扩大。特别是抢救人员也要注意自身安全。

①安全进入毒物污染区。对于高浓度的硫化氢、一氧化碳等毒物污染区以及严重缺氧环境,必须立即通风,参加救护人员需佩戴供氧式防毒面具。其他毒物也应采取有效防护措施方可入内救护。

②迅速抢救生命。中毒者脱离染毒区后,应现场立即着手急救。心脏停止的,立即拳击心脏部位的胸壁或作胸外心脏按压,直接对心脏内注射肾上腺素或异丙肾上腺素,抬高下肢使头部低位后仰。呼吸停止赶快做人工呼吸,最好用口对口吹气法,剧毒品不适宜用口对口法时,可用史氏人工呼吸法,人工呼吸与胸外心脏按压可同时交替进行,直至恢复自主心搏和呼吸。急救操作不可动作粗暴,造成新损伤。眼部溅入毒物,应立即用清水冲洗,或将脸部浸入满盆清水中,张眼并不断摆动头部,稀释洗去毒物。

③彻底清除毒物污染,防止继续吸收。脱离污染区后,立即脱除受污染的衣物,对于皮肤、毛发甚至指甲缝中的污染,都要注意清除。对能由皮肤吸收的毒物及化学灼伤,应在现场用大量消毒水或其他备用的解毒、中和液冲洗。毒物经口侵入体内,应及时彻底洗胃或催吐,除去胃内毒物,并及时用中和、解毒药物减少毒物的吸收。

④送医院治疗。经过初步急救,速送医院继续治疗。

三、常用中毒急救方法

毒物进入人体可以通过呼吸道、皮肤及食道,常用的治疗呼吸道中毒、急性皮肤吸收中毒和误服吞咽中毒的方法如下:(应咨询专业人士)

1. 呼吸道中毒

呼吸道吸入中毒的急救治疗,应当首先保持呼吸道通畅。第一要防止声门痉挛,喉咙水肿的发生,采用2%碳酸氢钠,10%异丙肾上腺素,1%麻黄素雾化吸入,呼吸困难严重者及早作气管切开。第二要防止肺气肿的发生,应绝对卧床休息给予激素,并适当限制输液量。发生肺水肿则应吸氧并用抗泡沫剂10%硅酮或20%~30%乙醇于氧气湿化瓶吸入,及早用氢化可的松100~200mg于10%葡萄糖100~200mL静脉滴注,以减少血管通透性。神智躁动不安,可用异丙嗪25mg肌注。第三要防止脑水肿的发生,对作用于神经系统的毒物。出现脑水肿,要限制液体输入量,防低颅压,采用20%的甘露醇或25%山梨醇250mL,静脉注射或快滴,并用谷氨酸钠等以保护脑细胞。第四对引起血红蛋白变性的毒物,则应根据病因进行治疗,如苯的硝基化合物应及时注射亚甲蓝或硫代硫酸钠;对氰化物迅速吸亚硝酸戊酯,或3%亚硝酸钠10mL注射,再注射硫代硫酸钠;对一氧化碳可用高压氧或吸氧。第五要防止溶血而引起的肾功能衰竭,如对砷化氢采取早期吸氧解毒及利尿,如尿毒症可覆膜透析或人工肾透析。除了这五项主要症候外,可按病因给予特效解毒药及一般临床对症治疗。

如在2013年10月某日下午,某化工公司发生一起中毒事故,在有限空间维修作业时,因有毒物料未清洗、有毒气体未置换、防毒面具失效、盲目施救,造成1人死亡,2人受伤。

事故发生的直接原因是部分员工违反受限空间作业安全规范,自身安全意识淡薄,不听他人劝阻佩戴已使用的防毒面具,冒险进入危险场所;而另外的员工违反受限空间作业安全规范,冒险进入危险场所盲目施救;同时,维修前未对中和反应釜进行清洗或置换,未对釜内气体进行采样分析。间接原因是公司未制定反应釜维修方案、落实事故防范、应急救援措施等。

2. 急性皮肤吸收中毒

经皮肤吸收毒物,或腐蚀造成皮肤灼伤的毒物,应立即脱去受污染的衣服,用大量清水冲洗。也可用微温水,禁用热水。冲洗时间不少于15min,冲洗越早越彻底越好。然后用肥皂水洗净,敷以中和毒物的液体或保护性软膏。皮肤吸收中毒的过程,往往有一段时,要注意观察清洗是否彻底。苯胺清洗不彻底,一定时间后出现发绀,即口唇和指甲明显青紫,需吸氧并注射亚甲蓝缓解复原。不能认为已经过清洗便不再有中毒发生。黄磷清洗后还要在暗室内检查有无磷光。灼伤皮肤要按化学灼伤处理。

3. 误服吞咽中毒

误服吞咽除应及时反复漱口、除去口腔毒物外,还应当采取以下措施:

(1)催吐

催吐在服毒后4小时内有效,简单的办法是用手指、棉棒或金属匙柄刺激咽部舌根。空腹服毒者可先口服一大杯冷水或豆浆后催吐。呕吐时头部低位,对昏迷、痉挛发作及吞强酸、强碱等腐蚀品,汽油、煤油等有机溶剂时禁用或慎用。

(2)洗胃

洗胃是治疗常规,有催吐禁忌症者慎用。用清水、生理盐水或其他能中和毒物的液体洗胃。敌百虫及强酸不要用碳酸氢钠液,内吸磷、1605不要用高锰酸钾。洗胃液每次不超过500mL,以免毒物冲入小肠,反复洗,直到洗出液无毒物为止。洗胃后注入能中和或吸收毒物的药物,如活性炭等,并通过鼻留置胃管一定时间,以便吸出由胃排泄的毒物。

(3)清泻

口服或胃管送入大剂量的泻药,如硫酸镁、硫酸钠等,对脂溶性毒物,忌用油类导泻剂,口服腐蚀性毒物者禁用。

另外,可根据现场情况应用解毒、防毒及其他排毒药物。

第五节 危险货物运输的防辐射、防腐蚀及生化污染

对于危险货物运输的防辐射、防腐蚀及防生化污染,需要一定的专业知识,应该适当的咨询专业人员,并对相应的危险货物建立标准操作规程,进行演练。在此主要对辐射的防护进行介绍。

工作人员所受的照射,随工作的条件不同而不同,有时仅有外照射或仅有内照射,也可能会两者同时并存。针对内、外照射的不同特点而采取不同的防护措施,其目的在于防止有害的确定性效应,并限制随机性效应的发生率,使之达到被认为可以接受的水平。

一、外照射防护

外照射是指来自体外的电离辐射对人体的照射。外照射防护的主要目的在于既保证完满达到电离辐射源的应用目的,又使得人员受到的辐射照射保持在可以合理做到的最低水平。有时外照射防护也为了保护那些对电离辐射敏感的材料和设备免受电离辐射的损坏。

随着核技术的发展,核技术和放射性越来越广泛地应用于工业、农业、医疗、卫生、科研等各领域。由于从业人员多,出现人体放射损伤的概率较高,损伤程度可能较严重;有些外照射场合,如大型γ辐射加工及加速器应用场所,剂量率非常高,如人员受到误照,损伤会非常严重,甚至照射几分钟即可置人于死地。若发生事故,对政治、经济及影响均比较大。

对大多数接触放射线的人员,其所受外照射是主要的。外照射防护的基本方法有以下3种:

1. 距离防护

在可能的情况下,尽量增加人体与放射源之间的距离以降低人体接受剂量。实验证明,对较高能量的 α/γ 射线点源(点源一般是指源本身的线度小于源到参考人点之间距离的 1/5,即如源的线度为1cm,则5cm以上即可将此源视为点源),离点源距离 d 处的照射量率反比于 d 的平方,即距离增大1倍,照射量率降低到原来的1/4。增大与放射源的距离,方法很多,如采用具有不同功用的长柄器械或机械手进行远距离操作。但是实际工作中不允许任意加大操作人员与放射源的距离,只有同时考虑减少操作时间的影响。

2. 时间防护

操作或接触放射源和放射线时间越长,接受剂量越大,所以应尽量减少接触放射线的时间以减少人体接受剂量。为缩短受照时间,在进行有关操作之前,应做好充分准备,操作时务求熟练、迅速。某些场合下,例如抢修设备和排除事故,工作人员不得不在强辐射场内进行工作,且可能持续一段时间,此时应采用轮流、替换办法,限制每个人的操作时间,将每人

所受的剂量控制在拟定的限值以下。当然，这样安排并不能减少集体剂量，因此，整个工作过程要事先做好周密的计划，使得与完成该项工作相关的集体剂量当量保持在最低水平。

3. 屏蔽防护

在实际工作中，由于条件所限，往往单靠缩短接触时间和增大距离并不能达到安全操作的目的。例如，如果室内安装有一大型60Co辐照源，离工作人员的最大距离也只有几米。在工作人员处的剂量当量可能达1Sv/s以上，这时即使在那里停留1s也是很危险的。因此上述两种方法都不适用，而必须采用屏蔽防护。屏蔽防护就是根据辐射通过物质时被减弱的原理，在人与辐射源之间加一层足够厚的屏蔽物（减弱材料），把外照射剂量减少到控制标准以下，以保护人体安全。屏蔽所用材料根据射线不同的性质、类型、输出量大小等决定，其厚度根据控制水平来确定。

外照射防护中，须根据实际情况，合理应用上述基本措施。在解决具体的防护问题时，这些措施常常是结合使用的。外照射防护，除了上述基本措施外，还应做好工作人员的防护培训，进行工作环境和个人剂量的监测，及时屏蔽或移走暂时无用或多余的放射性物质等。

此外，任何电离辐射与空气相互作用，会产生某些有害的气体，例如臭氧、氮氧化物。同时，受到高能带电粒子束、中子束或高能光子束照射的物质（包括空气和灰尘）还可能被诱发感生放射性。因此，在应用外部电离辐射源的时候，除了注意外照射的辐射防护，还须采取相应的其他措施（如通风），用以防止内照射、有害气体及其他有害因素对人体的损害。

二、内照射防护

当放射性核素经由食入、吸入、皮肤黏膜或伤口进入人体内时，可引起内照射的危害。内照射不同于外照射的显著特点是，即使停止接触放射性物质以后，已经进入人体内的放射性核素仍将产生照射，而同一数量的放射性物质进入体内后引起的危害大于其在体外作为外照射源时所造成的危害。因此，内照射防护的基本原则是采取各种措施，尽可能地隔断放射性物质进入体内的各种途径、减少放射性核素进入人体的一切机会，在"可以合理做到"的限度内，使摄入量减少到尽可能低的水平。

进行内照射防护可以采取以下基本措施：

①对放射源围封隔离。在开放源的周围设立一系列的屏障，以限制可能被污染的体积和表面，防止由于人员或物体的移动而将污染带到临近房间。工作场所要合理布局、三区分明、避免交叉污染。

②工作场所净化通风。严格安全操作规定，防止或减少污染的发生，对受到污染的表面及时去污，对污染空气进行净化，并合理组织通风。

③放射性货物密闭包容。把可能成为污染源的放射性物质存放在密闭的容器中或在密闭的手套箱中进行操作，使之与工作场所的空气隔绝。人员作业时，应穿戴适当的防护衣具，限制暴露于污染环境中的时间。

第六节 危险货物运输事故应急救援预案

为了最大限度地减少危险货物运输事故造成的人员伤亡、财产损失和对事故现场周边环境及社会造成的负面影响，及时有效处置危险货物运输事故，迅速控制危险源，维护正常的交通运输秩序,需要制定事故救援预案。

当发生危险化学品事故中涉及重大列车行车事故时,应同时启动《国家处置铁路行车事故应急预案》;当发生危险化学品事故中涉及重大火灾事故时,应同时启动《铁路火灾事故应急预案》;当发生危险化学品事故,涉及恐怖袭击、重大破坏案件以及其他自然灾害、事故灾害时,应同时启动相关预案。

一、危险货物运输事故救援原则

应急预案制订的主要依据为《中华人民共和国安全生产法》《中华人民共和国消防法》《中华人民共和国环境保护法》《中华人民共和国水污染防治法》《中华人民共和国大气污染防治法》《中华人民共和国放射性污染防治法》《危险化学品安全管理条例》《使用有毒物品作业场所劳动保护条例》《特种设备安全监察条例》,以及相应的道路、水路、铁路、航空及管道危险货物运输等相关法律法规。交通运输部于2014年7月9日发布了《危险货物道路运输企业运输事故应急预案编制要求》(JTT 911—2014),用以指导道路危险货物运输应急预案的编制。

事故救援预案及救援实施的原则主要有以下几点:

①以人为本,减少损失。在处置危险货物运输事故时,坚持以人为本,把保护人民群众生命、财产安全放在首位,把事故损失降到最低限度。

②统一领导,分级负责。在政府或政府交通主管部门的统一领导下,应急小组按照处置危险货物运输事故中的职责分工和权限,分级负责,协调有序地开展救援、事故处理和善后工作。

③快速反应,处置得当。建立应对危险货物运输事故的快速反应机制,快速反应,快速得当处置。

④依法行政,合法处置。在实施危险货物运输事故应急救援中,必须严格执行相关法律法规和规章,按照法定权限和程序办事,启动干预措施,严格遵守有关规定。

⑤局部利益服从全局利益。根据事故情况,应请求所在地人民政府、公安、消防、环保、卫生、武警等部门,在伤员救治、救灾物资保障、治安秩序维护、抢险恢复等方面给予支持,最大限度地减少人员伤亡、财产损失。在征集、调用相关设备、车辆时,各相关地区和单位应服从统一指挥,保障救援供给。

二、危险货物运输事故处置过程

在发生危险货物运输事故后,应按照救援预案及时进行处置。具体包括如下步骤:

(1)现场指挥

在应急领导小组领导下,按危险货物火灾、货场火灾、隧道火灾、桥梁火灾、液化气体泄漏、危险化学品中毒及泄漏、污染事故等具体情况、等级和实际需要组成应急办公室,集结人员、专用设备、器械、防护用品、物资、药品,落实处置措施。

(2)事故处置

对事故现场伤员立即采取紧急抢救措施并迅速送往医院救治。在实施应急预案时,应急救援人员必须经过安全防护训练并按要求执行装备、设施操作规程。参加应急救援和现场指挥、事故调查处理人员,必须佩带具有明显标志并符合防护要求的安全帽、防护服、防护靴等防护用具。在事发地县级以上人民政府的统一领导下,制定事故灾害现场的群众疏散撤离方式、组织程序。必要时,确定群众疏散撤离的范围、路线、紧急避难场所等。对沿线群众进行安全防护、疏散时,在现场指挥组未到达现场之前,在事发地县级以上人民政府的统一领导下,由应急领导小组指定的负责人负责指挥。

(3) 警戒保卫

事故现场由警戒保卫组负责安全保卫、治安管理、交通疏导、组织疏散撤离或采取其他措施,保护危险区域内的人员安全。根据事故现场情况、设置警戒区,严格控制进出入人员及车辆,维护社会治安秩序,对肇事者及有关事故嫌疑人员及时采取监控措施,防止逃逸。医疗救护发生事故时,除现场人员于第一时间展开自救外,应立即向当地政府、附近医疗机构和120救助中心求助,最大限度减少人员伤亡。

(4) 环境监测

环境监测组负责组织协调事故现场环境监测。组织协调监测部门进行监测,为事故处理采取措施提供监测数据,以利于有效控制污染,防止事故危害进一步扩大。事故发生后,立即向当地环保部门报告,环保部门视情况,派出应急监测队伍或提供技术支持。

(5) 事故调查

依据《危险化学品安全管理条例》《铁路安全管理条例》(国务院2013年第639号)和国务院有关规定执行。特别重大事故调查按国家有关规定执行。

(6) 新闻发布

事故发生后,按照国家有关突发事件新闻发布原则、内容和规范性格式确定发布时机及方式,向媒体和社会通报。必要时,请新闻办协调。

(7) 应急结束

危险货物运输事故处理完毕,在消除现场安全隐患、采取防范措施后,应视为应急结束。遵循"谁启动,谁结束"的原则,由相应的组织负责宣布应急结束。

三、危险货物运输事故处置的保障措施

为及时、按计划应对危险货物运输事故,需要得到人力、资金、物资等各方面的协助和保障。具体包括:

(1) 通信与信息保障

应逐步建立完善危险化学品运输事故救援综合信息管理系统和综合信息库,设置事故现场指挥电话和图像传输设备,确保应急救援过程中的语音、数据、图像等信息的传送,为抢险救援提供决策支持。

(2) 救援装备和应急队伍保障

根据危险货物运输事故救援体系建设规划,协调、检查、促进应急救援基地建设,强化完善救援队伍建设,保证应急状态的调用。各相关运输企业要进一步优化、强化救援抢险队伍网络,合理配置救援器材和安全防护器材,制定各类救援技术方案,并积极开展技能培训和演练,提高快速反应和救援能力。

(3) 交通运输保障

启动应急预案期间,事故发生地人民政府和相关运输企业要按管理权限调动管辖范围内的交通工具,任何单位和个人不得拒绝。根据现场需要,由地方人民政府协调地方公安交

通管理部门实行必要的交通管制,保障应急处置期间的交通运输。

(4) 医疗卫生保障

运输系统和地方卫生行政部门应制定相应的应急预案,明确医疗救治资源分布,卫生防疫能力与专长,制定应急处置行动方案,确保应急处置及时有效。

(5) 治安保障

危险化学品事故应急处置时,要明确规定事故现场的治安保障负责人,安排足够的人员做好应急期间各阶段、各场所的治安保障工作。

(6) 物资保障

各相关运输企业要按规定备足危险化学品事故应急抢险器材、设施、事故调查的交通工具、移动通信、移动数据传输及录音、摄影、摄像和便携式文字编辑、打印等设备。

(7) 资金保障

各相关运输企业财会部门要采取措施,确保应急处置资金需求并具体按《财政应急保障预案》规定实施。

(8) 技术储备与保障

充分利用国际、国内先进成熟的科学技术,积极研究开发建立科学的应急指挥决策支持系统,积极运用地理信息系统(GIS)、全球定位系统(GPS)、卫星遥感系统(RS)等先进技术,不断开发和更新事故应急处理指挥辅助决策系统。

四、危险货物运输应急体系的演练

目前,许多危险货物运输应急预案无论在行业行政管理部门,还是在运输企业,都仅停留在书面化、理论化的层次,缺乏必要的重视,加之行政主管部门、各运输企业受到资金、技术等方面的限制,单一行业或企业无法组织演练,因此针对危险货物运输事故演习演练,基本上很少进行过。缺乏实战演练和处理事故的经验,使得危险品运输事故一旦发生,各方面都无法有效合理的提出处理方案并付诸实施,应急预案的可操作性也无法得到真正的检验。对此,无论是交通行政管理部门还是相关运输企业,都应该认识到应急演练的重要性,根据各自分工和角色的不同,完善相应的应急预案制度,同时通过实施企业安全评估和行业内年度定期考核,使危险货物运输应急预案成为危险货物运输管理和工作的一个重要组成部分。

另一方面,针对危险货物运输演练资金、人力资源需求大,设施设备要求高、演练难以控制的特点,行政管理部门应借鉴军事上"兵棋推演"的经验,多以"桌面演练"为主、"实战综合演练"为辅,利用地图、沙盘、流程图、计算机模拟、视频会议等辅助手段,针对事先假定的演练情景,讨论和推演应急决策及现场处置的过程,从而促进相关人员掌握应急预案中所规定的职责和程序,提高指挥决策和协同配合能力。适时地开展应急演练活动,对在实际工作和演习中预案存在的问题,及时予以补充、修改和完善,确保应急预案在危险货物运输突发事件中,能最大限度发挥其应有的功能。

【复习思考题】

1. 影响危险货物运输安全的主要影响因素有哪些?
2. 燃烧的基本条件有哪些?灭火的基本措施有哪些?
3. 针对危险货物运输中的火灾事故,按照危险货物的不同分为哪几类?各有什么处理方法?

4. 爆炸品保险箱运输的管理的注意事项有哪些?

5. 有毒货物进入人体有哪几种途径?各有什么基本的处理方法?

6. 罐车装运有哪些注意事项?

7. 放射性物质的外照射防护和内照射防护有什么具体要求?

8. 如何保障危险货物运输事故救援预案的顺利实施?

【案例介绍——某企业的应急预案】

危险货物运输事故处理应急预案

第一章 总则

第一条 为迅速、有效地控制突发性危险货物事故的发生,抢救受害人员,指导群众防护和组织撤离,努力消除危害后果,最大限度地减少事故造成的损失。根据《中华人民共和国安全生产法》等相关法律法规,结合实际,特制定本预案。

第二条 在区域范围内从事生产、经营、装卸、储存、运输、使用、包装危险货物以及对危险货物集装箱进行拆装和作业过程中可能发生泄漏、火灾、爆炸、出现毒害等重大人身伤亡或重大经济损失事故的应急救援,适用本预案。本预案所称"危险货物",是指列入国家标准《危险货物品名表》(GB 12268),具有易燃、毒害、腐蚀等特性,在运输、装卸和储存等过程中,容易造成人身伤亡和财产毁损而需要特别防护的货物。

第三条 本预案为处理范围内各类重大危险货物事故应急救援工作的基本程序和组织原则。

第四条 危险货物事故应急救援工作的主要任务。

1. 控制抢修危险源,分析、查明事故原因。

2. 组织消防灭火、消除泄漏、抢救受害人员。

3. 指导群众防护和撤离危险区,维护救援现场秩序。

4. 抢救、转移危险货物及物资设备。

5. 消除危害后果,恢复正常秩序。

6. 协调救援的指挥通信、交通运输、设备器材、物资气象等相关工作。

7. 查明人员伤亡情况,估算危险程度。

8. 调查事故原因和追究事故责任。

第五条 危险货物事故应急救援工作的基本原则。

1. 集中领导、统一指挥。

2. 各尽其责、协同作战。

3. 充分准备、快速反应。

4. 科学分析、措施果断。

5. 单位自救与社会救援相结合。

第六条 制定适合本单位有效的危险货物事故应急预案和建立严格的应急处理责任制,切实履行各自职责,保证危险货物事故应急救援工作的正常进行。

第二章　应急救援的组织机构与职责

第七条　重特大事故发生后,按照统一指挥,逐级负责的原则,设立组织机构。设重大危险货物事故应急领导小组,全面指挥、协调此项工作。

第八条　领导小组主要职责:

1. 负责制订修改危险货物事故应急预案,建立应急救援网络体系。
2. 迅速了解事故的相关情况,及时做好对上级汇报工作并做出判断,做出决策。
3. 组织落实和部署现场各项应急救援工作。

第九条　领导小组办公室主要职责为:

1. 迅速了解、收集和汇总事故险情,及时向领导小组汇报。
2. 传达、贯彻、落实上级对事故处理、人员疏散和施救工作的指示。
3. 联系具有事故源处理经验的背景知识的专家,获取专家意见。
4. 协调救助疏运物资、资金的筹集、安排、调运。

(一)抢险处理组

组长:

成员:

主要职责:

(1)负责对事故的处置,协助上级事故调查组开展调查工作。

(2)协助其他应急救援小组抢救受伤人员。

(3)配合做好急救物资的运输和发放工作。

(4)完成现场指挥部交办的其他任务。

(二)医疗救护组

组长:

组员:

主要职责:

(1)负责联络协调医疗单位全力做好各类人员抢险工作,并运送急需药品至事故现场,负责抢救、转运和医治受伤、中毒人员,及时联系120救护车。

(2)配备足够的常用急需药品和救护器材,确保使用时能及时提供。

(3)配合对事故现场进行检查、监测和清理消毒,预防控制二次事故的发生,保证事故损失控制在最小的范围内。

(4)协助向事故伤亡人员及其家属提供精神和心理卫生方面的帮助。

(5)完成现场指挥部交办的其他任务。

(三)后勤保障组

组长:

副组长:

主要职责:

(1)负责现场指挥人员和抢救人员的现场食宿安排。

(2)集中力量,保证抢险救护物资及生产生活急需物资的供应和落实。

(3)协助其他应急救援小组处理伤亡的救护工作。

(4)负责沟通联络现场各部门之间,现场与外界之间的联系。

(5)统筹安排,保证现场指挥与上级及各级现场救援小组的及时联络,确保救援工作的不间断。

(6)完成现场指挥部交办的其他任务。

(四)治安保卫组

组长:

成员:

主要职责:

(1)在事故第一时间赶赴现场,配合开展工作。

(2)负责联系事故现场的治安保卫及交通管制工作。

(3)负责设置警戒区域并进行现场警戒,保护事故现场。

(4)负责或协助维护现场秩序,疏通道路、组织危险区内人员的撤离。

(5)劝说围观群众离开事故现场,努力减少事故现场的无关人。

(6)完成现场指挥部交办的其他任务。

第三章 应急救援准备工作

第十条 区域内从事生产、经营、装卸、储存、运输、使用、包装危险货物等作业单位的危险货物应急救援工作,由该单位的应急救援组织机构或指定部门(生产经营规模小,可以不建立应急救援组织的,应当指定兼职的应急救援人员)负责:

1. 制定本单位的危险货物应急救援预案。

2. 采取以自救为主,以属地属系统属行业为辅。

3. 组织演练本单位的危险货物应急救援队伍,配备主要的防护、救援器材和设备,指定专人管理,并定期进行检查和维护保养,确保完好。

4. 对职工进行危险货物事故应急救援知识的教育培训,配合有关部门进行事故应急救援知识的宣传。

5. 结合本单位生产作业实际,及时对事故应急救援预案进行修改完善。

第四章 事故报告程序与现场保护

第十一条 事故发生后,事故单位应立即做到。

1. 迅速采取有效措施,积极组织抢救,防止事故蔓延扩大。

2. 立即按本单位应急预案要求,各部门迅速拨打110、119、120报警,同时如实向当地政府、铁路行政管理部门和安全生产监督管理局等有安全生产监管职责的部门报告事故情况。

3. 事故报告应包括以下内容

(1)发生事故单位、时间、地点。

(2)事故简要经过,伤亡情况。

(3)事故原因和性质的初步判断。

(4)事故抢救处理的情况和采取的措施。

(5)事故的报告单位、报告人和报告时间。

第十二条 严格保护事故的现场

事故发生单位应努力保护好事故现场,如果因抢救人员、防止事故扩大、恢复生产以及疏通交通等原因,需要移动现场物件的,有关职能部门应当作好标志,采取拍照、摄像、绘图等方法详细记录事故现场原貌,并妥善保存现场主要痕迹、物证等。

第五章　应急预案的启动与实施

第十三条　危险货物事故发生后,事故发生单位主要负责人或现场人员应当积极采取有效的自救措施,进行全方位的抢险救援和应急处理。

第十四条　事故发生单位确定危险货物事故未能有效控制,应当向当地行政管理部门提出启动危险货物事故应急预案的建议。启动危险货物事故应急预案由总指挥批准后实施。

第十五条　预案启动后,各部门各单位应根据预案规定的职责要求,服从总指挥部的统一指挥,立即到达规定岗位,采取有效的控制措施。

第十六条　各项救援均以单位自救为基础,当地政府、系统主管、行业管理等各方救助联合进行应急救援。

第十七条　在应急抢险救援过程中需要紧急调用物资、设备、人员和占用场地,任何单位和个人不得阻拦和拒绝。

第六章　附则

第十八条　参加危险货物事故应急救援工作的人员,应当按照预案的规定,采取安全防护措施,并在专业人员的指导下进行。

第十九条　本预案自公布之日起实施。

第二十条　危险货物运输事故处理应急预案通信录。

第八章 危险货物运输法规

【学习目标】
1. 了解国内外危险货物运输的适用法律法规。
2. 理解确认物品危险性质的法律规定。
3. 熟悉危险货物运输包装的法律规定。
4. 了解危险货物运输相关当事人的法律责任。
5. 掌握危险货物押运管理规定。
6. 掌握危险货物限制运输、限量运输和限量包装的规定。

【导入案例】

关于危险货物运输合同的法律案例

原告强英公司是专业经营电石和其他化学危险品的公司,被告李某系个体货运车主,其车(汽车消费贷款购置)上户在被告三友公司名下。李某及三友公司均无承运危险物品的资质,且三友公司并没有开展货运业务。2004年5月5日,强英公司负责人打电话与李某联系,约定由李某拉运电石一车,运价按每吨500元计算。5月9日,强英公司经工商行向李某异地汇款8千元作为预付运费,同日李某装载了包装为编织袋散包装的电石24.27吨拉往南通(另有一车亦受雇原告运载电石同行)。

路上遭逢阴雨天气,李某对承运电石采取了苫布遮盖等措施。5月12日凌晨,李某发现有气体从车厢冒出,即上车检查。检查过程中,电石突然爆炸并起火自燃,将李某掀下车,致脚骨骨折。李某打电话报警,消防队到达后,因交通堵塞,灭火用的砂石等无法运达,无法扑灭火情。

在此过程中,同行的另一承运车辆所运电石也突然起火燃烧。根据现场状况,有关部门将两车拉载的电石倾倒在高速公路服务区水坑内,并控制局势,使其稳定燃烧,致电石全部毁损灭失。事后,李某被处以行政拘留十日的处罚,并因吊车、医疗、维修汽车等支出1.6万余元。所收运费8千元因拉运途中油耗、过路费等消耗殆尽。原、被告双方口头定约及承运时均通过电话联系,未见过面。强英公司未对李某及三友公司有无承运危险物品的资质进行审核,也未将承运电石妥善包装,做出危险品标志和标签,向被告提交有关电石性质和防范措施的书面材料。现原告起诉要求被告赔偿全部电石损失及返还已付运费。

为加强危险货物运输管理,确保危险货物运输安全,危险货物运输安全管理应坚持"安全第一、以人为本、依法行政、预防为主"的方针。运输企业应遵循安全运输法律、行政法规、安全部门规章、职业健康安全标准等。1998年12月,我国加入联合国危险货物运输专家委员会。该委员会是联合国经济及社会理事会于1953年设立的专门研究国际危险货物安全运输问题的国际组织,由该组织制定的《关于危险货物运输的建议书》和《危险货物运输规章范本》(简称"橙皮书")纳入国家和国际规章。这些规章具有权威性,普遍被世界各国采用,适于各种运输方式的危险货物运输。国内危险货物运输相关法律规章有:《中华人民共和国安全生产法》《中华人民共和国行政许可法》《危险化学品安全管理条例》《中华人民共和国消防法》《中华人民共和国道路交通安全法》《中华人民共和国铁路法》《运输安全保护条例》《道路危险货物运输管理规定》《铁路危险货物运输管理规则》《液化石油气汽车槽车安全管理规定》《易燃易爆化学物品消防安全监督管理办法》《全国道路化学危险货物运输专项整治实施方案》等。

第一节 危险货物运输法规的性质

危险货物运输法规是交通运输法规的一个组成部分,而交通运输法规是调整交通运输关系的法律规范的总称。交通运输关系包括交通运输行政管理关系和交通运输合同关系。交通运输行政管理是交通主管部门对交通运输活动的领导、组织和管理,具有行政隶属关系的性质。有关这部分的法律,实质上是属于行政法的范畴。其中,有关危险货物运输的法律规定是各级交通主管部门对危险货物运输活动进行管理、监督、仲裁的法律依据。交通运输合同关系是交通运输企业与托运人或乘客之间所产生的货运合同关系和客运合同关系。在各种有关运输合同的法律规定中,都有关于危险货物的条款,合同运输的各方当事人必须严格遵守,违反了要负相应的民事责任。

危险货物的运输及其管理,又是一项技术性很强的工作。近年来我国在加强危险货物运输的立法管理过程中,颁布了不少有关危险货物的技术标准。这些标准也是危险货物运输法规的组成部分,有的人认为,标准可以执行可以不执行,不执行标准不犯法,这是对标准的法律属性不理解和认识不足的表现。我国国务院1979年7月31日颁发《中华人民共和国标准化管理条例》规定了标准的法律性质,明确标准具有技术立法和经济立法的效力。《条例》第十八条规定:"标准一经批准发布,就是技术法规,各级生产、建设、科研、设计管理部门和企业事业单位都必须严格贯彻执行,任何单位不得擅自更改或降低标准。对因违反标准造成不良后果以至重大事故者,要根据情节轻重分别予以批评、处分、经济制裁,直至追究法律责任。"

有的行政管理法规,如国务院的《化学危险物品安全管理条例》、交通运输部的《汽车危险货物运输规则》等在述及危险货物运输的技术问题时,则直接适用有关标准。

有关危险货物运输的法律规定,无论是属于行政法规的还是标准法规的,在运输中都必须得到严格的执行。合同运输区别于非合同运输的是,合同运输的承托各方要分别承担危险货物运输的相关责任;非合同运输者则必须承担危险货物运输的全部责任。对于违反危险货物运输的管理规定,发生重大事故的要承担刑事责任。《刑法》第一百一十三条规定:"从事交通运输的人员违反规章制度,因而发生重大事故,致人重伤、死亡或者使公私财产遭受重大损失的,处三年以下有期徒刑或者拘役;情节特别恶劣的,处三年以上七年以下有期徒刑。非交通运输人员犯前款罪,依照前款规定处罚。"《刑法》第一百一十五条规定:"违反爆炸性、易燃性、放射性、残害性、腐蚀性物品的管理规定,在生产、储存、运输、使用中发生重大事故,造成严重后果的,处三年以下有期徒刑或者拘役,后果特别严重的,处三年以上七年以下有期徒刑。"……

综上所述,危险货物的管理法规,皆有刑法、行政法、经济合同法和标准化法的法律性质和法律效力。国际运输中,各种国际运输方式的《危规》及各国的危险货物管理法规又具有国际私法的性质和效力。

第二节 危险货物运输法规的主要内容

一、关于确认物品危险性质的法律规定

确认某一种物质或物品是否具有危险性以及具有什么性质的危险性,是全部危险货物运输法规的核心和基石。确认物品的危险性质不光是危险货物专业运输的需要,懂得什么是危险品已成为一个"社会人"的基本法律常识。人总是要出外旅行,乘坐公共交通工具。空运、水运、铁路、公路、包括市内公共交通,所有运输方式的《旅客运输规则》都规定:乘客不准随身携带危险物品;旅客交运的行李中不准夹带危险物品。广义的交通还包括邮政和电讯。我国《邮政法》规定:禁止寄递或者在邮件内夹带危险物品。要执行遵守这些规定,其前提条件是:客运人员和乘客、邮政人员和邮寄用户需懂得什么是危险物品。

为加强危险货物的管理,我国一贯要求对危险货物实行专业运输。这就在普通货物的托运人和承运人中产生一种错误认识,似乎危险货物与自己不搭界,没有必要去认识危险物品。其实从《经济合同法》到各种运输方式的《货物运输合同实施细则》《货物运输规则》都规定:在普通货物中不准夹带危险货物,不准匿报危险货物。要遵守执行这些规定,同样要求普通货物的托运人和承运人懂得什么是危险物品。所以,国务院发布的《化学危险物品安全管理条例》开头就规定了什么是化学危险品。

我国确认物品危险性质的法规是:国家标准《危险货物分类与品名编号》(GB 6944)(以下简称《危险货物分类》),国家标准《危险货物品名表》(GB 12268),以及各种运输方式的《危险货物运输规则》及其《危险货物品名表》(简称《危规品名表》)。在具体确认某项货物是否属于危险货物时,仅凭危险货物的定义是无法操作的,不仅费时费力,而且容易引起承托各方的歧义。所以,在确认某项货物的危险性质时,要执行《危险货物品名表》。《危险货物品名表》采用法律上的列举原则来确认危险货物,就使危险货物的法规具有很强的可操作性。

《危险货物品名表》列举的危险货物,是就各种一般运输方式而言的。各运输方式都有其特殊性。某种货物对这种运输是危险的而对其他运输方式是无害的,例如,磁性物品对于航空运输是危险的。有的危险货物的危险程度使某种运输方式无法承运。所以,各种运输方式的主管部门都颁布了本运输方式的《危规》及附属的《危规品名表》。《危规》在遵循《危险货物分类》和《危险货物品名表》的前提下,列举了本方式可以运输的危险货物的名称,并规定了相应的运输条件和防护措施,其可操作性更具体。因此,某种方式所运输的危险货物,必须是本《危规》所列明的。如果运输《危规》未列明,而性能确实危险的货物,必须根据《危险货物分类》的分类分项标准,由托运人提出技术鉴定书,并经有关的主管部门审核或认可,才能作为危险货物运输。

二、关于危险货物运输包装和包装标示的法律规定

运输包装是运输安全的保障。危险货物运输包装不仅仅是为了保护产品的使用价值不受损失,而且是防止危险货物的使用价值在运输过程中使环境受到损害的重要条件之一。从承运人的角度看包装,包装越牢固、越完善,则运输、装卸的安全系数越高。从托运人的角度看问题,承运人的上述要求要增加大量的包装费用,显然无法接受。运输纠纷中争议最大的是包装。承运人责怪托运人交付的货物包装不完善,不符合安全运输的要求,托运人反诉承运人的野蛮装卸,摔破包装,造成货损且酿成事故。

从保障公共安全和维护运输秩序的双重目的出发,要对危险货物的运输包装予以法律规定。我国规定危险货物运输包装的法规现有:国家标准《危险货物运输包装通用技术条件》(GB 12463—90)、交通部标准《公路、水路危险货物运输包装基本要求和性能试验》(JT 0017—88)《危险化学品包装物、容器定点生产管理办法》、国家标准《放射性物质安全运输规定》(GB 11806—2004)、国家环境保护总局《医疗废物专用包装物、容器标准和警示标识规定》《气瓶安全监察规程》、国家标准《汽车运输液体危险货物常压容器(罐体)通用技术条件》(GB 18564—2001)以及各种运输方式的《危险货物运输管理规则》。

这些法规详尽地规定了危险货物运输包装的基本要求,包装性能试验的方法和合格标准、包装等级、包装的形式和分类,以及各种危险货物应当采用的包装等级、类型和包装方法。经性能试验合格的包装才能实际使用。所以,危险货物的每件包装外表都应有证明性能试验合格的标志。作为一种暂时的措施,出口危险货物须取得国家进出口商品检验局签发的《出口危险货物包装容器使用鉴定书》。托运人托运的货物包装如与《危规》的具体规定不一致时,托运人要向承运人提供包装试用和适用情况的证明文件。经承运人许可,才能进行运输。

包装标志是从收运、装卸、储存保管直到送达交付的运输全过程中,区别和辨认货物的基础,是包装货物正确交接、安全运输、完整交付的基本保证。我国有关运输包装标志的法律规定有:

国家标准《运输包装收发货标志》;

国家标准《包装储运图示标志》;

国家标准《危险货物运输包装标志》;

国家标准《危险货物安全标签》;

各种运输方式的《危险货物运输管理规则》。

四个国家标准规定了四种标志的形式、图式和制作使用的一般要求。《危规》具体地规定了每种危险货物必须使用的危险货物性能标志的种类。

三、关于危险货物运输运载工具的法律规定

关于危险货物的运载工具,各运输方式有不同的规定。民航只承运包装件的危险货物,而且民用航空器的适航性规定非常严格,故没有必要对民航航空器是否适合承运危险货物另作规定,只是对某种危险货物"仅限货机"或可用客货两用机运载做了规定。陆路和水路运输,除包装件外还有大量的散装货物,这就对用于运载散装危险货物的运输车辆和船舶提出很严格的专业技术要求。目前,我国已制定或适用的关于危险货物运载工具的法律规定

及国际惯例有：

国家标准《轻质燃油油罐汽车通用技术条件》(GB 9419—88)；

劳动部《液化气体汽车罐车安全监察规程》；

国家标准《道路运输危险货物车辆标志》(GB 13392)；

交通运输部标准《营运车辆技术等级划分和评定要求》(JT/T 198)；

中国船级社《散装运输液化气体船舶构造与设备规范》；

国际海事组织《国际散装运输危险化学品船舶构造和设备规则》；

国际航运公会《邮轮安全指南》；

各种运输方式的《危险货物运输规则》。

从事危险货物运输经营和使用自备车辆从事为本单位服务的非经营性危险货物运输的，应当遵守危险货物运输管理规定。从事危险货物运输应当保障安全，依法运输，诚实信用。国家鼓励技术力量雄厚、设备和运输条件好的大型专业危险化学品生产企业从事道路危险货物运输，鼓励道路危险货物运输企业实行集约化、专业化经营，鼓励使用厢式、罐式和集装箱等专用车辆运输危险货物。交通部主管全国道路危险货物运输管理工作。县级以上地方人民政府交通主管部门负责组织领导本行政区域的道路危险货物运输管理工作。县级以上道路运输管理机构负责具体实施道路危险货物运输管理工作。铁道部负责全国铁路危险货物运输；海运由海事局(船舶签证、安全防污染、船舶检验)、交通局(营运证)、航道局(航道费，现在已经取消)、港务局(货港费)分头管理；国务院交通主管部门主管全国内河交通安全管理工作。国家海事管理机构在国务院交通主管部门的领导下，负责全国内河交通安全监督管理工作；空运危险货物由航空管理局负责。

另外还有如下规定：

①道路危险货物运输企业或者单位应当按照《道路货物运输及站场管理规定》中有关车辆管理的规定，维护、检测、使用和管理专用车辆，确保专用车辆技术状况良好。

②设区的市级道路运输管理机构应当定期对专用车辆进行审验，每年审验一次。审验按照《道路货物运输及站场管理规定》进行，并增加以下审验项目：

a. 专用车辆投保危险货物承运人责任险情况；

b. 罐式专用车辆罐体质量检验情况；

c. 必需的应急处理器材和安全防护设施设备的配备情况。

③禁止使用报废的、擅自改装的、检测不合格的、车辆技术等级达不到一级的和其他不符合国家规定的车辆从事道路危险货物运输。

④除铰接列车、具有特殊装置的大型物件运输专用车辆外，严禁使用货车列车从事危险货物运输；倾卸式车辆只能运输散装硫黄、萘饼、粗蒽、煤焦沥青等危险货物。

⑤禁止使用移动罐体(罐式集装箱除外)从事危险货物运输。

⑥专用车辆应当到具备道路危险货物运输车辆维修条件的企业进行维修。

⑦用于装卸危险货物的机械及工具的技术状况应当符合行业标准《汽车运输危险货物规则》(JT 617)规定的技术要求。

⑧罐式专用车辆的罐体应符合《钢制压力容器》(GB 150)、《汽车运输液体危险货物常压容器(罐体)通用技术条件》(GB 18564)等国家标准规定的技术条件。罐式专用车辆应当

在罐体检验合格的有效期内承运危险货物。

四、关于危险货物运输承运人和托运人资质的法律规定

危险货物运输承运人指办理危险货物运输的运输企业。危险货物托运人是指经国家有关部门认定,取得危险货物生产、储存、使用、经营资格,从事危险货物运输托运业务的单位。凡在国内从事危险货物运输的承运人、托运人,必须具有危险货物承运人资质或危险货物托运人资质。通过资质认证的管理工作,可以有效地防止非法生产、储存、使用危险品的托运人办理运输,防止不符合国家规定的包装、运输工具、装卸设备等进入运输,从源头起就确保危险货物运输安全。

1. 托运人和承运人资质的必要性

①有助于托运人与承运人学习和掌握危险货物运输的作业流程和内容。

②有助于帮助托运人与承运人学习和掌握危险货物的性质、防护措施和手段。

③有助于帮助托运人与承运人提高安全意识,从而在危险货物办理过程中和操作过程中涉及保管、运输等环节加强自己的责任心,在硬件上满足各种危险货物的各项要求。

④有助于规范运输秩序。

2. 危险货物托运人和承运人资质申请条件

(1) 申请承运人资质所具备的条件

①储运仓库、企业站台、专用雨棚等专用设施、设备要与所办理危险货物的品类和数量相适应。耐火等级、防火、防爆、防雷、防静电、污水排放和污物处理等应符合国家有关规定及技术标准。

②危险货物专用线办理的地点、场所应配备有关检测设备和报警装置。作业人员应配备相应的防护用品。装卸设备应具备防爆、防静电功能,装卸能力、计量方式、消防设施、安全作业规范应符合规定要求,专用线作业条件等运输安全基本设施、设备,必须符合相关规定。

③货运人员、技术管理人员、装卸及驾驶人员应经过危险货物运输业务知识培训,熟悉本岗位的相关危险货物知识,掌握危险货物运输规定。

④建立健全危险货物受理、承运、装卸、储存保管、消防、劳动安全防护等安全作业规程及管理制度。

⑤有危险货物运输事故处理应急预案,配备应急救援人员和必要的救援器材和设备。

(2) 申请危险货物托运人资质应具备的条件

①具有国家规定的危险物品生产、储存、使用、经营的资格。

②危险货物自备货车(罐)、集装箱(罐)等运输工具的,设计、制造、使用、充装、检修等符合相关安全管理规定。

③危险货物容器及包装物的生产符合国家规定的定点生产条件并取得产品合格证书。

④需加固运输的危险货物,按相关规定制定加固技术方案。

⑤装运压缩气体和液化气体的,应按国家规定安装安全计量设备。

⑥办理危险货物作业场所的消防、防雷、防静电、安全检测、防护、装卸、充装等安全措施、设备应符合国家有关规定,储存仓库的耐火等级、防火间距应符合《建筑设计防火规范》等有关国家标准。

⑦相关专业技术人员、运输经办人员和押运人员应经过危险货物知识培训,熟悉本岗位的相关危险货物知识、掌握铁路危险货物运输规定。

⑧有危险货物运输事故处理应急预案,配备应急救援人员和必要的救援器材和设备。

3. 托运人和承运人资质申请程序

（1）承运人资质申请的程序及应提交的材料

①行政许可申请书（申请书格式文本由管理机构提供）。

②国家安全生产监督管理部门认定的管理评价机构对专用线及其附属装置和设施做出的安全评价报告。

③申请人所在区市级人民政府安全生产监督管理部门审查的意见。

④被相关部门认可的培训机构对货运人员、技术管理人员、装卸及驾驶人员进行危险货物运输培训的合格证明。

⑤被认定的专业机构对危险货物办理站做出的运输安全综合分析报告。

⑥危险货物运输事故处理应急预案。

（2）托运人资质申请的程序及应提交的材料

①行政认可申请书（申请格式文本由管理机构提供）。

②申请办理危险化学品、爆炸品、放射性物品托运人资质的,应提供相应生产许可证或经营许可证。

③营业执照（副本）。

④被相关机构认可的培训机构对专业技术人员、运输经办人员、押运人员进行培训的合格证明。申请办理压缩气体和液化气体托运人的资质,还需要提交年检合格证。

⑤危险货物运输事故处理应急预案。

相关管理机构收到全部材料后,应及时对申请人提交的材料进行审查,必要时可组织专家评审。管理机构对材料齐全、符合法定形式的申请,应在20日之内（专家评审时间不计,但应将所需时间书面通知申请人）做出批准或者不予批准的决定。批准后,自做出决定之日起10日内颁发"危险货物托运人资质证书"或"危险货物承运人资质证书";不予批准的,书面通知申请人并说明理由。管理机构应将已批准的危险货物托运人资质许可证明文件或危险货物承运人资质许可证明文件及时抄报相关部门备案,统一公布取得资质学科的危险货物托运人或承运人名录及相关内容。

证书分正本和副本两种,证书正面右上角印有"正本"或"副本"字样,正、副本具有同等效力。副本数量可根据需要确定。《托运人资质证书》规格为210mm×297mm中间对开形式。

4. 托运人和承运人资质监督和处罚

被许可的托运人和承运人应按照规定严格细化安全管理措施,严格执行关规章文件规定。管理机构应加强对被许可的托运人和承运人行为的监督检查。设施监督检查时,被许可的托运人和承运人应如何如实反映情况并提供相关材料。

（1）承运人资质的监督与处罚

承运人有以下情形之一的,有管辖权的安全监督管理办公室应责令其限期整改或停办运输：

①设施、设备不符合危险货物运输安全要求,存在安全隐患的。
②从事相关从业人员配备不齐或未取得培训合格证明的。
③安全管理制度不健全、不完善,存在严重问题的。
④应急预案不完备的。

承运人有以下情形之一的,有管辖权的安全监督管理办公室可撤销其危险货物承运人资质:
①涂改、倒卖、出租、出借"承运人资质证书",或以其他形式非法转让"承运人资质证书"的。
②弄虚作假或违反规定承运危险货物、造成严重后果的。
③存在重大安全隐患,未按要求整改或整改后不合格的。
④造成重大责任事故的。
⑤法律、法规、规章确定的其他违法行为。

违反规定,未经批准擅自承运危险货物的,管理机构应责令其改正,并可处 2 万元以上 10 万元以下的罚款。构成犯罪的,依法追究刑事责任。

(2)托运人资质的监督与处罚

托运人有以下情形之一的,有管辖权的安全监督管理办公室应责令其限期整改或停办运输:
①设施、设备不符合危险货物运输安全要求,存在安全隐患的。
②相关专业技术人员、运输经办员、押运员配备不齐或未取得培训合格证的。
③安全管理制度不健全、不完善,存在严重问题的。
④应急预案不完备的。

托运人有以下情形之一的,有管辖权的安全监督管理办公室可撤销其危险货物托运人资质:
①涂改、倒卖、出租、出借"承运人资质证书",或以其他形式非法转让"托运人资质证书"的。
②弄虚作假或违反规定承运危险货物、造成严重后果的。
③存在重大安全隐患,未按要求整改或整改后不合格的。
④造成重大责任事故的。
⑤法律、法规、规章确定的其他违法行为。

违反规定,未经批准擅自承运危险货物的,管理机构应责令其改正,并可处 2 万元以上 10 万元以下的罚款。构成犯罪的,依法追究刑事责任。

5. 危险货物运输资质认证工作的管理

危险货物运输资质认证管理工作由各运输局领导"危险货物运输资质认证委员会"负责。其主要职责有:
①负责危险货物运输资质认证工作。
②制定有关资质认证方面的规章制度。
③审核上报的危险品运输资质资料。
④批准各类资质证书确认号并在全路公布。

⑤对各类资质证书进行年审。
⑥审查、指导资质证书的审批、发放及年检工作。
⑦查处有关资质证书各项工作中的违纪、违规问题。
⑧监制和管理资质证书等工作。

资质年检是指定期对各类危险品运输资质证书进行审核,审查资质证书单位在危险货物运输中的实际完成情况,以长期、稳定地保证危险货物运输安全。

危险品的特性决定了危险货物运输的主体必须具备相应的资质和技术条件,否则极有可能在运输途中发生危害公共安全的重大事故,而不仅仅是货物及运输工具的损失问题,因而危险货物运输合同必须由具备相应资质和技术条件的运输主体与危险货物托运人之间签订。根据我国法律及行政法规的相关规定,危险品托运人应承担比普通货物托运更多更严厉的法律责任,须履行更多的法定义务,即托运人必须向有资格的运输单位办理托运,将危险品妥善包装,做出危险品标志和标签,并将有关危险品名称、性质和防范措施的书面材料提交承运人。

2002年3月15日起施行的《危险化学品安全管理条例》第三十八条规定,通过公路运输危险化学品的,托运人只能委托有危险化学品运输资质的运输企业承运;第四十一条规定托运人托运危险化学品,应当向承运人说明运输的危险化学品的品名、数量、危害、应急措施等情况。

1994年交通部发布的《道路危险货物运输管理规定》明确规定,货物托运人必须向有资格的运输单位办理托运,必须在托运单上填写品名、包装方法及运输中的注意事项,并规定未按以上规定办理托运的,由此发生运输事故由托运人承担全部责任。

合同法第三百零七条规定,危险品托运人应"按照国家有关危险物品运输的规定对危险物品妥善包装,做出危险物标志和标签,并将有关危险物品的名称、性质和防范措施的书面材料提交承运人"。我国对危险化学品经营销售实行许可制度。经营企业主管人员和业务人员必须经过专业培训。本章案例中强英公司作为专业经营化学危险品的贸易公司,毋庸置疑是知晓上述规定的,但其在与承运人李某签订运输合同时,却未审核承运人的承运资质、未按规定告知货物性质及运输中的注意事项、未按照国家有关危险物品运输的规定对危险物品妥善包装,其过错是重大的。

五、危险货物运输相关当事人应负法律责任的法律规定

与危险货物市场供求活动相关的当事人有:危险货物的生产商、危险货物包装的制造商、危险货物的经营销售商、危险货物仓储服务商、危险货物承运商,等等;相对应的是危险货物和包装的购买者和使用者、仓储委托人、运输委托人、运输代理人、危险货物消费者、危险货物废弃处置者,等等。

危险货物安全关系公众安全社会稳定。市场上危险货物供求双方的行为,不仅要对相对当事人负责,更要对社会公众安全负责,绝不允许任何偷工减料、虚假欺诈、敷衍推诿和抵赖逃脱。以上行为的发生往往是人为事故的先兆,应予杜绝。

政府作为独立于供求双方的社会管理者要对危险货物生产流通消费全过程的各相关当事人行为作规范并实施监督管理,为了危险货物市场交易正常有序,更为了公众安全社会稳定。政府各相关职能部门要恪守职责依法行政。对于行政不作为者应当给予法律罚处。

如此，危险货物相关当事人共分为三方：管理者方（政府）行为职责，被管理者方的供应方（如承运人）和需求方（如托运方）。这三方责任人可能使第四方（即可能受到危险货物意外事故伤害的社会公众）的生命权、生存权、健康权、财产权受到侵犯，前三方当事人应当严格履行其法定职责。

《危险化学品安全管理条例》把危险货物在社会流转的过程分为六个环节：生产、经营、储存、运输、使用和处置废弃。对此六个环节供求各方的相关当事人行为的规范和监督管理，关系到政府八个部门的现行职责和法定义务。其中交通部门的政府机构是：铁道部、交通部和民航总局。

1. 政府主管部门的法定义务

①安全生产监督管理部门负责危险化学品安全监督管理综合工作，组织确定、公布、调整危险化学品目录，对新建、改建、扩建生产、储存危险化学品（包括使用长输管道输送危险化学品，下同）的建设项目进行安全条件审查，核发危险化学品安全生产许可证、危险化学品安全使用许可证和危险化学品经营许可证，并负责危险化学品登记工作。

②公安机关负责危险化学品的公共安全管理，核发剧毒化学品购买许可证、剧毒化学品道路运输通行证，并负责危险化学品运输车辆的道路交通安全管理。

③质量监督检验检疫部门负责核发危险化学品及其包装物、容器（不包括储存危险化学品的固定式大型储罐，下同）生产企业的工业产品生产许可证，并依法对其产品质量实施监督，负责对进出口危险化学品及其包装实施检验。

④环境保护主管部门负责废弃危险化学品处置的监督管理，组织危险化学品的环境危害性鉴定和环境风险程度评估，确定实施重点环境管理的危险化学品，负责危险化学品环境管理登记和新化学物质环境管理登记；依照职责分工调查相关危险化学品环境污染事故和生态破坏事件，负责危险化学品事故现场的应急环境监测。

⑤交通运输主管部门负责危险化学品道路运输、水路运输的许可以及运输工具的安全管理，对危险化学品水路运输安全实施监督，负责危险化学品道路运输企业、水路运输企业驾驶人员、船员、装卸管理人员、押运人员、申报人员、集装箱装箱现场检查员的资格认定。铁路主管部门负责危险化学品铁路运输的安全管理，负责危险化学品铁路运输承运人、托运人的资质审批及其运输工具的安全管理。民用航空主管部门负责危险化学品航空运输以及航空运输企业及其运输工具的安全管理。

⑥卫生主管部门负责危险化学品毒性鉴定的管理，负责组织、协调危险化学品事故受伤人员的医疗卫生救援工作。

⑦工商行政管理部门依据有关部门的许可证件，核发危险化学品生产、储存、经营、运输企业营业执照，查处危险化学品经营企业违法采购危险化学品的行为。

⑧邮政管理部门负责依法查处寄递危险化学品的行为。

条例规定，负有危险化学品安全监督管理职责的部门的工作人员，在危险化学品安全监督管理工作中滥用职权、玩忽职守、徇私舞弊，构成犯罪的，依法追究刑事责任；尚不构成犯罪的，依法给予降级或者撤职的行政处分。

2. 危险货物相关当事人的法定义务

相关当事人要取得危险货物经营权赢得利润的权利，必须履行其对社会公众的法定义

务。所有与危险货物相关的法律、法规、条例、标准都是讲的法定义务,归纳起来有以下六个"制":

(1) 首长负责制

生产、储存、使用、经营、运输危险化学品的单位(以下统称危险化学品单位)的主要负责人对本单位的危险化学品安全管理工作全面负责。

(2) 许可经营制

危险化学品生产企业进行生产前,应当依照《安全生产许可证条例》的规定,取得危险化学品安全生产许可证。

生产列入国家实行生产许可证制度的工业产品目录的危险化学品的企业,应当依照《中华人民共和国工业产品生产许可证管理条例》的规定,取得工业产品生产许可证。

负责颁发危险化学品安全生产许可证、工业产品生产许可证的部门,应当将其颁发许可证的情况及时向同级工业和信息化主管部门、环境保护主管部门和公安机关通报。

生产列入国家实行生产许可证制度的工业产品目录的危险化学品包装物、容器的企业,应当依照《中华人民共和国工业产品生产许可证管理条例》的规定,取得工业产品生产许可证;其生产的危险化学品包装物、容器经国务院质量监督检验检疫部门认定的检验机构检验合格,方可出厂销售。

(3) 持证上岗制

从业人员应当接受教育和培训,考核合格后上岗作业;对有资格要求的岗位,应当配备依法取得相应资格的人员。

危险化学品道路运输企业、水路运输企业的驾驶人员、船员、装卸管理人员、押运人员、申报人员、集装箱装箱现场检查员应当经交通运输主管部门考核合格,取得从业资格。具体办法由国务院交通运输主管部门制定。运输危险化学品的驾驶人员、船员、装卸管理人员、押运人员、申报人员、集装箱装箱现场检查员,应当了解所运输的危险化学品的危险特性及其包装物、容器的使用要求和出现危险情况时的应急处置方法。

危险化学品道路运输企业、水路运输企业的驾驶人员、船员、装卸管理人员、押运人员、申报人员、集装箱装箱现场检查员未取得从业资格上岗作业的,由交通运输主管部门责令改正,处5万元以上10万元以下的罚款;拒不改正的,责令停产停业整顿;构成犯罪的,依法追究刑事责任。

(4) 行为规范制

政府工作人员监管行为、企业主管行为、现场指挥行为、作业操作行为都必须遵守法律。危险货物的相关法律、条例、办法、规则、规定、规程、标准都是对危险货物相关当事人的行为做出规范,培训上岗是学习规范,行为遵守规范。

(5) 责任书证制

遵守规范,明确各相关人员各自的责任。所有关系到责任转移交接的节点都必须有书面证据。

(6) 告知义务制

有关危险货物危险性的信息,不仅要告知经营相关的当事人,而且要告知与经营无关的社会公众。危险化学品登记机构应当定期向工业和信息化、环境保护、公安、卫生、交通运输、铁路、质量监督检验检疫等部门提供危险化学品登记的有关信息和资料。

六、危险货物运输的限制

联合国关于危险货物运输建议书的规章范本对危险货物的限制运输、限量运输和限量包装都做了一些规定。

1. 危险货物的限制运输

①用以进行试验、分类、研究和发展、质量控制,或作为商业样品的新的或现有的爆炸性物质或物品样品,可以按照主管当局的指示运输。未湿润或未减敏的爆炸品物质如含氰氢酸大于20%,或者其浓度大于72%,除非经主管当局特别批准,禁止运输。由于大量运输时可能引发爆炸,这种物质不允许用便携式罐体或容量超过450L的中型散货集装箱运输。这些物质作为农药托运时,应在有关农药条目之下并按有关农药规定运输;包件的总毛重不得超过30kg。

爆炸品因其过分敏感或反应性很强以至可能产生自发反应的爆炸性物质禁止运输。

②第2类的项别和次要危险性由喷雾器内装物的性质决定。必须适用下列规定:

  a. 如内装物按重量包括85%或以上的易燃物成分,且化学燃烧热在30kJ/g或以上,即适用第2.1项;

  b. 如内装物按重量含1%或以下的易燃物成分,且燃烧热不到20kJ/g,即适用2.2项;

  c. 极为易燃和易燃性气雾剂,应列入第2.1项;非易燃剂列入第2.2项;

  d. 2.3项的气体不得用作喷雾器的喷射剂;

  e. 如喷雾器喷射出来的喷射剂以外的内装物被归类为6.1项Ⅱ类或Ⅲ类包装或第8类Ⅱ类或Ⅲ类包装,则喷雾器具有6.1项或第8类次要危险性;

  f. 其内装物的毒性或腐蚀性符合Ⅰ类包装标准的喷雾器禁止运输;

  g. 空运可能要求次要危险性标签。

禁止运输亚硝酸铵、铵盐、无机亚硝酸盐的混合物和化学性质不稳定的混合物。

2. 危险货物的限量运输

未湿润或未减敏的爆炸品样品,应装入主管当局规定的小包件,重量限制在10kg内。湿润的或减敏的爆炸品样品,重量限制在25kg内。由于大量运输时可能引发爆炸,这种物质不允许用便携式罐体或容量超过450L的中型散货集装箱运输。

3. 危险货物的限量包装

限量包装是危险货物包装物使用和包装方法的基本要求,例如铁通不能超过200kg,木箱不能超过50kg,牛皮纸不能超过25kg,就是限量包装的具体体现。气瓶的充装系数也是限量巴掌。更精确的限量包装是放射性物品:设定豁免限值和A值,包装内某核素的活度和比活度小于豁免值的不作危险货包,大于A值的要用B型或C型包装。

限量包装是指一单件包装的最大允许装载量。单件包装既可以是内包装,也可以是组合包装。一般而言,危险性越大的货物适用的包装应越小。其次是包装的型式材质和强度。金属容器的包装限量要比木质材料的包装限量大。同是密封型木箱,直接装固体货物,包装限量可达50kg,而组合包装的外包装货物净重不得超过20kg。再次是考虑到不同运输方式的具体条件,海运的单件包装可以大一些,陆运的单件包装其次,空运的单件包装最小。

正因为限量包装的决定因素是货物的危险性,从保证危险货物运输安全的目的出发,各种运输方式的《危规》都明确规定了本规则的包装限量。《国际海运危规》规定了包装危险货物豁免运输的包装数量;《国际空运危规》规定了内包装和外包装的例外数量;易燃液体罐装时有膨胀余位规定;根据《医疗废物管理条例》,国家环保总局制定发布了《医疗废物专用包装物、容器标准和警示标识规定》。危险货物限量包装具体规定见下:

①危险货物只能装在有合适外容器的内容器中。包件的总毛重不得超过30kg。

②收缩包装或拉伸包装托盘,可接受作为装有按照本章运输的危险货物的物品或内容器的外容器,但用玻璃、瓷器、粗陶瓷或某些塑料等材料制造的易碎或易破内容器不得使用这种容器运输。包件的总毛重不得超过20kg。

③装有第8类、II类包装液态货物的玻璃、瓷器或粗陶瓷内容器必须放在相容的坚硬中间容器内。

④有限数量包装的不同危险货物可以放在同一外容器中,条件是在发生渗漏时它们不会危险地起反应。

⑤在一个车辆或一个货物集装箱中,无须适用危险货物的任何隔离要求。

⑥内装有限数量危险货物的包件不需要标出内装物的正式运输名称,但必须在一个菱形框内标明内装物的联合国编号(前加字母"UN")。菱形边线的宽度至少2mm;数字至少6mm高。如果包件内有不同联合国编号的一种以上物质,菱形框必须够大以便容纳每个有关联合国编号。

七、危险货物运输适用《违规》的免除

①以准备或适合通过零售商销售的形式包装和分销的供个人或家庭使用的有限数量危险货物,可进一步免除在容器上标明正式运输名称和联合国编号,并可免除危险货物运输票据要求。

②部分危险性相对弱缓的危险货物在包装限量达到一定小的程度时可以作普通货物运输。

第三节 危险货物运输管理规则

一、道路危险货物运输管理规定

《道路危险货物运输管理规定》经2012年12月31日中华人民共和国交通运输部第10次部务会议通过,2013年1月23日中华人民共和国交通运输部令2013年第2号公布。该《规定》分总则,道路危险货物运输许可,专用车辆、设备管理,道路危险货物运输,监督检查,法律责任,附则7章71条,自2013年7月1日起施行。

前面章节对相关内容都有一定的阐述,这里着重强调法律责任等。

法律责任:

有下列情形之一的,由县级以上道路运输管理机构责令停止运输,有违法所得的,没收违法所得。运输货物属于危险化学品,违法所得5万元以上的,处违法所得1倍以上5倍以下的罚款;没有违法所得或违法所得不足5万元的,处2万元以上20万元以下的罚款。运输货物属于危险化学品以外的其他危险货物,有违法所得的,处违法所得2倍以上10倍以

下的罚款;没有违法所得或者违法所得不足2万元的,处3万元以上10万元以下的罚款。构成犯罪的,依法追究刑事责任:

①未取得道路危险货物运输许可,擅自从事道路危险货物运输的;

②使用失效、伪造、变造、被注销等无效道路危险货物运输许可证件从事道路危险货物运输的;

③超越许可事项,从事道路危险货物运输的;

④非经营性道路危险货物运输单位从事道路危险货物运输经营的。

违反本规定,道路危险货物运输企业或者单位非法转让、出租道路危险货物运输许可证件的,由县级以上道路运输管理机构责令停止违法行为,收缴有关证件,处2000元以上1万元以下的罚款;有违法所得的,没收违法所得。

违反本规定,道路危险货物运输企业或者单位有下列行为之一,由县级以上道路运输管理机构责令限期投保;拒不投保的,由原许可机关吊销《道路运输经营许可证》或者《道路危险货物运输许可证》,或者吊销相应的经营范围:

①未投保危险货物承运人责任险的;

②投保的危险货物承运人责任险已过期,未继续投保的。

违反本规定,道路危险货物运输企业或者单位未按规定维护和检测专用车辆的,由县级以上道路运输管理机构责令改正,处1000元以上5000元以下的罚款。

违反本规定,道路危险货物运输企业或者单位不按照规定携带《道路运输证》的,由县级以上道路运输管理机构责令改正,处警告或者20元以上200元以下的罚款。

违反本规定,道路危险货物运输企业或者单位、托运人有下列行为之一的,处2万元以上10万元以下的罚款;构成犯罪的,依法追究刑事责任:

①从事道路危险化学品运输的驾驶人员、押运人员、装卸管理人员未取得从业资格证的;

②托运人托运危险化学品,不向承运人说明运输的危险化学品的品名、数量、危害、应急措施等情况;或者需要添加抑制剂或稳定剂,交付托运时未添加的;

③运输、装卸危险化学品不符合国家有关法律、法规、规章的规定和国家标准,并未按照危险化学品的特性采取必要安全防护措施的。

违反本规定,道路危险货物运输企业或者单位没有采取必要措施防止货物脱落、扬撒的,由县级以上道路运输管理机构责令改正,处1000元以上3000元以下的罚款;情节严重的,由原许可机关吊销《道路运输经营许可证》或者《道路危险货物运输许可证》,或者吊销相应的经营范围。

违反本规定,道路危险货物运输企业或者单位已不具备开业要求的有关安全条件、存在重大运输安全隐患的,由县级以上道路运输管理机构责令限期改正;在规定时间内不能按要求改正且情节严重的,由原许可机关吊销《道路运输经营许可证》或者《道路危险货物运输许可证》,或者吊销相应的经营范围。

违反本规定,道路危险货物运输企业或者单位擅自改装已取得《道路运输证》的专用车辆及罐式专用车辆罐体的,由县级以上道路运输管理机构责令改正,并处5000元以上2万元以下的罚款。

二、铁路危险货物运输管理规定

铁道部1995年颁布了《铁路危险货物运输管理规则》,包括总则、包装和标志、托运和承运、按普通货物运输的条件、装卸和运输、放射性物品运输、危险货物罐车运输、爆炸品保险单、洗刷除污、保管和交付,以及附则等十一章。前面章节对相关内容都有一定的阐述,这里着重强调押运管理等。

1. 押运人员必备的基础知识

①押运人员必须熟悉铁路运输技术设备。例如铁路等级分为一、二、三、四级铁路;铁路线路按其用途可分为正线、站线、段管线、岔线及特别用途线;车站按运输业务分为客运站、货运站和客货运站,按技术作业种类分为编组站、区段站和中间站;机车是列车运行和铁路车辆移动的基本动力;车辆按用途分为客车和货车两大类;铁路信号分为视觉信号和听觉信号。

②必须了解货列列车种类与车次。

③熟悉技术站列车技术作业过程,包括车辆的技术检查和修理;车辆的货运检查及整理;车列及票据交接;摘挂机车或机车乘务组换班。

2. 押运人员的职责和基本工作

(1) 押运员的职责

应了解所押运货物的额特性及防护急救措施;了解所押运车辆构造及附件性能并及时处理故障;确保所运货物无货损、货差并做好交接工作;与货检人员配合,做好押运车辆状态检查及签认制度;押运员不得在区间或站内向外投掷杂物,列车运行时押运间要锁闭,不得开发;押运过程中须遵守铁路运输各项规定。

(2) 押运员的基本工作

①在始发站。押运前应认真检查,不应将不良状态的货物带到途中处理,并按照《铁路危险货物发送作业签认单》进行签认。

②押运的货车到达途中车站。在途中严格执行全程押运制度,认真按照《全程押运签认登记表》要求进行签认,严禁擅自离岗、脱岗。

③押运的货车到达到站。应与车站货检员办理交接手续,做好《铁路危险货物到达作业签认单》的签认工作后方可离车返回。

三、关于押运管理与事故处理

运输爆炸品(烟花爆竹除外)、硝酸铵实行全程随货押运。剧毒品、罐车装运气体类(含空车)危险货物实行全程随车押运。装运剧毒品的罐车和罐式箱不需押运。其他危险货物需押运时按有关规定办理。

押运员必须取得"培训合格证"。运输气体类的危险货物时,押运员还需取得"押运员证"。押运员应了解押运货物的特性,押运时应携带所需通信、防护、消防、检测、维护等工具以及生活必需品,应按规定穿着印有红色"押运"字样的黄色马甲,不符合规定的不得押运。押运员在押运过程中必须遵守铁路运输的各项安全规定,并对所押运货物的安全负责。

押运管理工作实施区段签认负责制。货检人员与押运员在所押运的车辆前签认,签认内容见《全程押运签认登记表》。托运人再次办理运输时需出具此登记表,并由车站保留三个月。对未做到全程押运的,再次办理货物托运时车站不予受理。

同一托运人、同一到站押运方式、车辆及人数规定:

气体类6辆重(空)罐车(含带押运间车辆)以内编为1组。1~6辆车押运员不得少于2人,7~12辆车押运员不得少于4人,13~18辆车押运员不得少于6人。

剧毒品4辆(含带押运间车辆)以内编为1组,每组2人押运;硝酸铵4辆以内编为1组,每组2人押运;爆炸品(烟花爆竹除外)每车2人押运;派有押运员的车辆,成组挂运时,途中不得拆解。

新造出厂的和洗罐站洗刷后送检站及检修后首次返还的气体类危险货物罐车不需押运,但须在运单、货票上注明"新造车出厂""洗刷后送检修站"或"检修后返空"字样。

运输时发现押运员身份证与携带证件不符或押运员缺乘、漏乘时应及时甩车,做好记录,并通知发站或到站联系托运人、收货人立即补齐手续和押运员后方可继续。

押运员应注意乘车安全;横跨铁路线时不准钻车底或从车钩处爬越;押运期间严禁携带危险品。押运员应事先准备并携带必备的应急器材,一旦在押运期间发生事故,应根据事故严重程度及时报告。

第四节　气瓶安全监察规定

一、气瓶安全监督管理部门及检验机构的职责

气瓶安全监督管理部门及检验机构的职责包括以下4点:

1. 气瓶行政许可权

根据《特种设备安全监察条例》,《规定》确立了以下气瓶行政许可。

①气瓶及其附件的制造许可。《规定》第九条规定,气瓶及其附件(包括气瓶瓶阀、减压阀、液位限制阀等)的制造企业应当取得国家质检总局颁发的制造许可证书,方可从事相应的制造活动。

②气瓶制造监督检验和定期检验许可。《规定》第十六条规定,承担气瓶制造监督检验工作的检验检测机构,应当经国家质检总局核准。《规定》第三十五条规定,承担气瓶定期检验工作的检验检测机构应当经国家质检总局核准,方可进行气瓶的定期检验工作。

③气瓶充装许可。考虑到气瓶充装不当所造成的事故已经占气瓶事故总数的大多数,《规定》第二十三条规定,气瓶充装单位应当取得省级质监部门颁发的《气瓶充装许可证》,方可从事气瓶充装工作。另外,《规定》第二十八条还规定,气瓶充装人员必须经市地级以上(含市地级)特种设备安全监督管理部门培训、考核合格,取得特种设备作业人员证书。

2. 执法检查权

《规定》第四条规定,国家质检总局和地方各级质监部门分别负责全国和各行政区域内的气瓶安全监督管理。因此,特种设备安全监察人员和行政执法人员有权对气瓶生产单位、使用单位和检验检测机构开展现场检查,责令消除事故隐患,对违法行为予以查处。

3. 事故处理权

气瓶发生事故,事故单位应当向特种设备安全监督管理部门等有关部门报告,事故处理按照国家有关规定进行。为此,《规定》第五十四条规定,气瓶发生事故时,发生事故的单位

和安全监察机构应当按照《锅炉压力容器压力管道特种设备事故处理规定》及时上报和进行事故调查处理。

4. 强制检验权

《规定》第十二条、第十六条、第三十四条分别对气瓶形式试验、监督检验和定期检验进行了明确规定。《规定》要求,新研制的气瓶必须经特种设备安全监督管理部门核准的检验检测机构进行型式试验,气瓶制造过程必须经特种设备安全监督管理部门核准的检验检测机构实施监督检验,使用中的气瓶必须经特种设备安全监督管理部门核准的检验检测机构进行定期检验。

二、对运输、储存、销售和使用环节的安全要求

气瓶安全不仅与气瓶生产和充装过程的安全性密切相关,还与气瓶运输、储存、销售和使用过程有关。气瓶运输、储存、销售和使用过程中的不当行为都会引发气瓶事故。比如,气瓶运输过程中,不按规定要求佩戴气瓶瓶帽和防震圈;气瓶储存时,可燃气体气瓶与助燃气体气瓶混合储放;不法经营者销售未作破坏性处理的报废气瓶,导致报废气瓶重新流入使用;气瓶使用者不按安全要求使用气瓶或违法改装气瓶,等等。因此,《规定》主要对气瓶的运输、储存、销售和使用环节提出了一些行为规定。比如,《规定》第四十三条规定运输、储存、销售和使用气瓶的单位,应当制定相应的气瓶安全管理制度和事故应急处理措施。第四十四条规定运输和装卸气瓶时,必须佩戴好气瓶瓶帽(有防护罩的气瓶除外)和防震圈(集装气瓶除外)。第四十五条规定储存充气气瓶的单位应当有专用仓库存放气瓶。第四十六条规定气瓶或瓶装气体的销售单位应当销售具有制造许可证的企业制造的合格气瓶和取得气瓶充装许可的单位充装的瓶装气体。第四十七条还规定气瓶使用者应当遵守的一些行为要求。

三、违反气瓶安全监察规定的法律责任

气瓶安全监察机制的协调运转,必须以严格有效的法律责任制度为依托。《规定》规定了政府、企业和检验检测机构各负其责的责任制度:

第一,强化政府监管责任,促使有关部门积极履行职责。《规定》第五十二条规定,违反本规定的其他违法行为,按照《特种设备安全监察条例》的规定进行处罚。因此,特种设备安全监督管理部门及其工作人员不依法履行《规定》规定的气瓶行政许可和气瓶安全监察职权,对直接负责的主管人员和其他直接责任人员,可按照《特种设备安全监察条例》的规定进行处罚。

第二,突出气瓶充装和气瓶(或瓶装气体)销售单位的责任,促使气瓶充装和销售单位增强气瓶安全责任意识。《规定》第四十八条和第五十条分别规定了气瓶充装单位和销售单位对其违规行为应当承担的法律责任。

第三,强调检验检测机构和检验检测人员责任自负,确保检验检测机构的独立性和检验检测结果的公正性。《规定》第四十九条和第五十一条规定了对检验检测机构和检验检测人员违法行为的处罚,直至撤销其检验检测资格。

另外,对于气瓶生产等环节的其他违法行为,《规定》第五十二条规定,可按照《特种设备安全监察条例》的规定进行处罚。

第五节　危险货物货运事故处理规则

危险货物运输发生货运事故时,不同运输方式有本方式的事故处理规则。总体规则可以归纳如下:

1. 发生货运事故后

应积极抢救,采取保护措施,尽量减少损失。对货运事故发生的原因和责任的认定,必须坚持调查研究,查清事实,根据国家法律和行政法规的有关规定进行处理。货运事故处理是运输工作的重要组成部分,应本着对托运人和收货人负责的原则,对于承运人责任明确的货运事故,须先对外赔付,后划分运输部门内部责任,尽量减少损失,挽回事故产生的不良影响,做得主动、及时、真实、合理。

2. 货运事故速报

发现重大事故、大事故、火灾事故和罐车装运的压缩气体、液化气体泄漏以及一级毒害品、放射性物品被盗丢失,应在24 h内向有关单位拍发"货运事故速报"。速报内容如下:

①事故等级、种类。
②发现事故的时间、地点。
③货物发站、到站、品名、承运日期。
④车种、车型、车号、货票号码、办理种别、保价或保险金额(金额前注明"保价"或"保险"字样)。
⑤事故概要。
⑥对有关单位的要求。

发现以上事故后,在拍发货运事故速报前应立即用电话逐级报告。

第六节　民用爆炸物品安全管理条例

民用爆炸物品,是指用于非军事目的、列入民用爆炸物品品名表的各类火药、炸药及其制品和雷管、导火索等点火、起爆器材。

《民用爆炸物品安全管理条例》规定了民用爆炸品的生产布局和资质、销售和购买应具备的条件和相关规定、运输中应注意的事项和运输条件、爆破的相关事宜、存储规定和注意事项、违反《条例》规定应负的法律责任等。

国家对民用爆炸物品的生产、销售、购买、运输和爆破作业实行许可制度。未经许可,任何单位或者个人不得生产、销售、购买、运输民用爆炸物品,不得从事爆破作业。严禁转让、出借、转借、抵押、赠送、私藏或者非法持有民用爆炸物品。

国防科技工业主管部门负责民用爆炸物品生产、销售的安全监督管理。公安机关负责民用爆炸物品公共安全管理和民用爆炸物品购买、运输、爆破作业的安全监督管理,监控民用爆炸物品流向。安全生产监督,铁路、交通、民用航空主管部门依照法律、行政法规的规定,负责做好民用爆炸物品的有关安全监督管理工作。国防科技工业主管部门、公安机关、工商行政管理部门按照职责分工,负责组织查处非法生产、销售、购买、储存、运输、邮寄、使用民用爆炸物品的行为。

民用爆炸物品生产、销售、购买、运输和爆破作业单位(以下称民用爆炸物品从业单位)的主要负责人是本单位民用爆炸物品安全管理责任人,对本单位的民用爆炸物品安全管理工作全面负责。民用爆炸物品从业单位是治安保卫工作的重点单位,应当依法设置治安保卫机构或者配备治安保卫人员,设置技术防范设施,防止民用爆炸物品丢失、被盗、被抢。民用爆炸物品从业单位应当建立安全管理制度、岗位安全责任制度,制订安全防范措施和事故应急预案,设置安全管理机构或者配备专职安全管理人员。

无民事行为能力人、限制民事行为能力人或者曾因犯罪受过刑事处罚的人,不得从事民用爆炸物品的生产、销售、购买、运输和爆破作业。民用爆炸物品从业单位应当加强对本单位从业人员的安全教育、法制教育和岗位技术培训,从业人员经考核合格的,方可上岗作业。对有资格要求的岗位,应当配备具有相应资格的人员。

国家建立民用爆炸物品信息管理系统,对民用爆炸物品实行标志管理,监控民用爆炸物品流向。民用爆炸物品生产企业、销售企业和爆破作业单位应当建立民用爆炸物品登记制度,如实将本单位生产、销售、购买、运输、储存、使用民用爆炸物品的品种、数量和流向信息输入计算机系统。

任何单位或者个人都有权举报违反民用爆炸物品安全管理规定的行为。接到举报的主管部门、公安机关应当立即查处,并为举报人员保密,对举报有功人员给予奖励。

国家鼓励民用爆炸物品从业单位采用提高民用爆炸物品安全性能的新技术,鼓励发展民用爆炸物品生产、配送、爆破作业一体化的经营模式。

【复习思考题】

1. 国际国内危险货物运输适用的法律法规有哪些?
2. 危险货物运输包装的法律规定。
3. 危险货物运输包装标志和标签的法律规定。
4. 危险货物装卸和搬运的法律规定。
5. 危险货物运输相关当事人应负的法律责任。
6. 危险货物运输工具的法律规定。
7. 危险货物运输管理规定。
8. 危险货物限制运输、限量运输和限量包装的规定。
9. 危险货物押运管理规定有哪些?
10. 气瓶安全监督管理部门及检验机构的职责有哪些?
11. 民用爆炸物品安全管理条例。
12. 货运事故速报内容有哪些?

附录1 《道路运输危险货物品名表》格式

编号	品名	货物特性及注意事项	包装方法		标志		灭火方法	洗刷方法	急救措施	备注
			类别	代号	主	副				
21042	乙烯基甲醚（抑制了的,甲基乙烯醚）		I	36	2.1		雾状水,干粉,泡沫,二氧化碳	1	吸入时离开工作场所进行休息,重者送医院	UN1087
21043	一甲胺（无水,氨基甲烷;甲胺）	无色易燃液体,易液化。有氨气味,溶于水。蒸汽相对密度:1.09.液体相对密度:0.662.沸点:-6.7℃。闪点:0℃。爆炸极限:4.3-21%。有毒,空气中最高允许浓度5mg/m³（0.4ppm）。有腐蚀性,刺激眼睛、皮肤和黏膜。遇明火,受高热有引起燃烧危险,钢瓶和附件损坏会引起爆炸	I	36	2.1		雾状水,干粉,泡沫,二氧化碳	1	吸入时离开工作场所进行休息,重者送医院	UN1061

附录2 《铁路运输危险货物品名表》格式

编号	品名	别名	主要特性	包装标志	包装类	包装方法	灭火剂	洗刷除污编号	急救措施	特殊规定	联合国编号
1	2	3	4	5	6	7	8	9	10	11	12
11001	爆破用电雷管	工程电雷管	纸、塑料或金属管，内装起爆药和猛性炸药。对明火、电火花、振动、撞击，均很敏感，是极不安定的起爆器材。易爆炸	1	II	①雷管用纸盒或塑料筒等盛装，塞紧，再嵌入木箱中塞紧，以雷管不发生动摇为准。木箱上、下部各应有木箱挡两条，两端须具有握柄。箱板厚度应为15mm。②装入纤维板箱，板厚不小于3mm，木框宽50mm，厚15～18mm。单位包装净重不超过25kg	水，禁用沙土	1		3.4	0030
11002	爆破用非电雷管	工程非电雷管	与11001爆破用电雷管同	1	II	与11001爆破用电雷管同	水，禁用沙土	1		3.4	0029

附录3 《水路危险货物运输规则》中品名表的格式

编号	品名		特性及注意事项	包装					积载	灭火剂	《国际海运危规》			备注
	中文	英文		标志	包装类	包装代码	每一容器容量	每包件毛重或容量			联合国编号（UN No.）	EmS No.	MFAG No.	
61093	一级有机汞化合物 油酸汞 分子式： $Hg(C_{17}H_{33}CO_2)_2$	Mercury Leate	色状：黄色油性糊状物 水溶性:不溶		II	见本类引言表2 油酸汞见表1			A	干粉、二氧化碳、雾状水、泡沫	1640	6.1-02	105	中型散装容器运输应符合相关规定
	葡萄糖酸汞 分子式： $Hg[OOC(CHOH)_4CH_2OH]_4$	Mercury Cluconate	色状：固体 水溶性:溶								1637	6.1-04	105	
	核酸汞	Mercury Nucleate; Mercurol	色状：含汞20%的棕色粉末								1639	6.1-04	105	

附录4 联合国《危险货物品名表》格式

联合国编号	名称和说明	类别或项别	次要危险性	联合国包装类别	特殊规定	有限数量	中型散装容器		可移动罐柜	
							包装导则	特殊规定	可移动罐柜导则	可移动罐柜特殊规定
(1)	(2)	(3)	(4)	(5)	(6)	(7)	(8)	(9)	(10)	(11)
1044	灭火器,装有压缩或液化气体	2.2			225,229	120mL				
1045	压缩氟	2.3	5.1.8			无				
1046	压缩氦	2.2				120mL				
1048	无水溴化氢	2.3	8			无				
1049	压缩氢	2.1				无				
1050	无水氯化氢	2.3	8			无				
1051	氰化氢,稳定的,含水少于3%	6.1	3	1		无				
1052	无水氟化氢	8	6.1	1		无			T10	TP2
1053	硫化氢	2.3	2.1			无				
1055	异丁烯	2.1				无			T50	

参 考 文 献

[1] 钱大琳,罗江浩,姜秀山,等.国内外危险货物运输安全管理[M].北京:人民交通出版社,2011.
[2] 陈钺,谭尚林.道路危险货物运输从业人员培训教材[M].北京:人民交通出版社,2001.
[3] 刘敏文,范贵根,胡小秋.危险货物运输管理教程[M].北京:人民交通出版社,2007.
[4] 刘敏文,范贵根,薛民.危险货物运输包装防护[M].北京:人民交通出版社,2006.
[5] 陈泽军.铁路危险货物运输技术与管理[M].西安:西安交通大学出版社,2012.
[6] 周晶杰,周在青.危险货物运输与管理[M].上海:上海浦江教育出版社,2013.
[7] 熊天文,帅斌,濮德璋,等.铁路危险货物运输[M].西安:西安交通大学出版社,2009.
[8] GB 9419—88 轻质燃油油罐汽车通用技术条件[S].北京:中国标准出版社,1989.
[9] JT/T 198 营运车辆技术等级划分和评定要求[S].北京:中国标准出版社,2004.
[10] GB 13392—2005 道路运输危险货物车辆标志[S].北京:中国标准出版社,2005.
[11] GB 6944—2012 危险货物分类和品名编号[S].北京:中国标准出版社,2012.
[12] 联合国.关于危险货物运输的建议书 规章范本[Z].2016-08-02.
[13] 中华人民共和国劳动部.液化气体汽车罐车安全监察规程[Z].1994-06-20.
[14] 中国船级社.散装运输液化气体船舶构造与设备规范[Z].2016-07-01.
[15] 国际海事组织.国际散装运输危险化学品船舶构造和设备规则[Z].2004-12-10.
[16] 国际航运公会油轮分会.国际油轮与油码头安全指南[Z].2006.
[17] 中华人民共和国交通部.危险货物运输规则[Z].2004-09-18.
[18] 中华人民共和国劳动部.液化石油气汽车槽车安全管理规定[Z].1981-02-13.
[19] 中华人民共和国交通部.全国道路化学危险货物运输专项整治实施方案[Z].2001-05-21.
[20] 中华人民共和国铁道部.铁路危险货物运输管理规则[Z].2008-09-17.
[21] 中华人民共和国交通运输部道路危险货物运输管理规定[Z].北京:人民交通出版社,2012.
[22] 气瓶安全监察规定[S].北京:中国标准出版社,2006.
[23] 民用爆炸物品安全管理条例[Z].北京:中国法制出版社,2006.
[24] 中华人民共和国安全生产法[Z].北京:法律出版社,2002.
[25] 中华人民共和国行政许可法[Z].北京:法律出版社,2004.
[26] 危险化学品安全管理条例[Z].北京:中国法制出版社,2013.

[27] 中华人民共和国消防法[Z].北京:法律出版社,2008.
[28] 中华人民共和国道路交通安全法[Z].北京:中国法制出版社,2011.
[29] 中华人民共和国铁路法[Z].北京:法律出版社,2015.
[30] 铁路安全管理条例[Z].北京:中国法制出版社,2013.